权威·前沿·原创

皮书系列为
"十二五""十三五""十四五"时期国家重点出版物出版专项规划项目

BLUE BOOK

智库成果出版与传播平台

广州蓝皮书
BLUE BOOK OF GUANGZHOU

广州金融发展报告
（2025）

ANNUAL REPORT ON FINANCIAL DEVELOPMENT OF
GUANGZHOU (2025)

组织编写／广州市社会科学院

主　　编／张跃国　伍　庆
执行主编／陈旭佳　庄德栋

社会科学文献出版社
SOCIAL SCIENCES ACADEMIC PRESS (CHINA)

图书在版编目(CIP)数据

广州金融发展报告.2025 / 张跃国,伍庆主编;陈旭佳,庄德栋执行主编.--北京:社会科学文献出版社,2025.7.--(广州蓝皮书).--ISBN 978-7-5228-5529-5

Ⅰ.F832.765.1

中国国家版本馆 CIP 数据核字第 20255BC980 号

广州蓝皮书
广州金融发展报告(2025)

主　　编／张跃国　伍　庆
执行主编／陈旭佳　庄德栋

出 版 人／冀祥德
组稿编辑／任文武
责任编辑／张丽丽
文稿编辑／白　银
责任印制／岳　阳

出　　版／社会科学文献出版社·生态文明分社（010）59367143
　　　　　地址：北京市北三环中路甲 29 号院华龙大厦　邮编：100029
　　　　　网址：www.ssap.com.cn
发　　行／社会科学文献出版社（010）59367028
印　　装／天津千鹤文化传播有限公司

规　　格／开 本：787mm×1092mm　1/16
　　　　　印 张：26.25　字 数：395 千字
版　　次／2025 年 7 月第 1 版　2025 年 7 月第 1 次印刷
书　　号／ISBN 978-7-5228-5529-5
定　　价／128.00 元

读者服务电话：4008918866

▲ 版权所有 翻印必究

《广州金融发展报告（2025）》
编辑委员会

主　　编　张跃国　伍　庆

执行主编　陈旭佳　庄德栋

编　　委　（按姓氏笔画排序）
　　　　　　白国强　刘松涛　刘佳宁　刘晓晗　闫志攀
　　　　　　杜家元　李佳莉　李雪琪　杨代友　何　江
　　　　　　何伟刚　张赛飞　林瑶鹏　欧江波　罗谷松
　　　　　　胡晓群　姚　阳　徐　枫　蒋　海　覃　剑
　　　　　　曾俊良　蔡进兵

主要编撰者简介

张跃国 广州市社会科学院党组书记、院长，研究员，广州市法学会第七届理事会副会长。在权威期刊发表学术论文和理论文章多篇，主编系列丛书、集刊。多次主持或参与广州市委全会和党代会报告起草、广州市发展规划研究编制、广州经济形势分析与预测研究、广州城市发展战略研究、广州南沙新区发展战略研究和规划编制、广州老城市新活力理论内涵和战略策略研究，以及广州市委、市政府多项重大政策文件起草。

伍　庆 博士，研究员。广州市社会科学院副院长，智库平台广州城市战略研究院院长、广州"一带一路"研究中心主任、广州国际交往研究院院长，广州市人民政府决策咨询专家。广东省第十四届人民代表大会代表，广东省第十四届人民代表大会外事委员会副主任委员。主要研究领域为全球城市、国际交往。主持完成国家社会科学基金项目1项、省部级社会科学规划课题8项，主持决策咨询课题50余项。出版专著4部，发表各类论文30余篇。

陈旭佳 经济学博士，广州市社会科学院财政金融研究所副所长（主持工作），研究员。广州市高层次人才，广州市宣传思想文化骨干人才，羊城青年文化英才，广州市宣传思想文化优秀人才第二层次培养对象，广州市白云区"云聚英才卡"钻石卡（白云区高层次人才服务卡）持卡人，第二届、第三届、第四届广州市财政专家咨询委员会委员，广州优化税收营商环境实践研究中心专家顾问组委员等。研究方向为财政金融与税收、国企改革与创新、应用经济、人才政策、大湾区城市群。主持完成国家社会科学基金项目等国家级、省部级课题 4 项。独立或以第一作者身份在《中国人口·资源与环境》（AMI 权威期刊）等期刊发表论文 40 余篇，先后有 5 篇论文被中国人民大学复印报刊资料和国研网全文转载。近 5 年独立或以第一作者身份完成决策咨询报告 60 余篇，多次获得广东省委，广州市委、市政府主要领导肯定性批示，得到中央、省部级政府机构采纳。

庄德栋　管理学博士，广州市社会科学院财政金融研究所副研究员，广州市宣传思想文化骨干人才。研究方向为绿色金融、科技金融。主持完成广州市哲学社会科学发展"十三五"规划项目 2 项，主持、参与各类课题 40 多项，出版《绿色金融发展及广州对策》等著作，发表理论文章 10 多篇，10 多项研究成果获广东省委及广州市委、市政府主要领导肯定性批示，相关研究成果获广东省哲学社会科学优秀成果奖二等奖、第十二届金融图书"金羊奖"。

摘　要

　　金融资本是推动技术创新、促进经济增长的重要力量。在"硬科技"投资时代，推动金融资本集聚提升金融资源配置效率，是城市推动技术创新、促进产业迭代升级、助力经济高质量发展的战略之举、现实之需，是催生新产业新业态，培育发展新质生产力，创造新需求拉动经济增长的核心驱动力。2024年以来，广州积极推进金融强市建设，引导金融资源全面服务科技创新和产业创新，推动金融资本精准赋能"12218"现代化产业体系，为"硬科技"新赛道注入源源不断的金融"活水"，不断取得新进展、新成绩、新突破。奋进新征程，广州将把握世界科技发展潮流和产业变革趋势，以"竞"的姿态、"拼"的干劲，以推进建设"12218"现代化产业体系、培育更多具有国际竞争力的"DeepSeek式"企业、增强城市发展韧性为目标，通过系统性创新与精准支持，提高金融资本配置效率，提升金融服务实体经济效能，培育壮大耐心长期资本，做大做强金融"五篇大文章"，推动产融深度融合，为再造新广州注入金融硬核力量。

　　本书分为六个部分。

　　第一部分为总报告。总报告重点回顾了2024年以来广州推动国有资本赋能"硬科技"新赛道，助力金融强市建设的主要成效、重要进展，对2025年及未来一段时间广州推动国有资本赋能"硬科技"，助力金融强市建设面临的机遇与挑战进行分析并对形势和趋势进行研判，提出推动广州国有资本赋能"硬科技"，助力金融强市建设的对策建议。

　　第二部分为金融改革篇。主要从国家金融安全、政府引导基金尽职免责机制、金融支持低空经济发展、供应链金融、金融赋能制造业发展等角度，探讨了我国金融安全面临的困难与挑战，政府引导基金尽职免责机制建设最新进展和存在的主要问题，金融支持广东、广州低空经济和制造业高质量发展，中小微企业融资难等发展热点，并提出了相关建议。

第三部分为金融开放篇。主要深入分析了广州建设风投创投集聚区、金融支持横琴文化演艺产业、广州建设粤港澳大湾区国际金融枢纽核心引擎以及南沙金融开放平台建设等，并提出了相关对策建议。

第四部分为数字金融篇。以数字金融城市建设为重点，探讨了广州建设数字金融标杆城市、粤港澳大湾区数字金融发展情况、大语言模型金融应用场景、国内城市推动耐心资本赋能硬科技的经验启示和推动国有创投资本向颠覆性技术创新产业集中等议题，提出了大语言模型在金融场景中应用，国有创投等耐心资本赋能硬科技、颠覆性技术创新产业，广州建设数字金融城市和推动粤港澳大湾区数字金融发展等方面的建议。

第五部分为可持续金融篇。重点围绕广州转型金融发展、企业"漂绿"行为、金融支持绿美广东生态建设、广东蓝绿金融融合发展、建设国际气候金融中心等展开研究，并提出提升广州绿色金融枢纽能级、规范企业绿色发展行为、推动绿美广州生态建设、促进蓝绿金融融合发展以及南沙气候投融资发展的对策建议。

第六部分为金融环境篇。主要探讨了生成式人工智能对金融监管的挑战、广东科技型中小企业金融支持政策、粤港澳大湾区高质量发展水平测度、数字普惠金融对居民消费的影响、房地产以及加密资产市场监管实践，并提出了完善金融监管应对生成式人工智能挑战、强化科技型中小企业金融支持、提升粤港澳大湾区高质量发展水平、发展数字普惠金融、促进房地产市场平稳健康发展和推动加密资产市场发展等相关对策建议。

关键词： 金融改革　数字金融　可持续金融　金融开放　金融环境

Abstract

Financial capital is a crucial force in driving technological nnovation and promoting economic growth. In the era of "hard technology" investment, promoting the aggregation of financial capital and enhancing the efficiency of financial resource allocation is a strategic move and practical need for cities to drive technological innovation, facilitate industrial iteration and upgrading, and boost high-quality economic development. It is the core driving force for giving birth to new industries and business models, cultivating new productive forces, creating new demand, and stimulating economic growth. In recent years, Guangzhou has actively promoted the construction of a strong financial city, guided financial resources to comprehensively serve technological and industrial innovation, and facilitated financial capital to precisely empower the "12218" modern industrial system, injecting a steady stream of financial "vitality" into the new "hard technology" track, and continuously achieving new progress, results, and breakthroughs. On the new journey, Guangzhou will grasp the trends of global technological development and industrial transformation, adopt a competitive stance and a spirited approach, aim at advancing the construction of the "12218" modern industrial system, cultivating more internationally competitive "Deep Seek-like" enterprises, and enhancing the resilience of urban development. Through systematic innovation and targeted support, Guangzhou will optimize the allocation efficiency of financial capital, improve the effectiveness of financial services in supporting the real economy, cultivate and strengthen patient long-term capital, expand and strengthen the "five major articles" of finance, promote deep integration between industry and finance, and inject financial core strength into the reconstruction of a new Guangzhou.

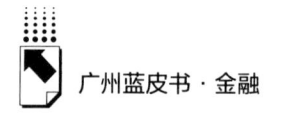

This book is divided into six parts.

Part Ⅰ: General Report. The general report focuses on reviewing the main achievements and significant progress of Guangzhou in promoting state-owned capital to empower the "hard technology" track and assist in the construction of a strong financial city since 2024. It analyzes the opportunities and challenges faced by Guangzhou in promoting state-owned capital to empower "hard technology" and assist in the construction of a strong financial city in 2025 and beyond, assesses the situation and trends, and proposes countermeasures and suggestions for promoting this initiative in Guangzhou.

Part Ⅱ: Financial Reform. This part mainly discusses the difficulties and challenges faced by China's financial security, the latest progress and major issues of the duty exemption mechanism for government-guided funds, the high-quality development of low-altitude economy and manufacturing in Guangdong and Guangzhou supported by finance, and the financing difficulties of small and medium-sized enterprises, from the perspectives of national financial security, the duty exemption mechanism for government-guided funds, financial support for low-altitude economic development, supply chain finance, and financial empowerment of manufacturing development. Relevant suggestions are also provided.

Part Ⅲ: Financial Opening. This part mainly analyzes the construction of venture capital and investment aggregation areas in Guangzhou, financial support for the cultural performance industry in Hengqin, Guangzhou's role as the core engine in building the international financial hub of the Guangdong-Hong Kong-Macao Greater Bay Area, and the construction of financial opening platforms in Nansha. Relevant countermeasures and suggestions are also proposed.

Part Ⅳ: Digital Finance. Focusing on the construction of digital financial cities, this part discusses Guangzhou's efforts in building a benchmark digital financial city, the development trends of digital finance in the Greater Bay Area, the application scenarios of large language models in finance, the experiences and inspirations from domestic cities in promoting patient capital to empower hard technology, and the concentration of state-owned venture capital in disruptive technological innovation industries. It proposes suggestions for the application of large language models in financial scenarios, the empowerment of hard technology and disruptive technological innovation industries by patient capital such as state-owned venture capital, the construction of digital financial cities in Guangzhou, and the promotion of digital finance in the Greater Bay Area.

Part V: Sustainable Finance. This part focuses on the development of transition finance in Guangzhou, greenwashing behaviors of enterprises, financial support for the ecological construction of a beautiful and green Guangdong, the development of blue-green finance in Guangdong, and the construction of an international climate financing center in Nansha. It proposes countermeasures and suggestions for enhancing the level of Guangzhou's green financial hub, regulating the green development behaviors of enterprises, promoting the ecological construction of a beautiful and green Guangzhou, the integrated development of blue-green finance, and the development of climate financing in Nansha.

Part VI: Financial Environment. This part mainly discusses the challenges posed by generative artificial intelligence to financial regulation, financial support policies for technological small and medium-sized enterprises in Guangdong, the measurement of high-quality development levels in the Greater Bay Area, the impact of digital inclusive finance on consumer spending, real estate, and regulatory practices for crypto asset markets. It also proposes relevant countermeasures and suggestions for improving financial regulation to address the challenges of generative artificial intelligence, strengthening financial support for technological small and medium-sized enterprises, enhancing the high-quality development level of the Greater Bay Area, developing digital inclusive finance, promoting the stable and healthy development of real estate market, and facilitating the development of the crypto asset market.

Keywords: Financial Reform; Digital Finance; Sustainable Finance; Financial Opening; Financial Environment

目 录

Ⅰ 总报告

B.1 广州推动国有资本赋能"硬科技",助力金融强市建设实现新跨越
——2024~2025年广州金融发展报告
……………………………… 广州市社会科学院课题组 / 001

 一 解构"硬科技"时代国有资本投资的逻辑理路
  与时代意涵 ……………………………………………… / 002

 二 广州推动国有资本赋能"硬科技",助力金融强市
  建设的基础优势 ………………………………………… / 010

 三 广州推动国有资本赋能"硬科技",助力金融强市
  建设的趋势展望 ………………………………………… / 027

 四 广州推动国有资本赋能"硬科技",助力金融强市
  建设的对策建议 ………………………………………… / 034

Ⅱ 金融改革篇

B.2 金融强国战略下国家金融安全:挑战与对策及对广州的启示
…………………………… 谢 平 张 贺 钟永红 杜鹏飞 / 042

B.3 国内部分地区政府引导基金尽职免责机制建设最新进展
及对广州的启示 ······ 何伟刚 胥爱欢 杨思睿 / 058

B.4 金融支持广东低空经济发展的产业实践及对广州的启示
······ 吴 博 / 069

B.5 供应链金融"脱核"模式下广州中小微企业融资难改革
策略研究 ······ 林瑶鹏 黄柳健 高 琦 肖路遥 / 077

B.6 以金融创新促进广州低空经济高质量发展的对策思考
······ 王孟欣 龚采月 / 087

B.7 金融赋能广州制造业高质量发展的改革路径
······ 黄锐生 赖昊莹 / 108

Ⅲ 金融开放篇

B.8 国家金融高水平开放背景下广州风投创投集聚区建设研究
······ 广东省社会科学院财政金融研究所课题组 / 119

B.9 横琴文化演艺产业创新的金融市场优化研究及对广州的启示
······ 郭 旸 戴婷婷 / 141

B.10 广州高水平建设粤港澳大湾区国际金融枢纽核心引擎面临的
挑战及对策建议 ······ 高 琦 张 妮 张艺馨 邓 路 / 162

B.11 南沙打造高能级金融开放平台的策略与建议
······ 闫志攀 李松民 赵奇锋 / 174

Ⅳ 数字金融篇

B.12 基于多模态大语言模型与智能感知技术的金融应用场景
分析与展望 ······ 魏 生 戴科冕 黄秋宜 / 186

B.13 国内先进城市壮大"硬科技"耐心资本的举措及对广州的启示
　　　　……………………………… 陈旭佳　刘松涛　刘哲瑜 / 201

B.14 粤港澳大湾区数字金融发展进展、短板与对策
　　　　……………………… 赵俊豪　陈晓君　梁凤欣　陈嘉瑶 / 212

B.15 广州推动国有创投资本向颠覆性技术创新产业集中的
　　　　对策研究 ……………… 邓　路　张艺馨　张　妮　刘帷韬 / 221

B.16 广州建设数字金融标杆城市研究
　　　　………………………………… 夏清莹　李中港　陈　达 / 234

Ⅴ　可持续金融篇

B.17 以"转型金融"为突破口提升广州国际绿色金融枢纽
　　　　能级研究 …………………………………… 尚　飞　徐　枫 / 253

B.18 签署PRI基金持股对企业"漂绿"行为的影响研究
　　　　……………………………………………… 许　林　陈逸凡 / 269

B.19 金融支持绿美广东生态建设：进展、思路及对广州的启示
　　　　……………………………………………… 蔡晓琳　廖欣瑞 / 290

B.20 广东蓝绿金融融合发展现状、问题与对策研究
　　　　………………………………… 赖锐标　谭广权　郑光林 / 299

B.21 抢抓转型金融发展机遇　推动以南沙为支点建设国际
　　　　气候金融中心 ……………………………………… 周小逸 / 307

Ⅵ　金融环境篇

B.22 生成式人工智能发展对金融监管的挑战及建议
　　　　……………………………………………… 胥爱欢　蔡晓琳 / 319

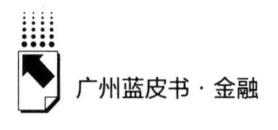

B.23 广东创新金融政策支持科技型中小企业的成效、问题与建议
　　　　　　　　　　　　　　　　　　　　邓伟平　蔡晓琳 / 329

B.24 粤港澳大湾区高质量发展水平测度与提升对策研究
　　　　　　　　　　　　　　　　黄显池　许　林　程彦宁 / 337

B.25 数字普惠金融对广东居民消费的影响研究
　　　　　　　　　　　　　　　　　　　　罗炜琳　刘松涛 / 348

B.26 以国际大都市发展为镜，推动广州房地产健康稳定发展
　　　　　　　　　　　　　　　　　　　　　　　　郭柃沂 / 363

B.27 全球加密资产市场监管最新实践及政策启示
　　　　　　　　　　　　　　　　　　　　　程　铭　胥爱欢 / 380

CONTENTS

I General Report

B.1 Promoting Guangzhou's State-owned Capital to Empower "Hard Technology" and Assist in Achieving a New Leap in Financial City Construction
—Guangzhou Financial Development Report 2024-2025

Guangzhou Academy of Social Sciences Research Group / 001

1. Deconstructing the Logical Path and Era Implications of State-owned Capital Investment in the "Hard Technology" Era / 002

2. Guangzhou's Foundational Advantages in Promoting State-owned Capital to Empower "Hard Technology" for Financial City Construction / 010

3. Outlook on Trends in Guangzhou's Promotion of State-owned Capital to Empower "Hard Technology" for Financial City Construction / 027

4. Countermeasures and Suggestions for Guangzhou to Promote State-owned Capital to Empower "Hard Technology" for Financial City Construction / 034

II Financial Reform

B.2　National Financial Security Under the Strategy of Financial Power: Countermeasures and Challenges, with Implications for Guangzhou
　　　　　　　　Xie Ping, Zhang He, Zhong Yonghong and Du Pengfei / 042

B.3　Latest Developments in the Construction of Duty Exemption Mechanisms for Government-Guided Funds in Some Regions of China and Their Implications for Guangzhou　　*He Weigang, Xu Aihuan and Yang Sirui* / 058

B.4　Industrial Practice of Financial Support for Guangdong's Low-Altitude Economy Development and Its Implications for Guangzhou
　　　　　　　　　　　　　　　　　　　　　　Wu Bo / 069

B.5　Research on Reform Strategies for Addressing Financing Difficulties of Small and Medium-sized Enterprises in Guangzhou Under the "Decoupling" Mode of Supply Chain Finance
　　　　　　　Lin Yaopeng, Huang Liujian, Gao Qi and Xiao Luyao / 077

B.6　Countermeasures for Promoting the High-Quality Development of Guangzhou's Low-Altitude Economy through Financial Innovation
　　　　　　　　　　　　　　　Wang Mengxin, Gong Caiyue / 087

B.7　Reform Pathways for Financial Empowerment of Guangzhou's Manufacturing Industry's High-Quality Development
　　　　　　　　　　　　　　　Huang Ruisheng, Lai Haoying / 108

III Financial Opening

B.8　Guangzhou's Opportunities in Grasping the New Opportunities of High-level Financial Opening-up and Building a High-level Venture Capital and Investment Aggregation Area
　　Financial Research Institute of Guangdong Academy of Social Sciences Research Group / 119

CONTENTS

B.9 Research on Financial Market Optimization for Cultural Performance Industry Innovation in Hengqin and Its Implications for Guangzhou
Guo Yang, Dai Tingting / 141

B.10 Challenges and Countermeasures for Guangzhou to Serve as the Core Engine in the High-level Construction of the International Financial Hub in the Guangdong-Hong Kong-Macao Greater Bay Area
Gao Qi, Zhang Ni, Zhang Yixin and Deng Lu / 162

B.11 Strategies and Suggestions for Nansha to Build a High-Level Financial Opening Platform   *Yan Zhipan, Li Songmin and Zhao Qifeng* / 174

IV Digital Finance

B.12 Analysis and Outlook of Financial Application Scenarios Based on Multimodal Large Language Models and Intelligent Sensing Technology
Wei Sheng, Dai Kemian and Huang Qiuyi / 186

B.13 Enhancing Patient Capital to Accompany the "Long Run" of Hard Technology: Advanced Experiences from Domestic Cities and Their Implications for Guangzhou
Chen Xujia, Liu Songtao and Liu Zheyu / 201

B.14 Development Progress, Shortcomings, and Countermeasures of Digital Finance in the Guangdong-Hong Kong-Macao Greater Bay Area
Zhao Junhao, Chen Xiaojun, Liang Fengxin and Chen Jiayao / 212

B.15 Research on Strategies for Guangzhou to Promote State-owned Venture Capital to Focus on Disruptive Technological Innovation Industries
Deng Lu, Zhang Yixin, Zhang Ni and Liu Weitao / 221

B.16 Research on Guangzhou's Construction of a Digital Finance Benchmark City   *Xia Qingying, Li Zhonggang and Chen Da* / 234

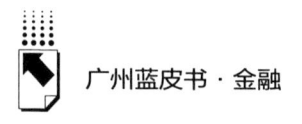

V Sustainable Finance

B.17 Enhancing the Capacity of Guangzhou's International Green Finance Hub through "Transition Finance" as a Breakthrough
Shang Fei, Xu Feng / 253

B.18 Study on the Impact of PRI Fund Holdings on Corporate Greenwashing Behavior   *Xu Lin, Chen Yifan* / 269

B.19 Financial Support for the Ecological Construction of Beautiful and Green Guangdong: Progress, Ideas, and Implications for Guangzhou
Cai Xiaolin, Liao Xinrui / 290

B.20 Research on the Current Situation, Problems, and Countermeasures of Blue-Green Financial Integration Development in Guangdong
Lai Ruibiao, Tan Guangquan and Zheng Guanglin / 299

B.21 Seizing the Opportunities of Transition Finance Development to Promote the Construction of an International Climate Financial Center with Nansha as the Fulcrum   *Zhou Xiaoyi* / 307

VI Financial Environment

B.22 Challenges and Suggestions for Financial Regulation Posed by the Development of Generative Artificial Intelligence
Xu Aihuan, Cai Xiaolin / 319

B.23 Effectiveness, Issues, and Suggestions for Guangdong's Innovative Financial Policies Supporting Technology-based SMEs
Deng Weiping, Cai Xiaolin / 329

B.24 Measurement and Improvement Strategies for Enhancing the High-quality Development Level of the Guangdong-Hong Kong-Macao Greater Bay Area
Huang Xianchi, Xu Lin and Cheng Yanning / 337

CONTENTS

B.25 Research on the Impact of Digital Inclusive Finance on Household Consumption in Guangdong *Luo Weilin, Liu Songtao* / 348

B.26 Promoting the Healthy and Stable Development of Guangzhou's Real Estate Market by Mirroring International Metropolis Development *Guo Lingyi* / 363

B.27 Latest Practices and Policy Implications of Global Cryptoasset Market Regulation *Cheng Ming, Xu Aihuan* / 380

总报告

B.1 广州推动国有资本赋能"硬科技"，助力金融强市建设实现新跨越*

——2024~2025年广州金融发展报告

广州市社会科学院课题组**

摘　要： 金融资本是推动技术创新、促进经济增长的重要力量。在"硬科技"投资时代，推动金融资本集聚提升金融资源配置效率，是城市推动技术创新、促进产业迭代升级、助力经济高质量发展的战略之举、现实之

---

* 本报告为广州市宣传思想文化骨干人才资助项目阶段性成果。
** 广州市社会科学院课题组：陈旭佳，博士，广州市社会科学院财政金融研究所副所长（主持工作）、研究员，研究方向为城市与财政金融；庄德栋，管理学博士，广州市社会科学院财政金融研究所副研究员，研究方向为科技金融、绿色金融；李雪琪，广州市社会科学院财政金融研究所副研究员，研究方向为资本市场；刘晓晗，经济学博士，广州市社会科学院财政金融研究所副研究员，研究方向为数据要素市场、数字经济、数字金融；林瑶鹏，管理学博士，广州市社会科学院博士后、副研究员，研究方向为资本市场与货币金融；刘松涛，管理学博士，广州市社会科学院财政金融研究所助理研究员，研究方向为普惠金融；闫志攀，广州市社会科学院财政金融研究所助理研究员，研究方向为金融理论与政策、全球价值链理论与政策。

需，是催生新产业新业态、培育发展新质生产力、创造新需求拉动经济增长的核心驱动力。2024年以来，广州积极推进金融强市建设，引导金融资源全面服务科技创新和产业创新，推动金融资本精准赋能"12218"现代化产业体系①，为"硬科技"新赛道注入源源不断的金融"活水"，不断取得新进展、新成绩、新突破。展望2025年，广州存贷款余额有望继续保持较快增长速度，前沿性创新、颠覆性创新、硬核创新将成为未来时代发展的主旋律，做创新贡献者、做硬核创新将赢得更多共识，数字化绿色化价值创造等变化趋势将进一步显现，引导长期资金和耐心资本等向重点产业赛道集聚，构建现代化产业体系"科技—产业—金融"良性循环已成为必然选择。奋进新征程，广州要深刻把握世界科技发展潮流和深刻洞察产业变革趋势，以"竞"的姿态、"拼"的干劲，以推进建设"12218"现代化产业体系、培育更多具有国际竞争力的"DeepSeek式"企业、增强城市发展韧性为目标，通过系统性创新与精准支持，提高金融资本配置效率，提升金融服务实体经济效能，培育壮大耐心长期资本，做大做强金融"五篇大文章"，推动产融深度融合，为再造新广州注入金融硬核力量。

关键词： 金融资本　金融强市　"硬科技"新赛道　金融创新　广州

一　解构"硬科技"时代国有资本投资的逻辑理路与时代意涵

（一）"硬科技"投资时代：内涵界定、本质特征与内在要求

准确把握"硬科技"的科学内涵，特点在"硬核"，本质是"科技"，

---

① 坚持"1"个总体要求，即产业第一、制造业立市；重点把握"2"个主攻方向，即制造业服务业"两业融合"、数智化绿色化"两化转型"；科学谋划"21"条赛道，包括15个战略性产业集群和6个未来产业；布局发展"8"个现代服务业，包括现代金融、科技服务等。

落脚点是"关键核心技术"。从内涵上判断，所谓"硬科技"是基于科学发现和技术发明，伴随技术革命性突破引发的原创性、颠覆性、前沿性、引领性科技创新所形成的关键核心技术，具有较高的技术门槛以及明确的应用场景，有助于科学新发现、技术新发明、产业新方向、发展新理念实现从"0"到"1"的重大跨越，能够催生新产业、新模式、新业态和新势能，是培育发展新质生产力的核心要素之一，更是衡量一个城市核心竞争力最为关键的标志之一。

1. 从底层逻辑看，"硬科技"既是理论问题也是现实问题，既是科技命题也是产业命题

"硬科技"是具有先发优势、领跑优势、技术优势的关键核心技术，代表新一轮科技革命和产业变革的新趋势、新动向和新赛道。其蕴含的重要理念与科学论断，科学回答了如何以原创性、颠覆性科技创新成果激发战略性新兴产业、未来产业高质量发展新动能，以及如何以原创性科技成果、关键核心技术塑造城市高质量发展新优势等重大理论与现实问题，具有丰富而深刻的理论价值、思想内涵和实践意义。立足当下，"硬科技"已经在推动高质量发展的实践中展示出强劲的推动力、支撑力与牵引力，需要从理论与实践相结合的角度进一步总结、归纳、概括与提炼，以新时代、新趋势下的"硬科技"创新理论指导新的发展实践。

2. 从战略支撑看，"硬科技"核心技术拉动的科技资源配置功能，是中心型世界城市保持先进竞争力的关键所在

放眼世界，"硬科技"处于全球价值链、科技链和产业链的高端环节，是提升中心型世界城市创新策源功能的必然选择，也是现代化产业体系自主可控、安全可靠的重要保障。事实上，以高知识产权壁垒、高资本投入、高信息密集度、高产品附加值、高产业控制力[①]为典型特征的"硬科技"，既是一个城市激发科技创新要素自由流动、汇聚全球高端科技人才、抢占科技竞争制高点的根

---

① 《"十四五"规划〈纲要〉名词解释之36丨硬科技》，国家发展改革委网站，2021年12月24日，https://www.ndrc.gov.cn/fggz/fzzlgh/gjfzgh/202112/t20211224_1309286.html。

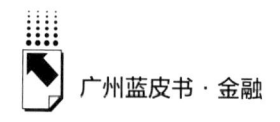

本保证，更是一个城市培育和做优做强创新策源新功能、前瞻布局未来产业新赛道、构筑未来发展战略新优势的关键支撑，代表性领域包括光电芯片、人工智能、航空航天、生物技术、信息技术、新材料、新能源、智能制造等[1]。

3. 从功能特征看，"硬科技"牵引的技术链、创新链和产业链深度融合，是城市培育创新创造导向功能的鲜明体现

21世纪以来，作为全球创新合作网络的关键节点，纽约、伦敦、东京、旧金山、新加坡等全球科技创新城市，围绕"硬科技"领域培育壮大新兴产业，布局建设未来产业，依托强大的科技研发能力、强劲的科技成果转化和产业化能力，主导和决定着全球高端科技创新资源的集聚浓度、链接强度和辐射广度，通过对全球科技创新资源要素的解构、融合、嵌入、转化、再造与重塑，全方位融入和主动布局全球创新网络，着力提升城市在全球科技创新网络体系中的连通性、可及性与交互性，切实增强对全球科技创新资源的聚合力、吸附力、影响力和控制力，如此循环往复、周而复始，并在这一过程中，不断深化与全球科技创新网络体系的一体化衔接，深度参与全球科技创新的合作竞争，打造成为具有世界级影响力的科技产业创新中心，并在新一轮科技革命和产业变革中谋得先机，最终成为全球创新版图的重要一极。

4. 从发展规律看，城市抢占"硬科技"新赛道，既有创新发展的时代要求，更有标高追求的深层动力

对于城市而言，要在新一轮发展中抢得先机、赢得主动，不仅需要未雨绸缪、前瞻布局，更需要将"硬科技"作为城市聚焦战略必争领域和科技发展前沿、推进原创技术策源地建设的关键着力点与重要突破口，通过培育发展"硬科技"新动能，不断促进全球创新资源要素的便捷、高效、快速流动和汇聚，切实提升城市内全球创新资源要素的集聚度、活跃度、开放度、贡献度和辐射度，形成一批基础研究和应用基础研究的原创性成果，突

---

[1]《"十四五"规划〈纲要〉名词解释之36 | 硬科技》，国家发展改革委网站，2021年12月24日，https://www.ndrc.gov.cn/fggz/fzzlgh/gjfzgh/202112/t20211224_1309286.html。

破一批"卡脖子"的关键核心技术，使城市成为某些前沿技术领域和关键核心技术环节科学规律的第一发现者、技术发明的第一创造者、创新产业的第一开拓者、创新理念的第一实践者，顺势而为、乘势而上，夯实城市中长期高质量发展的基础，在行稳致远中保持旺盛的生机活力，最终在大变局时代城市竞合中脱颖而出，成为立于世界城市之林的中心型世界城市，在世界一线城市的角逐中立于不败之地。

（二）"硬科技"时代国有资本的投资逻辑：趋势研判与政策导向

1. 从现实要求看，国资国企深度赋能"硬科技"，是新一轮国企改革深化提升行动的重要战略性任务之一

当前，"硬科技"是由技术革命性突破、生产要素创新性配置、产业深度转型升级催生的关键核心技术，是一个城市推动产业迈向全球价值链中高端的战略支撑，既是一个城市不断巩固战略性支柱产业集群优势的重要依托，更是一个城市占据高知识密集型、高集成度、高复杂性等产业链高端环节的核心动力，对城市能级和核心竞争力持续提升有着十分重要的意义。从中央出台的一系列重要文件和举办的一系列会议有关精神可以看出，在当前公有制经济为主体的制度框架下，在国资国企实力雄厚的优势条件下，国资国企深度赋能"硬科技"具有逻辑必然性与现实客观性（见表1）。

表1　近年来国家有关推动国有资本赋能"硬科技"新赛道重要会议/文件精神

序号	时间	会议/文件名称	主要观点	对广州的指导意义
1	2023年7月25~26日	地方国资委负责人国有企业改革深化提升行动研讨班	强调要推动国有资本向前瞻性战略性新兴产业集中，当好"长期资本""耐心资本""战略资本"	对国有资本如何转变"硬科技"领域战略性投资的决策思维与底层逻辑提出了新要求
2	2023年10月10日	中央企业经济运行情况通报会	强调要瞄准未来发展早投优投，积极布局一批强牵引、利长远的重大项目，不断抢占新领域新赛道	为国有资本如何提高"硬科技"领域投资的有效性和精准度标定了新坐标

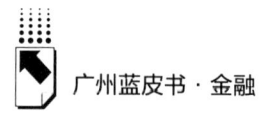

续表

序号	时间	会议/文件名称	主要观点	对广州的指导意义
3	2023年10月30日	中央金融工作会议	提出要加强对新科技、新赛道、新市场的金融支持,加快培育新动能新优势	为新时代国有资本持之以恒赋能战略性新兴产业发展、精准锚定开辟未来产业新赛道提供了新方略
4	2023年11月7日	中央全面深化改革委员会第三次会议	提出要推动国有资本向前瞻性战略性新兴产业集中	为国有资本如何更好地服务构建新发展格局、推动高质量发展指明了新方向
5	2024年2月6日	国务院国资委党委扩大会议	强调要牢牢把握发展新质生产力重大任务,抓住新一轮科技革命和产业变革机遇,积极抢占新领域新赛道,加快发展方式转型创新,加快建设现代化产业体系	为当前和今后一个时期国有资本如何坚持以技术革命性突破为牵引、以"硬科技"为突破口加快发展新质生产力明确了新任务
6	2024年6月4日	《关于新时代中央企业高标准履行社会责任的指导意见》	提出推动中央企业在经营管理全过程高标准履行社会责任,不断优化调整产业布局结构,大力发展战略性新兴产业,前瞻布局未来产业	为国有资本如何从战略上推进国有经济布局优化和结构调整、加大战略性新兴产业和未来产业投资力度、不断塑造发展新动能新优势赋了新使命
7	2024年7月18日	《中共中央关于进一步全面深化改革 推进中国式现代化的决定》	提出要坚持以"三个集中"推进国有资本布局结构优化调整,进一步聚焦前瞻性战略性新兴产业等产业引领核心功能	为国有资本如何坚持当好耐心资本、长期资本、战略资本,以及如何以更大力度强化科技创新、培育壮大战略性新兴产业和未来产业、加快形成同新质生产力相适应的生产关系注入了新内涵
8	2024年7月30日	中共中央政治局会议	强调要培育壮大新兴产业和未来产业,释放出加快培育新质生产力、增强新动能新优势的重要信号	为当前和今后一个时期如何鼓励和引导各类国有资本坚持做长期投资、战略投资、价值投资、责任投资注入了新动力

续表

序号	时间	会议/文件名称	主要观点	对广州的指导意义
9	2024年8月2日	国务院国资委党委扩大会议	强调坚决把思想和行动统一到党中央关于当前经济形势和经济工作的科学判断和决策部署上来，深入推进国有企业改革深化提升行动，纵深推进战略性新兴产业、未来产业发展，持续推动传统优势产业高端化、智能化、绿色化发展	为国有资本如何加速布局符合国家创新驱动发展战略需求、关键核心技术"自主可控"、具有产业链核心环节控制力的未来产业新赛道擘画了新蓝图

资料来源：根据公开资料整理。

2. 从制度属性看，国有资本以更大力度谋划和布局"硬科技"，是社会主义市场经济体制的独特优势与重要基石

国有资本是社会主义市场经济的重要生产要素，是党执政兴国的重要支柱和依靠力量，在社会主义基本经济制度和国民经济中占有特殊地位与关键作用。

在社会主义市场经济条件下合理引导国有资本发展，既是一个经济问题也是一个政治问题，既是一个实践问题也是一个理论问题，必须深化对新形势下国有资本所肩负重大政治责任与使命担当的认识，以服务国家战略、优化国有资本布局、提升产业竞争力为目标导向，着眼未来科技竞争前沿布局，持续推动国有资本向关系国家安全、国民经济命脉、国计民生的重要行业和关键领域集中，加快推动国有资本聚焦发展更前沿技术、颠覆性技术，大幅提升前瞻性战略性新兴产业的布局比重，这也是社会主义市场经济特有的优势条件与战略基础。

在社会主义市场经济体制下，国有资本是带动各类生产要素集聚配置的重要纽带，是促进新质生产力加速形成的重要力量，要充分发挥国有资本促进新质生产力发展的积极作用，以更大力度谋划和布局以"硬科技"为代表的原创性、颠覆性、前沿性和引领性关键核心技术，加快国有经济布局优

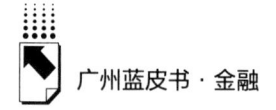

化和结构调整,切实增强国有经济竞争力、创新力、控制力、影响力和抗风险能力,着眼未来科技竞争前沿,努力抢占科技革命与产业变革制高点,这也是国有资本牢记"国之大者"、主动服务国家战略需要、勇担原创技术策源地和现代产业链"链长"使命担当的重要战略性任务之一。

面向未来,推动国有资本赋能"硬科技"新赛道,需要具备洞察未来世界科技创新和产业变革趋势的广阔视野与长远眼光,牢牢把握新部署、新使命、新要求,紧紧围绕国家战略需要,充分发挥国有资本战略支撑作用,重点聚焦"硬科技"领域首创性、突破性应用等投资方向,加大对源头创新、原始创新等领域的持续性资本投入,通过多元化的投融资支持对"硬科技"进行系统布局与战略投资,最大限度发挥国有资本在推进高水平科技自立自强重大战略部署中的托底作用,在前沿科技、技术攻关、关键领域突破等方面持续赋能,积极投资一批突破产业瓶颈、打破国际技术壁垒、攻克"卡脖子"技术和关键零部件的高科技领军企业,为实现更高质量、更有效率、更可持续、更为安全的发展保驾护航。

(三)广州发挥国资引领作用,聚焦"硬科技"新赛道具有特殊意义和必然要求

1. 从现有格局看,广州国资家底厚实,决定了国资赋能"硬科技"新赛道要担当重责大任

从发展基础看,广州是全国地方国资国企发展条件最好的城市之一,具有良好的产业基础、创新基础、市场和环境基础,截至 2024 年 10 月末,广州市属国企资产总额达 6.2 万亿元[①],以较大优势领先于深圳、成都、武汉、合肥等城市,连续多年居全国地市级(含副省级市)地方国资实力"第一城"之位。截至 2024 年 10 月末,广州市属国企规上工业总产值近 3400 亿元,占全市比重超过 20%,广汽集团、广州建筑、广州医药、广州

[①] 《广州市属国企资产总额突破六万亿元》,中国新闻网,2024 年 11 月 15 日,https://www.chinanews.com.cn/cj/2024/11-15/10319832.shtml。

工控4家市属国企进入世界500强，上榜数量居副省级城市第一位，辐射新能源汽车、生物医药、智能制造多个"硬科技"新赛道，呈现高质量发展新趋势，体现雄厚的国资国企综合实力。综合判断，广州市国资国企赋能"硬科技"新赛道，要充分发挥国有龙头企业的带动与支撑作用，从使命责任、战略定位和特色优势出发，对全市加快国有经济布局优化和结构调整、推动国有资本向前瞻性战略性新兴产业集中进行再分析、再研究和再谋划，助力全市现代化产业体系形成核心竞争力，攀升价值链高端环节，进一步提升战略性新兴产业规模质量，打造引领未来的新支柱新赛道，助力广州现代化建设不断向前推进，推动"二次创业"重整行装再出发，重塑广州高质量发展新优势。

2. 从实践逻辑看，广州以国有资本赋能"硬科技"新赛道，是加快形成新质生产力的关键支撑要素

2025年1月3日，广州市委十二届九次全会暨市委经济工作会议强调，广州要继续在高质量发展方面发挥领头羊和火车头作用，必须在发展壮大新质生产力上走前列、作示范，把握"创新"这个特点勇攀科技高峰，充分释放广州的资源优势、创新潜能，推动基础研究、应用基础研究、原始创新和颠覆式创新，把创新成果及时转化应用于产业发展，催生更多新产业、新模式、新动能，特别提出要将"推动创新链产业链资金链人才链深度融合"作为广州市建设"12218"现代化产业体系的重要支撑，为新时代广州国有资本持之以恒科学谋划、着力打造战略性新兴产业、精准锚定开辟未来产业新赛道提供了行动方略，也为当前和今后一个时期广州优化国有资本布局，推动原创性、颠覆性"硬科技"创新成果与具体产业和产业链深度融合确立了新方位和新目标。

为贯彻落实市委十二届九次全会暨市委经济工作会议的有关精神，推动国有资本聚焦"硬科技"新赛道，广州市上下要准确把握市委、市政府的战略考量，切实把思想和行动统一到市委、市政府推动新质生产力加快发展的决策部署上来，学习好运用好对发展规律的认识，保持定力、把准方向，找准新质生产力培育发展的立足点、落脚点、切入点、关键点和

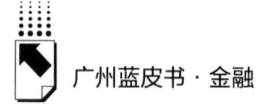

发力点，坚持稳中求进、以进促稳、先立后破，从更高起点谋划和推动"硬科技"领域国有资本投资的改革创新，对全市全方位转变"硬科技"领域国有资本投资的决策思维与底层逻辑进行再分析、再研究和再谋划，通过国资国企赋能着力打通从原始创新突破到应用研究和产业发展的一体路径，全方位提高"硬科技"新赛道国有资本投资的精准度，让各类国有资本向发展新质生产力顺畅流动，全面激发新质生产力赋能高质量发展的新动能，形成与之相适应的新型生产关系，为全市走好高质量发展之路夯土筑台、立梁架柱。

二 广州推动国有资本赋能"硬科技"，助力金融强市建设的基础优势

（一）金融资本对技术创新和经济增长具有显著的促进作用

金融是国民经济的血脉，金融资本是推动技术创新、促进经济增长的重要力量。推动金融资本集聚和提升金融资源配置效率，是城市推动技术创新、促进产业迭代升级、助力经济高质量发展的重要战略抓手和着力点，是催生新产业新业态、形成新质生产力、创造新需求和市场空间、拉动经济增长的核心驱动力。在新的形势背景下，准确把握广州推动金融资本向"硬科技"新赛道集中，助力金融强市建设实现新跨越的本质规律和趋势，对广州推进构建"12218"现代化产业体系、提升城市发展能级和核心竞争力具有重大现实意义。

关于金融资本与技术创新和经济增长之间的关系，经典的经济学理论认为，金融为技术创新提供资金支持、分散风险、优化资源配置和降低交易成本，技术创新通过优化生产工艺、开发新产品和服务，显著提高全要素生产率、推动经济增长，三者通过"科技—产业—金融"良性循环，最终促进经济增长和社会技术进步。

为进一步研究广州金融资本对技术创新和经济增长的促进作用，根据刘

佳宁等[①]、刘文文等[②]有关粤港澳大湾区、宁夏等地区金融资本对技术创新促进作用的研究文献，本报告采用时间序列研究方法，依据客观性、权威性和可获得性原则，收集整理了1999~2024年广州金融深化、技术创新和经济增长相关指标的年度数据[③]，包括广州地区生产总值（GDP）、金融相关率（FIR）[④]和专利授权量（TI）[⑤]等，深入分析广州金融资本与技术创新、经济增长之间的短期和长期均衡关系。1999~2024年广州GDP（取对数）、金融相关率（取对数）和专利授权量（取对数）数据如图1所示。

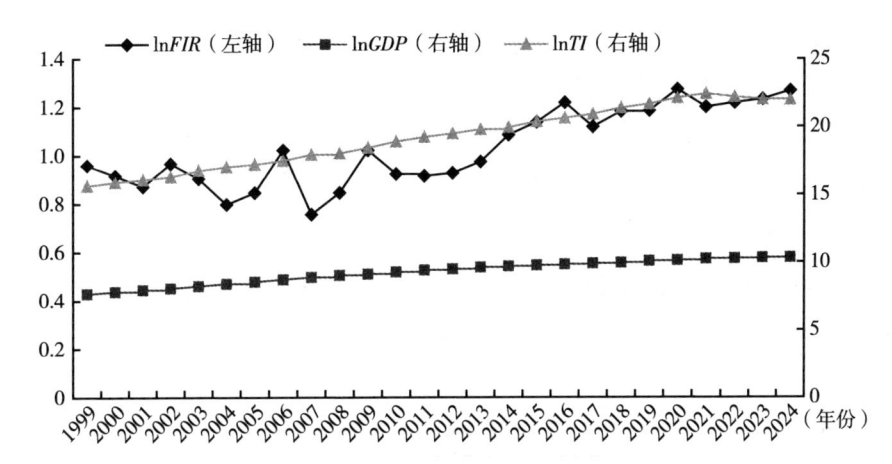

图1　1999~2024年广州GDP、金融相关率和专利授权量（取对数）

资料来源：2000~2024年《广州统计年鉴》以及广州市统计局和广州市政府网站。

本报告采用向量误差修正模型（VECM）和脉冲响应等计量研究方法分析广州金融资本与技术创新和经济增长之间的关系。实证研究结果表明，广

---

① 刘佳宁、欧阳胜银：《金融集聚对技术创新的非线性影响：以粤港澳大湾区为例》，《广东社会科学》2022年第3期。
② 刘文文、李克强、赵倩：《金融深化、技术创新与经济增长的关系研究——以宁夏为例》，《金融理论探索》2024年第1期。
③ 数据来源于2000~2024年《广州统计年鉴》以及广州市统计局网站。
④ 本报告所采用的金融相关率（FIR）指标参照了戈德史密斯有关测算某国（地区）经济金融化程度的定义，即FIR≈（本外币存款余额-财政性存款+保费收入+股票市价总值）/GDP。
⑤ 相较于专利申请量，采用专利授权量（TI）指标是为了更直接有效反映广州地区技术创新成效。

州金融资本、技术创新与经济增长之间存在显著的格兰杰因果关系。从短期来看，金融相关率增长1%，会拉动广州GDP增长5.56%；专利授权量增长1%，会推动广州GDP增长0.94%；从长期来看，金融相关率提升1%，会拉动广州GDP增长1.15%；专利授权量增长1%，会推动广州GDP增长0.69%。脉冲响应分析结果表明，受到冲击后，金融相关率、广州GDP、专利授权量呈现不同的起伏模式，各自所受的冲击和影响程度略有不同，整体上，无论是短期还是长期，金融资本和技术创新对广州经济增长均具有显著的促进作用，同时金融资本显著地推动了技术创新。

1. 广州金融资本与技术创新、经济增长的因果关系分析

首先，本报告对 $\ln FIR$、$\Delta \ln FIR$（对广州金融相关率年度数据取对数之后进行一阶差分）、$\ln TI$、$\Delta \ln TI$（对广州专利授权量年度数据取对数之后进行一阶差分）、$\ln GDP$、$\Delta \ln GDP$（对广州GDP年度数据取对数之后进行一阶差分）进行单位根检验，结果显示 $\Delta \ln FIR$、$\Delta \ln TI$、$\Delta \ln GDP$ 均不包含单位根（见表2），是平稳序列。可见，原序列是一阶单整序列。

表2 变量单位根检验

变量	Dickey-Fuller检验 Z(t)	Dickey-Fuller检验 P值	Phillis-Perron检验 Z(t)	Phillis-Perron检验 P值
$\ln FIR$	-1.319	0.6204	-0.856	0.8021
$\Delta \ln FIR$	-6.611	0.0000	-8.010	0.0000
$\ln TI$	-0.546	0.8828	-0.554	0.8811
$\Delta \ln TI$	-3.141	0.0000	-3.088	0.0000
$\ln GDP$	-2.679	0.0778	-2.613	0.0902
$\Delta \ln GDP$	-5.269	0.0000	-5.273	0.0000

注：单位根检验利用Stata软件。

其次，进一步分析和判断 $\ln GDP$ 与 $\ln FIR$、$\ln TI$ 之间是否存在长期均衡关系，本报告采用Johansen协整检验方法进行检验。实证研究结果显示，广州GDP与金融相关率、专利授权量之间存在显著的协整关系（见表3）。

表3　协整检验结果

协整向量的个数	特征值	迹统计量	5%临界值
0	—	39.7204	34.55
至多1个	0.63861	17.3286*	18.17
至多2个	0.41014	5.7156	3.74
至多3个	0.22879	—	—

* 表示结果在5%的水平下显著。

再次，进一步分析 $\ln GDP$ 与 $\ln FIR$、$\ln TI$ 之间是否存在格兰杰因果关系，对这些变量进行格兰杰因果关系检验，表4结果显示它们之间存在显著的格兰杰因果关系。

表4　格兰杰因果关系检验

方程	排斥变量	卡方统计量	自由度	卡方检验P值
$\ln GDP$	$\ln FIR$	2.1006	3	0.552
$\ln GDP$	$\ln TI$	14.595	3	0.002
$\ln GDP$	ALL	20.92	6	0.002
$\ln FIR$	$\ln GDP$	7.7988	3	0.050
$\ln FIR$	$\ln TI$	2.8439	3	0.416
$\ln FIR$	ALL	16.425	6	0.012
$\ln TI$	$\ln GDP$	7.4644	3	0.058
$\ln TI$	$\ln FIR$	11.719	3	0.008
$\ln TI$	ALL	22.022	6	0.001

复次，进一步考察 $\ln GDP$ 与 $\ln FIR$、$\ln TI$ 之间是否存在长期波动关系。本报告对 $\ln GDP$ 与 $\ln FIR$、$\ln TI$ 做回归分析，得到 $\ln GDP$ 与 $\ln FIR$、$\ln TI$ 之间长期关系式，如公式（1）所示。其中，金融相关率的系数为正，说明金融相关率与广州GDP之间呈正向相关关系，表明金融资本促进了广州的经济增长；专利授权量的系数也是正的，说明技术创新与经济增长之间也存在正向作用关系，表明技术创新对广州经济增长具有重要的促进作用。从长期关系式可以得出，长期来看，金融资本提升1%，会拉动广州

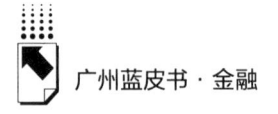

GDP 增长 1.15%；专利授权量增长 1%，会推动广州 GDP 增长 0.69%。

$$\ln GDP = 1.15\ln FIR + 0.69\ln TI + 3.53 \qquad (1)$$

最后，深入分析一个年度的金融相关率和专利授权量对广州 GDP 的短期冲击效果。本报告通过 Johansen 的极大似然估计方法构建并估计向量误差修正模型，得出 $\ln GDP$ 与 $\ln FIR$、$\ln TI$ 之间的短期关系式，即短期内金融相关率增长 1%，会拉动广州 GDP 增长 5.56%；专利授权量增长 1%，会推动广州 GDP 增长 0.94%，具体如公式（2）所示。

$$\Delta\ln GDP = 5.56\Delta\ln FIR + 0.94\Delta\ln TI + 6.36 \qquad (2)$$

2. 广州金融资本、技术创新与经济增长的脉冲响应分析

基于脉冲响应的研究方法，本报告对 $\ln GDP$ 与 $\ln FIR$、$\ln TI$ 进行脉冲响应分析，结果如图 2 所示。

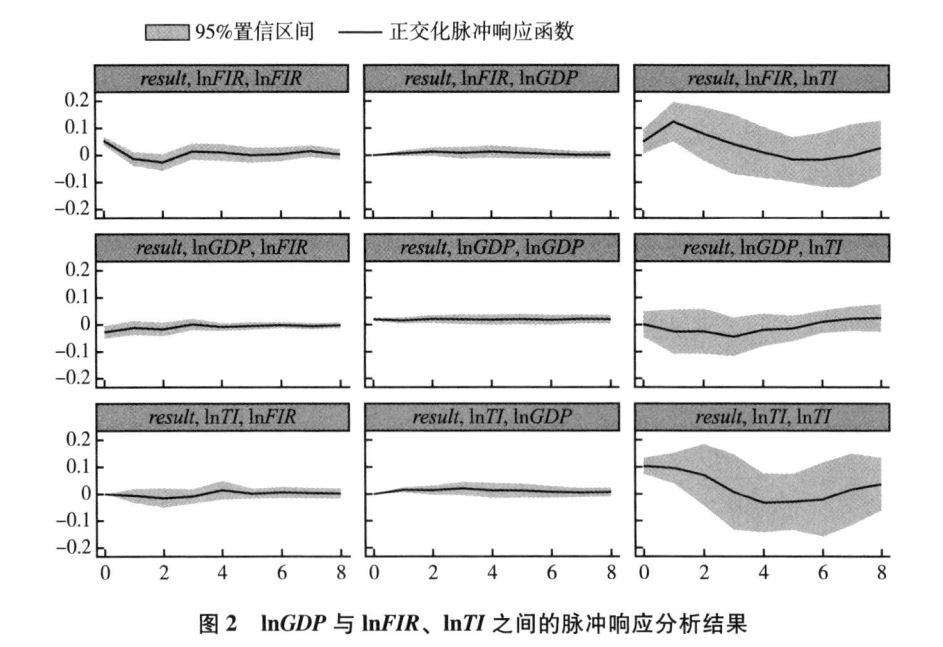

图 2　$\ln GDP$ 与 $\ln FIR$、$\ln TI$ 之间的脉冲响应分析结果

第一行展示了 $\ln FIR$ 受到一个单位标准差的冲击对 VAR 系统造成的影响，结论是：$\ln FIR$ 呈"上升—下降—下降—上升"的趋势，在 5 个年度之后此影响逐渐衰退；ln*GDP* 呈"上升—下降—上升"的趋势，在 4 个年度后此影响基本消失；ln*TI* 呈"上升—下降—下降—下降—上升"的趋势，在 6 个年度后此影响仍然存在。

第二行展示了 ln*GDP* 受到一个单位标准差的冲击对 VAR 系统造成的影响，结论是：ln*FIR* 呈"下降—上升—上升"的趋势，在 4 个年度后此影响基本消失；ln*GDP* 呈"上升—平稳"的趋势，在 3 个年度后此影响仍然存在；ln*TI* 呈"下降—上升—下降—上升—上升"的趋势，在 6 个年度后此影响消失。

第三行展示了 ln*TI* 受到一个单位标准差的冲击对 VAR 系统造成的影响，结论是：ln*FIR* 呈"下降—上升—上升—下降"的趋势，在 5 个年度后此影响基本消失；ln*GDP* 呈"上升—上升—下降—下降"的趋势，在 5 个年度后此影响基本消失；ln*TI* 呈"上升—下降—下降—上升—上升"的趋势，在 6 个年度后此影响仍然存在。

从上述分析可得出，无论是短期还是长期，金融资本和技术创新均对广州经济增长具有显著的促进作用，同时金融资本对技术创新具有重大的推动作用。

（二）广州推进金融强市建设成效显著

近年来，广州加快推进金融强市建设，进一步完善现代化金融服务体系，着力推动金融"三中心、一标杆、一高地"建设，推进共建粤港澳大湾区国际金融枢纽，以做大做强金融"五篇大文章"为战略核心，以优化金融资源布局和调整结构为重点，强化金融对科技、产业、绿色、普惠、养老等重点领域支撑作用，引导金融资源全面服务科技创新和产业创新，培育壮大新质生产力，推动金融资源精准赋能"12218"现代化产业体系，为重点产业赛道注入源源不断的金融"活水"，助力广州经济高质量发展。

1. 金融业综合实力迈上新台阶

作为国家中心城市，广州正在凝心聚力推进金融强市建设，不断优化金融营商环境，引导金融资源集聚，创新金融产品，提升金融服务质效，大力发挥金融赋能催化作用，紧密对接城市发展战略和产业发展规划，推动金融业综合实力迈上新台阶。2024年，广州金融业增加值达到3049亿元，占全省、全国比重分别为24.61%、3.09%[1]；横向比较看，广州金融业增加值虽低于北京（8154.2亿元）、上海（8072.73亿元）、深圳（4710.48亿元）等城市，但仍高于杭州（2651.85亿元）、重庆（2238.02亿元）、天津（2564.77亿元）等城市，规模稳居国内城市第四位，处于国内城市金融领域第一方阵[2]；从金融业对经济增长贡献来看，广州金融业增加值占全市GDP比重为9.8%，金融业跃升为全市第三大支柱产业、第五大税源产业，税收贡献占全市比重近10%，金融业总资产近13万亿元，推动广州成为国内第四个金融业增加值迈上3000亿元新台阶的城市（见图3）[3]。

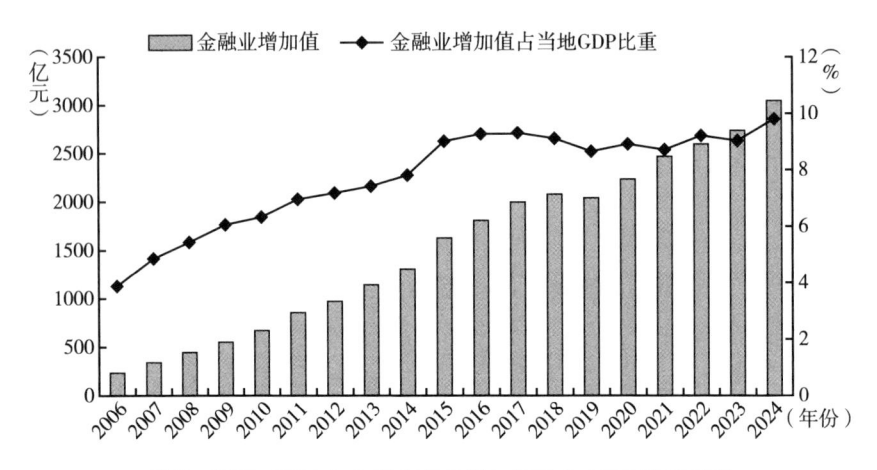

图3 2006~2024年广州金融业增加值及占GDP比重情况

资料来源：《广州统计年鉴（2024）》以及广州市统计局网站。

---

[1] 根据广州市统计局网站、广东省统计信息网、国家统计局网站2024年经济运行数据整理。
[2] 根据各城市统计局2024年经济运行数据整理。
[3]《广东新春第一会｜广州市副市长赖志鸿：广州成为国内第四个金融业增加值迈上3000亿元新台阶的城市》，网易新闻，2025年2月5日，https://www.163.com/dy/article/JNLNS3AM05199NPP.html。

2. 银行存贷规模位列全国第四

围绕金融服务实体经济，广州积极以市场需求为导向不断优化金融服务，以做好"五篇大文章"持续深化金融供给侧结构性改革，大力推动金融机构实施差异化配置信贷资源策略，聚焦实体需求和重大项目持续扩大信贷规模，优化信贷结构精准投向科技、绿色和产业升级等重点领域，推动银行存贷款规模及其增速走在全国前列。截至2024年底，广州地区金融机构本外币存、贷款余额分别为90802.37亿元、81174.33亿元（见图4），占全省比重分别为24.78%、28.59%，占全国比重分别为3.0%、3.17%[①]；横向比较看，广州地区金融机构本外币存、贷款余额，虽低于北京（251967.54亿元、117177.77亿元）、上海（220114.60亿元、122720.12亿元）、深圳（135778.02亿元、94830.33亿元）等城市，但高于成都（62604亿元、66359亿元）、重庆（56327.69亿元、60118.95亿元）、天津（47358.43亿元、46202.82亿元）等城市[②]，存、贷款余额均居全国第四位；从增速看，

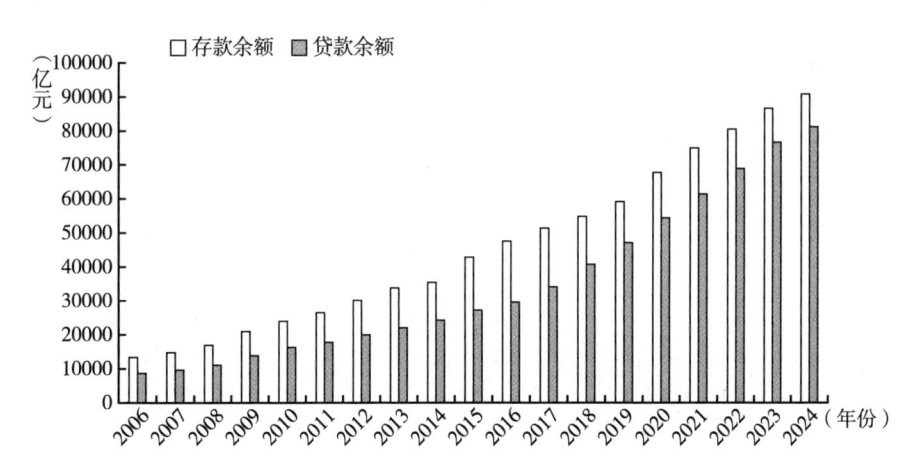

图4 2006~2024年广州地区金融机构本外币存、贷款余额

资料来源：《广州统计年鉴（2024）》以及广州市统计局网站。

[①] 根据广州市统计局网站、中国人民银行网站2024年金融数据整理。
[②] 根据中国人民银行网站2024年金融数据整理。

2024年，广州地区金融机构本外币存、贷款余额同比分别增长4.8%、5.9%；从新增贷款看，广州地区新增各项贷款余额4500亿元，居全国第三位、全省第一位，绿色贷款、涉农贷款余额稳居全省榜首[1]。

3. 原保费收入稳居国内城市第三位

为进一步强化保险服务实体经济能力，近年来广州加快推动保险行业数字化转型，推动产品开发场景化，围绕科技、绿色、普惠和养老等领域加大保险产品创新力度，提升保障水平与效率，以粤港澳大湾区扩大金融开放为契机，推动保险产品互联互通，促进全市原保费收入稳步增长，稳居国内城市第三位。截至2024年末，广州全市原保费收入达到1975.28亿元，首次突破1900亿元（见图5），占全省、全国比重分别为27.06%、3.47%，同比增长13.4%，比2006年增加10.26倍，近年来保持高速增长；横向比较看，广州原保费收入虽低于北京（3548.65亿元）、上海（2751.26亿元）等城市，但高于深圳（1958.21亿元）、重庆（1147.3亿元）、杭州（1418

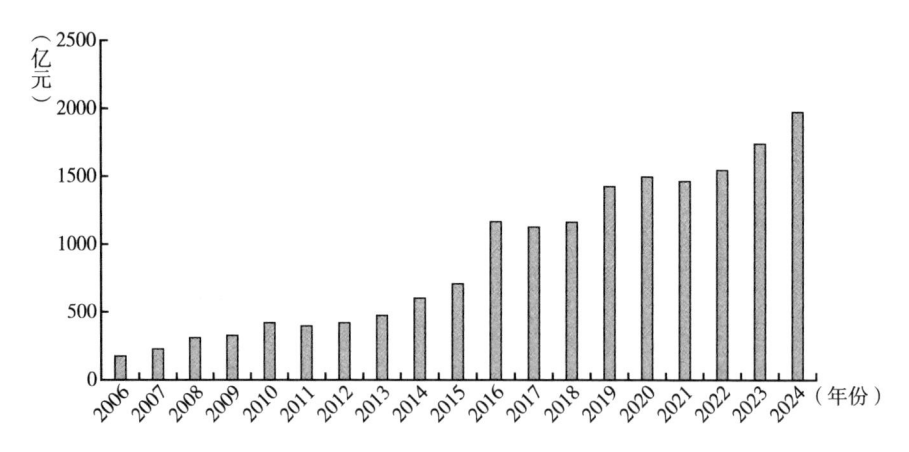

图5 2006~2024年广州市原保费收入

资料来源：《广州统计年鉴（2024）》以及国家金融监督管理总局。

---

[1] 《一图读懂 | 2024年广州金融强市报告》，"广州金融"微信公众号，2025年2月21日，https://mp.weixin.qq.com/s/whh6rcFzjgS-9piPz-s3_Q。

亿元）等城市①，规模排国内城市前三。广州市南沙区积极推动中山大学附属第一医院南沙院区等医疗机构与港澳地区10余家保险机构合作开展跨境保险直接结算服务。截至2024年6月底，南沙区医疗机构累计为港澳居民及外籍人士提供医疗服务超990例，其中有400余例病例使用跨境保险直接结算服务，相关医疗保险理赔额度普遍达医疗总费用的85%及以上②。

4. 绿色金融持续深化改革创新

作为国家首批绿色金融改革创新试验区之一，广州持续深化绿色金融创新实践，构建特色鲜明的绿色金融服务生态，为美丽广州建设与"双碳"目标实现注入强劲动能。一是加大政策创新扶持力度。发布"绿色金融十条"③，为推动绿色金融创新实践提供新动能。二是通过优化组织架构、强化低碳运营标准，推进金融机构绿色转型，建成全省数量最多的碳中和网点，形成示范引领效应。三是聚焦产品创新。打造多层次绿色金融产品体系。在绿色贷款领域创新推出生态公益性补偿收益权质押贷款、碳排放权抵押贷款等特色产品；在绿色保险领域诞生全国首个"碳关税保险"及首单公园城市景观林保险、古树名木救助综合保险；绿色债券市场实现三大突破，2024年接连落地全国首单气候友好型企业碳中和绿色公司债券、首单水务数字人民币公司债券、首单红树林低碳转型挂钩公司债券。四是持续完善期货市场体系。2024年12月广州期货交易所成功推出多晶硅期货和期权品种，进一步增强国内晶硅光伏产业国际竞争优势与核心定价主导权，筑牢产业链供应链安全稳定与可持续发展根基。五是积极推进绿色金融标准研究。《企业（项目）融资气候友好评价规范》作为全国首个"穗港澳"气

---

① 《2024年12月全国各地区原保险保费收入情况表》，国家金融监督管理总局网站，2025年1月26日，https：//www.nfra.gov.cn/cn/view/pages/ItemDetail.html?docId=1197408&itemId=954。

② 《新时代中国调研行之看区域·大湾区篇｜资金互通　市场互联——粤港澳大湾区推动保险业互联互通观察》，"中央政府驻澳门联络办公室"微信公众号，2024年12月16日，https：//mp.weixin.qq.com/s/2Y7qR1eKTxRqlMxawkoBPg。

③ 《中共广州市委金融委员会办公室印发〈关于做好绿色金融大文章支持广州绿色低碳发展的若干措施〉的通知》，广州市地方金融管理局网站，2025年2月8日，https：//jrjgj.gz.gov.cn/zcgh/content/post_10108724.html。

候投融资地方标准正式发布；《企业碳账户融资实施指南》由广州市绿色金融协会与广州供电局联合制定实施，推动金融机构将碳表现纳入授信评价体系。六是持续深化国际合作，不断扩大绿色金融"朋友圈"。广州市作为中国唯一城市代表，在2024年G20可持续金融工作组会议（巴西）分享金融支持城中村改造和城市可持续发展经验；广州主办2024年粤港澳大湾区绿色金融联盟年会，汇聚三地监管机构、金融机构及专业服务机构共商绿色发展路径，彰显大湾区绿色金融协同发展新格局[1]。

截至2024年12月末，广州全市绿色贷款规模突破1.32万亿元，同比增速达24%，占全市贷款总量的16.2%、全省绿色贷款总量的35.4%。据广州市绿色金融协会不完全统计，截至2024年末，广州地区累计发行各类绿色债券264只，累计发行规模达2253.93亿元人民币，其中境内发行2093.62亿元人民币，境外发行19.40亿美元和18.70亿元人民币，相较2023年末，累计发行数量及规模分别增长34.01%和23.79%[2]。

5. 数字金融运用场景不断丰富

2024年，广州发布《关于支持数字金融高质量发展若干措施》，全面推进数字金融标杆城市建设，以构建数字金融生态圈为重点，推动数字技术赋能科技金融、绿色金融、普惠金融、养老金融等领域，推动金融机构数字化转型与数据要素融合发展，以数字人民币应用场景创新为突破口，着力打造数字金融发展"广州模式"。自2022年获批数字人民币试点城市以来，广州以服务实体经济和民生普惠为核心，创新构建数字人民币多维度应用体系，着力打造具有"羊城特色"的生态示范区。通过深度融合传统商圈、现代商贸、交通枢纽及风景园林等特色场景，如永庆坊、白云山、正佳广场和广州塔等，形成覆盖商旅文体的数字人民币"广州模式"，树立宜居宜业

---

[1]《广州发布"绿色金融十条"为推动绿色低碳发展注入新动力》，广州市地方金融管理局网站，2025年2月8日，http://jrjgj.gz.gov.cn/gzdt/content/post_10108559.html。

[2]《〈2024年度广州绿色债券发展报告〉出炉：累计发行总规模达2253.93亿元 创下多个首单项目》，"绿色湾区GBA GFA"微信公众号，2025年2月26日，https://mp.weixin.qq.com/s/5qtb6EUNpSnjAkp-M-6mKg。

的数字金融新标杆。在交通领域，2024年全市公共交通数字人民币日交易量突破5万笔，年末累计交易量以1000万笔创全国首位。深化重点民生领域应用，创新推出住房公积金数字人民币购房提取业务，形成"线上线下双通道、缴存提取贷款全场景"服务模式，截至2024年底，累计办理数字人民币业务3.3万笔，交易规模达7385万元，彰显数字人民币服务民生质效[①]。在跨境金融领域，2024年11月，广州航运交易有限公司（隶属广州交易集团）与中国建设银行广东自贸试验区分行达成首笔跨境贸易数字人民币B端结算业务交易，这次交易是国内航运业跨境数字人民币支付的第一个案例，也是广州市属国有企业在跨境数字人民币支付领域的首次实践[②]。在债券领域，广州成功落地广东首单10亿元数字人民币债券[③]，成功发行全国首单水务领域数字人民币公司债券[④]。

6. 普惠金融赋能实体经济更加有效

以提升金融服务的精度与广度为重点，广州积极推进普惠金融改革创新，通过建立普惠贷款风险损失补偿机制、完善政府性融资担保体系、设立市场化转贷服务平台、规范地方金融业态等组合措施，构建"增量、降本、增效"的普惠金融生态体系。一是精准滴灌小微与"三农"。创新推出"花卉贷""冻品贷""果菜贷"等产品，累计投放达97亿元，解决轻资产小微企业融资难题。截至2024年末，纳入广州市科技型中小企业信贷风险损失补偿资金池的贷款余额达10.30亿元，对接园区97个、专业市场76个，累计发放小微企业贷款1099笔21亿元[⑤]。二是推动数字化平台建设，提升融

[①]《"数字人民币+"助力住房公积金加"数"跑》，广州市地方金融管理局网站，2025年1月26日，http://jrjgj.gz.gov.cn/gzdt/content/post_10099501.html。
[②]《跨境支付新锚点！广州落地航运金融业首笔数字人民币跨境交易》，"广州金融"微信公众号，2024年11月20日，https://mp.weixin.qq.com/s/L3H5b6Mjz1vS3LxVzH9cDw。
[③]《广东首单10亿元数字人民币债券成功发行》，"广州金融"微信公众号，2024年6月27日，https://mp.weixin.qq.com/s/IvUxi_86TfiyZtDoBqgumA。
[④]《广州成功发行全国首单水务领域数字人民币公司债券》，"广州金融"微信公众号，2024年7月9日，https://mp.weixin.qq.com/s/104UDMk72zx1TlHcZwaDLw。
[⑤]《广东：普惠金融"加速度" 激活小微"新引擎"》，中国人民银行广东省分行网站，2025年2月24日，http://guangzhou.pbc.gov.cn/guangzhou/129136/5599662/index.html。

资可得性与效率。为着力破解企业信用信息分散、获取困难及银企信息不对称难题，广州通过"数据通、模型通、系统通、产品通"的"四通模式"，深化信用信息共享应用，提升"信易贷"服务精准度与深度，优化授信审查效率，扩大信贷产品覆盖面，推动企业融资更便捷、金融机构放贷更稳健，有效缓解企业融资难题。截至2024年末，"信易贷"平台累计为超过83万家注册用户提供信用融资综合服务，促成银行放款超2635亿元[1]。首笔"粤信融"跨境验证业务于2024年8月落地广州天河。未来，广州将坚持服务实体经济，深入挖掘普惠金融供需矛盾，创新开发响应小微企业需求的金融产品，精准服务"百千万工程"，不断强化普惠金融政策协同机制，整合财政、产业、金融资源形成政策合力，全面扩大金融服务的覆盖面并提升有效性，持续书写普惠金融高质量发展新篇章。

7. 大力活跃资本市场成效显著

为推动资本市场更好地服务实体经济发展，广州坚决扛起建设现代化产业体系、加快形成新质生产力、再造新广州的使命担当，围绕推进"12218"现代化产业体系建设，聚焦先进制造业、战略性新兴产业等新质生产力，积极发挥资本市场风险共担、利益共享等机制，以服务全过程创新、育企助企强企为重点，大力实施"上市十条"等措施激活资本市场，持续提升上市公司质量，推动更多优质创新型企业通过境内外上市获得更多资本支持，助力广州资本市场持续高质量发展。广州市白云区的芭薇股份在2024年3月29日成功登陆北交所，成为美妆制造第一股。在智能网联汽车领域，文远知行、小马智行分别在2024年10月、11月赴美国纳斯达克上市，总募资金额分别达4.585亿美元、4.52亿美元，推动广州成为国内拥有"L4级自动驾驶第一股""全球通用自动驾驶公司第一股""全球Robotaxi第一股"等知名企业的一线城市。其中，文远知行作为广州自动驾驶技术领军企业，已获得中国、阿联酋、新加坡及美国自动驾驶测试许可资

---

[1] 《全力拼发展，为广州加快建设"12218"现代化产业体系，奋力把高质量发展之路走得更有奔头、更有劲头，作出广州金控集团新的更大贡献》，"广州金控集团"微信公众号，2025年2月8日，https：//mp.weixin.qq.com/s/dKnM7dC-yHLgY5wVjhD6gw。

质，其技术研发与商业化应用已覆盖亚洲、欧洲、北美洲等地区的30个城市，形成包含自动驾驶出租车、自动驾驶接驳车、无人货运车、智能环卫车及高级辅助驾驶系统的全场景产品矩阵，业务范围涵盖城市出行、货物运输及环境清洁等垂直领域，累计完成超2000万公里公共道路测试。2024年以来，广州新增境内外上市公司9家（见表5）。截至2025年2月底，广州境内外上市公司达249家，累计募集资金超7000亿元，其中境内上市公司158家、境外上市公司91家[①]。

表5 2024年以来广州新增境内外上市公司

序号	公司名称	上市交易所	行业	市值（截至2025年3月4日）
1	广合科技	深交所	电子元件及设备	239.3亿元人民币
2	芭薇股份	北交所	日用品	19.37亿元人民币
3	如祺出行	港交所	交通运输	24.29亿港元
4	晶科电子股份	港交所	半导体	21.86亿港元
5	小马智行	纳斯达克精选市场	应用软件	52.52亿美元
6	文远知行	纳斯达克全球市场	汽车制造	48.31亿美元
7	永兴股份	上交所	环境与设施服务	126.09亿元人民币
8	益盛鑫科技	纳斯达克资本市场	多元金融服务	0.57亿美元
9	有信科技	纳斯达克资本市场	应用软件	0.78亿美元

资料来源：根据Wind股票数据库整理。

8.打造基金群培育耐心资本长期资本

培育壮大耐心资本、长期资本是推进科技创新、促进经济增长的关键之举。近年来，广州着力强化金融支持科技创新和打通科技成果转化"最后一公里"，优化财政金融资源配置，打造基金集群，撬动更多社会资本集聚，加快培育壮大耐心长期资本，推动创新资本集聚城市战略性新兴产业和未来产业，投早、投小、投长期、投硬科技，被达沃斯全球母基金峰会评为全球最佳风投创投城市30强，加快形成新质生产力，助力经济高质量发展。

① 根据Wind股票数据库整理。

一是以广州金控集团为依托,积极构建以天使母基金、科技创新母基金为核心的"基金群",打造"1+12+N""金谷联盟"平台支持科技成果转化,截至2024年12月末,累计投资项目1154个、投资金额586.14亿元,培育79家上市公司和75家"独角兽"企业[1]。二是继产投母基金(1500亿元)、创投母基金(500亿元)、天使投母基金(100亿元)之后,首只金融资产投资公司(AIC)股权投资基金成功落地,规模达100亿元,将积极赋能新一代信息技术、智能网联与新能源汽车、生物医药与健康、新能源与节能环保、智能装备与机器人等战略性新兴产业发展。三是设立规模达10亿元的环港科大(广州)科技成果转化母基金。截至2024年末,该基金直投部分已向香港科技大学(广州)项目投资2300万元,累计带动12个投资主体参与,撬动社会资本实缴投资约1.1亿元。四是首个园区基础设施REITs(不动产投资信托基金)项目(易方达广州开发区高新产业园封闭式基础设施证券投资基金)获中国证监会注册批复,计划募集资金规模约20亿元,将推动存量资产和新增投资形成良性循环。五是扩大合格境内有限合伙人(QDLP)和合格境外有限合伙人(QFLP)政策试点范围。广州市南沙区自实施QFLP和QDLP跨境投融资试点政策以来,已累计获批10家QFLP基金管理人及1家QDLP基金管理人,获批试点额度总量超过240亿元。其中,南沙落地了全国首单券商私募QDLP基金境外投资案例、广东省规模最大的QFLP基金以及省内首只QFLP基金利用外资项目,切实拓宽了私募基金跨境投资通道,推动境内外金融资本跨境双向流动[2]。

9. 广州期货交易所积极服务绿色低碳发展

围绕服务"双碳"目标,广州期货交易所正加快推进覆盖能源、资源、环境等领域的全链条期货品种体系建设。在新能源产业链方面,通过深耕太

---

[1] 《全力拼发展,为广州加快建设"12218"现代化产业体系,奋力把高质量发展之路走得更有奔头、更有劲头,作出广州金控集团新的更大贡献》,"广州金控集团"微信公众号,2025年2月8日,https://mp.weixin.qq.com/s/dKnM7dC-yHLgY5wVjhD6gw。

[2] 《资本招商"明珠投融荟"走进港澳——南沙开发区赴港澳举行QFLP和QDLP跨境投融资便利化政策推介沙龙》,广州市南沙区人民政府网站,2024年5月24日,http://www.gzns.gov.cn/zwgk/zwdt/content/post_9666852.html。

阳能发电、风力发电、锂电储能等细分领域，重点推进铂、钯、氢氧化锂等新能源金属期货品种的研发上市工作；在战略布局层面，着力开展碳排放权、电力及绿色电力证书等创新品种研究，同时积极探索开发风光水电气象指数类衍生品，以应对新能源产业对气象条件依赖的行业特性。2023年以来，广州期货交易所两年上市碳酸锂、工业硅和多晶硅三个品种，其中碳酸锂和工业硅成交量增幅分别居全球金属期货市场第一位和第三位，形成新能源金属期货"广州价格"；中国期货业协会公开数据显示，2024年1~12月广州期货交易所累计成交量为1.97亿手，累计成交额为10.89万亿元，同比分别增长203.85%和78.68%，分别占全国市场的2.54%和1.76%[①]。

10. 探索特殊资产管理新模式

为落实中央防范化解重大风险部署，强化地方金融风险防控能力，培育特殊资产价值重塑新动能，为经济转型升级拓展空间，广州积极出台《广州市推动特殊资产管理行业发展若干措施》，着力打造大湾区特殊资产赋能服务平台，通过组建大湾区国有特殊资产托管服务中心、建设大湾区特殊资产研究院等，全力在资源、要素、渠道商等方面构建特殊资产生态圈，积极推动大湾区特殊资产市场一体化探索，提升广州在全国特殊资产配置体系中的地位和作用，助力防范化解经济社会风险[②]。粤港澳大湾区特殊资产综合服务枢纽于2024年6月在广州正式投入运营，逐步构建"核心平台+五大功能模块+多元服务场景"的立体化服务体系。作为重要配套举措，平台同步启动常态化资产推介机制，截至2024年8月已成功举办六轮资产推介会，累计展示特殊资产项目243个，涉及债权规模近600亿元，吸引包括金融机构、投资公司及专业服务商在内的120余家市场主体参与。广州市政府联合中国银河资产、广发银行等10家战略合作伙伴于2024年6月签署生态共建

---

① 《2024年12月全国期货市场交易情况》，中国期货业协会网站，2025年1月7日，http://www.cfachina.org/servicesupport/researchandpublishin/statisticsdata/monthlytransactiondata/202501/t20250107_77901.html。
② 《聚焦特资管理新模式 2024广州特殊资产管理与发展论坛在穗成功举办》，"广州金融"微信公众号，2024年6月23日，https://mp.weixin.qq.com/s/gLcmYjUCTBdkiHeZ9aXCfQ。

协议，整合资产管理公司、商业银行、科技平台等多方资源，着力打造特殊资产价值重塑产业链，构建特殊资产生态圈。2024年，广州本地持牌资产管理机构——广州资产管理有限公司通过银行间债券市场实现多渠道融资，连续发行三期中期信用票据及两期短期融资工具，共募集资金8.02亿元，专项用于特殊资产盘活业务，反映出资本市场对广州区域特资管理能力的积极预期。

11. 全力打造国内"投顾第一城"

自2023年起，广州以建设大湾区跨境理财和资管中心为目标，着力推动投资顾问业态发展，助力资本市场投资端改革。一是提出"1+4+N"投顾业态发展框架，即建设1个投顾培训"黄埔军校"（指广州投资顾问学院），培育券商类、资管类、独立型、银行类4类标杆机构，集聚独立投顾机构、投顾服务机构及金融科技公司等N类产业链机构，构建完整投顾产业体系。二是在2023年11月设立广州投资顾问学院、广州投资顾问研究院及广州投顾产业链投资有限公司，作为业态建设三大"战略支点"，创下国内投顾行业三项"第一"：首家投顾专业培训机构、首家投顾领域研究机构、首只专注投顾生态的母基金。三是全国首发地方性投顾业态支持政策《广州市大力发展投资顾问业态的若干措施》，从顶层设计、培训体系、人才建设等十个维度推动业态发展，强化投顾服务实体经济能力，助力广州金融创新与高质量发展。四是举办投顾行业活动提升品牌影响力，2024年4月12日成功承办国内首个晨星（中国）投资峰会，汇聚全球业界领袖及专家探讨财富管理发展路径，助推广州建设辐射湾区、全国及全球的"投顾之城"。

12. 融资租赁呈现强劲发展态势

作为经济主体重要的融资渠道，推动融资租赁健康发展尤为关键。近年来，广州持续深化融资租赁改革，推动融资租赁高质量发展取得显著成效。为强化引领效应，广州重点培育南航租赁、中交租赁、越秀租赁[①]、南网租

[①] 其中，越秀租赁通过科技赋能多家商用车租赁项目，累计投放资金近30亿元。参见《聚焦示范！广州地方金融组织做好金融"五篇大文章"十大典型案例》，"广州金融"微信公众号，2025年4月11日，https://mp.weixin.qq.com/s/gB8hw4Gc9VecOrBMgeK-yQ。

赁、远东宏信等标杆企业，形成具有全国影响力的头部机构集群。在制度保障方面，广州创新建立市区两级融资租赁联席会议机制，通过跨部门协同有效解决企业展业难题。同时出台《关于大力发展融资租赁支持制造业高质量发展的实施方案》专项政策，精准引导金融"活水"浇灌实体经济，在新能源汽车、光伏新能源、智能装备制造、轨道交通及航空航天等先进制造领域形成产融协同创新示范效应，有力助推制造业向价值链高端攀升。截至2024年11月末，全市融资租赁资产规模攀升至2528亿元，较2023年末实现13%的稳健增长；年度投放金额达1235亿元，同比增幅达23%，呈现强劲发展态势。在经济效益方面，广州融资租赁全行业年度纳税总额突破25.37亿元，实现经营利润达31亿元，凸显良好盈利能力。

三 广州推动国有资本赋能"硬科技"，助力金融强市建设的趋势展望

（一）存款贷款有望继续保持较快增长速度

本报告采用R语言的STL（Seasonal and Trend decomposition using Loess）时间序列分析方法对2016~2024年广州地区金融机构本外币各项存款和各项贷款余额月度数据进行分析并预测2025年的数值（见图6、图7、图8、图9）。从过去9年时间看，广州地区金融机构本外币各项存款余额和各项贷款余额虽有一定的波动，但总体呈现增长趋势。预测结果表明，在未来一段时期内，广州地区金融机构本外币各项存款余额和各项贷款余额将继续保持较快增长态势，广州金融赋能科技创新、助力"硬科技"赛道实现新跃升更加有力有效。

表6和表7分别显示了2025年1~12月广州地区金融机构本外币各项存款余额和各项贷款余额在80%置信区间和95%置信区间的预测数据。基于预测数据，对2025年12个月的数据进行加总，计算得出2025年广州地区金融机构本外币各项存款余额落在区间［1099307.86，1161914.68］（亿元）的可能性是80%，落在区间［1082736.87，1178485.61］（亿元）的可能性是95%。

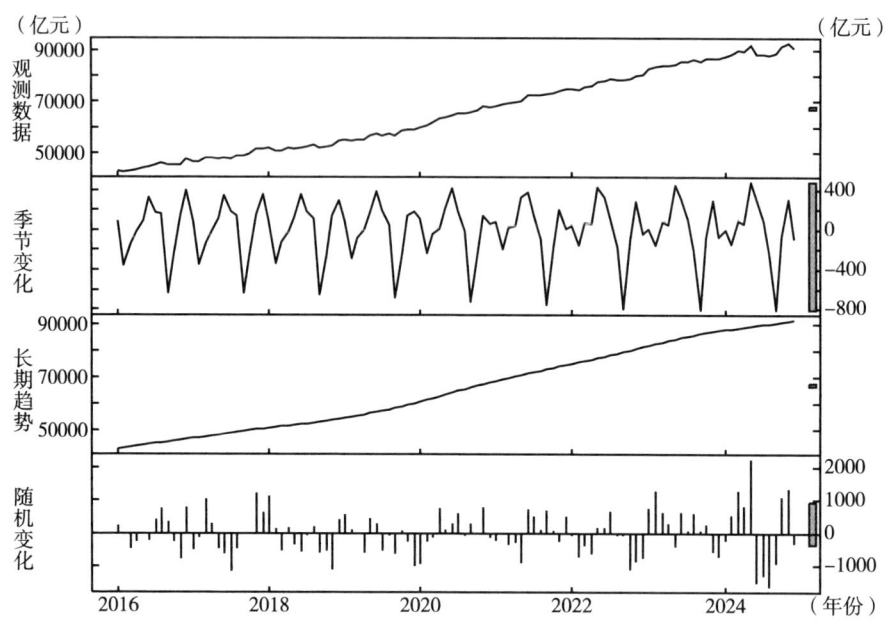

图 6　2016~2025 年广州地区金融机构本外币各项存款余额月度数据分解示意

资料来源：广州市统计局网站。

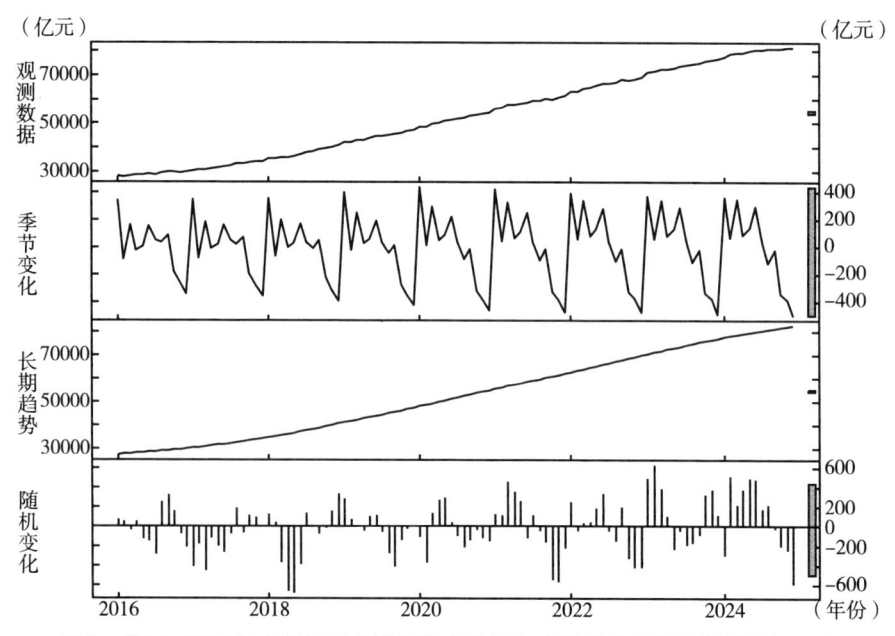

图 7　2016~2025 年广州地区金融机构本外币各项贷款余额月度数据分解示意

资料来源：广州市统计局网站。

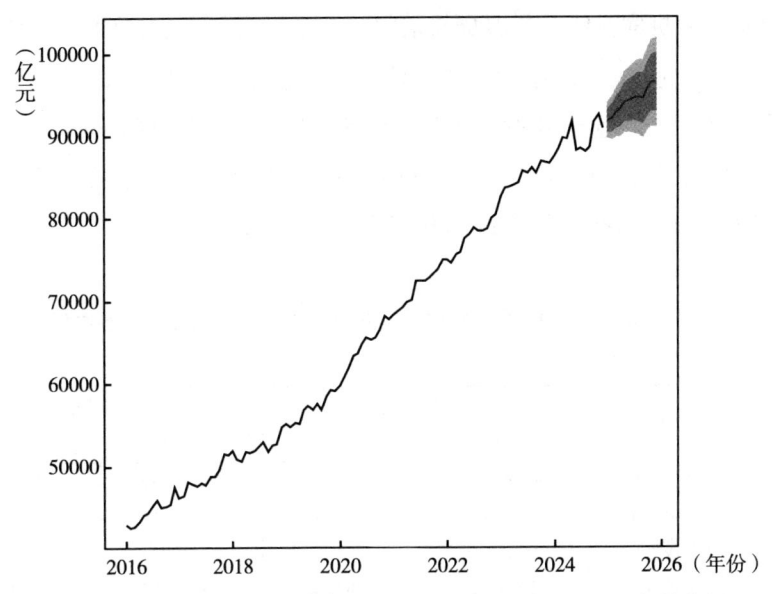

图 8　基于 STL 方法预测的广州地区金融机构本外币各项存款余额

资料来源：广州市统计局网站。

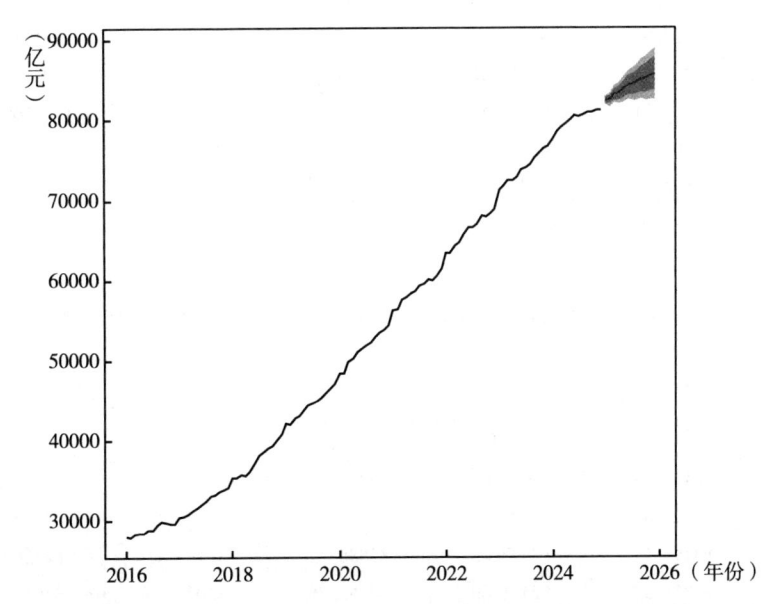

图 9　基于 STL 方法预测的广州地区金融机构本外币各项贷款余额

资料来源：广州市统计局网站。

广州地区金融机构本外币各项贷款余额有80%的可能落在区间［995507.56，1024995.77］（亿元），有95%的可能落在区间［987702.49，1032800.84］（亿元）。结合广州金融业发展态势，预计2025年广州地区金融机构本外币各项存款余额和各项贷款余额继续保持两位数增长，增长速度均为10%左右，规模总量分别有望突破11万亿元和10万亿元。

表6 2025年1~12月广州地区金融机构本外币各项存款余额预测

单位：亿元

月份	均值预测点	80%置信区间		95%置信区间	
		下限	上限	下限	上限
1	91850.29	90459.32	93241.25	89722.99	93977.58
2	92136.04	90441.49	93830.59	89544.45	94727.63
3	92808.08	90854.30	94761.86	89820.03	95796.13
4	93199.09	91014.58	95383.60	89858.17	96540.01
5	94053.54	91658.53	96448.54	90390.70	97716.30
6	94309.30	91719.10	96899.51	90347.93	98270.68
7	94528.13	91754.78	97301.49	90286.66	98769.61
8	94627.97	91681.27	97574.68	90121.38	99134.57
9	94482.17	91370.26	97594.07	89722.92	99241.41
10	95665.61	92395.42	98935.80	90664.29	100666.94
11	96462.45	93039.92	99884.99	91228.14	101696.77
12	96488.59	92918.89	100058.30	91029.21	101947.98

资料来源：课题组通过模型预测。

表7 2025年1~12月广州地区金融机构本外币各项贷款余额预测

单位：亿元

月份	均值预测点	80%置信区间		95%置信区间	
		下限	上限	下限	上限
1	82444.33	82086.02	82802.65	81896.33	82992.33
2	82528.82	81991.72	83065.92	81707.40	83350.25
3	83193.17	82497.63	83888.71	82129.43	84256.91
4	83318.53	82471.30	84165.76	82022.80	84614.25
5	83756.47	82759.45	84753.48	82231.67	85281.27
6	84293.34	83146.17	85440.50	82538.90	86047.77

续表

月份	均值预测点	80%置信区间		95%置信区间	
		下限	上限	下限	上限
7	84408.67	83109.77	85707.57	82422.17	86395.17
8	84645.20	83192.27	86098.14	82423.14	86867.27
9	85129.01	83519.32	86738.69	82667.20	87590.81
10	85194.52	83425.09	86963.95	82488.41	87900.63
11	85535.76	83603.44	87468.09	82580.53	88491.00
12	85803.85	83705.38	87902.31	82594.51	89013.18

资料来源：课题组通过模型预测。

（二）深刻把握在新一轮科技革命和产业变革中做创新贡献者做硬核创新

以人工智能、量子技术、生物技术、新能源、新材料等前沿技术为核心驱动的新一轮科技革命正在掀起全球产业数字化和绿色化等变革浪潮，将深刻重塑全球经济版图。要深刻把握这一轮科技革命和产业变革中最底层对科技创新的重新定义，即要做创新的贡献者而不是追随者，以好奇心为核心驱动力的创新正在觉醒，并逐渐成为推动科技进步和社会发展的关键力量。过去经济发展追赶阶段的运用型创新将不再是主流，前沿性创新、颠覆性创新、硬核创新将成为未来时代发展的主旋律，也将推动做时代引领者贡献者而不是追随者。金融业要在新一轮科技革命和产业变革中发挥更大的关键性作用，做耐心资本和长期资本，支持更多创新贡献者做硬核创新，助力颠覆性技术创新，推动产业迭代升级，使金融业成为推动经济高质量发展的金融创新贡献者。

面对新一轮科技革命与产业变革，广州金融业要以强化服务硬核创新为主线，以金融赋能颠覆性创新为核心抓手，积极培育壮大耐心长期资本，激发民间资本参与活力，引导社会资本"投早投小投硬科技"，助力广州打造新质生产力策源地。

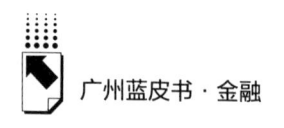

（三）深刻把握构建现代化产业体系的"科技—产业—金融"良性循环

构建现代化产业体系不仅是应对新一轮科技革命和产业变革的必然选择，也是实现经济高质量发展、提升国家综合竞争力的关键举措。金融作为实体经济的"血脉"，是推动构建现代化产业体系的核心动力。要深刻把握构建现代化产业体系的"科技—产业—金融"良性循环的核心内涵，即通过强化科技创新的引领作用，推动硬科技成果向现实生产力转化，为产业升级注入强大动力；借助产业的高端化、智能化、绿色化发展，为金融体系提供广阔市场和稳定收益，促进金融与实体经济的深度融合；同时，充分发挥金融的资源配置功能，引导更多资金流向科技创新领域，为科技研发和成果转化提供有力支持，实现资金链与产业链、创新链的深度融合，形成"技术突破—资本增值—产业升级"的正向循环，最终形成科技赋能产业、产业反哺金融、金融催化创新的良性循环。

新形势下，广州金融业要紧扣"科技—产业—金融"循环逻辑，围绕"12218"现代化产业体系，不断深化产融协同机制，以构建全生命周期金融服务链为重点，提升金融服务的精度和广度，助力广州经济高质量发展。

（四）深刻把握全球经济进入下行趋势、资本进入冷周期的现实精准发力

当前全球经济面临增速放缓、通胀压力与地缘政治冲突叠加的复杂环境，传统的规模增长模式难以为继，资本进入避险冷周期，会对原创式创新产生更多抑制性的负面作用，但硬核创新、颠覆性创新仍有巨大机遇。金融业要深刻把握全球经济下行与资本冷周期的现实挑战和新产业蕴含的新机遇，勇于创新，优化应对策略，依托精准发力差异化支持战略性产业与中小企业，通过大数据与区块链技术强化风控，实施技术穿透和推动政策、市场和技术三者生态协同联动等三大路径，实现从"被动防御"到"主动布局"的转型。加速重构金融机构盈利模式与监管框架，强化跨境风险管理与资产

配置能力，推动绿色金融与科技金融深度融合，构建"韧性—效率—可持续"的动态平衡，形成"技术驱动产业升级—资本优化配置—风险可控闭环"的良性循环，为实现经济高质量发展提供金融新范式。

面对复杂的经济形势和资本周期，广州要充分发挥区域金融中心金融资源枢纽的优势和国有资本稳定器的作用，善于在风险挑战中把握机遇，推动金融从业者积极调整经营策略，创新金融产品和服务，强化国内外联动发展，以防风险、促发展为核心，不断提升金融服务效能。

（五）深刻把握国有资本等耐心资本和长期资本赋能"硬科技"新赛道

耐心资本、长期资本是支持科技创新、发展新质生产力的重要支柱。国有资本可以充分发挥经济压舱石和创新助推器的作用，引导金融资本投早、投小、投长期、投硬科技，助力科创企业克服技术研发周期长、市场验证周期慢，企业面临较大的财务压力和市场竞争等挑战。要积极打造充分市场化和具有企业家精神的管理团队，辅以尽职免责和容错纠错等灵活管理机制和管理理念，引进以好奇心为核心驱动力的创新人才，整合资源，优化产投、创投、天使母基金运作机制，设立更多 AIC 股权投资基金，构建"政府+企业+金融"三位一体的长期投入持续增长机制，引导长期资本和耐心资本等要素向重点硬科技产业赛道集聚，推动从传统的"财政补贴+土地开发"向"资本链+产业链+创新链"三链融合的生态型投资范式转变。

下一步，广州应聚焦耐心资本、长期资本生态建设，以国有资本为战略支点，以扩容升级科创母基金、天使母基金，创新投资理念和体制机制为重点，大力吸引社会资本形成长线投资合力，重塑科创投资范式，推动资本要素向硬科技领域深度集聚。

（六）深刻把握数字化绿色化价值创造等变化趋势持续做好"五篇大文章"

当前，人工智能与大数据、量子计算、区块链等颠覆性技术创新层出不穷，科技创新发展将深度重构金融业态，金融与技术的融合势不可挡。为应对全球资源环境恶化和气候变化等重大挑战，可持续发展已经成为金融核心价值标尺，绿色金融从理念到实践推动形成ESG投资新范式，生物多样性融资和TCFD（气候相关财务信息披露工作组）框架落地等推动气候投融资深入人心。当前，数字技术正在消除服务鸿沟，推动普惠金融从注重"覆盖面"向"价值创造"升级。语音交互、AI手语柜台等推动无障碍金融服务和全民养老金融爆发，包容性金融产品创新层出不穷。深刻把握数字化、绿色化、价值创造等新变化趋势，推动数字化转型、绿色金融创新、科技金融赋能、普惠金融深化和养老金融完善，提升金融服务实体经济的能力，助力经济社会的可持续发展。

面向未来，广州金融业要深刻把握绿色化、数字化等发展趋势和产业机遇，以科技赋能金融创新、提升金融服务效率为重点，围绕科技金融、绿色金融、普惠金融、养老金融、数字金融"五篇大文章"，以及广州"12218"现代化产业体系建设，积极主动谋划发展战略，以满足各类经济主体融资需求，协助广州提升产业竞争力、科技引领力。

四 广州推动国有资本赋能"硬科技"，助力金融强市建设的对策建议

推动广州国有资本赋能"硬科技"新赛道，助力金融强市建设实现新跨越是重塑广州高质量发展新优势的战略之举、现实之需。广州金融业要深刻把握世界科技发展潮流和深刻洞察产业变革趋势，以"竞"的姿态、"拼"的干劲，以推进建设"12218"现代化产业体系、培育更多具有国际竞争力的"DeepSeek式"企业、增强城市发展韧性为目标，通过系统性创新与精准支持，提高金融资本配置效率，提升金融服务实体经济效能，培育壮大耐心长期资本，做大做强金融"五篇大文章"，推动产融深度融合，为再造新广州注入金融硬核力量。

（一）发挥金融资源集聚优势加快建设"12218"现代化产业体系

加快建设"12218"现代化产业体系是广州全力推动现代化产业体系从"立柱架梁"迈入"积厚成势"新阶段的战略部署。广州要发挥粤港澳大湾区金融枢纽金融资源集聚的优势，加大力度和精准引导金融资源支持"21+7"新兴支柱产业、战略先导产业、特色优势产业、未来产业和服务业等发展，不断培育和壮大新质生产力，奋力建设企业出新、产业焕新、动能更新的现代化新广州。

第一，构建"金融+财政+产业"政策工具箱，运用货币政策和财政政策定向支持15个战略性产业集群和6个未来产业。运用央行结构性货币政策工具，设立智能网联汽车、人工智能等战略性产业的专项再贷款，引导商业银行每年新增信贷资源投向重点产业集群高端化转型。强化财政金融联动，设立专项产业引导基金，吸引社会资本参与人工智能、生物医药等未来产业突破新赛道。优化制造业中长期贷款贴息政策，对符合"两化转型"（数智化、绿色化）的企业给予贴息支持，降低企业融资成本。

第二，发挥信贷资源规模优势，创新产业链融资。实施"一链一策"，加大对智能网联汽车、低空经济等15个战略性产业集群融资支持力度。针对智能网联与新能源汽车等千亿级产业链，推出"核心企业+上下游"供应链融资产品，通过应收账款质押、订单融资等工具，解决中小配套企业融资难题。试点"AI+信贷"模式，运用大数据风控模型实现智能审批，进一步压缩科技型中小企业贷款审批周期。强化政府性融资担保体系赋能，依托广州现有担保金融机构，扩大对中小微科技企业的信用贷款担保覆盖面，推广"政银担"风险分担模式。

第三，发挥全市金融平台集聚效能，精准投放特色优势产业。推动银证保等在穗金融机构和广州期货交易所、广东股权交易中心、南沙自贸区等金融平台统筹协调联动，聚焦特色优势产业，组建银团、基金、投资、保险等联盟，搭建产融对接平台，创新金融产品和服务，精准滴灌新兴产业和科创企业。推动建立多层次、专业化的金融资本服务体系，包括风险投资、私募

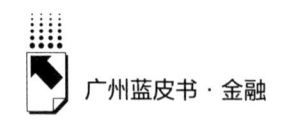

股权、债券融资等多种融资方式，以满足不同发展阶段企业的资金需求。

第四，积极深化粤港澳大湾区金融合作，扩大金融开放。推动跨境理财通2.0与QFLP联动试点，探索"南向通"信贷资产转让，简化QFLP基金投资"南向通"资产的审批流程，试点"白名单"机制，吸引港澳资本参与人工智能、海洋经济等战略性新兴产业投资。

（二）做大做强国有资本等耐心资本长期资本推动产学研深度融合

广州需要围绕建设"12218"现代化产业体系，聚力做大做强国有资本等耐心资本长期资本，推动资本深度赋能全过程创新链，引导创新资本投早、投小、投长期、投硬科技，全力以赴建设靠科创进、靠科创强、靠科创胜的现代化新广州。

第一，构建天使基金雨林生态，聚力浇灌未来产业育种育苗、跃升成林。探索设立未来产业种子基金，专项投资高校实验室、科研院所早期成果。联合头部创投机构成立育苗联合基金，聚焦早期项目，重点覆盖具身智能、深海深空等领域，孵化"专精特新"潜力企业。对种子期基金取消短期收益考核，按"研发投入强度+专利转化率+人才集聚度"三个维度优化评估。建立母基金投资风险损失补偿资金池，对投资失败项目按实际损失给予合理补偿，激发投早投小积极性。

第二，强化政府引导基金牵引作用，全力助推战略性产业集群的快速成长与壮大。推动科创母基金与国资创新基金优化重组，进一步提升管理规模与运作效率，吸引市场化优质投资机构集聚，引导更多社会资本源源不断投向15个战略性产业集群，积极培育一批在专业领域精耕细作、具有独特市场竞争力的"专精特新"企业，以及在特定行业或领域内处于领先地位的单项冠军企业和极具发展潜力与创新活力的独角兽企业。

第三，充分利用上市公司高质量发展母基金，支持特色优势产业的转型升级。推动优质上市公司联合设立上市母基金，聚焦关键核心技术突破，加速科技成果向现实生产力转化。鼓励上市公司利用资本平台优势，构建开放协同创新生态，实现产业链上下游协同创新，通过并购重组具有创新潜力的中小企业，发展成为具备国际竞争力的龙头企业，打造广州特色优势产业大集群。

第四，充分发挥 AIC 股权投资基金的引导作用，促使资金向重点产业、关键领域集中。通过设立更多的 AIC 股权投资基金，聚焦重点产业重点项目，为重点产业细分领域的快速发展提供强大资金支持。有效利用市场化基金，精准助力制造业转型升级。借助硬科技基金、乡村振兴基金等各类市场化基金，对生物医药与健康、人工智能等重点发展领域给予精准支持，推动产业集群化发展。同时，充分发挥区级基金的作用，助力各区打造具有特色、亮点和品质的增长点、增长极、增长带。依据各区的资源特色，促进区级基金与其他基金加强协同合作，共享项目资源，凝聚力量，支持各区的重点产业和特色产业实现链式集群化发展。

第五，强化政策引领与资金扶持，推动产学研深度融合。采用"先建设，后资助"模式推进科技成果转化基地建设。持续加大科技创新资金投入，打造概念验证中心、中试平台等科技成果转化关键基地，推动科技成果向实际应用和产业化发展快速转化。搭建产融对接平台，构建常态化和全链条产融对接生态，完善科技成果交易市场，打造知识产权资金池，进一步推动科技成果转化。

（三）加大制度型改革力度，助力创新型企业成长、提升资本市场效能

围绕"科学发现、技术发明、产业发展、人才支撑、生态优化"全链条创新，加大制度型改革力度，助力战略性新兴产业优质企业做大做强，加快上市步伐，实现企业高质量发展，奋力建设更有韧性、更具活力、更加开放的现代化新广州。

第一，实施企业上市梯度培优机制。围绕"12218"现代化产业体系，采用人工智能、大数据等先进金融科技手段，建立分层分类"瞪羚—独角兽—上市企业"培优库，优先支持突破关键核心技术的企业赴科创板、创业板上市，引导成熟企业登陆主板市场。建设融资对接服务平台，组建专业服务机构库，优化上市服务模式，联合国内交易所探索上市预审机制。

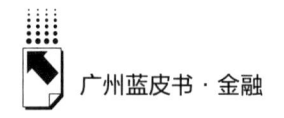

第二，引导风投创投集聚发展。构建"科技—产业—金融"良性循环体系，推动风投创投集聚战略性产业集群产业园，搭建企业与投资机构对接的桥梁，发挥基金规模效应，促进资本与项目的有效结合。推动政府引导基金与社会资本合作，设立专注于战略性新兴产业和科技创新领域的投资基金，通过市场化运作方式，加大对创新企业的投资力度。

第三，推动上市公司高质量发展。为上市公司再融资、跨境并购项目提供"一站式"审批服务，优先审核涉及核心技术突破、产业链整合的项目，缩短审批周期。联合海关、税务部门推出"出入境证件快速办理""跨境并购税收优惠预审"等专项服务。推动科技型企业发行"科创可转债""绿色科技债"，支持募集资金定向用于并购产业链关键技术企业。

第四，拓宽股权投资资本市场退出渠道。依托广州股权交易中心，试点私募基金份额转让机制与工商登记对接机制，支持设立境内专业私募股权二级市场基金（S基金）及外资S基金，允许参与份额转让交易，提升私募股权流动性。推广知识产权质押融资、并购贷款ABS等工具，允许以并购标的未来收益作为还款来源，拓宽非上市股权退出通道。鼓励民营资本参与国企混改，对联合发起的并购项目提供"一事一议"政策支持，促进混合所有制企业股权流转。

第五，提升全过程创新链服务效率和服务质量。支持ETF基金挂钩科技指数，鼓励社保、保险等长期资金通过指数化投资参与科技产业布局。试点碳排放权期货、知识产权质押融资衍生品，助力绿色科技企业优化资产结构。试点"股债结合"融资模式，允许企业通过可转债募集资金定向用于产业链并购重组，实现股权融资与债务工具的灵活转换。

（四）构建现代金融服务体系，扎实做好"五篇大文章"取得新突破

发挥金融资源禀赋优势，以服务全过程创新、全社会绿色低碳转型、赋能乡村振兴、强化金融科技赋能以及应对人口结构变化挑战为重点，积极做大做强科技金融、绿色金融、普惠金融、养老金融、数字金融"五篇大文章"，推动金融与科技、产业、民生的深度融合，助力金融经济高质量发展。

广州推动国有资本赋能"硬科技",助力金融强市建设实现新跨越

第一,强化全链条创新,支持推动科技金融取得新成就。围绕未来产业和战略性新兴产业构建"天使投资—创业投资—私募股权投资—银行贷款—资本市场融资"的全链条服务体系。打造科技成果转化生态圈,定向引入技术密集型企业和战略性新兴产业项目,打通技术成果市场化"最后一公里",加速新质生产力培育。联合高校、创投机构及产业资源,建立"投资+投行+投研"联动机制,为科创企业提供全周期融资支持。依托"双Q"试点政策(QFLP和QDLP),为科技企业提供跨境资金流动便利化服务,降低融资成本。发挥区域股权交易中心、科创母基金等平台作用,推动高成长性科技企业对接多层次资本市场,加快上市进程。结合财政贴息、风险损失补偿等政策工具,吸引社会资本参与科技成果产业化,形成"科技—资本—产业"深度融合的生态闭环。

第二,加速低碳转型与区域协同发展,推动绿色金融与转型金融有效衔接。加快推进绿色金融立法,加大绿色金融产品和服务创新力度,推动绿色金融业务提质增效。加快绿色电力期货开发,强化期现联动发展,推动碳市场创新发展。探索跨境绿色融资、绿色金融资产跨境转让,支持境外投资者参与绿色投资。鼓励金融机构完善碳核算方法,强化自身运营碳排放核算,并将企业环境绩效纳入授信审批管理流程。加快推动转型金融研究和探索推出地方转型金融目录,防止碳锁定等假转型风险。将碳减排支持工具的覆盖范围扩大至符合条件的转型金融业务,采用贴息、担保等措施支持转型金融。探索与银行组织建立覆盖本地企业和银行客户的"碳账户"体系,降低企业提供和披露碳数据的成本,提升数据的质量和一致性。

第三,精准服务中小微企业与乡村振兴,提升普惠金融服务水平。创新数字普惠金融产品,降低小微企业首次融资门槛,通过财政贴息、风险损失补偿基金等政策降低融资成本。加快推进融资担保风险损失补偿资金池的设立工作,进一步完善风险分担机制,为中小微企业提供更加有力的融资担保支持。打造"信易贷"平台,使其成为广州市数字普惠金融的标志性品牌,通过数字化手段提升金融服务的可得性和便利性。综合运用农产品期货、期权等金融衍生品工具,助力"三农"主体实现稳产增收,增强农业抗风险

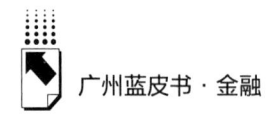

能力。优化小微企业和个体工商户转贷业务工作机制，有效缓解其融资难题，推动实体经济的健康发展。

第四，增强科技赋能，推动数字金融提质增效。加速数据要素市场化配置改革，推进数字金融与"12218"现代化产业体系深度融合，推动金融机构全面数智化转型。探索搭建数字金融与数据要素共享平台，促进政务、工商、税务等数据与金融系统互联互通，赋能智能风控与精准信贷服务。依托广州数字人民币与金融创新重点实验室，聚焦跨境支付、供应链金融、民生消费等领域，构建"B端+C端"全覆盖"广州模式"。

第五，构建多层次养老金融服务体系，助力银发经济高质量发展。推动储蓄存款、理财、保险、公募基金等多元化养老金融产品创新，形成阶梯式产品布局，满足不同风险偏好与养老需求的客群配置方案。依托数字化平台整合养老资产管理与支付结算功能，推出智能投顾、远程医疗等"金融+康养"场景化服务。引导生命健康基金、绿色主题基金等市场化资本投向养老机构建设、适老化改造及康复辅具产业，推动养老产业规模化发展。聚焦智慧养老、健康管理等新兴领域，推动养老金融与医疗、消费等产业链深度融合，扩大银发经济市场容量。

（五）深化地方金融风险协同防控化解机制，助力金融市场稳定运行

强化央地协同与跨部门联动，整合多方资源，创新监管工具，强化风险预警与处置能力，构建全链条风险防控体系，保障金融体系稳健运行，增强社会信心与投资者保护，提升金融安全韧性，促进金融与经济良性循环，为实体经济高质量发展提供强有力的支撑。

第一，加强党建引领与提升服务实体经济水平。加强地方金融机构基层党组织建设，提升从业人员的专业素质和职业道德水平，培育积极向上的企业文化。引导小额贷款公司、典当行等机构进行数字化转型，优化公司治理，通过整合业务渠道和上下游客户资源，实现错位发展，更好地服务实体经济。

第二，探索建立多部门联合监管工作机制，明确中央和地方金融监管部

门的职责划分，形成全面完整的监管网络。通过跨部门协同合作，加强金融监管机构与其他相关部门的联合监管，共同打击金融违法违规行为。

第三，健全金融风险监测预警体系，强化宏观经济形势分析，对新型业务和业态进行重点监管。通过建立风险预警规程，确保金融市场的稳定运行。

参考文献

中共广州市委金融委员会办公室编《广州金融发展形势与展望2024》，广州出版社，2024。

王金波：《金融发展、技术创新与地区经济增长——基于中国省际面板数据的实证研究》，《金融与经济》2018年第1期。

李苗苗、肖洪钧、赵爽：《金融发展、技术创新与经济增长的关系研究——基于中国的省市面板数据》，《中国管理科学》2015年第2期。

刘佳宁、欧阳胜银：《金融集聚对技术创新的非线性影响：以粤港澳大湾区为例》，《广东社会科学》2022年第3期。

刘文文、李克强、赵倩：《金融深化、技术创新与经济增长的关系研究——以宁夏为例》，《金融理论探索》2024年第1期。

王文倩、张羽：《金融结构、产业结构升级和经济增长——基于不同特征的技术进步视角》，《经济学家》2022年第2期。

李丛文：《金融创新、技术创新与经济增长——新常态分析视角》，《现代财经（天津财经大学学报）》2015年第2期。

严圣艳、徐小君：《金融产业集聚、技术创新与区域经济增长——基于中国省级面板数据的PVAR模型分析》，《北京理工大学学报》（社会科学版）2019年第1期。

金融改革篇

B.2
金融强国战略下国家金融安全：
挑战与对策及对广州的启示[*]

谢平 张贺 钟永红 杜鹏飞[**]

摘 要： 2023年中央金融工作会议强调要加快金融强国建设，而坚持统筹金融开放和安全是加快建设金融强国的基本要求，金融开放不是简单打开国门，而是在金融开放的同时，高度重视金融安全，特别是随着中美博弈趋于复杂化，金融安全问题愈发重要。筑牢国家金融安全根基，不仅有助于中国特色现代金融体系建设，更为我国经济高质量发展提供健康、稳定的金融环境，进而促进金融强国建设。本报告通过分析美国利用国际信用霸占金融市场定价权、利用SWIFT实施"长臂管辖"及使用战略金融工具进行"巧

---

[*] 基金项目：本报告获国家社会科学基金一般项目"国际货币体系多极化背景下全球金融周期生成机制及对我国的溢出效应研究"（23BJY118）资助。

[**] 谢平，中国投资有限责任公司原副总经理，教授，博士生导师，研究方向为金融理论与政策；张贺，国家信息中心博士后科研工作站研究员，高级经济师，研究方向为国际金融、数字金融；钟永红，华南理工大学经济与金融学院教授，博士生导师，研究方向为金融市场与金融机构；杜鹏飞，国家信息中心博士后，湖北文理学院副教授，研究方向为宏观经济与金融。

取豪夺"等行为，梳理了我国金融安全面临的困难与挑战，并从构建金融强国视角，提出针对性促进信用评级机构发展、多样化建立国际支付工具、灵活扩大黄金储备及稳慎推动人民币国际化改革等政策建议，并从金融强国战略角度阐述对广州的启示。

关键词： 金融强国　金融安全　信用评级机构　黄金储备　人民币国际化

2023年10月，中央金融工作会议在北京召开，会议强调金融是国民经济的血脉，要加快建设金融强国。2024年1月，在省部级主要领导干部推动金融高质量发展专题研讨班开班式上，习近平总书记进一步强调"建设金融强国需要长期努力，久久为功。必须加快构建中国特色现代金融体系"[①]。2024年7月，在党的二十届三中全会上，习近平总书记再一次对深化金融体制改革做出重大部署。

金融强国概念的提出是党中央对国内国际经济格局变化及金融高质量发展需求的回应，体现了对金融质效的重视[②]。当前国际经济大背景下，全球范围内频发的金融危机事件无疑给各国敲响了金融安全的警钟，国家金融安全问题显得愈发重要[③]。自2008年国际金融危机以来，美国不断加强金融监管，通过一系列法案规范金融市场，防范金融风险。欧洲各国也纷纷加强金融合作，共同应对金融安全挑战。我国金融市场除了存在上述一般性风险外，还面临美西方以国际信用霸占金融市场定价权[④]、越来越多地利用SWIFT（环球同业银行金融电讯协会）实施"长臂管辖"及使

---

① 《坚定不移走中国特色金融发展之路 推动我国金融高质量发展》，《人民日报》2024年1月17日。
② 白钦先、刘刚：《金融强国：中国的战略选择》，《经济与管理研究》2006年第6期。
③ 籍明明：《新时期我国金融安全保障的应对路径——评〈金融安全学概论〉》，《教育发展研究》2023年第12期。
④ 白钦先、谭庆华：《信用评级、公共产品与国际垄断霸权——对信用评级市场本原的思考》，《金融理论与实践》2012年第11期。

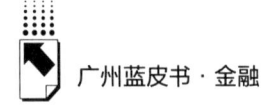

用战略金融工具进行"巧取豪夺"等金融霸凌的安全挑战①，这些附加安全隐患的交织使得我国金融安全问题日益复杂。因此，防控国际金融风险、维护金融安全，成为建设金融强国的重要内容，对加快金融强国建设具有"稳定器"的现实意义②。

为应对挑战，我国已采取一系列措施。2017年以来，我国加大金融监管力度，完善金融市场体系，推动金融产品创新。然而，这些措施在某些方面仍显得落后，如监管手段单一、创新力度不够等③。为加快金融强国建设，推动金融高质量发展，我国需要全面塑造金融安全格局，筑牢国家金融安全底线，这既是保障经济持续健康发展的必然要求，也是实现金融强国的关键内容。

美国以国际信用霸占金融市场定价权。美国作为全球最大的经济体和金融市场，长期以来在国际金融市场中占据主导地位。凭借强大的经济实力和金融地位，美国不仅掌握了金融市场定价权，还通过操纵金融市场价格，对其他国家实施金融制裁，从而达到政治和经济目的。这种行为严重破坏了国际金融市场的公平性和稳定性，也对我国的金融安全构成了严重威胁④。以美国对伊朗的金融制裁为例，美国通过禁止伊朗使用美元进行国际交易，导致伊朗经济陷入困境。同时，美国还利用其在国际金融市场中的定价权，对伊朗的石油出口实施限制，进一步加剧了伊朗的经济压力，也破坏了国际金融市场的稳定性。

美国越来越多地利用SWIFT实施"长臂管辖"。SWIFT作为全球最重要的金融信息传输平台之一，承担着全球金融交易的重要任务。然而，近年来美国越来越多地利用SWIFT对其他国家实施"长臂管辖"，通过切断或限制

---

① 白钦先、张坤:《关于深化中国金融体制改革几个重大问题的思考》，《保险研究》2023年第3期。
② 郭洁、薛玉飞:《加快建设金融强国：政策逻辑、内涵要求与中国改革路径优化》，《金融经济学研究》2024年第1期。
③ 温长庆:《中国金融控股公司的风险透视与监管应对——兼论中国金融监管的主框架》，《金融论坛》2020年第5期。
④ 白钦先、黄鑫:《美元霸权和信用评级垄断支撑美国霸权》，《高校理论战线》2010年第12期。

其他国家与SWIFT的联系达到制裁的目的。这种行为严重损害了SWIFT的中立性和公正性，也对国际金融秩序造成了严重破坏[①]。

美国使用战略金融工具对世界"巧取豪夺"。美国利用发达的金融市场和丰富的金融工具，对其他国家实施"巧取豪夺"，这种行为不仅损害了其他国家的利益，也破坏了国际金融市场的公平性和稳定性[②]。以美国对委内瑞拉的金融制裁为例，美国通过冻结委内瑞拉在美国的金融资产和禁止委内瑞拉使用美元进行国际交易等手段，对委内瑞拉实施金融制裁，这使得委内瑞拉经济陷入困境，人民生活水平大幅下降。同时，美国还利用其在国际金融市场中的地位，对委内瑞拉的石油出口实施限制，进一步加剧了委内瑞拉的经济压力，这种行为不仅违反了国际法和国际关系基本准则，也损害了其他国家的利益。

综上可以看出，金融安全已经成为金融强国建设的重要组成部分，国际金融制裁事件频发，给我国金融安全带来了深刻的启示，全面塑造金融安全新格局、筑牢国家金融安全底线是我国面临的重要任务。据此，本报告从国际金融制裁对我国金融安全的深度启示入手，分析当前形势，全面梳理我国面临的金融安全挑战，并从针对性促进我国信用评级机构高质量健康发展、多样化建立国际支付、清算和结算工具、灵活扩大我国黄金储备及稳慎推动人民币国际化改革等方面提出政策建议。

一　我国金融安全面临的困难挑战

金融安全是国家经济安全的核心。随着经济全球化不断推进，金融安全问题也日益凸显。当前，我国金融安全面临多方面挑战，其中评级机构实力不足、对SWIFT系统过度依赖以及外汇储备结构不合理等问题尤为突出。

---

① 陈文玲：《美国在几个重要经济领域对华遏制的新动向》，《人民论坛·学术前沿》2023年第5期；白钦先、张坤：《关于深化中国金融体制改革几个重大问题的思考》，《保险研究》2023年第3期。

② 李建平、陈娜：《美元权力的溯源、异化与世界反霸之路——以俄乌冲突中的货币战为鉴》，《当代经济研究》2023年第10期。

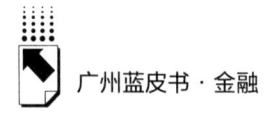

（一）我国评级机构与国际顶尖机构差距较大

信用评级机构在金融市场中扮演重要角色，评级结果直接影响投资者决策和市场稳定。然而，我国评级机构与国际顶尖机构相比存在显著的差距。

1. 评级机构实力不强

我国信用评级机构在资金规模、技术能力、人才储备和品牌效应等方面均处于劣势[1]。首先，资金规模有限。根据国际清算银行（BIS）的数据，2022年我国前14家评级机构的平均资产规模与国际三大评级机构平均资产规模差距较大，这限制了评级机构的业务拓展和研发投入。其次，技术能力不强。评级方法和模型相对落后，难以适应复杂多变的金融市场环境。再次，人才储备不足，缺乏具有国际视野和丰富经验的评级专家[2]。根据中国证券业协会数据，截至2022年末，我国证券评级机构中具有5年以上从业经验的分析师占比仅40%左右，而国际知名评级机构中这一比例普遍超过50%。最后，品牌效应较弱。国内评级机构在国际市场上的认可度和影响力有限，不仅无法与国际三大评级机构进行充分竞争，也不及日本JCR、加拿大DBRS、德国SCOPE等其他评级机构。

2. 国内市场环境有待完善

首先，市场竞争不充分。如我国债券市场存在多头监管的问题，导致监管标准不统一，最终导致评级机构缺乏创新动力和服务意识。其次，监管制度不完善，存在监管空白等问题。债券市场信息披露制度也存在诸多漏洞，如信息披露不及时、不准确、不完整等问题屡见不鲜。这些问题不仅影响了债券市场的健康发展，也削弱了信用评级机构的公信力。再次，法律制度不健全，评级机构法律责任不明确。最后，信息披露不规范，评级结果的透明度和公信力有待提高。

---

[1] 寇宗来、盘宇章、刘学悦：《中国的信用评级真的影响发债成本吗?》，《金融研究》2015年第10期。

[2] 艾仁智、李为峰：《三大评级机构的国际化发展历程及启示》，《债券》2022年第2期。

3. 国际化发展不足

首先，国内评级机构的国际竞争力与话语权不足。我国评级机构大公国际资信在海外设立了分支机构——大公欧洲，但在全球信用评级业缺乏市场影响力，中诚信、联合资信、中证鹏元等虽在我国香港设立分支企业，但主要为中资企业境外融资开展评级业务，中资评级机构在国际债券市场的业务规模偏小、评级影响力偏弱[1]。其次，国际市场份额有限。根据国际证券市场协会（ICMA）的数据，2022年我国评级机构在国际债券市场上的份额远低于国际知名评级机构[2]，难以与国际知名评级机构抗衡。再次，国际认可度较低。我国评级机构的评级结果在国际市场上接受程度有限，如在国际资本市场上，许多投资者和监管机构更倾向于使用国际知名评级机构的评级结果作为决策依据。最后，存在跨文化交流障碍。我国评级机构在国际市场上难以与当地投资者和监管机构进行有效沟通。

4. 被信用霸权风险提升

目前，美国掌控世界资本市场最核心的技术手段与制度安排，这就是控制资本市场的定价话语权。俄乌冲突开始时，三大评级机构几乎同步行动，在退出俄罗斯市场之前将俄罗斯主权债券信用评级下调至垃圾级，这种制裁与美欧对俄制裁政策几乎同步。2023年，在我国经济总体回升向好，前三季度国内生产总值同比增长5.2%之际，穆迪将中国主权信用评级展望从稳定下调至负面，同时还下调约115家中资企业、8家中资银行以及9家保险公司的评级展望，显示出美国欲通过信用霸权打压我国金融市场的用意。

（二）依赖SWIFT导致国际支付风险加剧

SWIFT是全球最重要的金融通信网络之一，连接着全球200多个国家和地区的11000多家金融机构。我国在国际支付方面对SWIFT系统的依赖程度较高，这使得国际支付风险加剧。

---

[1] 邢军：《加快培育本土信用评级机构的国际竞争力》，《债券》2022年第12期。
[2] 《国际评级行业发展与监管动态报告》，https://www.lhratings.com/file/f902205e82c.pdf。

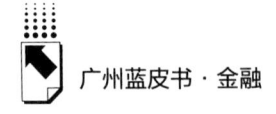

1. SWIFT 系统地位突出

SWIFT 系统在全球金融体系中举足轻重，该系统不仅提供高效、安全、可靠的金融信息传递服务，还支持多种货币结算和跨境支付功能。世界上几乎 90% 的外汇交易清算都依赖 SWIFT 支付报文系统[①]。另外，SWIFT 系统还与各国央行、国际金融机构等保持紧密联系，这种广泛的合作与互联关系使得 SWIFT 系统在全球金融体系中难以被替代。

2. 过度依赖 SWIFT 系统

我国在国际支付方面对 SWIFT 系统的依赖程度较高[②]。尽管我国于 2015 年建成人民币跨境支付系统（CIPS）并正式投产运营，直接参与者可通过 CIPS 专线发送报文和支付指令完成交易，在一定程度上削弱了 SWIFT 系统的地位，但目前 CIPS 系统直接参与者数量不多，大多为中资机构，主要覆盖亚洲地区，其他地区间接参与者仍需要通过 SWIFT 系统传输支付信息，使得 CIPS 系统很大程度上依赖 SWIFT 系统。这也反映出中国跨境人民币系统存在发展瓶颈[③]。这意味着，一旦 SWIFT 系统出现故障或被制裁，我国的国际支付将受到严重影响。

3. SWIFT 系统风险加剧

首先，政治风险加剧。近年来中美两国博弈不断，叠加俄乌冲突等世界变局，中美政治环境愈发错综复杂，美国通过 SWIFT 系统对我国进行金融制裁和打压的风险不断增加。美国曾多次利用 SWIFT 系统对伊朗、朝鲜等国家实施金融制裁，导致这些国家的国际支付受到严重影响。其次，技术风险不容忽视。SWIFT 系统虽然具有高效、安全、可靠等特点，但也存在技术漏洞和安全隐患，一旦遭遇黑客攻击或发生内部信息泄露等事件，可能导致严重后果。

（三）国家外汇储备中美元与黄金占比有待调整优化

国家外汇储备的构成与规模，直接关系一个国家的经济稳定与金融安

[①] 王雅伦、叶洪：《我国金融信息服务的检视与展望》，《财经理论与实践》2023 年第 5 期。
[②] 董艳：《加强国际金融风险管理，守住安全底线》，《财经科学》2023 年第 12 期。
[③] 袁本祥：《中国跨境支付清算体系变革新路径：基于数字人民币的思考》，《新金融》2023 年第 10 期。

全。在我国，外汇储备中美元与黄金的占比问题一直是经济学家和决策者关注的焦点。

1. 黄金储备占比较低

黄金是一种重要的避险资产，具有稳定价值和抵御通胀的作用。然而，我国黄金储备相对较少。截至 2025 年 3 月，我国官方黄金储备为 2292 吨，排名全球第六，但我国黄金储备仅占国际外汇储备的 4% 左右。相比之下，截至 2024 年 12 月美国的黄金储备达到 8133 吨，我国黄金储备仅为美国黄金储备的不到 30%[①]。这种较低的储备情况使得我国在外汇储备结构上面临一定的风险，一旦全球金融市场出现动荡或货币体系出现危机，将限制我国抵御风险的能力。

2. 外汇储备结构不合理

一直以来，我国外汇储备居高不下，长期居世界第一位，但是结构比较单一，主要是持有美国国债[②]。这种高度依赖美元资产的情况增加了外汇储备风险，因为美元汇率的波动可能对我国外汇储备的价值产生重大影响。近年来，随着全球经济格局的变化和美国自身经济政策的调整，美元汇率的波动性明显增加，对我国这样拥有大量美元资产的国家来说，一旦美元汇率出现大幅波动，外汇储备价值将受到严重影响，这无疑增加了外汇储备管理的难度和风险。

二　金融强国战略下中国应对国家金融安全的建议

（一）针对性促进我国信用评级机构高质量健康发展

第一，大力支持国内信用评级机构发展，提升国际竞争力。在全球经济

[①] "黄金储备—国家列表—G20"，https://zh.tradingeconomics.com/country-list/gold-reserves?continent=g20.

[②] 刘东民、倪淑慧：《美国主权信用风险与中国外汇储备结构优化》，《国际金融》2023 年第 7 期。

一体化发展的今天，信用评级机构在金融市场中的作用愈发凸显。我国要大力支持国内信用评级机构的发展，不仅是为了满足国内市场需求，更是为了提升我国在国际金融市场上的话语权和影响力。一方面，要加强对管理、评级和研发人才团队的建设支持，考虑到信用评级机构的核心竞争力在于人才团队的专业素养和创新能力，因此，要加强对评级机构人才培育、人才引进的政策倾斜，吸引和留住一流人才。同时，要建立健全人才培养和激励机制，为人才提供广阔的发展空间和良好的职业前景。另一方面，要支持本土评级机构开拓国际市场，引导国内排名靠前的评级机构多方获得国际市场准入资格，积极参与国际竞争，这不仅可以提升我国评级机构的国际影响力，还可以为我国企业在海外融资提供更为便捷的服务。此外，政府部门要支持本土全球评级技术体系的开发，推动评级技术的创新和应用，提高评级结果的准确性和公信力。支持国内主要评级机构积极参与市场竞争，推动国内评级机构综合化经营，通过市场竞争优化资源配置，提高服务效率和服务质量，为客户提供更为全面的服务，满足多元化的市场需求。

第二，筑牢国内信用评级体系的制度基础，完善法规建设。制度是信用评级体系稳健运行的保障。要加快信用评级市场政策立法，完善信用评级行业基础法规，包括明确评级机构的法律地位、职责权限、行为规范等，为评级行业的健康发展提供法治保障。同时，要对不符合标准的信用评级机构实行退出制度，通过建立退出机制，优化评级机构队伍，提高行业整体水平。全面梳理国内评级机构业务流程，引导评级行为建立在对评级标的客观指标评估基础上，提高评级机构的公信力。另外，要加强信用评级战略规划，确定信用评级行业国际化高质量发展的目标、内容、步骤与支持政策措施等，通过制定明确的战略规划，为评级行业的发展指明方向，提供政策支持和保障。要把控好信用评级的国家主导权、主控权，确保我国在国际金融市场上的话语权和影响力。

第三，加快推进泛全球信用评级机构建设，加强国际合作。随着全球经济一体化的深入发展，泛全球信用评级机构的建设成为必然趋势。我国要积极探索由国内排名靠前的评级机构（或由主要评级机构联合组建）牵头组织,联合欧亚经济联盟或上合组织成员国相关机构等共同组建国际联合信用评级机构,这不仅可以提升我国在国际金融市场的影响力,还可以为我国企业提供更为便捷和全面的服务。除此之外,要加强评级机构的跨地域合作,充分发挥共建"一带一路"国家和地区合作优势,积极建立区域国际信用评级合作机制,通过加强区域内评级机构合作,推动信用信息跨国家、地区互通交换,提高评级结果的准确性和公信力。此外,还可以加强与国际知名评级机构的合作与交流,学习借鉴其先进经验和技术手段,提升我国评级机构的国际竞争力。

(二)多样化建立国际支付、清算和结算工具

首先,加速我国 CIPS 推广应用,抓住跨境金融基础设施建设机遇,重点加强与俄罗斯、印度等跨境支付结算系统的互联互通,深化与共建"一带一路"国家和地区的合作,推动美元之外的支付和结算方式的使用,逐步推进资本项目下的自由兑换水平提升。提高与欧洲、美洲地区金融机构的合作,推广人民币使用,同时提高人民币的流动性和可兑换性,提高人民币结算占比。加快 CIPS 建设完善,包括提升系统技术水平和安全性,确保其能够处理大量的跨境支付业务。同时,为跨境支付结算提供一个便利、安全的环境,降低交易成本和风险。另外,政策引导和激励不可或缺,可通过鼓励更多企业和金融机构使用 CIPS 进行跨境支付,推动人民币在国际金融市场上更广泛地使用。此外,还应加强对跨境支付业务的监管。

其次,深化双边贸易本币支付结算。双边贸易本币支付结算,是人民币国际化的重要基石。为进一步扩大这一比重,需要积极主动地开展多边或双边贸易谈判,巩固和扩大与周边国家的双边货币合作。如政府部门可通过外交渠道,积极落实双边本币结算协议,为双边贸易提供有力的政策保障,或者通过推动互设金融机构、互开账户等金融合作,为双边贸易提供便利的金融服务。与此同时,金融机构应加强与周边国家的金融合作,解决好汇兑汇价、挂牌交易、现钞调运等操作性问题,通过积极创新金融产品和服务,为双边贸易提供多样化金融支持。此外,还应鼓励企业充分利用双边本币结算

的便利条件，积极扩大与周边国家的贸易往来，通过贸易投资合作，增强人民币跨境使用黏性，提高双边贸易人民币计价支付结算比重。

最后，推广数字人民币跨境支付结算应用。数字人民币是我国央行发行的法定数字货币，具有高效、便捷、安全等特点。在跨境支付结算领域，数字人民币具有巨大应用潜力。在实践中，应发挥共建"一带一路"国家和地区伙伴关系、RCEP等区域性经济组织作用，积极推广数字人民币结算，通过与国际组织和其他国家合作，共同探索数字人民币在跨境支付结算中的应用场景和模式。同时，应强化数字人民币领域的国家间有效合作，包括与其他国家中央银行建立数字货币合作机制，共同研究数字人民币跨境支付技术、标准和监管机制等。通过合作，共同提高数字人民币跨境支付结算的效率和安全性。此外，应深入挖掘人民币跨境支付的有效方案，包括研究数字人民币在跨境电商、跨境投融资等领域的应用模式。通过不断创新和完善，为人民币国际化开辟新道路。

（三）灵活扩大我国黄金储备

其一，多元化增加黄金进口渠道。在当前全球经济金融环境下，黄金储备对于一个国家来说具有举足轻重的地位。它不仅是国家经济实力的象征，更是应对国际金融风险、维护国家经济安全的重要工具。为增加黄金进口，提升我国黄金储备，可以采取以下措施：与黄金生产国建立长期稳定的贸易关系，通过政治外交手段，与南非、澳大利亚等主要黄金生产国建立紧密的经济联系，确保黄金稳定供应；与黄金供应商签订长期购买合同，锁定黄金价格，降低市场波动带来的风险；拓展进口渠道，除传统黄金生产国，还可以关注其他具有潜力的黄金出口国，如俄罗斯、加拿大等，进一步拓宽黄金进口渠道。

其二，全方位鼓励国内黄金生产。国内黄金生产是增加黄金储备的另一重要渠道。为鼓励国内黄金生产，可以采取以下措施：提供政策优惠，对黄金生产企业给予税收减免、财政补贴等政策支持，降低其生产成本，提高其盈利能力；加强技术支持，引进国外先进的黄金开采和冶炼技术，提高国内黄金生产效率和产量，同时，加强与国际黄金行业的交流与合作，共同推动黄金生产技术进步；建立激励机制，设立黄金生产奖励基金，对在黄金生产中做出突出贡献的企业和个人给予表彰和奖励，激发全社会的黄金生产热情。

其三，深化国际合作与交流。加强国际合作是增加我国黄金储备的重要途径。一是签订合作协议，与其他国家签订黄金储备合作协议，共同开展黄金储备和货币合作，实现互利共赢；二是建立合作机制，参与国际黄金市场建设，加入国际黄金协会等国际组织，加强与国际黄金市场的联系与沟通，同时，推动建立多边或双边黄金贸易和投资合作机制，为国际黄金市场的稳定和发展做出贡献；三是加强信息共享，与其他国家分享黄金市场信息和数据，共同应对国际金融风险和挑战，通过加强信息共享，提高我国在国际黄金市场上的影响力和话语权。

其四，完善风险管理机制。在增加黄金储备的过程中，风险管理至关重要，我们应该建立完善的风险管理机制，确保黄金储备的安全和稳定。具体措施包括：建立风险评估体系，对黄金储备面临的市场风险、信用风险等进行全面评估和分析，为决策提供科学依据；完善预警机制，密切关注国际金融市场动态和黄金价格走势，及时发现并预警潜在风险；制定应急预案，针对可能出现的风险事件制定详细的应急预案和应对措施，确保在风险发生时能够迅速响应并妥善处理。

（四）稳慎推动人民币国际化改革

一是稳慎扎实推进人民币国际化。随着全球经济格局不断变化，人民币国际化已成为中国金融改革的重要方向。然而，这一进程并非一蹴而就，需要政府采取稳慎的策略，逐步推动人民币国际化。在此进程中，要从中国国情出发，充分考虑国内经济的承受能力和金融市场成熟度。同时，要与世界经济整体环境相结合，顺应全球经济发展趋势，积极采取措施推进对外高水平开放。例如，可以逐步放宽资本项目管制，推动人民币跨境支付系统建设，扩大人民币在国际贸易和投资中的使用等。此外，政府还应注重与其他

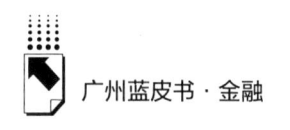

国家的合作与沟通，通过加强双边和多边货币合作，建立更加稳定的国际货币体系，为人民币国际化创造良好的外部环境。

二是构建系统性金融风险防范体系。在推动人民币国际化的过程中，防范金融风险是首要任务。政府应积极排除金融隐患，加强金融监管，确保金融市场的稳定和健康发展，具体包括建立健全金融监管体系，加大对金融机构的监管力度，规范金融市场运作，防止资本过度流动给外汇市场带来影响与扰动。同时，政府还应加强与国际金融监管机构的合作，共同应对全球金融挑战。

三是积极开拓人民币计价的大宗商品市场。大宗商品市场是全球经济的重要组成部分，也是人民币国际化的重要领域。政府应积极开拓人民币计价的大宗商品市场，推动人民币在大宗商品定价和交易中广泛应用，这不仅可以提升人民币国际地位，还可以降低中国企业在国际贸易中的汇率风险。为实现这一目标，政府可以通过推动国内大宗商品交易所的国际化发展，吸引更多国际投资者参与人民币计价的大宗商品交易，还可以加强与主要大宗商品生产国和消费国的合作，共同推动人民币在大宗商品市场的应用。

四是加大国内金融市场高水平开放力度。国内金融市场高水平开放是人民币国际化的重要前提。政府应逐步放宽外资进入国内金融市场的限制，推动国内金融市场国际化发展。一方面可以吸引更多国际资本流入中国市场，另一方面可以提升国内金融市场的竞争力和创新能力。与此同时，政府还应注重风险防控，通过建立健全风险监测和预警机制，及时发现和应对潜在风险，确保国内金融市场的稳定和健康发展。

三 金融强国战略下对广州的启示

在金融强国战略的大背景下，广州作为中国重要的经济中心城市，其金融发展不仅关乎自身经济的繁荣与稳定，更对全国乃至全球的金融格局产生深远影响。结合前文所述我国金融安全面临的挑战及应对策略，广州应从以下几个方面着手，积极融入并推动金融强国战略的实施。

（一）强化金融基础设施建设，提升金融服务实体经济能力

广州应充分利用地理位置和经济发展优势，加强金融基础设施建设，特别是要完善支付、清算和结算体系。在推动 CIPS 推广应用的同时，广州可以积极探索与周边国家和地区建立更加紧密的金融合作机制，如与东南亚国家、粤港澳大湾区城市以及共建"一带一路"国家和地区开展跨境支付结算业务，提高人民币在区域内的使用便利性和接受度。此外，广州还应加大对金融科技的投入，利用大数据、区块链等先进技术提升金融服务的效率和安全性，为实体经济提供更加精准、高效的金融支持。

（二）引进和发展信用评级机构，提升金融领域地位

广州市应积极引入国内头部评级机构作为引领和示范，依托其丰富的金融资源和市场基础，积极培育和扶持信用评级机构发展。应给予政策支持和资金扶持，鼓励引进评级机构加强技术研发和人才培养，提升评级质量和国际竞争力。同时，广州可以借鉴国际先进经验，推动建立更加完善、透明的信用评级体系，提高评级结果的公信力和国际认可度。

（三）优化外汇储备结构，提高金融抗风险能力

在广州的金融发展中，优化外汇储备结构、提高黄金储备占比是增强金融抗风险能力的重要举措。广州可以积极探索多元化增加黄金进口渠道，如与黄金生产国建立直接贸易关系、参与国际黄金市场交易等。同时，广州还可以鼓励本地金融机构和企业增加黄金储备，提高黄金在资产配置中的比例。通过优化外汇储备结构，广州不仅可以降低外汇储备风险，还可以提高应对国际金融市场波动的能力。

（四）推动人民币国际化进程，促进金融高水平开放与合作

作为对外高水平开放的前沿阵地，广州在推动人民币国际化进程中具有得天独厚的优势。广州应积极响应国家号召，稳慎推动人民币在跨境贸易、

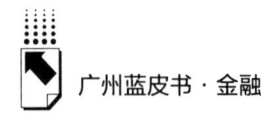

投资中的使用，提高人民币的国际接受度和影响力。同时，广州应以数字人民币为创新点，积极探索数字人民币在跨境支付、投融资等领域的应用。

（五）创新多方协调监管模式，筑牢金融风险管控体系

广州应充分利用在科技创新方面的优势，加强金融监管科技的应用。通过大数据、人工智能、区块链等技术手段，提升金融监管的智能化水平和精准度。探索建立金融风险监测预警系统，实时监测金融市场动态，及时发现并处置潜在风险，加强对金融机构的监管。同时，广州应积极响应国家金融监管政策，完善地方金融监管体系，建立健全金融监管协调机制，加强与央行、国家金融监督管理总局等监管机构的沟通协作，形成监管合力。

（六）优化金融生态环境，促进金融高质量发展

广州应继续加强金融集聚区建设，如广州国际金融城、南沙横沥金融岛等，打造具有国际影响力的金融中心和金融创新高地。通过引进国内外知名金融机构、金融科技企业，形成金融产业集聚效应，提升金融服务的专业水平和效率。应积极推动金融市场体系建设，包括股票市场、债券市场、期货市场等，为金融机构和企业提供多元化的融资渠道和风险管理工具。同时，加强金融人才引进和培养，为金融高质量发展提供人才支撑。

参考文献

艾仁智、李为峰：《三大评级机构的国际化发展历程及启示》，《债券》2022年第2期。

白钦先、黄鑫：《美元霸权和信用评级垄断支撑美国霸权》，《高校理论战线》2010年第12期。

白钦先、刘刚：《金融强国：中国的战略选择》，《经济与管理研究》2006年第6期。

白钦先、谭庆华：《信用评级、公共产品与国际垄断霸权——对信用评级市场本原的思考》，《金融理论与实践》2012年第11期。

白钦先、张坤:《关于深化中国金融体制改革几个重大问题的思考》,《保险研究》2023年第3期。

陈文玲:《美国在几个重要经济领域对华遏制的新动向》,《人民论坛·学术前沿》2023年第5期。

董艳:《加强国际金融风险管理,守住安全底线》,《财经科学》2023年第12期。

B.3 国内部分地区政府引导基金尽职免责机制建设最新进展及对广州的启示

何伟刚 胥爱欢 杨思睿*

摘　要： 尽职免责机制建设对于解决当前政府引导基金管理人"不敢投""不愿投"等问题具有重要价值。目前，广东省政府引导基金尽职免责机制建设主要存在以下问题：尽职免责机制未能落细落实，影响落地实施效果；合理且差异化的容亏率尚未设立，不利于提升对基金管理人的激励效果；有效的风险承担机制比较欠缺，影响基金管理人投资激励效果；容错机制实施过程中面临道德风险，影响尽职免责机制落地实施效果。而国内部分地区政府引导基金尽职免责机制建设主要围绕完善尽职免责机制实施细则、设置合理差异化容亏率、强化投资风险分担机制有效性、加强容错与激励的协调性等方面。基于此，本报告主要提出以下政策启示：一是完善尽职免责情形认定，优化落地实施效果；二是制定合理的差异化容亏率，增强基金投资容错性；三是健全投资损失分摊机制，强化风险共担有效性；四是完善与尽职免责协同的激励考核机制，压缩基金管理人产生道德风险的空间。

关键词： 政府引导基金　尽职免责　科技创新　风险分担　道德风险

---

* 何伟刚，高级经济师，中国人民银行广东省分行金融研究处处长，研究方向为区域金融、货币政策；胥爱欢，经济学博士，高级经济师，中国人民银行广东省分行金融研究处副处长，研究方向为货币政策；杨思睿，中国人民银行广东省分行金融研究处三级主任科员，研究方向为货币政策。

国内部分地区政府引导基金尽职免责机制建设最新进展及对广州的启示

尽职免责机制建设在解决当前政府引导基金管理人"不敢投""不愿投"等问题中发挥关键性作用，有助于增强基金管理人的投资积极性，提升基金市场化运营管理水平。2024年6月，国务院办公厅印发的《促进创业投资高质量发展的若干政策措施》提出，要"改革完善基金考核、容错免责机制，健全绩效评价制度"。2024年12月，国务院国资委、国家发展改革委联合出台政策措施，推动中央企业创业投资基金高质量发展，明确提出要按照"三个区分开来"要求，建立尽职免责机制。近年来，我国政府引导基金尽职免责机制建设取得了积极进展，多地因地制宜针对政府引导基金尽职免责机制建设出台完善措施。因此，系统梳理和总结国内各地围绕加强政府引导基金尽职免责机制建设做出的探索尝试和成熟做法，对于广东省完善政府引导基金尽职免责机制具有重要的现实意义。

一 广东省政府引导基金尽职免责机制建设存在的主要问题

（一）尽职免责机制未能落细落实，影响落地实施效果

一是尽职免责机制尚未广泛建立。目前，广东省部分政府引导基金管理办法中，关于尽职免责的制度规定仍然空缺。比如，不少地区政府引导基金管理文件由于制定年份久远等，未有尽职免责相关内容；部分制度文件目前主要侧重于明确监督问责机制，对于尽职免责相关内容未做具体规范。二是尽职免责规定可操作性不强。广东省部分政府引导基金管理办法虽对履职尽责的具体情形进行界定（如因不可抗力因素导致投资损失的情形可免于追责），但在实际操作中，缺乏可量化的履职尽责评估指标。比如，广州科技创新母基金以及广州开发区科技创新创业投资母基金虽在管理办法中明确列举不可抗力及政策调整等情形可免于追责，但此类免责事由归类于法定免责范畴，并非源于管理人的尽职免责行为。《汕尾市产业发展引导基金管理办

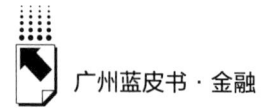

法（征求意见稿）》虽明确对于尽职尽责的投资项目因风险导致的损失，基金管委会、主管部门、代出资机构及基金管理方等相关责任主体无需承担相关责任，但未对免责适用情形进行具体界定，在一定程度上制约了尽职免责机制的实际执行。

（二）合理且差异化的容亏率尚未设立，不利于提升对基金管理人的激励效果

一是部分基金尚未设立明确的容亏率。比如，《广州开发区（黄埔区）科技创新创业投资母基金管理办法》《汕尾市产业发展引导基金管理办法（征求意见稿）》等制度文件制定了尽职免责机制，表明对于正常投资损失部分不予追责，但尚未对投资损失的比例进行规定。容亏率的缺失，一方面未给予基金管理人明确的风险容忍度，另一方面未能对基金的风险兜底程度进行范围限定，不能有效激励基金管理人提升风险偏好，不利于充分发挥"耐心资本"对种子期或初创期科技型企业的支持性作用。二是容亏率设置差异化不足。部分政府引导基金已开始在管理制度设计上探索设立容亏率，比如《广州科技创新母基金管理办法》设置了20%的容亏率，佛山市南海区蓝海科创天使投资基金在其管理办法中设置了最高80%的容亏率。但大部分具体管理办法并未针对不同类型企业或企业发展所处不同阶段的投资，设立更加科学合理的差异化容亏率。

（三）有效的风险承担机制比较欠缺，影响基金管理人投资激励效果

风险补贴是政府为了降低投资者在特定项目或领域的投资风险，提供的财政支持或激励措施。政府的风险补贴有助于激励基金管理人投资那些未来发展潜力较大且收益不确定性也较高的科技创新项目，撬动和吸引更多社会资本参与或跟投基金所投资项目[1]，有助于政府引导基金遵

---

[1] 高茜雯：《政府引导基金加快培育新质生产力》，《中国金融》2024年第20期。

循设立初衷开展市场化投资，真正发挥基金的政策导向作用。目前，广东省政府引导基金的风险分担机制主要采取自负盈亏的方式，较少对投资机构进行风险补贴。比如《广州市新兴产业发展引导基金管理暂行办法》规定，引导基金已投出的部分资金若产生亏损，亏损额从引导基金管理机构的年度管理费中抵扣；《东莞松山湖投资引导基金管理暂行办法》规定，子基金在清算时出现的亏损，应当由各出资方按照出资比例共同承担。

（四）容错机制实施过程中面临道德风险，影响尽职免责机制落地实施效果

建立容错机制能够在一定程度上提高基金管理人的风险偏好，减少"不敢投""不愿投"的现象，促进基金管理人将更多资金"投早投小投硬科技"，加大对初创期、种子期科技型企业的投资力度，从而可以更好地实现基金设立的初衷和目标。但是，容错机制在积极发挥作用的同时存在道德风险问题。比如，设置过高的容错率容易模糊尽职与失职边界[1]，诱导基金管理人形成扭曲的履职态度、责任感和业绩观，导致基金收益率"非正常"下降，甚至引发国有资产流失。因此，容错机制与激励机制如何更加协调统一地规制基金管理人，如何针对基金管理人建立既具有容错包容性，又能够有效防范道德风险且具有硬约束力的激励相容机制，是当前政府引导基金管理机制建设努力的方向之一。《广东省科技创新条例》明确规定，省级及地市级以上人民政府应当构建完善国有创业投资机构的绩效考核、激励约束及容错机制，引导其强化对初创期科技型企业的资金支持。相关法律法规、制度文件对完善政府引导基金管理给予了方向指引。在实践中，具体的操作指引和实施细则目前尚未形成和落地。

---

[1] 陆洲、高丽敏：《中国科技创新尽职免责机制的要义、窒碍与完善进路》，《河北学刊》2024年第6期。

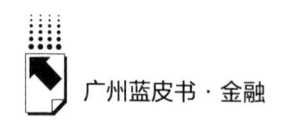

二 国内部分地区政府引导基金尽职免责机制建设的最新实践

（一）完善尽职免责机制实施细则，提升政策可操作性

为破解国有资本"不敢投"科创领域的制度性障碍，多地通过"制度创新+清单管理+流程规范"三位一体策略，构建权责清晰、边界明确的尽职免责体系。在损失容忍层面，通过省级法规明确"遵循市场规律、符合战略定位、勤勉尽责履职"等原则，建立投资风险合理容忍机制；在情形界定方面，采用"正面清单+负面清单"双轨模式，逐项细化可免责情形与禁止行为；在操作执行环节，构建标准化认定程序与动态调整机制，确保容错机制可落地、可追溯。一是建立基金投资损失容忍机制。比如《安徽省新兴产业引导基金管理办法》《陕西省政府投资引导基金管理办法》《河北省省级政府投资引导基金管理暂行办法》等制度性文件规定，政府引导基金及其子基金的投资运营应将对正常投资风险的容忍度设置在合理水平，不追究因市场波动等客观因素导致的投资风险责任。二是明确细化容错免责具体情形。2021年9月，苏州市天使投资引导基金明确以清单方式逐项界定尽职免责机制的运用细则，如适用条件及禁止情形等。同时，该基金也规定，基金管理人"未主动及时挽回损失、消除不良影响或者未有效阻止危害结果扩大"的，仍会受到负面评价。湖北省国资委出台了《湖北省国有企业容错免责事项清单（2024年版）》，清晰界定了包括"因国家政策调整、市场波动等不可预见的外部环境变化引发投资收益未达预期或损失"以及"因种子期和初创期企业发展具有较高不确定性导致投资失败"在内的10类容错免责情形。三是强化容错免责可操作性。比如，2024年5月，安徽省出台《关于在国有资本投资科创企业审计中建立容错机制的实施意见（试行）》，围绕国有资本投资全流程的关键环节，提出了适用容错机制的三项核心条件，对部分适用情形及补充情形进行了明确，并对审计容错认

定程序及配套细则等进行了标准化规范。山东省通过《山东省省属国有企业审计三年行动计划（2024—2026年）》，将容错机制嵌入常态化审计监督，明确对前瞻性产业投资损失、种子期项目亏损等情形予以免责，并建立"负面清单+正面激励"双向评价体系。

（二）设置合理差异化容亏率，完善投资风险容亏机制

为破解国有资本"不敢投"困境，多地通过制度创新构建梯度化风险容忍体系，根据项目阶段、产业特性和基金类型设置差异化容亏率，形成"早期高容忍、后期严管控"的动态管理机制。《安徽省新兴产业引导基金管理办法》分别对不同类型母基金设置了40%（主题母基金与功能母基金）、50%（科技成果转化基金等）、80%（雏鹰计划专项基金等风险较高投资项目）的最高亏损容忍比例。2024年7月，成都市高新区着力构建全链条支持体系，覆盖种子期到天使投资、创投、产投以及并购等全环节，通过差异化风险容忍机制实现重点产业领域全覆盖、企业成长全周期服务。其中，针对政策性基金实施梯度化容亏率设计：种子基金最高允许80%投资损失，天使基金为60%，创投基金为40%，产投基金为35%，并购基金为30%。《郑州市天使投资基金设立方案》规定，在基金清算环节，当投资本金损失率控制在40%以内时，可触发风险容错机制；同时，不对单个项目阶段性亏损实施追溯追责。2024年末，上海市发布的全国首个省级国资基金考核办法中，明确将容亏率与基金类型挂钩：战略投资基金允许30%亏损，产业投资基金为25%，财务投资基金为15%。同时建立"负面清单+勤勉尽责"双向标准，对符合国家战略的前瞻性投资亏损予以免责。

（三）强化投资风险分担机制有效性，努力破解"不敢投""不想投"等难题

为解决社会资本参与科创投资的"后顾之忧"，多地通过制度创新构建"财政+金融"协同机制，形成"风险共担、收益让渡、损失补偿"的政策工具箱。在引导基金层面，通过差异化出资结构设计与梯度化补偿机制，有

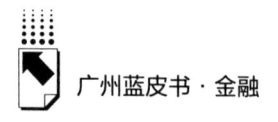

效降低社会资本参与风险；在财政补贴层面，运用"风险补贴+跟投奖励"组合拳，建立财政资金与社会资本的利益联结机制。这些创新举措既坚守了财政资金安全底线，又通过市场化手段激发了社会资本活力，为科技型中小企业提供全周期金融支持。一是强化引导基金对社会资本的风险损失补偿。比如《杭州市天使投资引导基金管理办法》规定，引导基金以参股方式投资天使基金时，采取"双轨制"出资结构：半数资金作为让利性出资，另一半以同股同权方式注入。当被投天使基金发生亏损时，引导基金启动风险损失补偿机制，补偿金额不超过实际亏损金额，且以基金出资额的50%为限。临沂市通过《临沂市政府投资引导基金管理办法》创设梯度化让利与风险损失补偿相结合的运作机制：对科技型中小企业投资占比达60%以上的基金，当清算亏损率不超过40%时，按实际亏损额的50%给予风险损失补偿。同时实施差异化返投考核制度，将关联方投资纳入绩效评价体系，并允许政府引导基金让渡全部超额收益，以此吸引社会资本参与早期科技创新投资。二是强化财政资金对投资基金的风险补贴。比如，2023年9月，武汉市政府在《关于加快发展股权投资若干支持政策》中创新构建了政府风险共担机制，针对科技型企业投资设立专项补贴条款。对于通过增资扩股形式注资本地种子期、初创期科技企业的股权投资基金，若在一定的投资期限内发生损失（满2年且在5年内），可给予管理机构风险补贴，金额为首轮实际损失金额的20%且单项目最高补贴以300万元为限，管理机构年度累计补贴以600万元为上限。该机制通过设定梯度化补偿标准，既体现了政府对早期科技创新投资的风险包容，又建立了有效的财政资金使用约束机制，为社会资本进入高风险科创领域提供了制度保障。2024年7月，山东省发布《山东省创业投资发展奖补资金管理实施细则》，其中明确对符合条件的创业投资机构以其实际投资损失的20%进行补贴。

（四）加强容错与激励的协调性，减少道德风险

为破解国有资本"不敢投"与"不愿投"双重困境，多地通过"核算体系重构+激励机制创新"双轮驱动策略，构建符合科创投资规律的制度框

架。在核算机制方面，创新全生命周期动态评估体系，将传统单项目盈亏考核转向投资组合整体效益评价，建立"风险容忍度+创新贡献度"双维指标；在激励机制方面，突破传统国资考核限制，通过收益让渡、梯度化容亏等市场化手段，构建"财政让利—社会参与—创新发展"的利益共享机制。这些改革既坚守国有资本安全底线，又通过制度松绑激发市场活力，为科技型企业全生命周期发展提供可持续资本支持。

一是优化投资核算办法，完善容错认定与绩效评价。比如，2024年9月，湖北省国资委发布国有企业容错免责事项清单，在分类界定容错免责情形的基础上，创新性构建全生命周期核算体系。针对省属国资基金（含种子基金、风险投资基金等），摒弃单一项目考核模式，注重投资组合的整体效益评估；同时，绩效评价体系以全生命周期整体核算与市场化估值相结合，实现科学动态评估。2024年9月，《郑州市天使投资基金设立方案》构建了符合早期投资特征的容错机制：第一，建立合理的风险容忍机制，遵循天使投资规律，将正常投资风险与责任追究相分离；第二，实施系统性评价原则，通过投资组合整体核算进行综合绩效评估，不因在特定项目或阶段性投资中出现的亏损而追责；第三，构建以科技成果转化和技术进步为导向的考核体系，允许阶段性亏损，注重长期创新价值创造。

二是优化激励方式与内容，建立权责对等激励约束机制。2024年11月，《湖南省金融促进科技型中小企业创新发展若干规定（草案）》提出，鼓励不设置强制回购条款，不以国有资本保值增值作为主要考核指标，对基金业绩考核评价以及激励约束机制加以完善。《湖北省促进政府投资基金高质量发展若干措施》明确，省政府投资引导基金在投资省内天使类基金及种子期、初创期科技型企业时，实施差异化收益让渡机制。该机制规定，基金在收回实缴出资的基础之上，可综合考虑基金对产业带动效果、返投绩效等因素，将全部投资收益向基金管理方及社会出资人让渡。这一创新举措旨在通过财政让利激发市场活力，引导资本重点投向科技成果转化、绿色低碳等战略性新兴产业领域，构建"政府引导+市场主导"的协同投资生态。成都市高新区构建"梯度化容亏+里程碑考核"体系，针对种子期、并购期基

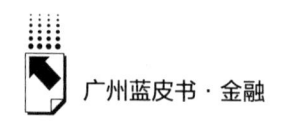

金分别设置80%、30%的容亏率，并将考核周期延长至10年。通过"风险准备金+未来奖励"组合工具，允许超出限额部分亏损通过后续收益弥补。

三 对广州的主要启示

当前及今后一个时期，完善政府引导基金尽职免责机制，应当按照"三个区分开来"的要求，健全符合基金市场化运作管理特点的尽职免责机制，最终实现既突出"放得活"又体现"管得住"的实施效果。

（一）完善尽职免责情形认定，优化落地实施效果

一是明确尽职免责情形和范围。参照现有的基金市场化运作管理实践经验，完善以尽职免责为核心的容错机制。在当前广州科创母基金尽职免责情形探索的基础之上，明确将非主观失误或行为过错导致的投资损失纳入尽职免责情形认定范围[1]。二是细化尽职免责的认定流程。在保障基金管理人独立性与决策自主权的情形下，在管理办法中明确基金管理人在投资决策过程中应当遵循的基本原则和程序，包括但不限于市场调研、风险评估等环节的操作规范，细化在不同情形下申请免责的操作程序，突出尽职免责的可操作性，进一步优化尽职免责机制落地实施的效果。

（二）制定合理的差异化容亏率，增强基金投资容错性

一是根据基金市场化运作特点明确容亏率底线。在政府引导基金设立初期，应当明确基金投资风险容忍度的底线[2]，如规定基金清算时，对于在一定限额内的投资损失率，应当依法依规启动容错程序。优化审计、评估等相关环节，提升对正常投资行为的认定与正常投资风险的识别水平。二是根据

---

[1] 陆洲、高丽敏：《中国科技创新尽职免责机制的要义、窒碍与完善进路》，《河北学刊》2024年第6期。
[2] 梁蔚萍、周翔翼：《容错机制能激励政府引导基金发挥引导作用吗?》，《科学学研究》2024年第1期。

基金市场化运作特点设置差异化容亏率。根据投资阶段、市场环境、政策目标等特征，对政府引导基金设置差异化的容亏率，提高基金的投资灵活性。对于投资风险较高的领域或者产业，在合理范围内设置更高的容亏率。比如，针对种子基金、天使基金等风险较高类型的子基金，设置更高的容亏率，以鼓励基金管理人将更多资金向"投早投小投硬科技"倾斜配置。

（三）健全投资损失分摊机制，强化风险共担有效性

一是完善基金投资损失分摊。发挥好政府引导基金对子基金投资损失的分担作用，根据市场环境变化及基金功能性作用特点，合理设置不同行业或领域子基金投资的损失限度，若超过投资损失上限范围，除了按照出资比例承担投资损失外，还可额外承担子基金一定比例的投资损失。二是完善基金投资损失补偿。安排财政资金对于满足特定条件的政府引导基金投资损失，给予一定比例、一定限额的风险补贴。探索引入广州市政府性担保机构等担保基金，进一步减少基金管理人的投资损失，改善基金管理人的风险偏好，有效破解基金管理人对于高风险、高成长性行业或领域"不敢投""不愿投"的难题。

（四）完善与尽职免责协同的激励考核机制，压缩基金管理人产生道德风险的空间

一是完善容错认定与绩效评价。明确细化基金投资尽职免责情形，对正常投资设定合理的风险容忍度，并将宽容投资亏损与绩效评价紧密结合起来[1]，建立健全以科技成果转化、技术进步等功能性作用为导向的全生命周期评价机制，不因单个或少数项目亏损，以及个别项目单一阶段性效果进行追究，不将正常投资风险作为追责依据。二是优化考核激励方式与内容。强化基金考核激励不以国有资本保值增值作为主要依据，鼓励引导基金管理人不对子基金投资设置强制回购条款；对于投资天使类基金及种子期、初创期

---

[1] 安国俊、李皓：《政府引导基金发展现状思考》，《中国金融》2020年第5期。

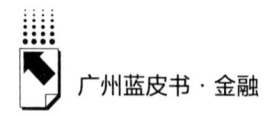

项目或其他成长型行业或领域的，在收回实缴出资的基础之上，可探索综合考虑基金对产业带动效果、返投绩效等因素，将全部投资收益向基金管理方及社会出资人让渡。需要强调的是，对于成熟产业的考核也不应简单摒弃保值增值的目标，而是统筹基金功能性作用发挥与国有资产保值增值，努力为政府引导基金管理人营造适宜的投资环境和管理氛围[1]。

参考文献

谭璐：《更好发挥政府引导基金的"引导"作用》，《宏观经济管理》2023年第12期。

陆洲、高丽敏：《中国科技创新尽职免责机制的要义、窒碍与完善进路》，《河北学刊》2024年第6期。

高茜雯：《政府引导基金加快培育新质生产力》，《中国金融》2024年第20期。

安国俊、李皓：《政府引导基金发展现状思考》，《中国金融》2020年第5期。

---

[1] 谭璐：《更好发挥政府引导基金的"引导"作用》，《宏观经济管理》2023年第12期。

B.4 金融支持广东低空经济发展的产业实践及对广州的启示

吴 博[*]

摘　要： 2023年中央经济工作会议明确提出，发展新质生产力，打造低空经济等战略性新兴产业。2024年5月21日，广东省发布《广东省推动低空经济高质量发展行动方案（2024—2026年）》，提出要培育具有全球竞争力的低空经济产业集群。目前广东已成为全国低空经济发展的"领头羊"，金融部门通过强化政策支持、加大货币供给、创新产品服务和设立产业基金，不断加大对低空经济产业的金融支持。但目前仍存在三方面问题：一是核心部件对外依赖度高，人才不足导致技术瓶颈仍存；二是基础设施建设有待加强，未能满足低空产业发展需求；三是应用领域有限、市场认知不足，低空经济市场需求待激活。建议加强技术研发攻坚，完善低空飞行配套，打造"低空+"应用场景。

关键词： 新质生产力　低空经济　金融支持

一　广东省低空经济发展现状

（一）广东低空经济市场规模大，相关企业数量居全国首位

低空经济是一种新兴的综合性经济形态，是指以民用有人驾驶和无人驾驶航空器的低空飞行活动为核心，辐射带动相关领域融合发展的经济活动，

---

[*] 吴博，中国人民银行广东省分行金融研究处四级主任科员，研究方向为绿色金融等。

涵盖低空飞行器制造、低空基础设施建设、低空运营服务、低空飞行保障等多个环节。低空经济的应用场景丰富多样，包括空中游览、低空物流、空中通勤、农业植保、环境监测、应急救援、城市管理等。中国民航局数据显示，到 2025 年，全国低空经济市场规模将达 1.5 万亿元。其中，广东在低空经济方面优势明显。从市场规模看，广东省处于全球领先地位，以大疆为代表的消费级无人机全球市场份额达 70%以上，工业级无人机全球市场份额达 50%。从产业链完整性看，广东是少数能在本地实现产业链完整配套的地区之一。从空间布局看，广东已形成深圳、广州、珠海三大低空制造产业集聚区。上奇产业通数据显示，截至 2024 年 5 月末，广东低空经济相关企业数量达 10416 家，居全国首位，占比高达 20.23%。

（二）广东出台一系列政策，为低空经济发展奠定坚实基础

广东积极推动低空经济高质量发展，省、市、区三级政府分别出台《广东省推动低空经济高质量发展行动方案（2024—2026 年）》《广州市推动低空经济高质量发展若干措施》《深圳市支持低空经济高质量发展的若干措施》《广州南沙海陆空全空间无人体系建设和低空经济高质量发展行动计划》《南山区促进低空经济发展专项扶持措施》等政策文件，为低空经济发展提供清晰的指引和多方面支持。

二 广东金融支持低空经济的主要实践

（一）出台金融支持政策，构建政银企合作框架

从 2023 年中央经济工作会议将"低空经济"确立为战略性新兴产业，再到 2024 年全国两会期间"低空经济"首次写入国务院《政府工作报告》，"低空经济"发展不断提速，各级政府相继出台各项支持政策，金融机构则积极探索与政府和企业的合作，加大金融支持力度。一是政府牵头出台相关政策，为金融支持低空经济发展提供指引。近年来，各地政府相继颁布多项

政策支持低空经济高质量发展，在金融支持上主要从创新信贷产品以及开发低空经济专项保险两方面入手。2023年12月，深圳市地方金融监管局等七部门联合印发《深圳市支持低空经济高质量发展的若干措施》，鼓励金融机构开发面向低空经济产业的纯信用、低成本信贷、中长期技术研发、技术改造等贷款产品，同时鼓励保险公司开发针对物流、载人、城市管理等低空商业的险种。2024年7月，广州市出台《广州市推动低空经济高质量发展若干措施》，提出要加强低空经济投融资支持以及鼓励开发低空经济保险，如鼓励金融机构创新金融产品服务，支持保险机构开发适用于低空航空器以及运载标的的专门险种等。二是金融机构积极与政府和企业签订合作协议，主动加强政银企合作。如2020年浦发银行广州分行与广东省工信厅签订《培育发展战略性产业集群战略合作框架协议》，通过为战略性产业集群企业提供新增贷款融资支持，加快战略性产业集群建设，累计为74户低空经济产业链企业发放316笔贷款，合计约107亿元。2022年中国农业银行广州分行与亿航集团签订银企全面战略合作协议，在空中交通、智慧城市管理、空中媒体等科技领域开展全面合作。

（二）强化货币政策运用，积极开展融资对接

一是积极运用货币政策支持工具，为满足政策要求的客户提供融资支持。近年来，金融机构积极运用结构性货币政策工具对低空经济相关企业展开融资支持。如中国交通银行广东省分行已通过再贷款支持低空经济产业链企业5户，贷款余额9862万元，其中韶关液压件厂有限公司的技改项目已进入技术改造再贷款备选项目清单，并获批授信额度。江门农商行以信用贷款的方式向广东电力士照明科技有限公司提供贷款200万元，同时为降低客户融资成本，积极使用央行支小再贷款资金，为企业提供优惠利率低至3.65%，较未使用央行支小再贷款成本下降约100BP，为企业减负。二是积极开展产业对接，加大企业融资支持力度。2022年8月，恩平市依托粤港澳大湾区区位优势，在深圳开展无人机产业专项对接活动。活动现场成功签约10个无人机制造项目，其中鼎峰智能无人飞行器制造基地作为重点项目，

获得1.5亿元投资。2024年7月，广州市召开推动低空经济高质量发展加快全空间无人体系建设大会，会上中国建设银行广州分行等金融机构积极参与重点项目及金融支持低空经济"百亿授信"签约仪式，加大对低空经济相关企业的金融支持力度。

（三）创新信贷产品服务，提供多元化金融支持

一是推出智能化信贷产品，提供灵活资金支持。针对专精特新"小巨人"等低空经济产业科创企业轻资产、高增长等特点，提供智能化贷款产品，向企业提供更灵活的资金服务。浦发银行深圳分行推出智能化产品"浦新贷"，精准对接"专精特新"企业、高新技术企业等五大类科技资质企业，依托信用方式、灵活安排利率，满足科技企业成长期的现金流需求。二是提供精准化信贷服务。金融机构针对低空经济领域不同业态特征和企业所处发展阶段，制定匹配其经营周期的定制化融资方案，满足企业的个性化需求。如浦发银行深圳分行深入了解深圳大漠大智控技术有限公司的业务模式和财务需求等实际情况，为其量身定制专属金融服务方案，支持企业持续创新和开拓市场。三是建立信贷评价模型，精准评估信用风险。如中国银行深圳分行针对多数低空经济产业科创企业轻资产、重投入、高增长、强波动的显著特性，为处于初创期、成长期的科创企业量身打造评价模型，向深圳市多翼创新科技有限公司提供纯信用普惠金融贷款，满足技术研发资金需求，支持产业技术研发、技术改造。

（四）强化保险联动创新，增强低空产业抗风险能力

一是制定专属行业条例。广东省保险行业协会制定全省首个《广东省低空飞行器综合保险示范条款》，填补了低空经济保险的空白，全面保障"财产损失、第三者责任、上机人员责任"等主要风险。国家金融监督管理总局深圳监管局指导行业发布《无人驾驶航空器第三者责任保险（深圳地区）示范性条款》，为无人驾驶航空器行业发展和低空经济产业高质量发展提供了切实保障。二是创新保险业务产品。中国人保广东省分公司创新推出

"广东省低空飞行器综合保险",这是全国首个服务低空经济产业发展的地方性示范保险产品,并与广州亿航智能技术有限公司签订全国首个"低空飞行器专属保险合作项目",为其首批 EH-216S 无人驾驶载人飞行器提供 539 万元专属风险保障。三是构建银保合作模式,增强融资获得性。浦发银行深圳分行与保险机构合作,借助信用保证保险产品为低空经济产业企业增信,解决企业抵押物不足、资信不足的融资难题。

(五)设立产业发展基金,助力低空产业技术创新。

广州产投属下产投资本与广州开发区交投集团共同发起设立总规模 100 亿元的低空产业创投基金,旨在扶持和培育一批具有核心竞争力的低空经济企业,涵盖无人机研发制造、低空飞行器运营服务、航空零部件生产等多个关键领域,推动产业链上下游的协同发展。深圳设立了规模为 20 亿元的低空经济产业基金,目前已完成第一阶段的遴选工作。珠海组建规模达 100 亿元的低空经济基金群,首期规模 15 亿元,该基金群将重点关注电动垂直起降飞行器(eVTOL)整机的突破性发展、民用无人机在各细分市场的广泛应用以及低空经济相关的基础设施建设和技术创新项目。

三 存在的问题

(一)核心部件对外依赖度高,人才不足导致技术瓶颈仍存

通用航空飞机的技术水平相对较低,发动机,控制、传动系统,航电和机电系统等领域的"卡脖子"现象较为突出;主控芯片、精密元器件等低空产品核心零部件国产化能力较弱,仍主要依赖进口,低空产业数字化、信息化、智能化水平需进一步提升。一方面,部分企业关键原材料依赖进口,零部件国产化水平较低。由于我国芯片产业发展相对滞后,无人机生产所需的主控芯片和传感器对国外芯片有着较高的依赖性。在无人驾驶航空器产品领域,eVTOL 核心控制系统、机载系统、面板、传感器、微

电子电路等关键部件进口依赖度依然较高,部分企业国产化率不超过50%。另一方面,技术人才不足导致自主创新研发能力较弱。由于技术人才引进难,低空飞行器存在技术瓶颈,自主导航和避障技术、电池稳定技术等仍不够成熟。有企业反映目前低空飞行器仍存在多个技术瓶颈,包括优化飞行器的结构、动力系统以提高载荷能力;研发飞行器的抗风、抗电磁干扰和故障自诊断技术;研发和应用更高精度的导航定位技术并提升智能避障系统性能等。

(二)基础设施建设有待加强,未能满足低空产业发展需求

根据《中国低空经济发展研究报告(2024)》[①],低空经济产业体系包括低空飞行器制造、低空基础设施、低空运营服务、低空飞行保障四大板块。当前低空基础设施供给与低空产业发展速度存在明显差距,市场主体普遍反映,亟待加快完善基础设施建设,如增加通用机场、地面起降点、飞行营地、飞行服务站等基础设施的数量等。例如,中山市目前只有一个位于乡镇的低级别通用机场,业务主要是气象探测、科学实验、城市消防等,并未包含客运项目;市中心目前也只有天奕国际等少数直升机起降点,难以满足低空飞行需求。又如,低空经济若要达到大规模商用,需要解决低空空管、航道监测、飞行器安全等问题,也对雷达和感知设备性能提出更高要求。而目前从地面的起降点,到空中的监管系统,再到飞行器的通信能力,一个立体的低空交通体系仍有待构建。

(三)应用领域有限、市场认知不足,低空经济市场需求有待激活

当前低空经济已进入领域的相关生产服务活动层次较低,产业链条较短,许多领域尚处于空白状态;此外,受收入水平、消费习惯、专业技能等因素影响,普通消费者对低空经济消费的欲望不强、需求不足,影响市场的

---

① 赛迪顾问股份有限公司智能装备产业研究中心:《中国低空经济发展研究报告(2024)》,2024年4月。

扩大和产业的拓展。目前，低空经济的消费需求有待进一步提高，应用领域拓展不广，市场认知度不高。低空经济主要领域是无人机航拍及提供有关数据采集处理服务等，服务对象以政府部门或国有企业为主，主要开展航拍监测、城管执法、数据分析等，民营企业等其他类型市场主体参与较少，社会群体对低空经济项目的认知普遍停留在价格高昂、机器故障常见等层面。比如，低空旅游消费的费用十分高昂，一次时长为十几分钟到几十分钟的直升机观光需要耗费超千元。又如，使用无人机进行航拍、测绘等活动，不仅需要支出高达数万元的无人机设备费用，还需要考虑后续人员培训和设备维护等费用，高昂的消费支出让大部分群体对低空经济"望而却步"。

四 对广州的启示

（一）加强技术研发攻坚，推动产业转型升级

广州作为低空经济产业链的龙头城市，拥有亿航智能、小鹏汇天、极飞科技等龙头企业，初步形成了涵盖整机研制、核心零部件、基础软件、运营服务等环节的产业集群。下一步广州应当鼓励行业龙头企业加强关键核心技术攻关，推动整机、关键零部件、基础软件、低空服务等领域关键技术升级，布局前沿技术研究。加快培育电机、电驱、电控等核心零部件企业，同时加快整机及电池、感知设备等产品的研发和量产，通过核心技术的突破，带动从零部件制造到整机组装再到运营服务的全产业链发展。

（二）补齐基础设施短板，完善低空飞行配套

广州已发布全国首个低空起降设施建设标准，明确了场址选择、项目立项、工程设计等环节的规范化要求。在此基础上，广州应进一步完善低空飞行的地面配套基础设施建设，如结合城市交通站点、物流站点、物流枢纽等规划，建设物流配送及空中交通的起降点等配套基础设施。全力构建大、中、小型起降枢纽和起降点，积极推动通信导航、充电储能等新型专用基础

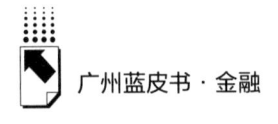

设施规划布局建设，助力建立航空器适航审定体系，加快实现低空飞行设施网、通信网、数字网、监管网等全覆盖。

（三）打造"低空+"应用场景，激活市场消费需求

广州在探索低空经济应用方面已取得显著成效，不断解锁无人机配送、空中观光、应急救援等应用场景。未来广州低空经济发展可聚焦文旅观光、应急保障、农林植保等新兴领域，推进多场景商业化应用探索，加速低空消费市场扩容。加强无人机的宣传推广活动，打破对无人机缺乏实用性的刻板印象，展示低空经济在各领域各行业的应用案例和成功经验，提高市场认可度和接受度。

参考文献

高帆：《"新质生产力"的提出逻辑、多维内涵及时代意义》，《政治经济学评论》2023年第6期。

杜传忠、疏爽、李泽浩：《新质生产力促进经济高质量发展的机制分析与实现路径》，《经济纵横》2023年第12期。

张夏恒：《低空经济赋能新质生产力的逻辑、阻碍及建议》，《当代经济管理》2025年第1期。

沈映春：《低空经济："飞"出新赛道》，《人民论坛》2024年第8期。

张晓兰、黄伟熔：《低空经济发展的全球态势、我国现状及促进策略》，《经济纵横》2024年第8期。

袁宏刚、杨博维、黄琪：《广东低空经济新质生产力高质量发展面临的问题与对策刍论》，《广东经济》2024年第9期。

B.5 供应链金融"脱核"模式下广州中小微企业融资难改革策略研究[*]

林瑶鹏 黄柳健 高琦 肖路遥[**]

摘　要： 近年来，广州金融服务实体经济能力明显增强，金融服务体系更加完善，以更优的金融服务促进实体经济高质量发展，更好满足人民群众追求美好生活日益增长的金融需求。广州拥有庞大的中小微企业群体，供应链金融需求旺盛。然而，受限于传统模式的短板，许多中小微企业在融资过程中面临成本高、渠道窄、效率低等问题。为更好地解决中小微企业融资难融资贵的问题，本报告通过问卷调查发现，供应链金融业务在解决广州中小微企业融资难方面仍存在审批烦琐、风控要求高、门槛限制太多等问题，且更关注核心企业合作关系。创新发展供应链金融"脱核"模式，强化政策指引、加强服务创新、发挥核心企业作用、增强中小微企业自身信用，以期纾解广州中小微企业融资困境，推动广州打造供应链金融生态圈，将供应链信用评价向"数据信用"和"物的信用"拓展，既为供应链核心企业降本增效，又为链上中小微企业精准滴灌，助力中小微企业更好融资。

关键词： 供应链金融　"脱核"模式　数据信用　物的信用

---

[*] 本报告为广州市宣传思想文化骨干人才资助项目阶段性成果。
[**] 林瑶鹏，管理学博士，广州市社会科学院博士后、副研究员，研究方向为资本市场与货币金融；黄柳健，管理学博士，澳门城市大学商学院助理教授，研究方向为供应链管理；高琦，经济学博士，广东外语外贸大学马克思主义学院讲师，研究方向为可持续发展经济学、产业经济；肖路遥，厦门城市职业学院经济师，研究方向为城市与区域发展战略。

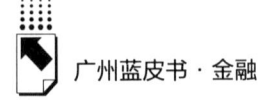

广州市金融服务实体经济的能力持续提升，为高质量发展和民生改善提供了有力支撑。然而庞大的中小微企业群体在供应链金融领域仍面临融资难题，传统模式过度依赖核心企业信用，导致成本高、渠道窄、效率低。为破解这一困境，供应链金融"脱核"模式应运而生，旨在弱化对核心企业主体信用的依赖，转向以"数据信用"和"物的信用"为核心驱动力，利用数字技术赋能，构建更加普惠、高效的供应链金融生态圈，借助大数据、物联网、区块链等技术，穿透供应链信息壁垒，实现对中小微企业更精准的信用画像和风险评估，为链上中小微企业精准"输血"，助力广州打造供应链金融创新高地。

一 供应链金融开启"脱核"新时代

长期以来，以核心企业为主导的供应链金融模式占据市场主导地位。金融机构主要依赖核心企业的信用，为上下游企业提供融资支持，其中银行承兑汇票、核心企业商业票据等是主流融资工具。然而，这种传统模式的弊端日益凸显，主要体现在对核心企业的过度依赖，未能有效摆脱主体信用风险，尤其难以将金融"活水"精准滴灌至产业链末端的广大中小微企业，制约了供应链金融的普惠性和服务深度。"脱核"模式下，供应链金融的市场价值、业务模式、服务场景、产品创新等都迎来了新的发展范式。

（一）供应链金融"脱核"背景

近年来，数字技术的蓬勃发展为"脱核"供应链金融模式的兴起提供了强大的技术支撑。大数据和云计算技术实现了海量数据的采集、存储、分析和处理，为金融机构更全面、更深入地了解供应链上下游企业的经营状况和信用风险提供了可能；人工智能技术提升了风险识别、信用评估、智能风控等方面的能力，降低了金融机构的运营成本和风险管理成本，提高了服务效率和智能化水平；物联网技术实现了对货物、资金、信息等要素的实时监控和追踪，提高了供应链的可视化水平和可追溯性，为供应链金融的风险管理和效率提升提供了有力支持。数字技术的应用突破了传统供应链金融模式的技术瓶颈，为构建"脱核"供应链金融模式奠定了坚实的技术基础。

随着经济结构的转型升级和市场竞争的日益激烈，中小微企业面临更大的生存压力和发展挑战，对融资的需求也更加迫切。传统的金融体系难以有效满足中小微企业的融资需求，供需矛盾日益突出，从而倒逼金融机构和金融科技企业进行创新，探索更加普惠、高效的融资模式。供应链金融"脱核"模式，正是为了解决传统模式的局限性，更好地满足中小微企业的融资需求而产生，注重利用数字技术，挖掘供应链数据价值，降低对核心企业信用的依赖，扩大服务范围，提高服务效率，为中小微企业提供更加便捷、高效、低成本的融资服务。

（二）供应链金融"脱核"概念

供应链金融"脱核"并非完全脱离核心企业，而是转变传统模式下对核心企业信用的过度依赖。供应链金融的本质是通过核心企业的信用扩张，为其上下游企业提供融资支持，促进供应链整体的健康运转。在传统模式中，无论是上游供应商的应收账款融资，还是下游经销商的订单融资，核心企业的信用始终是融资的关键依托。"脱核"模式下，供应链金融不再仅以核心企业的主体信用为核心依据，而是转向以供应链交易数据为基础，通过数据信用和交易信用为融资提供支持，把金融服务扩展到上下游的中小微企业。

"脱核"模式强调对供应链交易行为、物流信息和资金流的全面分析，金融机构能够更精准地评估上下游企业的信用状况和还款能力，从而弱化对核心企业确权的依赖。这种模式下，核心企业仍扮演重要角色，其上下游企业的第一还款来源依然与其交易关系密切相关，但金融机构的风险评估更多基于真实、透明的交易数据，而非单纯依赖核心企业的信用背书。因此，供应链金融"脱核"不是脱离主体，而是要脱离主体信用。供应链金融"脱核"，实际上是把传统的核心企业"主体信用"模式变为从"数据信用"出发，在供应链金融产品的开发和应用过程中，弱化对核心企业确权的依赖，充分发挥交易信用和数字信用优势，提升供应链及供应链金融的数字化和智能化水平。可以看出，"脱核"模式的意义在于提升供应链金融服务的普惠性、可得性和便利性。传统模式下，供应链金融的服务范围往往局限于核心企业及其一级供应商或经销商，难以惠及二级、三级供应链末端企业。而"脱核"模式通过数据驱动的风险管理，能够有效覆盖更多中小微企业，解决中小微企业增信难、融资难的问题。同时，这一模式降低了核心企业的确权负担，优化了供应链整体的资金流动效率，为产业链上下游企业的可持续发展提供了支持。

二 广州供应链金融业务发展的现实基础

（一）供应链金融业务的提供方主要为银行，业务方式取决于自身增信资产类型[①]

受访企业参与的供应链金融服务中，国有银行是主要的服务提供者，占比为69.58%；其次是股份制银行，占比为49.5%；城市或农村商业银行也参与供应链金融业务，占比为43.14%；外资银行在该领域的参与比例相对较低，仅占12.72%。229家受访企业参与过供应链服务平台提供的供应链金融业务，占比为45.53%。可以看到，银行仍然是最主要的供应链金融业务提供方。

业务方式方面，应收账款融资是被访企业参与的供应链融资业务中最主要的一种，占比为63.82%。预付账款融资、存货质押融资和数据资产融资也是比较常见的供应链融资方式，占比分别为55.07%、58.25%和47.32%。保理业务融资、可流转的信用凭证、仓单融资和票据池业务融资的占比相对较低，分别为33.2%、25.84%、23.46%和23.46%。融资方式主要取决于中小微企业的可增信资产类型，目前受访企业通过供应链金融业务融资时主

---

① 本问卷部分题目为多选题，多选题选项占比的计算公式为：选项占比=该选项被选择次数÷有效答卷份数。公式含义为选择该选项的人次在所有填写问卷人数中所占的比例，因此对于多选题选项占比之和可能超过100%。

要依托的增信资产包括应收账款、库存资产、商业票据和数据资产。应收账款是最主要的资产增信来源，占比高达74.95%；其次是库存资产、商业票据和数据资产，占比分别为63.02%、51.29%和51.29%；核心企业信用的占比为39.17%，相对较低。

（二）供应链金融业务复杂且信贷审批烦琐，门槛较高、限制较多且还款周期太短

受访企业通过供应链金融平台融资时，碰到的问题主要有：首先是供应链金融业务融资的内部流程体系不完善，信贷审批等仍较为烦琐，占比达61.43%。其次是供应链融资期限太短，不利于企业资金周转，占比为43.34%。具体分析还款期限，45.53%的企业还款周期为3~6个月，47.91%的企业还款周期为6~12个月，企业还款周期太短的问题较为突出。无法实现跨平台或跨金融机构融资也是受访企业较为关注的问题，占比为42.35%，平台合作金融机构有限，企业可选择的机构不多，平台业务地域性明显（占比23.86%）、涉及行业较少（占比28.03%）也都表明用户急需更加开放的融资渠道。此外，有37.38%的受访企业认为自身难以得到核心企业的支持，在以核心企业信用为先的供应链金融服务平台上难以获得更高的信用额度。

受访企业认为供应链金融之所以暂时没有成为主流的融资方式，主要是因为供应链金融业务门槛较高，融资较难（占比53.08%）；相比于其他模式，供应链金融业务较复杂，融资成本较大（占比52.88%）；多数企业对供应链金融业务不熟悉，担心风险太大（占比45.53%）以及没有足够数据支持，金融机构难以把控风险（占比42.74%）。部分受访企业面临的问题还包括核心企业不方便提供数据（占比27.24%）以及供应链上只有一级供应商能够获得融资，二级、三级及其他供应商很难获得融资（占比18.49%）。

（三）供应链金融业务更关注与核心企业的合作关系，尽调时风险控制要求较高

受访企业表示，供应链金融业务平台在进行信用尽调时主要关注的方面

包括与核心企业的交易年限和稳定性（占比69.38%）、所处产业链供应链的生态健康性（占比63.42%）、企业的资金回笼能力（占比63.22%）。相比之下，财务指标（占比31.81%）、抵押担保及资产情况（占比54.08%）、经营管理信息的可得性（占比56.66%）受关注度较低。

供应链金融业务平台信用尽调的主要手段为"线上风险评估系统为主，线下尽调为辅"，主要运用物联网、云计算、区块链、人工智能等新技术构建的线上综合业务平台进行风险评估。受访企业认为，供应链金融业务平台对风控水平要求较高，业务定制化要求较高，企业缺乏相关技术能力（占比68.99%）、缺乏相关专业人才（占比65.01%）阻碍了进一步通过供应链金融业务平台融资。此外，供应链信息难以获取（占比44.73%）、供应链金融相关业务标准不完善（占比43.94%）、核心企业配合度低（占比31.61%）都制约企业通过供应链金融业务平台获取金融服务。

（四）供应链金融业务优化需政府部门积极参与，完善相关业务标准、提升企业配合度

业务优化提升方面，受访企业最希望能够通过政府部门专项资金补贴、开展产业技术援助等方式，协助企业开展供应链金融业务，占比达到74.95%，以进一步提升供应链金融服务能力。简化业务流程手续，提高时效性的需求也较为突出，占比为68.59%，企业希望能够更加高效地获取供应链金融服务。宣传普及相关产品知识和降低贷款综合成本的需求相对较低，占比分别为47.32%和52.49%。银行创新具有针对性的信贷产品，增强与企业供应链结算模式的适配性也是一个重要的优化方向，占比为51.89%。

期盼政府作为方面，参与调查的大多数企业希望政府能够完善相关业务标准、法规建设（占比65.41%），以及为开展供应链金融业务的企业提供财政激励，提升企业配合度（占比67.99%）。这两项的呼声最高，企业希望政府部门可以重点关注这两个方面，支持供应链金融业务更好地服务产业链发展。政府部门完善公共数据开放平台的支持比例也较高，达到65.01%，说明数据开放对于供应链金融业务的开展具有重要意义。政府可以加大对公共数据开放平台建设的投入，提升数据共享和利用效率。相对而言，政府部门牵头成立风险损失补偿基金（57.06%）和围绕产业集群建设产业互联网平台（43.54%）的支持比例略低，可以考虑进一步宣传和推动相关政策落实，以提升行业对这些政策的认可度和支持率。开展政府、企业、银行人才联合培养的支持比例最低，仅为35.98%，政府可以加大对人才培养计划的宣传力度，提升行业对人才培养的重视程度。

三 供应链金融"脱核"模式赋能广州中小微企业创新发展的对策思考

（一）打造供应链金融交流圈，营造创新生态

1. 促进产业协同，加强大湾区交流合作

推动金融机构、核心企业、物流企业、科技服务公司等供应链金融参与方之间的合作与交流，建立产业联盟或协会等组织，加强行业自律和规范发展。组织开展供应链金融业务对接会、研讨会、培训等活动，促进各方的合作与协同发展。积极参与粤港澳大湾区供应链金融合作，加强与深圳、香港、澳门等城市的交流与合作，共同推动数字供应链金融的发展。借鉴国际先进经验，开展国际合作与交流，提升广州数字供应链金融的国际化水平。

2. 引入专业运营机构，提高金融服务能力

推进在供应链金融领域应用大数据、人工智能、物联网等金融科技，提高供应链金融的科技含量、便利化水平和安全性。搭建公共服务平台，由政府主导或支持建设数字供应链金融公共服务平台，为中小微企业、金融机构、核心企业等提供一站式服务。平台应具备融资申请、信息发布、风险评估、交易撮合等功能，降低交易成本，提高融资效率。选择具有丰富经验和专业能力的机构负责平台的运营管理，确保平台的稳定运行和持续发展。建立科学的运营管理机制，包括用户管理、业务流程管理、数据安全管理等，

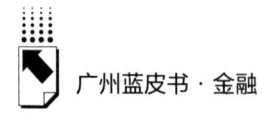

提高平台的服务水平和用户体验。

3. 开展国内外交流合作，提升国内外影响力

组织召开广州供应链金融交流会，推广特色供应链金融产品，推动供应链金融服务实体经济，加强银政企信息融合对接，合力打造和谐共生、互利共赢的供应链金融生态。鼓励金融机构与广东省供应链金融试点企业对接合作，为供应链上下游企业提供融资服务。与国内外其他地区的数字供应链金融平台开展交流合作，学习先进经验和做法。参与相关的国际合作项目和论坛，提升广州数字供应链金融协同平台的国际化水平。

4. 建立数据标准，推动数据资源整合与共享

制定统一的数据标准和规范，包括数据格式、数据质量、数据接口等方面的标准。确保不同企业、金融机构和平台之间的数据能够兼容和共享，提高数据的准确性和可用性。整合多源数据，政府牵头整合工商、税务、海关、社保等政府部门的数据，以及核心企业、物流企业、金融机构等的业务数据，建立综合性的大数据平台。通过数据共享，为数字供应链金融协同平台提供全面、准确的信息支持，帮助金融机构更好地评估中小微企业的信用和风险。

（二）建设数字协同平台，强化"数据信用"

1. 制定专项政策，加强供应链金融产业引导

出台专门针对供应链金融"脱核"模式的政策文件，明确发展目标、实施路径和支持措施等，为数字供应链金融生态圈的建设提供政策依据和指导。对积极参与"脱核"模式的金融机构、核心企业、科技服务公司等给予税收优惠、财政补贴等激励。结合广州的产业特点和发展规划，引导数字供应链金融服务向重点产业倾斜，如汽车、电子、生物医药、高端装备制造等。支持产业集群内的企业开展供应链金融合作，提高产业协同效应和竞争力。

2. 统一数据标准和规范，更好推动金融基础设施建设

建立统一的数字供应链金融协同平台，整合政府部门、金融机构、核心企业、物流企业等各方信息资源，实现信息共享、数据交换和业务协同。平台可以提供供应链金融产品展示、融资申请、风险评估、交易撮合等服务，提高融资效率和透明度。制定供应链金融数据标准和规范，统一数据格式、接口标准和信息安全标准等，确保数据的准确性、完整性和可追溯性。推动企业和金融机构按照标准规范进行数据采集、存储和传输，为数字供应链金融的发展奠定基础。

3. 推动金融机构接入平台，提升金融机构合作协同能力

鼓励银行、保险、证券等各类金融机构接入数字供应链金融协同平台，提供多样化的金融产品和服务。建立金融机构之间的合作机制，开展联合授信、风险共担等业务，提高金融服务的覆盖面和有效性。加强与核心企业的合作，引导核心企业积极参与数字供应链金融协同平台的建设和运营，提供供应链上的交易信息和数据。建立核心企业与金融机构的合作模式，通过核心企业的信用背书和业务支持，为上下游中小微企业提供更便捷的融资服务。

4. 健全风险监测体系，建立风险分担与补偿机制

依托数字供应链金融协同平台，建立健全风险监测体系，对供应链金融业务进行实时监测和预警。通过大数据分析、风险模拟等手段，及时发现潜在的风险点和异常交易，为金融机构和监管部门提供决策支持。推动建立供应链金融风险分担机制，引导保险机构、担保机构等参与供应链金融业务，为中小微企业提供信用保险和担保服务。设立供应链金融风险损失补偿基金，对不可抗力等因素导致的融资损失给予一定的补偿，降低金融机构的风险顾虑。

（三）丰富业务应用场景，拓展"物的信用"

1. 搭建特色产业集群平台，推进产业集群场景定制

推动产业集群内企业信息共享，鼓励产业集群内的核心企业、上下游中小微企业将生产、销售、库存等信息上传至统一的数字平台，实现信息的共享和透明化。通过信息共享，金融机构能够更全面地了解企业的经营状况和供应链运作情况，从而更精准地评估风险，提供更合适的金融服务。积极开展"一链一策一批"中小微企业融资促进行动，鼓励金融机构结合产业链特点，优化授信方式、提升服务质效，创新供应链融资支持方案。

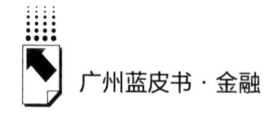

2. 围绕对外贸易与流通领域，加快跨境金融服务创新

基于跨境电商平台的交易数据，为中小微跨境电商企业提供信用贷款、备货融资等服务；针对外贸企业的出口应收账款，推动开展应收账款融资、保理等业务，帮助企业加快资金周转，降低汇率风险。广州可以引导金融机构与物流企业、仓储企业合作，利用物联网、区块链等技术，实现对货物的实时监控和追踪，开展仓单质押融资、物流运费融资等业务。通过区块链技术将仓单信息上链，确保仓单的真实性和唯一性，提高金融机构开展仓单质押融资的安全性和效率。

3. 加大数字技术研发投入，推广数字技术应用

支持高校、科研机构和企业开展数字供应链金融技术创新研究，加强大数据、人工智能、区块链、物联网等技术在供应链金融中应用的研究。鼓励运用人工智能和机器学习技术，对供应链金融业务进行智能化管理和决策，通过对大量历史交易数据的学习和分析，预测企业的还款能力和违约风险，实现智能审批、智能预警等功能，提高业务办理效率和风险防控能力。设立专项科研基金，鼓励产学研合作，推动技术成果转化和应用。鼓励金融机构和企业积极应用数字技术手段，开展供应链金融业务创新。利用区块链技术实现应收账款的数字化确权和流转，提高交易的安全性和效率，运用大数据分析技术对中小微企业进行信用评估和风险预警，降低融资风险。

参考文献

龚强、班铭媛、张一林：《区块链、企业数字化与供应链金融创新》，《管理世界》2021年第2期。

宋华：《中国供应链金融的发展趋势》，《中国流通经济》2019年第3期。

李健、张金林：《供应链金融的信用风险识别及预警模型研究》，《经济管理》2019年第8期。

凌润泽、潘爱玲、李彬：《供应链金融能否提升企业创新水平？》，《财经研究》2021年第2期。

B.6
以金融创新促进广州低空经济高质量发展的对策思考[*]

王孟欣　龚采月[**]

摘　要： 低空经济作为一种新兴的经济形态，近年来呈现蓬勃发展的态势，成为引领经济增长的新赛道。目前广州低空经济进入快速发展阶段，产业规模持续扩大，经济效益稳步提升，但也存在空域管理、飞行安全保障、基础设施建设、技术创新及融资难等瓶颈问题。对此，应充分发挥金融创新的引领作用，聚焦低空经济发展的关键领域和瓶颈问题，通过创新融资工具与模式、完善科技金融支持体系、加大金融政策支持力度、推进金融服务平台建设、探索绿色金融发展路径等手段，推动低空经济低碳化、可持续发展，为广州市低空经济高质量发展注入强劲动力。

关键词： 低空经济　金融创新　科技金融

低空经济是一种新型经济形态，它以低空空域为活动空间，依托有人或无人航空器活动进行商业化开发和运营，通过产业联动效应带动多领域协同发展。低空经济以无人机、通用航空等低空飞行活动为核心，涵盖物流运输、应急救援、城市管理、旅游观光等多个领域，近年来展现广阔的产业前景。

---

[*] 基金项目：2023年度国家社会科学基金重大项目（23&ZD127）；2023年度全国统计科学研究重点项目（2023LZ030）。

[**] 王孟欣，经济学博士，广州大学金融研究院教授、博士生导师，广州数字贸易与科技金融研究中心主任，研究方向为数字贸易、经济统计；龚采月，广州大学经济与统计学院统计学专业硕士研究生，研究方向为数字贸易、经济统计。

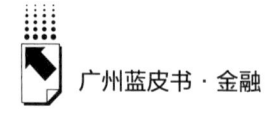

当前，低空经济已成为国家及地方政府着力推动的新质生产力增长点，其战略意义多次被强调，相关促进政策也密集出台。低空经济于2021年2月纳入《国家综合立体交通网规划纲要》，之后相关政策支持持续加码。2023年底召开的中央经济工作会议将低空经济与生物制造、商业航天等产业确立为重点培育的战略性新兴产业。2024年3月全国两会期间，国务院《政府工作报告》首次明确提出要将低空经济打造成为新的经济增长点，这一政策标志着低空经济发展进入新阶段。为进一步推动产业发展，2024年3月工业和信息化部等多部委联合印发了《通用航空装备创新应用实施方案（2024—2030年）》，该方案制定了明确的发展目标，计划到2030年推动低空经济形成万亿级市场规模。

为配合推进低空经济发展，国家有关部门也在积极推进低空空域管理改革。国务院与中央军委联合发布的《无人驾驶航空器飞行管理暂行条例》于2024年1月起正式实施，通过优化空域资源配置模式、健全无人机运行保障设施及配套服务系统，构建更为完善的航空管理体系。这一改革举措重点在于创新空域使用机制，为无人机产业的可持续发展提供制度保障，同时为低空经济的高质量发展奠定了制度基础。这一政策为低空经济的规范化和高效化发展提供了重要保障。此后，湖南、四川、安徽、海南、江西等试点省份先行先试，在管理机制、保障体系、平台搭建等方面推进了一系列具有突破性和创新性的改革举措。随着我国低空空域管理改革试点工作的深入开展，民用无人机行业呈现快速发展的态势。据赛迪顾问发布的《中国低空经济发展研究报告（2024）》数据，2023年我国低空经济市场规模已达5059.5亿元，较上年增长33.8%，展现出强劲的发展势头。

广东省和广州市高度重视低空经济的发展，广州作为中国经济发展最活跃的城市之一，正在积极探索低空经济这一新兴领域的发展潜力。2024年12月，全国首个省级低空经济标准化技术委员会在广州成立，标志着广东低空经济进入标准化、专业化发展的新阶段。这一举措旨在发挥标准的基础性、引领性作用，以标准引领低空经济产业高质量发展。广州市委、市政府多次会议均强调，要深入贯彻落实习近平总书记视察广东系列重要讲话和重要指示精神，推动广州加快实现老城市新活力，继续在高质量发展方面发挥"领头羊"和"火车头"作用。低空经济已成为广州市经济高质量发展的一个重要新增长引擎。在国家和地方政策的支持下，广州市通过深化政策引领和金融创新，为低空经济的高质量发展注入强劲动力，并为全省乃至全国探索可持续发展路径提供有益经验。

当前，广州市低空经济发展已取得显著进展，但在珠三角地区机场密集、空域资源紧张的背景下，仍面临资源配置和发展效率不足等挑战。要破解这些难题，金融作为经济发展的核心支撑，将在推动低空资源的科学配置与高效利用中发挥关键作用。这既为深化低空经济与金融融合提供了方向，也为实现高质量发展奠定了坚实基础。

一 广州低空经济发展现状

广州凭借独特的区位优势、发达的经济基础和完善的产业配套，正在积极探索低空经济的可持续发展路径。作为粤港澳大湾区核心城市之一，广州在低空经济领域展现强大的发展潜力，无论是产业规模、产业链的完整性，还是产业政策的配套措施等方面，均取得了较大的发展，同时承担着推动区域协同发展的重要责任。

（一）产业链完整且产业规模持续扩大

从产业链的划分来看，低空经济产业体系可分为上游、中游和下游三个部分，分别对应基础支撑层、核心制造层和应用服务层（见图1）。

在低空经济领域，广州依托完善的产业生态和雄厚的综合实力，涵盖了研发、制造、运营、服务等各个环节，已经形成较完整的产业链条，并具备了显著的竞争优势。根据2024年12月广东省省情调查研究中心联合广州产业发展研究院发布的《广东天际新机遇2024：广东低空经济发展调查研究报告》，广州开发区作为低空产业集聚区已形成较为完整的产业生态。该开发区汇集了以亿航智能为代表的近50家相关企业，年营业收入总额达到

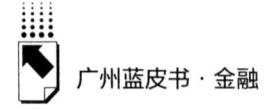

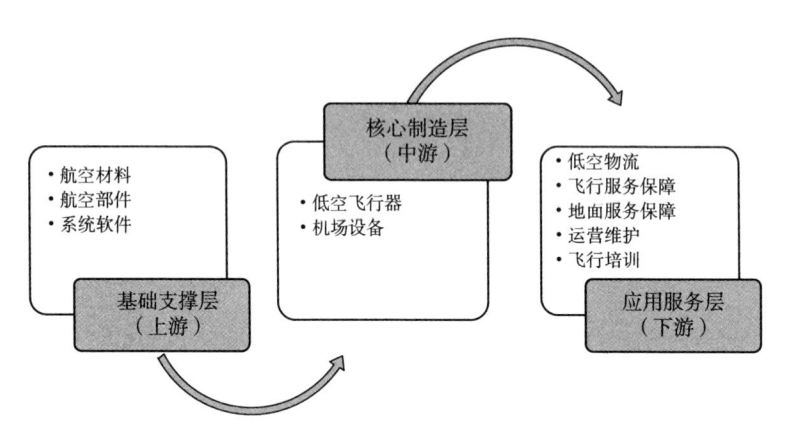

图 1　低空经济产业链

130亿元左右[①]。从产业链构成来看，这些企业涵盖了从上游的研发设计、原材料供应及零部件生产，到中游的核心系统（包括飞行控制、导航定位及通信设备）研发制造，直至下游的物流运输、智慧城市解决方案等多元化应用场景，形成了较为完备的产业体系。从整个广州市来看，近年来广州低空经济相关企业数量不断增加，产业集聚效应日益突出。目前，广州市有300多家低空经济相关企业、69家核心企业，已经初步形成从研发、生产到应用的较完整的低空经济产业链[②]。

广州市人民政府于2024年5月颁布《广州市低空经济发展实施方案》，制定了明确的产业发展目标：预计至2027年，全市低空领域相关产业总产值将达到1500亿元左右。其中，航空器制造业的产值预计超过1100亿元，涵盖载人航空器、飞行汽车、货运及消费无人机、传统直升机等多元化领域。与此同时，在城市先进空中交通（AUAM）的商业化应用方面，预计未来市场规模将突破300亿元，该领域主要聚焦多个关键应用方向，涵盖跨境

---

① 《粤省情发布〈广东天际新机遇2024：广东低空经济发展调查研究报告〉》，广东省省情调查研究中心网站，2024年12月30日，http://www.gdsqzx.com.cn/9625721GK657BNMK4SAD68/7556.html。

② 《广州加速抢飞低空经济 已有300多家相关企业 形成完整的低空经济产业链》，广州市人民政府网站，2024年11月18日，https://www.gz.gov.cn/zt/gzlfzgzld/gzld/content/post_9978655.html。

航空运输服务、高端商务包机业务、区域性短程旅客运输、文化旅游消费市场、航空物流配送体系、紧急医疗救援服务以及大型会展配套航空服务解决方案等场景。这些目标将为广州市低空经济的全面发展奠定坚实基础，并助力广州在全国范围内打造行业标杆。

（二）培育出一批低空经济领域的头部企业

根据中共广州市委十二届九次全会的决策部署，广州市政府明确提出要加快推进科技创新与产业转型升级的协同发展。这一战略导向旨在实现区域经济高质量发展，即在保证经济规模适度扩张的同时，显著提升经济发展质量与效益。低空经济是广州实现经济增长质和量结合的重要抓手。通过布局通用航空、无人机应用、航空制造等前沿领域，广州将科技创新融入低空经济的发展，以智能化、绿色化为导向推动产业升级。在技术研发方面，广州市涌现一批具有引领能力的龙头企业；在飞行运营领域，广州市打造了一系列标杆性示范项目；同时，基础设施建设、教育与科研、人才培养以及产业园区的配套支持等方面也全面发力，为低空经济的蓬勃发展奠定了坚实基础。

在研发制造领域，亿航智能、小鹏汇天和广汽集团等企业长期致力于eVTOL和飞行汽车的研发制造，是广州市低空经济领域的龙头企业。亿航智能在自动驾驶飞行器领域技术实力突出，其研发的EH-216S于2023年10月成功获得全球首张民航适航证，这一里程碑标志着亿航智能的产品在安全性和技术成熟度上已获得国际权威认可。小鹏汇天则在全球飞行汽车领域处于前沿地位，是亚洲规模最大的飞行汽车公司，其旅航者X2成为国内首款成功获得中国民用航空中南地区管理局颁发特许飞行证的有人驾驶eVTOL产品，这进一步巩固了其行业领先优势。截至2024年4月，小鹏汇天累计申请专利近700项，其中发明专利占比高达70%[①]，全面展现了其在技术创新与研发能力上的深厚积累。广汽集团也在飞行汽车领域展现了卓越的创新

---

① 张建军：《广东低空经济振翅高飞》，《经济日报》2024年6月1日。

能力。广汽飞行汽车GOVE在广州CBD成功完成城市复杂低空环境中的飞行展示，验证了其技术的先进性与可靠性。GOVE的飞行器采用独特的飞行器与底盘分体式设计，既能在陆地行驶时通过机翼收缩实现与底盘合体，又能在空中飞行时实现底盘自动泊车功能，为未来飞行汽车的应用场景提供了全新方案。广州凭借一系列领先企业的技术突破与创新实践，成为全球eVTOL和飞行汽车研发制造领域的重要基地。

在飞行运营领域，作为粤港澳大湾区最重要的航空交通节点，广州白云机场目前已跻身全球航空运输量前列，并在商务航空领域形成显著优势。白云机场FBO（固定运营基地）现已发展为全球领先的商务航空基地，聚集了十多家专业商务航空公司，服务能力和产业集聚效应持续提升。与此同时，合利智能正在积极申请eVTOL运营许可，广州穗联通航和知行通航等则开展农林喷洒、输电线路巡检等农业和工业低空作业，充分展现了广州在低空经济领域的多元化运营实力。此外，广州还引入了东部通航，推动城市空中交通发展，探索城市低空出行的新模式。

在低空基础设施建设方面，广州也迈出了重要步伐，为低空经济发展奠定坚实基础。广州市已建成首个跑道型通用航空机场，这一设施成为低空交通网络建设中的关键基础设施。在后续规划中，市政府拟推进建设超过5个枢纽级别的垂直起降机场，并配套建设常态化运营的起降站点100余处。通过这一系列建设举措，广州将构建空间分布合理、功能配置完善的区域性低空交通起降网络系统。这些基础设施建设项目总投资规模预计超过100亿元①，体现了广州市对低空经济发展的高度重视与资源投入的战略意图。这些设施的建成将有效提高低空经济运营效率，支持飞行器的多元化应用场景，进一步增强广州在低空经济领域的竞争优势。

在教育与科研领域，广州积极推动校企合作，设立了一批低空经济相关的研发实验室和技术创新平台，为核心技术的突破与产业升级提供了强大支

---

① 《广州市人民政府办公厅关于印发广州市低空经济发展实施方案的通知》，广州市人民政府网站，2024年5月31日，https://www.gz.gov.cn/zwgk/fggw/sfbgtwj/content/post_9681708.html。

撑。高校与企业在导航系统、飞控算法、高精度传感器、动力系统等关键领域深入合作，推动了技术研发成果的快速转化。例如，广州多所高校联合本土龙头企业，共同研发适用于复杂低空环境的自主避障与飞行控制系统，有效提升了飞行器的智能化水平和安全性能。此外，依托广州市的创新资源优势，科研机构还在轻量化材料、绿色能源技术等前沿领域开展了前瞻性研究，为低空飞行器的性能优化提供了强大的技术支持。

在人才培养方面，广州市立足于低空经济链条，一方面，着力构建以低空经济为核心的"基础研究+技术攻关+成果转化+科技金融+人才支撑"全链条创新机制，加快建设低空经济现代化产业体系；另一方面，注重建立完整的职业教育和培训体系，为低空经济输送了大批高素质的专业技术人才。同时，广州还举办低空飞行技术竞赛与交流活动，激发年轻人的创新活力，促进产学研深度融合。这一系列举措不仅为低空经济发展提供了智力支持，也助力广州成为培养航空技术人才的重要基地。

与此同时，低空经济在广州的产业园区建设中形成了显著的集聚效应，为区域经济发展注入了新动能。根据2024年广州市《政府工作报告》提出的发展战略，市政府将重点推进北部区域的经济增长极培育工作，并着力打造临空经济示范园区。同时特别强调，需加快推进面向低空经济领域的专业园区建设，重点引入包括航空装备制造、飞机维修保养、通用航空运营等在内的航空产业集群，以促进相关产业的高质量发展。以黄埔区为核心，广州规划并打造了一批无人机产业基地，这些基地不仅为国内外领先企业提供了研发、制造、测试和市场化推广的全方位支持，还吸引了大量配套服务企业入驻，形成了涵盖研发、制造、运营和服务的完整产业链体系。这些产业园区不仅集聚了极飞科技、亿航智能等行业龙头企业，还有一批初创企业通过园区提供的技术孵化和投融资服务迅速崭露头角。园区内完善的基础设施和开放的创新环境，为企业提供了从产品原型设计到量产推广的全周期支持，降低了中小企业的技术应用和市场化门槛，显著推动了产业链上下游企业的协同创新与成长。

此外，广州还积极促进产业园区与高校和科研机构的合作，设立了一系列无人机技术研究中心和实验室,进一步提升了本土企业的研发能力。2024年4月,广州大学城正式启动飞行汽车基础设施建设项目,首批规划了4个起降点,串联约17公里的空中环岛线路,将为飞行器起降、停放、能源补给等提供服务支撑[1]。通过高端技术和应用场景的双重驱动,这些园区吸引了更多国际资本和技术资源流入广州,为广州在低空经济领域构建全球化竞争优势提供了重要支撑。这一模式不仅提升了区域经济活力,还为其他城市低空经济发展提供了可借鉴的经验。

(三)"低空经济+"领域多元发力

作为低空经济发展的先行者,广州在多个领域探索出独具特色的"低空经济+"模式,不仅推动了技术与应用场景的深度融合,也为产业链的协同创新和可持续发展奠定了坚实基础。

低空物流配送是广州低空经济的重要组成部分。作为物流大城市,广州在低空物流配送领域具有显著优势。相比传统配送方式,无人机在短途运输、跨境飞行及城市配送等场景中表现出明显的效率优势,能够有效突破复杂环境限制,提升配送效率,同时降低人力成本和安全隐患,成为现代物流的新型解决方案。例如,2023年1月国内首家跨境电商快速配送保税直购店在广州开发区开业,依托无人机"闪送"航线,跨境配送服务半径扩展至35公里[2]。清关后的商品通过无人机定点航线运输,最短仅需半小时即可送达。这种创新模式提升了物流效率和消费者体验,为智慧城市建设提供了典型示范。

低空经济在农业领域的拓展也为传统农业带来了全新机遇。极飞科技作为技术先锋,通过研发农业无人机和智能农业装备,截至2024年第一季度

---

[1] 《广东加速布局万亿新赛道 打造全国首个低空经济应用示范岛》,《南方日报》2024年4月19日。

[2] 《国内首家跨境电商"极速配送保税直购店"在广州黄埔开业》,广州市人民政府网站,2024年1月24日,https://www.gz.gov.cn/ysgz/xwdt/ysdt/content/post_9459574.html。

服务范围已覆盖全球63个国家和地区，累计服务面积达17.4亿亩次[①]。这些技术显著降低了作物种植成本，提高了农业管理效率，并推动"低空经济+"在农业生产场景中的应用。智能农业装备的推广为现代农业高效、智能化转型提供了有力支持，成为低空经济发展的重要推动力量。

在文旅与体育领域，低空经济通过技术融合展现出强大的创新潜力。广州货运航空有限公司与广州爱飞乐风洞运动有限公司共同开发建设了安华汇风洞跳伞基地，该基地将体育与旅游结合，已成为华南地区最大的全天候户外风洞飞行基地。该项目为广州文体旅游注入了新活力，标志着"低空+体育运动""低空+文旅"领域取得了重要突破，进一步提升了城市吸引力和竞争力。

广州将低空经济融入智慧城市建设，显著提升了城市治理和公共服务的现代化水平。低空飞行器凭借高效灵活的特点，在城市安防巡逻、应急救援、医疗急救等多个场景中得到了广泛应用，极大提高了资源调度效率，完善了城市管理体系。例如，在安防巡逻领域，无人机通过搭载高清摄像头和红外热成像设备，可实现大范围、高精度的实时监控，为交通疏导、治安巡逻及突发事件的快速响应提供了重要支持。在节假日期间和大型活动中，无人机也被用于人群密集区域的安全巡查和人流监测，显著提高了城市安全管理能力。

在应急救援方面，无人机凭借快速部署和无障碍通行的优势，成为灾害现场勘测和物资投送的重要工具。无论是在山地搜救、火灾侦测，还是洪水救援中，低空飞行器都展现出传统救援手段难以比拟的灵活性。特别是在广州市台风多发季节，无人机广泛用于灾后环境评估和损失统计，为政府决策提供了精准的数据支持。此外，在医疗急救中，无人机的应用也日益成熟。广州已尝试利用无人机运送医疗物资，如急救药品、血液样本等，大幅缩短了交通拥堵情况下的运输时间，提高了抢救效率。这些技术应用不仅提升了

---

① 《打"飞的"出行不是梦》，新浪财经，2024年7月5日，https://finance.sina.com.cn/roll/2024-07-05/doc-incazeyy6993849.shtml。

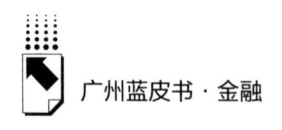

公共服务能力，也为广州智慧城市建设提供了强有力的技术支撑和示范效应。

综上所述，广州低空经济通过物流、农业、文旅、体育等多元化场景的深度融合，构建了良性的产业生态体系。这种多业态发展模式不仅增强了产业链联动效应，为企业技术创新和升级提供了实践平台，也为低空经济的可持续发展奠定了坚实基础，进一步巩固了广州在全国低空经济发展中的引领地位。

（四）政策环境不断健全

低空经济的发展得到了自中央至地方各级政策的大力扶持。根据2023年12月举行的中央经济工作会议精神，我国将重点扶持若干具备战略价值的前沿产业，其中包括生物技术制造、航天商业化应用以及低空领域经济业态的发展。时隔数月，2024年国务院《政府工作报告》进一步指出，必须着力培育这些新兴产业，将其打造成为推动国民经济提质增效的重要引擎。这一系列政策导向充分体现了国家层面对于创新驱动发展战略的持续深化，旨在通过新兴产业的培育实现经济结构的优化升级。

广州高度重视低空经济作为新兴产业的战略地位，紧密响应国家和广东省关于推动通用航空和低空经济发展的战略部署，出台了一系列政策规划，全力推动低空经济高质量发展。2016年《广东省通用航空发展规划（2016—2030年）》发布以来，广州便将通用航空及低空经济作为重点发展方向，同年发布《广州市通用航空发展规划（2016—2030年）》，提出构建"一核两翼多点"的产业布局，推动通用航空与旅游、物流等产业深度融合。此后，广州市进一步响应《广东省人民政府关于促进通用航空业发展的实施意见》和《广东省推动低空经济高质量发展行动方案（2024—2026年）》等政策，明确目标任务，加快基础设施建设，培育市场需求。

进入2024年，广州在低空经济发展领域继续发力，相继发布了《广州市低空经济发展实施方案》《广州市推动低空经济高质量发展若干措施》等文件，提出到2027年实现1500亿元产业规模的发展目标，规划建设枢纽型起降场、无人机试飞场等关键设施，并推动智能航空器和先进空中交通商业运营发展。同时，南沙、从化等区也结合区域特点制定具体实施方案，积极参与低空经济发展。广州市还通过法治保障措施，如《广州市低空经济发展条例》（草案修改稿）的制定，进一步优化政策环境。这些政策从产业引导、技术研发、基础设施建设、市场运营到营商环境优化，形成了系统化、全方位的支持体系。

二 广州低空经济发展面临的困境与挑战

诚然，近年来广州市低空经济取得了显著的发展成效，逐步构建了较为完善的产业链条，吸引了多方资源汇聚，成为区域经济增长的新引擎。然而，在蓬勃发展的背后，仍然存在诸多现实问题亟待破解。从政策法规的不完善到技术创新的瓶颈，从基础设施的建设滞后到安全监管的难题，这些挑战不仅阻碍了行业的进一步突破，也对城市的综合治理能力提出了更高要求。要推动低空经济高质量发展，必须正视这些问题，寻找切实可行的解决路径。

（一）航空空域管理问题

作为重要的公共资源，低空空域不仅是国家安全体系的核心组成部分，更是经济社会发展的关键基础设施。然而，目前我国低空空域管理仍以严格管控为主，尤其在城市中心区，获取低空飞行权限的难度较大，这对低空经济的快速发展形成了显著制约。在广州，低空飞行的需求日益增长，但空域的复杂性与严格的管控政策带来了显著的挑战。广州进近管制空域[1]覆盖面积约3000平方千米，覆盖了广州市及周边地区，为华南人口密度最大的珠三角地区提供服务[2]。这个区域管理着中国最繁忙的几个机场。其中广州白

---

[1] 根据2004年中国民用航空局颁布的《民用航空使用空域办法》，进近管制空域通常是指在一个或几个机场附近的航路汇合处划设的便于进场和离场航空器飞行的管制空域。它是中低空管制空域与塔台管制空域之间的连接部分，垂直范围通常在6000米（含）以下、最低高度层以上；水平范围通常为半径50千米或走廊进出口以内的除机场塔台管制范围以外的空间。

[2] 《泰雷兹助力全球最繁忙的空域之一》，"看航空"百家号，2018年7月2日，https://baijiahao.baidu.com/s?id=15917237028814553447&wfr=spider&for=pc。

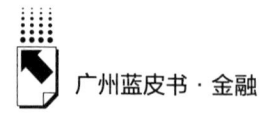

云机场平均每天要处理约 1300 架次的航班起降①，该区域也成为世界上最复杂、最拥挤的进近管制空域之一，现有空域难以满足低空经济发展的需求。与此同时，珠三角地区机场众多，共享有限的空域资源使得航线规划需要实现各方需求的精心权衡，进一步提高了空域划分和航线布局的复杂性。

低空空域作为稀缺资源，对其严控主要出于对国家安全和公共利益的考虑。当前，我国低空空域的划分和审批权限多集中于军方和民航部门，审批流程较为复杂且时间成本较高，限制了低空经济相关产业的业务拓展。特别是在城市核心区域，由于高密度人口分布和复杂的飞行环境，低空飞行活动的管控尤为严格，企业在开展运营时面临较大的制度性障碍。

尽管近年来，国家陆续出台了相关政策以推动低空空域的逐步开放，例如部分地区试点建立低空空域管理服务保障体系，探索"分级管理、分区开放"的模式，但整体而言，政策的执行力度和开放程度仍有待提升。一方面，空域资源的有限性导致各领域对低空空域的需求竞争加剧；另一方面，现有的低空空域管理体制与低空经济发展的现实需求尚未完全匹配，缺乏灵活高效的空域调度机制。

（二）低空飞行安全问题

低空飞行器的设计、制造和运行安全直接关系低空经济的发展与社会公共安全。然而，目前在实际应用中，飞行器运行安全面临多重隐患，主要体现在飞行器设计制造缺陷与维护保养不足两个方面。

首先，飞行器设计与制造的隐患显著影响了低空飞行器的安全性能。低空飞行器类型多样，包括无人机、通用航空飞行器和轻型载人飞行器，但部分企业研发能力不足，制造经验有限，导致设计优化不足，可靠性和安全性难以保障。特别是一些低成本飞行器，由于生产标准较低，关键部件（如

---

① 《民航中南空管局管制中心保障广州白云机场年起降架次首次突破 50 万大关》，中国民航网，2024 年 12 月 26 日，http://www.caacnews.com.cn/1/3/202412/t20241226_1383712.html。

动力系统、导航系统和传感器）可能存在质量问题，容易在复杂飞行条件下出现故障。此外，适航认证与检测体系尚未完善，可能会导致不符合安全标准的飞行器流入市场，进一步放大了安全隐患。这不仅对空中交通造成潜在威胁，也对低空经济的长远发展带来不良影响。

其次，飞行器的维护保养不足进一步加剧了安全风险。低空飞行器通常运行频率较高且航程较短，这对设备的维护保养提出了更高要求。在广州及珠三角地区，由于空域资源密集，飞行器需要应对复杂的航线规划和空中交通管制，这要求飞行器具备先进的防撞系统和动态调整能力，避免在高密度飞行环境中出现安全问题。

（三）基础设施建设有待完善

基础设施建设不足成为广州低空经济发展的关键制约因素，严重影响了低空飞行的运营效率及行业的整体进步。

首先，低空飞行器的起降设施不仅数量不足，而且分布极不均衡。作为高度城市化的特大城市，广州专为无人机和通用航空器提供的起降场地极为有限，且大多分布在城市周边的乡镇地区，核心城区和商业地带合适的起降点非常稀缺，部分区域甚至完全没有此类设施，缺乏系统化和科学化的布局规划（见表1）。这一缺陷直接限制了低空飞行服务的范围，尤其是对城市内物流配送、应急救援等关键领域造成了极大的不便和运作瓶颈。城市中心区缺乏适配的飞行起降基础设施，不仅影响了行业的拓展，也限制了低空经济潜力的充分发挥。

表 1　截至 2024 年 12 月广州已备案通用机场信息

机场名称	机场类型	级别	机场地址
黄埔穗港澳出入境大楼直升机场	高架直升机场	A2	广州市黄埔区东江大道 126 号
黄埔外贸博物馆和文化总部中心直升机场	高架直升机场	B	广州市黄埔区电厂东路与港前路交叉路口西侧
广州黄埔直升机场	表面直升机场	B	广州市黄埔区东江大道以南

续表

机场名称	机场类型	级别	机场地址
从化良口直升机场	表面直升机场	A2	广州市从化区良口镇共青路生态设计小镇
番禺化龙机场	表面直升机场	A2	广州市番禺区化龙镇金山大道东287号
广州中山大学附属第一医院院本部直升机场	高架直升机场	B	广州市越秀区中山二路58号中山大学附属第一医院院本部
广州沙湾直升机场	表面直升机场	A2	广州市番禺区沙湾镇福涌村福北路西侧9号
广州越秀金融大厦直升机场	高架直升机场	A2	广州市天河区珠江东路28号

注：根据2017年中国民用航空局颁布的《通用机场分类管理办法》，通用机场按照是否对公众开放分为A、B两类。另外，基于其对公众利益的影响程度，又将A类通用机场分为三级。A类：对公众开放的通用机场，允许公众进入以获取飞行服务或自行开展飞行活动。A1：对公众开放的，含有使用乘客座位数在10座以上的航空器开展商业载客飞行活动的通用机场。A2：对公众开放的，使用座位数在5~9座之间的航空器开展商业载客飞行活动的通用机场。A3：对公众开放的其余通用机场。B类：不对公众开放的通用机场。

资料来源：通用机场信息管理系统，http：//gaa.caac.gov.cn/web_caac/html/airport_publish/airport_search.html。

其次，低空飞行的运行保障系统远远落后于行业发展的需求。低空经济的蓬勃发展急需完善的通信、导航和监控系统支持。然而，现有基础设施多侧重于高空航空和地面交通，对低空飞行的支持远远不足，导致低空飞行的通信网络覆盖存在盲区，尤其是在建筑密集区或复杂地形区域，飞行器可能遭遇信号丢失或干扰。此外，现有的导航系统在精准定位和障碍物识别方面仍存在不足，增加了飞行安全隐患。更为严重的是，低空飞行的监控平台尚不健全，缺乏实时的空域监控与飞行调度能力，无法有效应对日益增加的低空飞行需求，制约了低空经济的健康发展。

最后，配套服务网络的建设滞后，进一步制约了低空经济的长远发展。低空飞行器的顺畅运营依赖充电站、维修站、物流转运中心等一系列配套设施，但目前这些设施不仅分布零散，且覆盖率低，难以形成有效的支持体系。例如，无人机由于续航时间短需要频繁充电，而现有的充电站点数量有限且分布不均，这直接影响了飞行器的运营效率。同时，飞行器的维修保养设施严重不足，缺乏专业技术服务的支持，这使得运营企业难以跟上飞行器日益增长的维修需求，进而影响了行业的稳定性和发展速度。

（四）技术创新能力还存在一定不足

客观来看，虽然广州市低空经济各产业环节已经有了较大发展，但仍然存在一定的薄弱环节，主要体现在飞行器性能的局限性和核心技术研发能力方面，这种不足对行业的高效运行和持续创新形成了显著制约。当前，许多低空飞行器在续航能力、载荷性能和智能化水平方面存在明显短板。例如，电池技术的滞后严重限制了飞行器的飞行时长，而动力系统性能的不足则降低了运行效率，无法满足复杂场景下的高频次运营需求。此外，飞行器的自主避障、动态飞行控制等智能化技术尚不成熟，在面对复杂空域环境和高密度飞行需求时，表现出适应能力的不足。

与此同时，研发投入不足和技术创新能力的薄弱进一步限制了技术水平的提升。高端飞行器及其核心部件过度依赖进口，本土企业在高精度导航系统、传感器和飞控算法等关键技术领域的突破有限，这不仅导致相关产品的成本居高不下，也使得本地企业难以在技术竞争中占据主动地位，整体技术水平难以匹配低空经济快速发展的需求。

在技术发展的同时，数据与信息安全问题成为低空经济数字化与智能化过程中亟待解决的核心挑战。低空飞行器的运行高度依赖通信网络、导航系统和数据传输，但现有技术体系在数据保护和网络安全方面仍存在明显漏洞。飞行器运行时，数据传输可能受到信号干扰或黑客攻击，从而导致定位精度下降、通信中断甚至飞行器失控等严重问题。此外，飞行数据和用户隐私保护措施尚不完善，存在被窃取或泄露的风险。一些无人机的控制系统容易受到网络攻击，可能被恶意劫持或破坏，带来重大操作安全隐患。

（五）资金需求大但融资渠道有限

低空经济涉及通用航空、无人机应用、低空物流等多个领域，其发

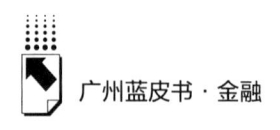

展需要大量资金支持。然而，目前融资渠道有限成为制约行业发展的关键瓶颈。

首先，低空经济项目普遍具有高资本投入特性。从基础设施建设到设备采购，再到后期运营维护，每个环节都需要大额资金支持。例如，通用机场的建设、低空空域管理系统的研发以及无人机物流网络的搭建，均涉及长周期、高投入的资金需求。然而，传统金融机构对低空经济这一新兴领域的认知不足，加之行业风险评估体系尚不完善，导致银行等传统融资渠道难以匹配企业需求。

其次，低空经济企业特别是中小型企业面临较大的融资困境。由于行业尚处于初级发展阶段，其市场前景具有一定的不确定性，金融机构倾向于对行业采取审慎态度。针对低空经济的专项金融产品较为稀缺，融资渠道单一，使得许多企业只能依赖自有资金或民间资本进行初期发展，进一步限制了产业的规模化扩张。

最后，风险投资、产业基金等多元化融资方式的参与度不足也显著限制了低空经济的发展。目前，广州针对低空经济的产业基金尚处于起步阶段，社会资本的进入壁垒较高。而资本市场对低空经济的支持，如股权融资和资产证券化，也尚未形成有效的规模化机制。

（六）金融政策支持不足

当前，金融政策支持的不足也成为制约低空经济快速发展的核心瓶颈。在金融政策滞后和制度配套不完善的背景下，资金流入受限，加剧了产业发展的不确定性。

广州针对低空经济的专项金融政策相对稀缺，缺乏系统性与针对性支持。与国际先进地区相比，广州在税收减免、融资担保和风险分担机制等领域的政策支持明显不足。例如，美国针对通用航空领域的税收优惠政策有效降低了企业运营成本，而广州的低空经济企业仍难以享受类似政策，从而抑制了资本的积极进入，进一步推高了企业融资成本。

现有金融政策的执行力度和覆盖范围不足也成为行业发展的主要障碍。

一方面，地方金融政策与国家战略缺乏有效衔接，政策落地过程中出现资源分配不均的问题；另一方面，政策资源多集中于头部企业，而中小企业及初创企业因缺乏足够资质与抵押物，往往无法获得政策性融资支持。这种不平衡的资源分配模式不仅限制了产业链协同发展，也抑制了创新生态的形成。

此外，金融政策在推动创新融资模式方面同样滞后。当前，供应链金融、绿色金融与资产证券化等工具在低空经济领域的应用尚处于起步阶段，金融机构因风险评估机制不足而对投资保持谨慎态度。相比之下，一些发达国家通过发展航空产业专项基金和引入金融科技手段，有效改善了产业的市场化融资环境，广州需要在此方面加强探索与学习。

三 以金融创新促进广州低空经济发展的路径选择

发展低空经济是一项复杂的系统工程，涉及多个领域的协同与联动。首先，航空管理部门和交通运输部门需科学规划和高效管理空域资源，以保障飞行活动的安全性和可持续性，统筹协调低空经济与现有交通体系的融合，推动立体化综合交通网络的建设，提升整体交通效率。其次，市场监管部门需完善相关法律法规体系、规范行业秩序，促进低空经济健康有序发展。再次，地方政府应积极承担推动责任，通过加强基础设施建设、优化营商环境和落实政策配套措施，为产业发展提供坚实保障。最后，科技研发部门需要集中力量攻克关键核心技术，推动创新成果在低空经济中的应用与转化。在国家统一政策框架下，各相关部门需通力合作，形成强大合力，共同推动低空经济的高质量发展。

在此基础上，从金融视角出发，支持低空经济发展的关键在于构建完善的资金支持体系和优化多元化的投融资环境。

（一）创新融资工具与模式

基础设施建设滞后是当前低空经济发展的核心瓶颈之一。目前低空机场、飞行服务站、通用航空运行保障设施等关键环节尚未形成完善的体系，

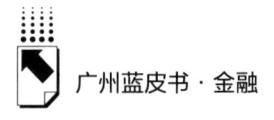

产生这一问题的重要原因在于资金缺口较大，而基础设施建设周期长、回报周期长等特性进一步加大了融资难度。

2024年10月召开的广州市委金融工作会议指出，要以推进金融高质量发展为主题，加快打造粤港澳大湾区国际金融枢纽核心引擎，为推进中国式现代化广州实践提供有力支撑。同时，科技创新作为驱动新质生产力发展的核心动力，必须得到充分重视和持续推进。在此过程中，需要始终贯彻以实体经济为根基、以制造业为核心的发展理念。通过系统构建覆盖基础研究、技术攻关、成果转化和产业化的完整创新链条，为产业升级提供有力支撑。当前，应重点推进人工智能技术与各领域的深度融合，实施"人工智能+"发展战略。同时，要积极培育具有发展潜力的新兴产业集群，前瞻布局未来产业赛道，从而推动传统产业转型升级，最终实现现代化产业体系的全面构建。对此，广州可以通过金融创新多渠道缓解资金压力，推动基础设施建设提速。一是设立基础设施专项发展基金，由政府引导、社会资本参与，通过市场化运作模式专门支持低空经济基础设施项目。基金可以采取母基金形式，吸引银行、保险公司等机构投资者加入，撬动更多社会资本。二是推广专项债券，如发行"低空经济发展专项债"或"通用航空基础设施债券"，募集长期低成本资金支持项目建设，同时提高资金的针对性和透明度。三是深化PPP模式应用，通过公私合作机制吸引更多企业参与，合理分配建设与运营风险，减轻政府财政压力。

在此过程中，广州市可以通过多元化的融资工具和创新模式，在资金筹集上实现突破，为低空经济的基础设施建设提供强有力的金融保障。这不仅将为低空经济的整体产业链发展注入新动力，也为培育具有核心竞争力的产业生态奠定坚实基础，从而推动低空经济高质量发展。

（二）完善科技金融支持体系

技术创新能力不足是当前制约广州市低空经济发展的重要瓶颈，尤其是在低空飞行装备研发、导航与通信技术优化、飞行数据智能化分析等关键领域，企业普遍面临研发周期长、资金需求大、风险高的难题。这些问题不仅限制了技术突破，也影响了相关产业链的竞争力和可持续发展能力。

深入贯彻 2024 年广东省委金融工作会议和广州市委金融工作会议精神的要求，大力发展科技金融，培育壮大耐心资本，助力新质生产力的发展。要聚焦"质效"，提高服务水平，着力构建科技金融服务体系，优化科技产业投融资机制。通过重点引导创新资本向早期科技项目、中小型科技企业以及关键核心技术领域倾斜，构建科技、产业与金融协同发展的生态体系，为区域高质量发展注入新动能。为此，需要通过完善科技金融支持体系推动技术创新突破。一是引导商业银行和政策性银行加大对低空经济技术创新领域的信贷支持，推出专属科技贷款产品，为研发企业提供低成本、长周期的资金支持。此外，金融机构可以联合科技部门，建立以科技创新能力为核心的评价体系，优化信贷审批流程，提升资金支持精准度。二是借助科技金融服务平台，整合投融资信息，探索资产证券化路径，将运营中的基础设施资产收益打包发行证券产品，盘活存量资产，用于支持新项目的建设，吸引社会资本参与低空经济技术创新，形成多层次、多元化的科技金融支持体系，为广州市低空经济的高质量发展提供强大动力。

（三）加大金融政策支持力度

《广州市金融发展"十四五"规划》明确提出降低小微企业融资成本，而低空经济领域的初创企业和中小型企业普遍因缺乏有效的担保或信用支持而存在资金供给不足。通过将政策导向与低空经济相结合，可以进一步完善金融支持体系，创新绿色金融工具，为低空经济企业提供更多融资渠道，降低融资成本，助力其可持续发展。与此同时，低空经济作为一种新兴业态，技术和市场风险相对较高，金融机构在评估相关项目时往往能力不足，这无疑提高了资本投入的复杂性。因此，优化金融政策环境、加大政策支持力度显得尤为迫切和关键。

2023 年 11 月，广州市地方金融监督管理局印发的《关于金融支持广州市制造业高质量发展的指导意见》明确指出，要突出政府产业基金体系的政策导向功能，发挥政府引导基金、母基金、产业投资基金以投促产、以投促引、以投促创的核心功能，搭建"专而精"的产业基金体系。政府应建立财政与金融联动机制，通过财政贴息、担保增信、风险损失补偿等方式，降低金融机构参与低空经济项目的风险，提高其参与意愿。同时，设立专项扶持基金，重点支持技术研发等关键领域，发挥政策性资金的引导作用。此外，可推动出台专项税收优惠政策，例如对低空经济相关企业的设备采购、技术研发等环节给予税收减免，减轻企业运营压力。

同时，政府应加强与金融机构的协同，完善对低空经济的信用评价体系，支持金融机构开发专门针对低空经济的贷款产品、保险服务和资本市场工具，为企业提供多层次、个性化的金融支持，有效缓解资金供需矛盾，为广州市低空经济高质量发展提供坚实的政策保障。

（四）推动金融服务平台建设

在广州市推进低空经济产业发展的过程中，中小微企业普遍遭遇融资困境，表现为融资渠道受限和融资成本高。究其根源，主要可归结为两个关键因素：一方面，资本市场存在显著的信息不对称现象，投资者难以准确评估企业价值；另一方面，金融资源配置效率低下，导致资金无法有效流向最具发展潜力的创新主体。这种双重制约严重影响了产业生态的良性发展。因此，建立综合性金融服务平台是解决这些问题的重要手段。

《广州市关于支持数字金融高质量发展若干措施》提出，利用大数据和人工智能技术不断提升监管创新能力，同时围绕金融大数据SaaS（软件即服务）应用平台的建设与服务，加强金融风险防控。搭建综合性平台，不仅能够有效促进资本与低空经济相关项目的精准对接，推动资金高效流动，还能够缓解当前资金不足对低空经济发展的制约，为该领域的可持续发展提供强有力的金融支持。

（五）探索绿色金融发展路径

在广州市低空经济发展中，绿色金融的引入可以有效缓解发展压力，助力可持续发展。当前低空经济领域面临基础设施建设资金匮乏、技术创新不足等问题，而传统基础设施和飞行技术的高能耗、高排放特性又可能带来额外的生态负担。2024年12月广东省委经济工作会议指出，要聚焦绿美广东生态建设，致力于推进绿色金融的改革创新。因此，发展绿色金融不仅是解决资金问题的创新手段，更是推动产业绿色转型的重要举措。推动低空经济与绿色金融协同发展，鼓励发展支持低空经济的绿色金融产品和服务，助力建设绿色低空基础设施，推动低空经济的绿色转型，实现生态保护与产业发展的双赢。

在基础设施建设方面，广州市可以发行绿色债券，重点支持新能源驱动的低空飞行器机场、绿色飞行服务站等项目建设，同时引导社会资本投向环保技术改造和节能设施的引入。在技术研发领域，绿色金融可通过专项绿色产业基金，加速新型节能低排放飞行器、电池储能系统和可再生能源技术的研发及应用。此外，针对低空飞行安全和管理问题，绿色金融还可鼓励开发基于环保材料的飞行器部件、智能化导航和监测系统，提升飞行安全的同时减少对环境的影响。

参考文献

付国印：《粤港澳大湾区城市空中交通高质量发展的探索及其研究》，《品牌与标准化》2024年第2期。

劳铖强、宋晓东：《粤港澳大湾区低空经济产业生态的构建路径研究》，《特区实践与理论》2024年第2期。

廖小罕、徐晨晨、叶虎平：《低空经济发展与低空路网基础设施建设的效益和挑战》，《中国科学院院刊》2024年第11期。

欧阳日辉：《低空经济助推新质生产力的运行机理与路径选择》，《新疆师范大学学报》（哲学社会科学版）2025年第1期。

B.7 金融赋能广州制造业高质量发展的改革路径

黄锐生 赖昊莹[*]

摘 要： 制造业是立国之本、强国之基，关乎国家经济命脉，是我国经济高质量发展的核心。本报告以金融赋能广州制造业高质量发展为主题，系统梳理广州先进制造业的发展现状，并通过问卷调查、访谈等方式，对广州金融机构及制造业企业的金融服务状况进行了专题调研。针对调研中发现的问题，本报告提出了拓宽制造业企业融资渠道、创新金融产品与服务、完善金融政策保障、整合数字化融资平台、健全融资租赁体系和大力发展产业基金等对策建议，以期进一步推动金融服务广州制造业高质量发展。

关键词： 金融服务 制造业 广州

一 广州金融服务制造业的发展现状

2024年12月，广东省召开金融系统工作会议，提出大力发展科技金融，培育壮大耐心资本，促进新质生产力发展。2024年广州市委金融工作会议强调，要突出"质效"优服务，推动科技金融高效赋能，进一步提升产业科技投融资对接效率，引导创新资本"投早投小投硬科技"，促进"科技—产业—金融"良性循环。

---

[*] 黄锐生，广东南方金融创新研究院项目总监，研究方向为区域金融、金融科技、绿色金融；赖昊莹，东莞职业技术学院经济与管理学院专职教师，研究方向为绿色金融、科技金融、碳金融。

近年来，广州出台一系列金融支持政策，推动制造业高质量发展，明确为新一代信息技术、智能网联与新能源汽车等新兴产业提供重点融资支持。截至2023年末，广州市制造业贷款余额达到6484.3亿元，同比增长16.3%[①]。

（一）政策引领针对性强

广州在大力推动制造业发展的过程中，也配套出台了金融支持制造业发展的专项政策，明确了制造业金融服务重点任务，引导银行保险机构把金融支持制造业高质量发展摆在更加突出位置，持续加大支持力度，优化服务模式，更好助力广州制造强市建设和推进新型工业化（见表1）。

表1 广州金融服务制造业专项政策

时间	部门	政策名称	主要内容
2023年11月	广州市地方金融监督管理局	关于金融支持广州市制造业高质量发展的指导意见	集中金融资源配置于新兴产业和高成长性产业，重点涵盖新一代信息通信技术、智能网联与新能源汽车产业、生物医药与大健康产业集群。持续强化对产业基础设备升级改造、生产工艺革新、绿色低碳转型等关键环节的中长期融资支持。落实广州市政府与金融机构总部签署的战略合作框架协议，积极争取机构总部对广州重点领域、重要产业的资源倾斜
2024年1月	广州市地方金融监督管理局	关于大力发展融资租赁支持制造业高质量发展的实施方案	引导融资租赁公司积极支持战略性新兴产业发展，持续优化对广州市三大战略性新兴产业（信息技术创新、智能新能源汽车、大健康与生物医药）的精准服务能力。重点推进五大先进制造领域（智能机器人及装备制造、轨道交通系统集成、新能源开发与节能环保技术、新型材料与精细化工产业、数字创意经济）的专项产品研发创新，精准支持重点企业，加快重点领域融资租赁发展

资料来源：根据公开资料整理。

（二）信贷供给力度加大

截至2023年末，广州制造业贷款余额6484.3亿元，同比增长16.3%，

---

① 数据来源：广州市统计局《2023年广州经济运行情况》。

增速是同期各项贷款增速的2倍左右。广州地区的银行机构先后推出一系列制造业信贷产品,如中国工商银行的"专精特新贷"、中国农业银行的"新兴产业赋能贷"、中国银行的"中银—火炬创新积分贷"、中国建设银行的"善新贷",用于支持制造业企业科技研发、生产经营、资产购置(租赁)和建设。

2023年8月,广州出台《广州市普惠贷款风险补偿机制管理办法(修订)》,提高普惠机制年度资金补偿总额至不超过10亿元,引入保险机构共保体、政府性融资担保机构共担风险,将绿色低碳、专精特新等重点领域补偿比例提高至65%,引导合作银行增加对制造业的信贷投放。截至2023年末,广州市普惠贷款余额9150亿元,同比增长25%,三年多来广州市普惠机制下30家合作银行累计投放普惠信用贷款1965.4亿元、66.8万笔[①]。

(三)政府投资基金体系逐渐完善

为更好招引制造业项目落户广州,广州成立了投资发展委员会办公室,下设重点产业分局、新兴产业分局和未来产业分局,协调各部门做好引导投资、促进投资、服务投资等工作。此外,广州组建了100亿元天使母基金、500亿元创新投资母基金和1500亿元产业投资母基金,联合银行、券商及各类社会基金,形成投小、投早、投未来、投长期的投融资矩阵,锚定广州智能网联与新能源汽车、新一代信息技术、生物医药与健康等三大新兴支柱产业,以及量子科技、区块链等九大未来产业,聚焦新领域新赛道,重点投向制造业、科技创新项目。

(四)数字金融赋能制造业成效明显

建设全国中小企业融资综合信用服务平台(广州站)——"信易贷"平台,打造独具特色的"信用+科技+普惠金融"信易贷服务模式,会同银行机构设立"民营经济专区",迭代开发高效适配的金融产品。截至2024

---

① 数据来源:广州市委金融办《2023年度广州金融十大新闻》。

年9月末,"信易贷"平台累计注册用户超80万户,促成融资放款超2300亿元,免费提供企业信用报告75万份①。企业家可通过微信小程序或"穗好办"App、信用广州网站等途径,方便快捷触达广州"信易贷"平台。

二 金融服务广州制造业存在的不足

(一)金融供给结构有待优化

融资渠道存在结构性缺陷,过度依赖银行信贷,股权类融资有进一步拓展空间。从2023年广东南方金融创新研究院开展的"广州开发区产业金融发展研究"课题调研结果来看,仍有20%的制造业企业无法获得或只能获得小部分融资;在融资需求得到有效满足的企业中,通过银行信贷获得融资的比例超过70%,通过股权投资渠道获得融资的比例不到27%(见图1)。

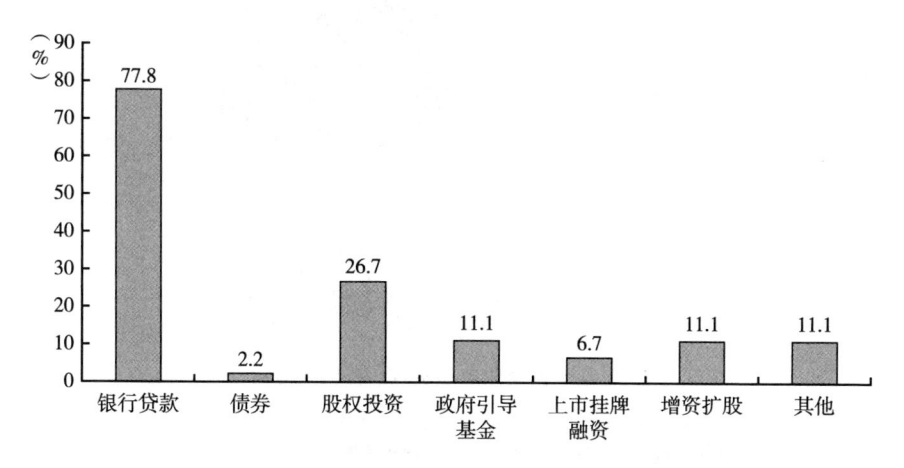

图1 广州制造业企业使用融资渠道分布情况(多选)

资料来源:2023年广东南方金融创新研究院开展的"广州开发区产业金融发展研究"课题调研结果。

---

① 数据来源:广州市委金融办《广州市开创"信易贷"工作新局面 做好普惠金融大文章》。

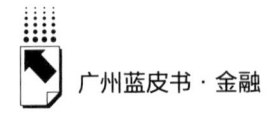

（二）传统银行产品服务有待创新

目前，受银行审批要求限制，中小微制造业企业需担保才能获得较大额度信贷融资。银行贷款对抵押品的要求过高、信用审查过严，担保存在困难。调查显示，企业申请银行贷款通常需要3~4周（占比30.77%）甚至1个月以上（占比42.31%）的时间（见图2），大部分企业反馈审批程序复杂、手续烦琐、审批时间长是主要的银行融资障碍。企业所能提供的融资担保品主要为传统的房产（占比65.38%）和土地使用权（占比23.08%），虽可通过知识产权等无形资产质押（占比34.62%）获得融资，但需通过担保等其他手段进行增信（见图3）。

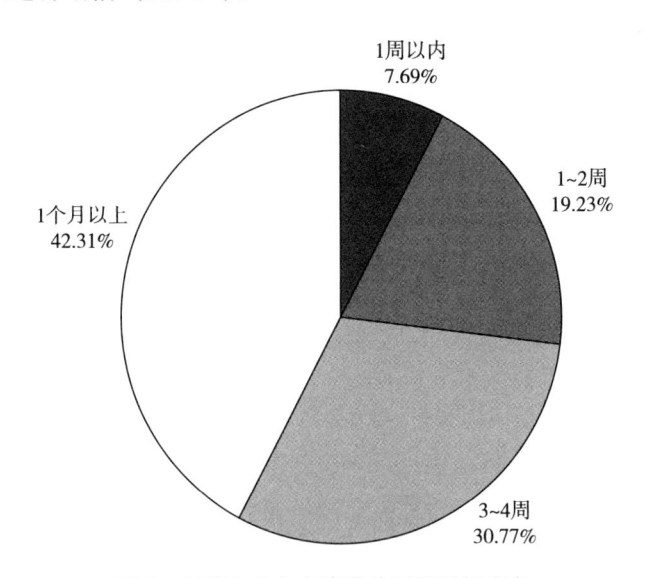

图2 制造业企业申请贷款所需时长分布

资料来源：2023年广东南方金融创新研究院开展的"广州开发区产业金融发展研究"课题调研结果。

（三）产融合作平台体系有待优化

广州目前有"信易贷"、粤信融和中小融等多种融资对接平台，但这些平台发展仍面临许多问题和挑战。首先，平台隶属于不同部门，部门之间缺

金融赋能广州制造业高质量发展的改革路径

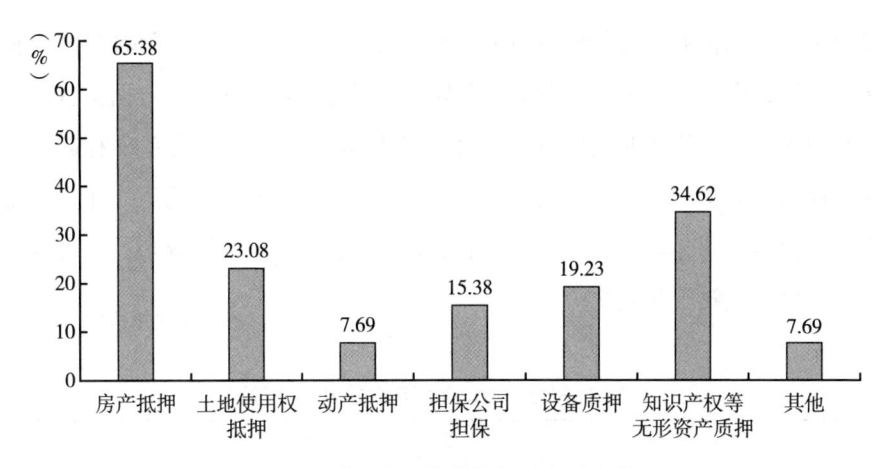

图3 制造业企业贷款担保形式（多选）

担保形式	百分比
房产抵押	65.38
土地使用权抵押	23.08
动产抵押	7.69
担保公司担保	15.38
设备质押	19.23
知识产权等无形资产质押	34.62
其他	7.69

资料来源：2023年广东南方金融创新研究院开展的"广州开发区产业金融发展研究"课题调研结果。

乏统一的标准，导致信息共享不畅，影响了信用信息的更新利用。其次，银行机构与平台合作不足，信用信息在信贷审批流程中的应用尚不充分。

（四）广州市融资租赁行业发展缓慢

广州融资租赁行业规模远低于天津、上海等城市。截至2022年末，天津、上海融资租赁行业总资产余额分别突破2万亿元、2.9万亿元，而广州约为3000亿元。此外，广州融资租赁企业多而不强，广州南沙融资租赁注册企业已经超过2200家，约占全国的1/5，但大部分企业未实际展业①。

（五）产业投资基金运营机制不够成熟

广州通过广州金控集团发起设立总规模达100亿元的天使母基金，该基金紧密围绕"3+5+X"战略性新兴产业及未来产业体系②进行战略布局，重

---

① 《天津上海之后，"中国融资租赁第三极"在何地？》，21世纪经济网，2023年4月17日，https://www.21jingji.com/article/20230417/herald/45535a205a5f6c83b62a9ad2c70efd30.html。
② 广州"3+5+X"战略性新兴产业和未来产业包含新一代信息技术、智能网联与新能源汽车、生物医药与健康等三大新兴支柱产业，以及智能装备与机器人、轨道交通、新能源与节能环保、新材料与精细化工、数字创意等五大新兴优势产业和未来前沿产业。

113

点聚焦具有创新潜力的种子期和天使阶段项目开展投资运作。但是与佛山和深圳相比，广州在扩大产业投资基金规模和深化特定领域投资方面仍有较大提升空间。广州的产业投资基金运作模式较为单一，主要依靠政府资金引导，社会资本参与度相对较低，限制了资金的灵活性和市场化运作能力。而佛山和深圳在基金规模和运作模式上更具竞争力，在政府引导与社会资本合作方面更为成熟（见表2）。

表 2 广州与佛山、深圳产业投资基金对比

城市	规模与结构	投资方向	运作模式
广州	总规模100亿元，设立天使母基金	新一代信息技术、智能网联与新能源汽车、生物医药与健康、智能装备与机器人、轨道交通、新能源与节能环保、新材料与精细化工、数字创意等	主要依靠政府资金引导，社会资本参与度低
佛山	总规模500亿元，谋划两大基金群，新设8只增量产业基金	智能制造、新能源新材料与环保、生物医药与大健康、半导体与集成电路	政府引导和社会资本参与，重点投资新兴产业及传统产业升级项目，促进地方经济发展与创新
深圳	总规模超600亿元，设立千亿级市政府引导基金、百亿级天使母基金和种子基金	集成电路产业、高端装备、新材料、数字创意装备、脑科学与类脑智能、细胞与基因	"财政+国资"两大抓手，依托财政系的政府投资基金和国资系的资本运作平台，明确分工、协同运作

资料来源：广州市、佛山市、深圳市人民政府网站。

三 推动金融更好服务广州制造业高质量发展的对策建议

广州具有良好的科技优势、制造业基础和金融资源支撑，可充分利用现有优势，拓宽企业融资渠道并降低融资成本，深化金融供给侧结构性改革，创新金融产品与服务，加快完善金融政策保障，为广州市制造业高质量发展提供有力支持。

（一）拓宽制造业企业融资渠道，降低企业融资成本

一是探索制造业知识产权金融。鼓励具有知识产权的制造业企业开发证券化产品，进一步拓宽企业融资渠道，助力企业的生产发展。推动无形资产质押融资业务发展，政府可联合银行、评估机构等，建立无形资产评估与交易体系，明确评估标准，降低评估成本，提高无形资产的市场认可度。同时，鼓励银行机构创新质押融资产品，提高无形资产质押融资的可行性和便利性。

二是推动制造业企业充分利用资本市场融资。开展制造业企业上市培育工程，根据产业方向、营收规模等确定辅导上市方向，做好上市后备制造业企业储备，并将港交所、北交所上市纳入奖补支持名单。强化与深交所广州基地、上交所南方中心、北交所华南基地的合作，加强与港交所、新交所的对接，探索推动新交所在市内设立资本服务中心，重点支持市内制造业企业到港交所、新交所上市挂牌和发行债券。依托广东股交中心探索设立"专精特新"企业培育板，建立"专精特新培育企业—市级专精特新—省级专精特新—国家级专精特新'小巨人'—国家重点专精特新'小巨人'"培育链条，打造全市"专精特新"企业标签数据库，为入库企业提供政府扶持对接、信贷融资、股权投资、政务服务等综合性服务。

（二）深化金融供给侧结构性改革，创新金融产品与服务

一是定制化金融产品与服务。针对广州制造业企业的多样化需求，鼓励银行机构开发定制化金融产品。通过深入了解不同行业、不同规模企业的实际经营状况和融资需求，设计灵活多样的贷款产品，如"制造业快贷""制造业信用贷"等，降低对抵押品的过度依赖。

二是优化审批流程、提高效率。推动银行机构简化审批程序，缩短审批时间。利用大数据、人工智能等金融科技手段，实现贷款申请的自动化预审、信用评估的智能化处理，减少人工干预，提高审批效率。同时，建立绿色通道，对符合条件的优质制造业企业实行快速审批，确保资金及时到位。

三是推进资本参与制造业产业园区建设。鼓励市属国企探索联合社会资本设立制造业产业园区二次开发基金，用于园区基础设施提质改造、节能改造、污水处理提标、新建废弃物处理中心、数字化改造等工程项目。支持符合条件的重点制造业项目采用"专项债券+配套融资"的组合方式保障资金需求，鼓励金融机构制定制造业产业园区专项融资方案，对产业园区市场化运营项目以产业链、园区企业信用链为基础进行整体授信，提供中长期、大额度的优惠利率贷款。

四是加快发展供应链金融。发挥政府采购支持中小企业融资的作用，推动财政采购信息与中征应收账款交易中心系统对接。鼓励制造业核心企业发展供应链金融，引进供应链金融平台公司，利用金融科技手段，推动动产融资模式创新，为产业链上下游企业提供订单、仓单、应收账款融资等生产经营全链条金融支持。

（三）完善金融政策保障，更好发挥政策性金融工具作用

一是强化制造业金融政策协同，细化广州市金融服务制造业的工作任务，明确各部门的工作任务和工作目标。汇集广州市现有产业、金融政策，制定发布聚焦制造业的金融领域政策汇编，为产业金融发展提供体系化扶持政策。定期制定和发布包括金融服务平台、金融服务产品、项目融资等内容的服务细则、操作指引、投资指南。

二是探索设立融资担保风险损失补偿资金池。通过为融资担保机构提供风险损失补偿，保障其在为企业提供融资担保服务时，能够在发生代偿风险后有足够的资金进行补偿，使其能够履行代偿责任，避免因代偿压力过大而影响正常运营，增强其担保能力和信心，使更多企业获得融资支持。

（四）整合数字化融资平台，提升金融服务效率

构建统一标准与管理规范的融资平台。整合"信易贷"、粤信融及中小融等平台资源，建立跨部门的统一信用信息管理中心，制定统一的数据标准与接口规范，促进信用信息的互联互通与共享。同时，设立专门机构负责平

台的日常运营与监管，确保数据的安全性。此外，提升平台的智能化、个性化服务水平，为企业提供便捷的融资咨询、产品匹配、进度跟踪等一站式服务。

（五）健全融资租赁体系，实现业务规模化发展

一是大力引进国银租赁、交银租赁、民生金租等国内龙头融资租赁企业在广州落户区域总部、分公司。推动设立融资租赁投资基金，通过对市内优质的融资租赁企业以股权投资和债券投资等方式进行资金支持，提升融资租赁企业资金实力。探索出台融资租赁风险损失补偿政策，降低融资租赁企业开展中小企业融资租赁业务时的经营风险。

二是探索创新广州"政府+担保+融资租赁"政策性融资服务联动机制。由市区两级政府筛选出符合国家和广州市政策导向的制造业企业，并给予担保费补贴。推动市区两级融资担保机构建立合作机制，根据广州制造业企业融资需求、经营状况、现金流等实际情况，以生产设备、机械设备、运输工具等为租赁物，在市区两级政策性担保机构对制造业企业融资增信支持下，直接服务于广州制造业企业。

（六）大力发展产业基金，完善投资矩阵

一是完善风投创投"募投管退"机制，吸引境内外长期资本、耐心资本来穗投资。推动广州天使母基金落地运营，吸引优质天使投资管理人合作设立子基金。支持相关国企联合社会资本组建私募股权二级市场基金（S基金）。

二是进一步推动国企与国家级、省级、市级基金合作在广州市设立产业投资基金，争取更多制造业投资、制造业项目落户。扩大针对制造业产业链上下游、关键环节所设立的专项政府投资基金规模，研究与制造业龙头企业联合设立细分赛道的投资基金，形成制造业产业上下游各环节链接、企业孵化成长生命周期全覆盖的政府产业投资基金矩阵。

三是优化政府引导基金、产业基金、国企基金管理体制机制，完善容错免责机制，提高对政府基金投资损失的容忍度，规范政府性基金投资项目审

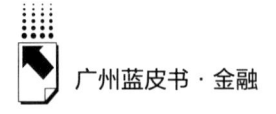

计的容错认定标准和程序流程，对于尽责履职的单位和个人给予容错免责。采用整体评价原则进行综合绩效评价，不因单个项目投资亏损在绩效结果上进行追究。

参考文献

王晓燕：《金融支持制造业高质量发展的国际经验及启示》，《金融发展评论》2022年第5期。

刘峰：《防稳结合 提升金融服务实体经济能力》，《中国农村金融》2019年第8期。

《〈广州市普惠贷款风险补偿机制管理办法（修订）〉政策解读》，《广州市人民政府公报》2023年第27期。

陆敏：《制造业发展迎来金融政策红利》，《经济日报》2023年12月7日。

李珮：《新赛道已经铺展融资租赁业准备好了吗?》，《金融时报》2023年4月3日。

金融开放篇

B.8
国家金融高水平开放背景下广州风投创投集聚区建设研究

广东省社会科学院财政金融研究所课题组 *

摘　要： 近年来，广州加快促进科技、金融与产业融合，着力打造国内标志性风投创投集聚区，风投创投在要素集聚、平台建设、环境营造等方面取得了一定成效，但在发展能级提升、资源协同整合、服务体系优化等方面仍面临挑战与制约。在此背景下，本报告基于国家金融高水平开放的新发展机遇，对照建设"金融强市"、做好金融"五篇大文章"以及金融赋能新质生产力发展的新形势、新要求，对广州建设高水平风投创投集聚区开展系统的应用性研究，通过"剖析问题—对比先进—厘清思路—找准突破口"，提出广州要充分发挥国有资本在广州风投创投集聚区建设中的引领带动作用，打

---

* 课题组成员：刘佳宁，经济学博士，广东省社会科学院财政金融研究所所长、研究员，广东省习近平新时代中国特色社会主义思想研究中心特约研究员，研究方向为宏观金融；郑玉航，经济学博士，广东省社会科学院财政金融研究所副研究员，研究方向为跨境金融；李霞，经济学博士，广东省社会科学院财政金融研究所高级经济师，研究方向为绿色金融；黎超，经济学博士，广东省社会科学院财政金融研究所助理研究员，研究方向为科技金融。

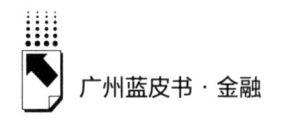

好"项目+基金"组合拳，集聚市场化的优质风投创投基金，以广州南沙粤港澳重大合作平台为牵引，协同港澳集聚跨境创新资本，打造优质风投创投生态圈，为集聚区高质量发展提供坚实保障。

关键词： 金融高水平开放　风投创投集聚区　耐心资本

开放是中国式现代化的鲜明标识，以开放促发展，建设更高水平开放型经济新体制，也是中国式现代化建设的应有之义。在金融高水平开放的时代背景下，风投创投作为科技创新转化的"助推器"，是培育和发展新质生产力的动力源，更是铸就科技强国竞争新优势的重要支撑。党的二十届三中全会明确提出，要加快形成同新质生产力更相适应的生产关系，鼓励和规范发展天使投资、风险投资、私募股权投资，更好发挥政府投资基金作用，发展耐心资本。2024年广东省委金融工作会议指出，要聚焦加快形成新质生产力，进一步提升产业科技投融资对接效率，引导创新资本"投早投小投硬科技"。近年来，广州风投创投市场在要素集聚、平台建设、环境营造等方面取得了一定成效，但相较于"投早投小投硬科技"的投资导向，全市风投创投产业在市场能级提升、资源整合协同、服务体系适配等方面，仍面临一定挑战与制约，亟待突破传统发展路径依赖，以开放性视野、战略性思维、超常规举措推进风投创投高质量发展，通过"耐心资本"支撑"金科产"深度融合。

一　广州建设风投创投集聚区的必要性

风投创投是促进技术、资本、人才等创新要素与科创企业有机结合的投融资方式，也是科技创新的"助推器"和"加速器"，对缓解初创期科创企业融资难题、破解关键技术领域问题具有重要意义。广州科技型中小企业数量全国领先，高校、科研院所与重点实验室等科创主体活跃，对

"投早投小投硬科技"的风投创投资本需求空间巨大。在更深层次、更高水平的开放创新生态下，2024年广州市委金融工作会议指出，要大力优化融资结构，吸引更多长线资金、耐心资本，引导创新资本"投早投小投硬科技"，促进"科技—产业—金融"良性循环，进一步强化了风投创投在推进科技创新及发展新质生产力方面的重要作用。作为粤港澳大湾区发展核心引擎、国际科技创新中心及全球金融中心，广州是全省培育和发展新质生产力的重要阵地，有能力也有条件推动国际风投创投之都建设，吸引撬动更多国内国际风投创投资本，打造具有一定影响力的"标志性"高水平风投创投集聚区。

（一）培育和发展新质生产力的现实所需

风投创投作为衔接"科技—产业—金融"良性循环的关键环节，对于推动技术迭代升级、科技成果转化具有重要的催化作用，也是广州推动产业链供应链优化升级、培育和发展新质生产力的金融"活水"。

一是广州多层次科研主体对风投创投需求旺盛。广州科技资源丰富、创新体系完善、科创主体活跃，集聚中山大学、华南理工大学、香港科技大学（广州）等众多高水平研究型大学、科研院所和重点实验室，2023年国家高新技术企业、国家科技型中小企业、专精特新"小巨人"企业数量以及独角兽企业增量等指标全国领先[①]。多层次的创新创业主体，对开展原始创新、实现颠覆性技术攻关的诉求强烈，对"投早投小投硬科技"的风险融资、创业投资有庞大的资金需求，亟待精准导入"有耐心"的长期资本，助力创新资源的高效利用。因此，高水平打造广州风投创投集聚区，有利于借助"头部引领+增量培优"，做大做强广州创新资本"资金池"，以稳定有序的资金投向，建立科创企业、科研主体与外部创新生态的联动路径，进而提升全市创新驱动发展质效。

---

① 《广州：凝"新"聚力 以新提质》，广州市科学技术局网站，2024年5月24日，https：//kjj.gz.gov.cn/xwlb/yw/content/post_9667659.html。

二是"3+5+X"战略性新兴产业和未来产业发展导向推动风投创投加速集聚。风投创投以高精尖前沿领域的初创企业和未来产业项目为重点开展投资布局，是推动实体经济高质量发展的动力源。近年来，在广东高质量发展和制造业当家战略推动之下，广州纵深推进"产业第一、制造业立市"战略，智能网联与新能源汽车、新一代信息技术等战略性新兴产业正逐步成为经济增长的新引擎。2023年，全市战略性新兴产业增加值占GDP比重达到30.7%[1]。而以上产业多数集中于硬科技领域、新兴赛道，迫切需要引入风险投资、创业投资，以投促引、以投促产，实现新旧动能转换。因此，建设风投创投集聚区，有利于最大限度协同、集聚市区创新资源，锚定广州"3+5+X"战略性新兴产业和未来产业，精准投向新领域、新赛道的种子期、天使期项目，撬动更多社会资本参与战略性新兴产业发展，催生更多科技创新成果并向先进生产力转化。

（二）完善广州金融体系的发展所向

一是优化广州金融结构的发展所需。近年来，广州不断完善金融服务体系，金融市场主体实现了质的有效提升和量的合理增长。但从市场结构和发展活跃度看，现有融资结构仍以间接融资为主导，直接融资比例相对较低，同时直接融资中债券融资和股权融资"一条腿短、一条腿长"的现象仍长期存在，不平衡的融资发展格局亟待重构。打造广州风投创投优质资本高地，有利于进一步丰富和做大直接融资市场，提高股权融资比重，推进全市多层次金融市场体系协调发展，也有利于为不同类型科创企业提供多元化、差异化的创新资本支持。

二是塑造广州风投创投特色优势的战略所需。当前"京沪深"是国内投融资热门城市，北京大力支持朝阳区等加快建设高质量创业投资集聚区；上海优先支持专业服务能力强、政策扶持力度大、行业管理水平高的浦东新

---

[1] 《2023年广州市国民经济和社会发展统计公报》，广州市人民政府网站，2024年3月30日，https://www.gz.gov.cn/zwgk/sjfb/tjgb/content/mpost_9570687.html。

区、黄浦区、临港新片区等打造股权投资集聚区；深圳积极促进深港风投创投联动发展，全面建设前海深港国际风投创投集聚区及香蜜湖国际风投创投街区。同时，成都、武汉、长沙等中西部城市也纷纷加大力度打造各具特色的"风投之城""创投之都"。因此，面对各地资本招商白热化的竞争态势，广州风投创投产业亟须进一步锁定发展方向、塑造自身优势，形成与其他城市差异化的竞合关系。打造广州风投创投创新资本高地，就是通过发挥广州省会城市的政治经济文化中心优势，打造创投风投营商环境的"广州样板"，构筑具有鲜明广州特色、在全省具有一定示范效应的创投风投产业集聚区，进而对全省乃至大湾区科技成果转化、创新创业培育、战略性新兴产业发展提供重要支撑。

三是推进广州风投创投市区协同发展的现实所向。当前广州风投创投市场在市区协同、资源整合方面仍面临一定短板，风投创投空间布局失衡，且呈现各区"单打独斗"的碎片化发展态势，亟待站在全市创新资本整合的高度，整体规划、统筹布局，构筑合作网络，探索重塑风投创投体系。高水平建设广州风投创投集聚区，有利于加强全市风投创投要素资源的统筹调度，通过发挥各区在资源禀赋、产业基础、发展能级等方面的差异化优势，构筑多节点、网络化、跨区联动的风投创投一体化空间布局，进而提升广州风投创投产业附加值和综合投资效益。

（三）纵深推进广州金融高水平开放的战略所指

一是有利于拓宽国际创新资本进入渠道。党的二十届三中全会提出，要稳步扩大制度型开放，完善推进高质量共建"一带一路"机制。广州是"一带一路"的重要节点城市以及华南地区的海陆空交通中心，作为国内国际双循环的战略发展连接点和粤港澳大湾区国际金融枢纽的核心引擎，广州独特的区位优势、丰富的科技创新应用场景、巨大的消费市场，为吸引国际创新资本、开展风投创投跨境投资合作提供了广阔的市场空间。高水平打造广州风投创投产业集聚区，吸引国内外金融高端人才和汇聚头部私募创投机构，对于加强广州国际金融合作交流，与境外资本市场互联互通，推进大湾区国际金融枢纽建设和打造高水平对外开放新高地，有着重要的实践意义。

二是有利于进一步推进粤港澳大湾区股权投资市场协同合作。当前粤港澳大湾区已进入产业链、创新链、人才链、资金链"四链"深度互联、全面合作的新阶段，如何运用风投创投资本力量将三地科技成果、创新企业、产业发展有效融合，建设与"广深港澳科技创新走廊"发展相适应的创新资本平台，成为粤港澳大湾区金融高水平开放的核心内容。因此，在高水平开放的战略背景下，打造广州风投创投集聚区，有利于以科技创新资本投融资链为突破口，进一步加强广州与港澳、国际股权投资市场的互联互通，对于拓宽辖内科创企业跨境投融资渠道，促进三地金融规则对接、标准互认、平台共享、政策互通、产品服务互利有着重要的实践价值。

二 广州风投创投市场发展的基础与成效

广州市"十四五"规划明确提出，要大力发展创业投资和股权投资，培育引进一批知名头部风投创投机构，打造国内标志性风投创投集聚区。近年来，广州加快促进科技、金融与产业融合，大力推动国际风投创投之都建设，持续完善风投创投支持政策，积极开展风投创投创新试点，加速建设风投创投重大平台，充分发挥政府投资基金作用，促进产业和资本深度融合，为高标准建设风投创投集聚区营造良好发展环境。

（一）股权投资要素加速集聚

一是股权创投基金规模显著增长。截至2024年5月（下同），全市私募基金管理人超800家，管理基金数量超5700只（比2022年增加超400只），管理资金规模约5600亿元（比2022年扩大近600亿元）[①]。二是积极开展风投创投领域创新试点。稳步推进QDLP（合格境内有限合伙人）和

---

① 数据来源：广州市地方金融管理局和《广州金融白皮书2023》。

QFLP（合格境外有限合伙人）试点，已落地QDLP试点项目额度20亿元、QFLP试点项目额度超200亿元，企业跨境投融资渠道不断拓宽。落地股权投资和创业投资基金份额转让试点，广东股权交易中心已挂牌5个项目，合计金额超2亿元。大力发展私募股权二级市场基金（S基金），推动越秀资本S基金增资至20亿元，推动恒健控股集团、粤科金融集团设立S基金，不断完善私募基金"募投管退"全链条[①]。三是持续促进区级投资基金管理公司发展。广州各区设立区级投资基金管理公司，作为各区促进重点产业发展的重要投融资平台。11家区级投资基金管理公司合计投资基金121只，认缴资金规模573.67亿元，实缴资金规模396.55亿元，撬动社会资本投资381.09亿元，放大24.66倍；累计投资广州项目175个、投资金额119.68亿元[②]。

（二）风投创投平台载体建设加速推进

一方面，广州各区发挥特色、因地制宜，以风投创投平台载体加速推进创新资本与优势产业联动发展。其中，黄埔区大力招引风投创投机构，已形成"国企投资+产业基金引导+社会资本参与"体系。一是进一步拓宽风投机构空间载体，不断优化中国风险投资科学城大厦，设立中国风险投资知识城大厦。二是持续优化创业投资市场准入环境，通过引进专注投资战略性新兴产业的风投机构及外商投资股权投资类企业、鼓励商业银行设立全资子公司、设立天使投资基金等举措，完善"天使投资—风险投资（VC）—私募股权投资（PE）"一体化股权投资链。截至2024年4月，黄埔区集聚风投机构超过800家，资金规模超2400亿元[③]，通过轮动投资、接力培育等方式促进"投早投小投硬科技"。番禺万博创投集聚区依托

---

① 数据来源：广州市地方金融管理局。
② 数据来源：广州市地方金融管理局。
③ 《数据眼丨每6平方公里出产一家上市公司，资本市场"黄埔军团"这样炼成》，"金羊网"百家号，2024年4月22日，https://baijiahao.baidu.com/s?id=1797040548487946428&wfr=spider&for=pc。

万博商务区及13个重点产业园区资源优势，吸引超110家创投机构落户，募集资金约13亿元①，一个充满活力与创新氛围的创投生态集群已初步成型，为番禺区创新创业企业提供了充足的资本"燃料"，有力推动新兴产业蓬勃发展。海珠区通过建立中国风投大厦和广州创投小镇，积极打造以"产业+科技+资本"为特色的风投创投集聚区。截至2023年12月，集聚区引入高科技企业、风投机构超300家②。

另一方面，持续加强风投创投"撮合"平台建设，搭建优质企业"融资桥"。广州市资本市场融资对接服务平台暨广州风投创投综合服务平台正式上线，截至2024年8月，已有近1000家重点产业企业和项目在平台注册。该平台通过举办产融对接会、项目路演等活动，吸引风投创投等金融机构广泛参与，有效拓宽辖内企业投融资渠道。2023年以来，全市累计举办资本市场高质量发展产融对接路演活动22期，路演参与企业达107家。据不完全统计，共有10家路演企业成功融资4.16亿元③。

（三）产业发展环境持续优化

一是政策支持体系日益健全。广州不断强化风投创投集聚区建设工作顶层设计，市区两级风投创投政策体系逐步完善。一方面，广州积极出台鼓励风投创投产业发展的相关政策，各区同步制定特色化政策及落实措施，形成全市上下共同推动风投创投集聚区建设的良好氛围（见表1）。另一方面，《广州市政府投资基金管理办法》等一系列基金管理办法相继印发实施，为各类基金运作提供更高质量、更有效率、更可持续发展的制度保障（见表2）。

---

① 《番禺区以创新为引领大力推进"三项工程"》，广州市番禺区人民政府网站，2024年11月26日，http://www.panyu.gov.cn/gkmlpt/content/9/9993/post_9993345.html#7523。

② 《广州市地方金融监督管理局党组书记、局长邱亿通：金融强市助力经济高质量发展》，"投中网"百家号，2023年12月7日，https://baijiahao.baidu.com/s?id=1784616813286964931&wfr=spider&for=pc。

③ 《广州市资本市场融资对接服务平台暨广州风投创投综合服务平台正式上线》，广州市地方金融管理局网站，2024年8月16日，https://jrjgj.gz.gov.cn/gkmlpt/content/9/9817/post_9817926.html#1129。

番禺、荔湾、南沙、增城等区级政府引导基金管理办法持续推陈出新，市区联动不断加强，进一步促进产业、科技、资本实现高水平循环。

表1　广州市发展风投创投产业的相关政策

发布时间	政策文件	主要任务
2020年1月	《广州市鼓励创业投资促进创新创业发展若干政策规定实施细则》	支持创业投资类管理企业投资在广州注册的种子期、初创期科技企业；支持在广州创业投资类管理企业与国（境）外资本共同设立或管理国（境）外创业投资基金
2020年8月	《广州市风险投资市场规范发展管理办法》	规范风险投资市场行业管理；加强风险投资市场扶持政策；营造良好风险投资市场环境
2020年12月	《广州市黄埔区 广州开发区进一步促进风险投资发展办法实施细则》	进一步推进本区风险投资集聚发展
2021年8月	《广州市人民政府办公厅关于新时期进一步促进科技金融与产业融合发展的实施意见》	建设风投创投之都；对标"深创投"，整合市属国有风投创投资本；市区联动，加快发展引导基金，引导加快天使投资；对头部风投创投"靶向招商"，建设创投标志性集聚区，拓宽风投创投退出渠道
2022年1月	《番禺区促进万博商务区风险投资产业集聚发展扶持办法》	鼓励投资基金企业投资本区非上市科技型企业（含高新技术企业），化解企业融资难题
2023年5月	《2023年广州金融支持实体经济高质量发展行动方案》	大力推动风投创投集聚区建设；培育壮大本土风投创投龙头企业，吸引国家级母基金、头部风投创投机构落地
2023年10月	《广州市加大力度支持科技型企业融资的若干措施》	充分发挥产业母基金、创投母基金及广州科技创新母基金投引带动作用，服务广州科技创新战略；建立风投创投与科技型企业融资对接机制
2023年12月	《广州市促进金融业高质量发展若干措施》	设定私募投资基金管理企业奖励标准
2024年1月	《广州市关于巩固提升"领头羊"品牌推进企业上市培育工作的若干措施》	强化风投创投支持，发挥省、市、区发展基金的带动作用，促进风投创投资本与产业的早期对接，通过轮动投资、接力培育等做好企业培育

资料来源：根据公开资料整理。

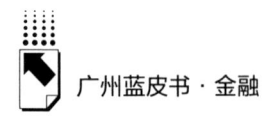

表 2　广州市部分政府引导基金管理办法及规模

基金名称	管理办法	规模
广州市工业和信息化发展基金	《广州市工业和信息化发展基金管理办法》	—
广州科技创新母基金	《广州科技创新母基金管理办法》	50亿元
广州南沙新区科技创新母基金	《广州南沙新区科技创新母基金暂行办法》	20亿元
广州市新兴产业发展引导基金	《广州市新兴产业发展引导基金管理暂行办法》	18亿元
广州市荔湾区产业投资基金	《广州市荔湾区产业投资基金管理办法》	—
番禺区战略性新兴产业创业投资引导基金	《番禺区战略性新兴产业创业投资引导基金管理办法》	10亿元
增城区推动经济高质量发展引导基金	《增城区推动经济高质量发展引导基金管理办法》（第二次修订版）	4亿元
广州开发区（黄埔区）科技创新创业投资母基金	《广州开发区（黄埔区）科技创新创业投资母基金管理办法》	50亿元

资料来源：根据公开资料整理。

二是政策支持力度不断加大。《广州市促进金融业高质量发展若干措施》对符合条件的风投创投机构给予最高 2000 万元管理能力奖励。各区从机构落户、经营贡献、人才奖励等方面出台相应政策，市区两级政策可叠加申请，最高奖励达 4000 万元。总体来看，广州风投创投政策支持力度与深圳、上海、合肥、杭州、苏州等国内重点地市基本相当。

三是风险防控取得积极成效。一方面，创新建立"伪私募"央地共治机制，央地协作机制持续优化。广州市地方金融管理局与中国证监会广东监管局签订私募基金监管合作备忘录，积极探索和实践广州私募投资基金监管协同新模式，建立广州私募投资基金风险防控长效机制，促进广州私募投资基金行业健康稳定发展。另一方面，利用数字技术助力私募基金行业规范发展和风险防控。持续完善"广州市私募基金瞭望塔系统"，拓展相关部门、单位的合作广度和深度，形成各有侧重的私募基金风险监测框架。同时，充分发挥广州市私募基金协会、广州创业与风险投资协会功能，促进风投创投行业健康发展。

（四）服务实体经济质效不断提升

广州充分发挥政府投资基金引导作用，撬动各类社会资本"投早投小投硬科技"，切实提升风投创投对实体经济高质量发展的支撑作用。一是设立千亿级母基金，加快推进现代化产业体系建设。2023年，两大母基金已达成协议超600亿元，与链主企业、产业龙头等合作设立36只子基金，拟投资额超1300亿元，预计未来3~5年形成万亿规模基金集群，重点投资半导体与集成电路、先进制造、新一代信息技术等重要产业领域[①]。二是设立广州市新兴产业发展引导基金、工业和信息化发展基金、科技创新母基金等7只政府引导基金，有效带动激发民间投资，优化投资结构、提升投资效益。截至2023年底，广州科技创新母基金已落地29只子基金，子基金实缴资金规模215亿元，累计投资科技类中小微企业303家，投资金额合计118.79亿元，分别占子基金已投资项目数量和总金额的88.60%和74.98%，4家获投企业成功上市[②]。此外，为进一步加大国资引导各类资本"投早投小投硬科技"的力度，广州金控集团设立100亿元天使母基金，通过"母子基金"+直投等多元化方式，积极吸引社会资本、长期资本、境外资本等支持战略性新兴产业和未来产业发展。截至2024年9月，广州天使母基金和直投基金已与全国26家重点高校、32家科研院所、60余家投资机构建立沟通合作机制，储备150多个直投项目[③]。

[①]《广州产投董事长罗俊茯：打造万亿规模基金集群，树立产业战投"风向标"》，同花顺财经，2024年2月20日，http://xinsanban.10jqka.com.cn/20240220/c655152057.shtml。
[②]《广州市科学技术局2023年工作总结及2024年工作计划》，广州人民政府网站，2024年6月20日，https://www.gz.gov.cn/zwgk/zjgb/bmgzzj/2023n/content/mpost_9715849.html。
[③]《"投早投小投硬科技"，广州百亿天使母基金已完成多个投资决策》，"第一财经"百家号，2024年9月12日，https://baijiahao.baidu.com/s?id=1809987706302507986&wfr=spider&for=pc。

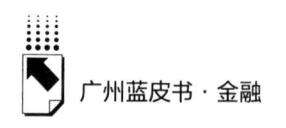

三 广州风投创投集聚发展的短板与挑战

近年来，广州风投创投市场建设取得了一定成效，积极引领私募股权创投基金行业朝着更加规范化、专业化的方向迈进。但与新形势下的发展需求相比，当前广州风投创投产业发展还存在一些短板弱项，如风投创投市场能级有待提升，比较优势不突出，协同发展风投创投产业的体制机制不灵活，资源协调整合度不够，风投创投服务体系适配性有待进一步提高等。

（一）市场能级有待提升

一是体量有待扩容。广州风投创投市场体量小、市场活跃度低，与新质生产力的发展需求差距较大。从机构数量看，截至2024年4月末，注册在广州的私募股权、创业投资管理人（PE/VC）约400家，远低于北京（2176家）、上海（1776家）、深圳（1688家）、杭州（733家)[1]。从市场活跃度看，2023年，广州创投市场融资事件393起（见图1），远低于北京（1552起）、上海（1529起）、深圳（1260起）、杭州（878起）、苏州（838起）、南京（491起)[2]。此外，相较北京、上海和深圳，广州市政府引导基金规模仍有较大差距。

二是质量有待提高。广州风投创投头部机构较少，创新创业环境比较优势不足。2024年中国股权投资机构年度排名前20中，广州无机构入围，粤科金融集团（排名第25）管理资金900多亿元，远低于深创投（排名第2）的4668亿元[3]。在2023年《全球风险投资生态系统排名》报告中，广州位列第17，排名不及北京、上海、深圳和杭州[4]。同时，根据《2023·中国"双创"

---

[1] 数据来源：iFinD数据库。
[2] 数据来源：烯牛数据库。
[3] 《清科创业重磅发布2024中国股权投资年度排名!》，"清科集团"百家号，2024年12月13日，https://baijiahao.baidu.com/s?id=1818316545688784348&wfr=spider&for=pc。
[4] 数据来源：金融数据提供商PitchBook于2023年发布的《全球风险投资生态系统排名》报告。

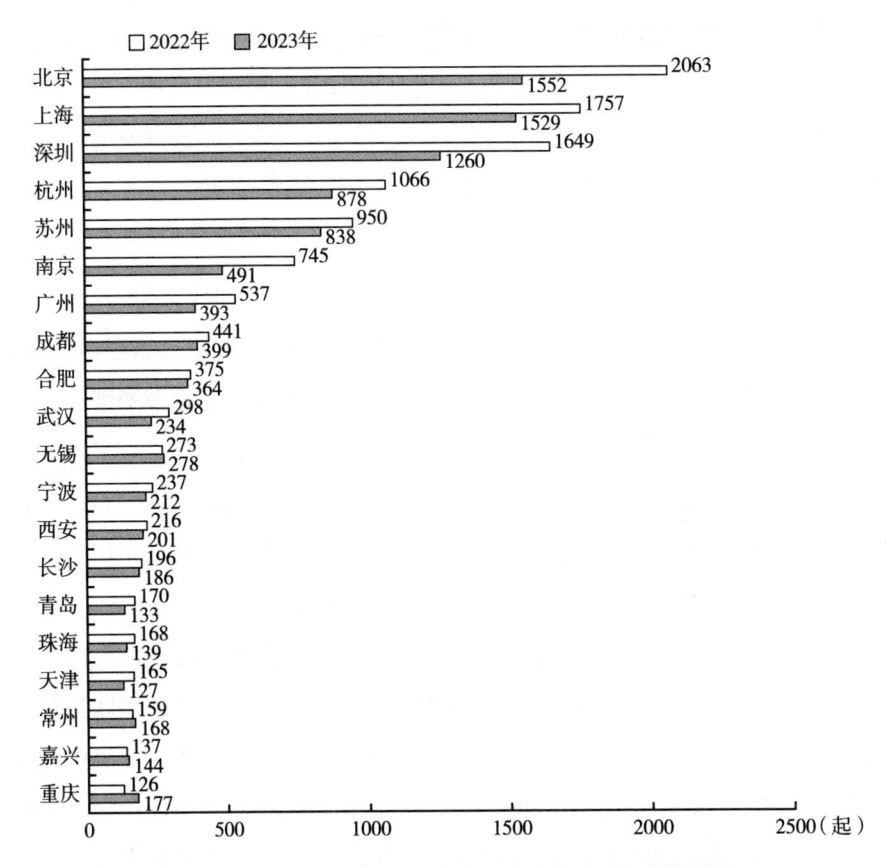

图1 2022~2023年中国创投市场主要城市融资事件数量

资料来源：烯牛数据库。

金融指数》报告，广州支持"双创"的"金融资源供给丰富度""金融服务有效度"两项指标也排在北京、上海、深圳、杭州、苏州之后，位列第6[①]。

三是结构有待优化。其一，融资结构不平衡。广州科技企业间接融资与直接融资比例约为7:3，多层次资本市场对科技创新的支撑有待加强。其二，投资结构不平衡。2022年，广州风险资本投资种子期、初创期和成长

---

① 数据来源：《2023·中国"双创"金融指数》报告。从2017年开始，中国（深圳）综合开发研究院研究团队每年编制和发布中国"双创"金融指数，从金融资源供给丰富度、金融服务有效度、金融政策支持度、金融环境承载度四个维度，综合研判、评价各个城市金融支持创新创业的情况与成效，同时从金融视角观察各城市的发展潜力。

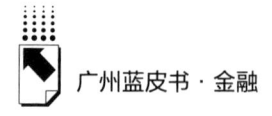

期三个阶段企业的比例为9∶35∶56，与"投早投小投硬科技"需求匹配度不高。其三，产权结构不平衡。广州新募集私募股权投资基金中，有3/4左右是国有控股和国有参股①，社会资本参与度不高，亟待完善国有与社会创投资本相互衔接、错位发展的体制机制。

（二）协同效应尚未发挥

一是市内发展联动有限。当前北京、上海、深圳、成都、武汉等城市加大力度，打造"风投之城""创投之都"。如深圳重点打造香蜜湖国际风投创投街区、深港基金小镇等，成效显著。而目前广州风投创投产业发展缺乏标杆性的产业集聚区，且空间布局不均衡，多数机构集聚在天河、越秀、黄埔、南沙等区；各区金融资源、科创产业也未形成协同合作格局，亟待在全市层面构建政策共享、业务共促和风险共治的统筹协调机制。

二是与港澳资本互动链接有待加强。一方面，相较于北京、上海、深圳，广州风投创投募集港澳资本缺乏市场号召力。如以粤港澳大湾区科技创新产业投资基金为代表的大型风投创投基金平台，至今尚未吸引港澳资本参与投资。另一方面，内地风投创投的投资理念与港澳创新资本的投资偏好存在差异。港澳风投创投多偏好投向商业模式创新类项目，对制造类项目的投资认可度不足。

（三）服务体系有待完善

一是本土持牌金融机构少。目前广州金融牌照较为稀缺，辖区内尚无持牌银行理财子公司、保险资管公司，一定程度上导致广州长线创投基金导入规模不大。

二是管理体制机制障碍多。国有引导基金投资渠道不畅，受业绩考核、激励机制、容错免责因素影响，国资"有钱也难投出去"现象依然存在，

---

① 数据来源：课题组根据Wind金融数据库、iFinD数据库中的PE/VC库相关数据及公开资料自行整理。

投资效率有待提升。此外,"补、投、贷、保"联动不够,投资模式较单一;基金并购、股权转让、S 基金等退出方式不足,风投创投基金退出渠道有待畅通。

三是外资 LP 集聚度低。以 QFLP 为例,相较于北京、上海、深圳,广州 QFLP 试点起步晚,首只 QFLP 试点基金于 2023 年 7 月落地,且基金数量少、集聚度低。同时,相较于深圳 QFLP 总量管理试点的创新实践,广州 QFLP 制度创新有待强化。

四 广州风投创投集聚区的建设思路与路径

在国家金融高水平开放的时代背景下,广州建设风投创投集聚区要站在全市创新资本整合的高度,探索风投创投体系重塑;站在做好科技金融大文章的高度,赋能新质生产力培育;站在高水平对外开放的高度,探索跨境协同创新;站在金融改革创新的高度,探索管理模式的优化,进而将风投创投集聚区打造成为广州重要的风投创投资源集聚引领示范地、落实科技金融大文章的服务支撑地。

(一)建设模式:深化创新资本整合,形成"先行区+联动区"的协同发展模式

广州可选择金融服务能力强、开放水平高、科技创新活跃、具备较好风投创投产业基础的黄埔、天河、南沙作为风投创投发展三大先行区,其他区作为联动发展区,形成"先行区+联动区"的协同发展模式。三大先行区作为集聚区建设的核心引擎,通过发挥黄埔科创金融示范区的引领带动作用,持续放大南沙金融开放示范区的政策集成优势以及天河国际金融城的金融综合服务优势,以"资本+科技+政策+产业"四位一体,示范带动集聚区建设。其他区根据各自产业优势,分别在绿色金融、供应链金融、普惠金融、数字金融等领域,谋划形成各具特色的风投创投金融板块,形成区域联动、

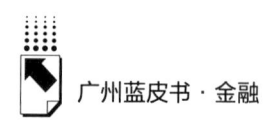

资源共享、优势互补、错位发展的多节点、网络化风投创投发展格局（见表3、表4）。

表3 广州风投创投发展三大先行区发展优势、定位与目标任务

区域	发展优势	发展定位	目标任务
黄埔区	高新科技企业集聚、链主企业多、创新创业活跃优势明显	创新资本中心	依托广东股权交易中心、中国风险投资科学城大厦、全省知识产权金融服务中心等平台载体，积极承载广州风投创投集聚区平台打造、产融对接、行业集聚三大功能，并充分发挥辐射带动作用，在全市复制推广"黄埔经验"
南沙区	国家金融开放平台创新基础好、政策力度大、发展空间充裕、跨境资金流动便利	国际风险投资中心	联合区内央企、省市投资平台，以项目为主导，积极吸引港澳、国际知名投资机构、产业金融总部、私募股权投资产业链服务机构落地，为广州打造高水平开放的风投创投集聚区提供支撑
天河区	国际金融城金融机构集聚，数字科技企业总部云集，产城融合配套完善	金融综合服务中心	以"数字+"为特色金融品牌，以完善的产城融合配套为服务保障，为全市风投创投企业提供全链条、多层次的综合服务体系，赋能各区创新资本精准服务各类科技型初创企业

资料来源：根据公开资料整理。

表4 广州风投创投联动发展区金融发展定位及重点平台载体

区域	发展定位	重点平台载体
海珠区	建设金融支持数字经济和人工智能发展核心区	广州创投小镇
荔湾区	建设白鹅潭产业金融服务创新区，推动金融业全面发展	
越秀区	推进国家产融合作试点城市建设	民间金融街
白云区	推动建设供应链金融示范区	
花都区	建设绿色金融改革创新试验区核心区	
番禺区	建设普惠金融创新服务示范区	万博基金小镇
从化区	建设金融支持乡村振兴战略示范区和城乡融合发展示范区	广州温泉财富小镇
增城区	推进中小微企业金融服务区建设和农村金融服务改革创新	广州中小微企业金融服务区

资料来源：根据公开资料整理。

（二）运营机制：建立协同发展机制，强化市区统筹、对外联动

一是构建市区协同的组织架构。建立市级工作专班，统筹整合风投创投资源。由金融、工信、科技、国资等相关部门组成风投创投集聚区建设工作专班，负责总体统筹调度。工作专班下设工作联席会议制度，负责风投创投集聚区建设的统筹协调工作，对总体规划、产业规划、扶持政策、管理体制及重大投资等事项做出决策。联席会议由市委、市政府分管金融工作的领导任召集人，有关职能部门负责人为成员。

二是建立"五个统一"的运营机制。统一规划引领、统一组织协调、统一招商和服务标准、统一项目落地管理、统一跨区利益协调机制，实现先行区与联动发展区合作共赢。其一，统一规划引领。市级层面要深化对风投创投发展的空间布局、资本落地、项目对接、人才激励等方面的统一政策引导，各区出台具体工作方案及实施细则，以市区政策叠加一揽子红利释放，提升集聚区发展竞争力。其二，统一组织协调。在全市范围内统一划分风投创投承接区，各区比照建立工作机制，并加强与各业务主管部门、行业协会沟通，形成政策上下贯通、举措分工协同的工作体系。其三，统一招商和服务标准。建立适应风投创投行业特点的市场准入和资本招商机制，建立投融资项目"撮合"平台，为风投创投人才和项目机构落地提供全方位"一站式"服务。其四，统一项目落地管理。畅通风投创投机构的项目投后管理、份额转让、协议买卖对接等服务，同时接续储备一批优质项目，以提升风投创投资本活力。其五，统一跨区利益协调机制。探索建立市区协同的风投创投项目区际流转利益协调机制，差异化设计科技成果落地、产值分计、税收分享等利益分配和责任分担机制，有效解决投资项目因政策性迁移、自主异地经营等跨区流转的地区博弈问题。

三是建立资本联动的协同体系。深化广深区域合作，抢抓广深科创金融改革试验区申建契机，遵循两地科技产业布局、创业创新禀赋的差异性，以共同设立基金推进两地风投创投产业合作。探索广佛、广莞区域合作，加强跨区域政府基金、科技信贷、科技担保等协同发展，以共同打造风投创投合

作示范区，辐射带动全省风投创投产业集聚发展。畅通港澳风投创投资本联动渠道，探索建立穗港澳风投创投发展联盟，有序拓宽跨境创新资本投融资渠道，进一步深化QDLP、QFLP、QDIE（合格境内投资企业）等试点工作，便利三地风投创投资本流动对接，积极引进国际资管巨头、香港家族办公室等大型机构在穗落地。

（三）集聚机构：培育具有广州特色的风投创投发展生态

一是做强存量。发挥头部机构引领优势。依托广州现有国有风投创投企业，通过探索基金并购重组、招募基金管理人、出资子基金等，进一步深化头部合作战略、厚植集聚优势，推动现有优质机构功能放大和存量资本效益提升。壮大中小风投创投机构，加强对细分领域专业性创投机构的扶持，实施符合创投行业发展特点的差异化监管政策，提升创投行业发展水平和综合服务能力。

二是培优增量。建立政府引导基金让利机制，借鉴国家科技成果转化引导基金、杭州市天使投资引导基金让利模式，探索政府引导基金的社会投资人有权以持有期资金成本价受让国资所持份额，推动风投创投产业高质量发展。构筑风投创投基金招商机制，以广州投资发展委员会为牵引，发挥"1+3+3"联合招商机制优势，通过与投资机构、研发机构、龙头链主企业、产业园区孵化器等纵深合作，撬动更多国内外优质风投创投机构、国家级母基金等在广州设立子基金，打造"政府基金+社会资本+海外资本"协同运作的风投创投集聚区。

三是打造大基金发展格局。平衡好政府性基金和市场化基金的关系。引导风投、创投、产投不同领域的政府引导基金统一部署、错位发展，通过"国资创投引领+专业化创投支撑"的大基金发展布局，推动形成广州"耐心资本"生态链。建立良性循环的基金投资生态。创新优化"绿色通道、国际投资、生态管理、退出阶梯"四位一体全周期服务体系，实现创新资本滚动投资的良性循环。

五 相关政策建议

立足新发展阶段，广州高水平建设风投创投集聚区，要突破传统发展路径依赖，统筹好有效市场和有为政府的关系，结合风投创投市场建设的基础优势，聚焦重点领域、优质项目和重大合作平台，破解薄弱环节，以全局性高度、战略性思维、超常规举措加速推进，以打造"国家+本土+外资"的风投创投集聚区为抓手，推动产业链、创新链、资金链深度融合。

（一）充分发挥国有资本在广州风投创投集聚区建设中的引领带动作用

根据国资系基金的市场功能定位，细分市级国有产业资本、本级财政资金以及上级国有资本三大类，通过不同类别的国有资本差异化集聚社会资本、差异化发展广州风投创投集聚区。

一是通过市级国有产业资本，打造风投创投基金群集聚社会资本。支持广州产投、广州金控等市属国企发挥国有资本引领作用，通过项目并购配套融资、S基金交易补助、投早投小定向奖励等方式，全力打造集天使基金、产业基金、并购基金、S基金等于一体的基金群，以此引导社会资本积极参与，提升广州风投创投集聚区的基金规模。

二是通过市区两级财政联动，组建母基金集聚基金管理人及子基金。建议广州财政部门协同金融、发改、工信、国资等相关单位，以广州天使母基金及并购母基金为参照，在先行区加快组建新母基金，集聚一批由头部创投机构管理、专业投资前沿科技领域的子基金，由此畅通全市"产业投资—并购重组—赋能培育—分拆上市"的良性循环。

三是大力引进上级国资系基金，集聚各类资本在穗投资。积极争取国家重大产业投资基金落地先行区，进一步挖掘粤港澳大湾区科技创新产业投资基金的平台资源，通过定向募资或者对外招商等方式吸引港澳资本、国内资本在穗做大做强。

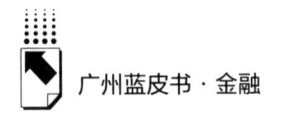

（二）打好"项目+基金"组合拳，集聚市场化的优质风投创投基金

围绕广州"3+5+X"战略性新兴产业和未来产业，以优质项目为抓手，进一步集聚市场化的优质基金管理人，以产业链延伸基金链、做强创新链、提升价值链，推动广州风投创投集聚区高质量发展。

一是以广州本土"独角兽"项目集聚细分赛道风投创投基金。围绕广州"3+5+X"战略性新兴产业和未来产业，以优质项目为抓手，进一步集聚市场化的优质基金管理人，重点围绕集成电路、人工智能等未来产业方向的本土独角兽项目，打造"创新+创业+创投+创客"四创联动的孵化空间，推动形成"众创空间—孵化器—加速器—专业园区"的完整孵化链条，由此集聚细分赛道的专业风投创投机构。

二是以广州本土优质混改项目集聚头部风投创投基金。以如祺出行、广州电缆厂、万力轮胎、广州碳排放权交易中心等本土国企"灯塔"项目为牵引，集聚一批国内外头部投资机构作为私募股权基金管理人，参与设立一批混改基金推动全市经济结构转型升级。

三是以资本招商方式新设各类产业子基金。充分发挥重点产业链链主企业的主导作用，联合各类市场主体共同设立产业子基金，通过链主企业的市场优势地位，沿着产业链进行项目投资、培育及引进，带动产业链强链、补链、延链，实现产业基金的进一步集聚。

（三）以广州南沙粤港澳重大合作平台为牵引，协同港澳集聚跨境创新资本

协同港澳从集聚创投管理机构、集聚创投高端人才、创新集聚发展模式三个维度，促进南沙在全市风投创投集聚区建设中更好地发挥引领带动作用。

一是为符合条件的港澳风投创投管理机构开辟绿色通道。建议以南沙先行区为核心，有序拓宽跨境创新资本投融资渠道，推动港澳机构投资者通过QFLP，直接投资符合相关要求的项目或者通过参投广州本土私募股权基金产品间接投向实体企业。

二是面向港澳加速推进风投创投领域高端人才集聚。在现有政策框架下，优化金融人才政策体系，力争在人才引进、职业资格认可、商业医疗保险等方面率先取得突破，为集聚港澳高端金融人才创造外部条件。

三是创新穗港澳风投创投基金集聚发展模式。加强与香港创业及私募投资协会等行业自律组织交流沟通，全力支持南沙先行区探索开展 QDLP 境外投资政策试点，支持穗港澳三地机构合作设立人民币海外投贷基金。

（四）打造优质风投创投生态圈，为集聚区高质量发展提供坚实保障

进一步加大各区资源导入力度，强化各产业主管部门的工作职责，营造有利于风投创投集聚发展的营商环境，通过完善金融服务体系以及健全国资风投创投考核机制，不断提升广州风投创投行业的综合实力。

一是强化各区资源导入，引导创新资本分类集聚。建议黄埔区充分发挥链主企业多的优势，积极承载风投创投平台打造、产融对接、行业集聚三大功能，打造风投创投核心承载区。南沙区结合"三区一中心"规划定位和粤港澳合作示范所需，加快建设国际风险投资中心。天河区发挥金融机构集聚、产城融合配套完善的优势，打造风投创投集聚区的金融综合服务中心。八大联动发展区根据各自金融基础及产业定位，以打造特色创投街区为载体，积极参与广州风投创投集聚区建设。

二是优化各产业主管部门的工作职能，细化产业基金目标任务。聚焦广州"3+5+X"战略性新兴产业和未来产业发展所需，按照事权划分，协同重点产业链链主企业，研究制定风投创投产业基金具体推进方案，联动促进广州重点产业高质量发展。

三是完善"创、投、贷、融"环节，打造优质创投生态圈。继续办好中国创新创业大赛（广州赛区）、广州创投周等赛事活动，进一步撬动商业银行信贷供给，构筑科创种子项目孵化筛选、债权融资、股权融资、信息增值等全方位的科技金融服务体系。同时，健全国资创投基金绩效评价制度，在考核设计、尽职免责容错机制创新方面实现突破。

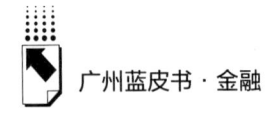

参考文献

程聪慧、褚清清:《创业投资政府引导基金政策扩散研究——基于全国31省数据的事件史分析》,《南方经济》2022年第1期。

陈晋等:《企业创新信号与政府风险投资——基于制度逻辑视角》,《管理学季刊》2021年第1期。

程瑞琦、李未萌:《壮大耐心资本打造长期投资新范式》,《中国金融》2024年第18期。

付辉、王中、孔东民:《母基金参股与风险投资机构退出表现》,《证券市场导报》2025年第1期。

刘健钧:《论股权与创业投资发展的十大趋势》,《证券市场导报》2023年第4期。

李纪琛、刘海建、吕清轩:《基于政府干预的创业投资生态系统三方演化博弈研究》,《软科学》2022年第8期。

B.9
横琴文化演艺产业创新的金融市场优化研究及对广州的启示

郭旸 戴婷婷 *

摘　要： 横琴作为我国重要的发展新区，近年来文化演艺产业逐渐兴起。在横琴区域经济持续增长与民众消费能级提升的双重驱动下，精神文化消费需求呈现结构性扩容趋势。市场需求为文化演艺产业的发展提供了肥沃的土壤。金融市场在横琴文化演艺产业的发展中扮演关键角色。资金的融通、风险的管理以及资源的配置，都离不开金融市场的有效运作。一方面，充足的资金支持能够推动文化演艺项目的落地和运营；另一方面，合理的金融工具和服务能够帮助企业降低风险、拓展市场。当前横琴文化演艺产业的金融市场具备进一步完善的潜力，优化金融市场创新渠道也为广州及周边城市文化服务产业的纵深发展、激发金融市场的经济活力提供重要启示。

关键词： 文化演艺　金融市场　横琴

位于珠海南部滨海区域的横琴，与澳门特别行政区隔水相望，承载着推动区域经济多元化发展的重要使命。2024 年 12 月 19 日，习近平总书记亲临横琴粤澳深度合作区开展实地考察，与参与合作区建设运营的各界代表进行深入交流。习近平总书记表示，横琴粤澳深度合作区成立 3 年多来，各项工作取得了积极进展，琴澳一体化水平逐步提升，对澳门经济适度多元发展

---

* 郭旸，经济学博士，复旦大学旅游学系副教授、硕士生导师，复旦大学 MTA 项目副主任，研究方向为旅游产业经济与旅游业态发展等；戴婷婷，复旦大学旅游学系硕士研究生，研究方向为旅游大数据与旅游信息系统。

的支撑作用日益彰显。要不断加强基础设施"硬联通"、规则机制"软联通"、琴澳居民"心联通"，加快建成琴澳经济高度协同、规则深度衔接的制度体系，把琴澳一体化提升到更高水平。持续完善公共服务和社会保障体系，打造优质生活环境，为澳门同胞在此生活、就业、创业提供便利。充分用好中央给予的各项支持政策，着力营造一流营商环境，推动澳门经济适度多元发展和粤港澳大湾区市场一体化建设。①

2024年9月13日召开的广东省委十三届五次全会明确了未来的改革目标和方向。会议明确要构建具有全球竞争力的现代市场体系，重点完善粤港澳大湾区"新发展格局的战略支点、高质量发展的示范地、中国式现代化的引领地"作用，具体改革路径包括：创新跨境金融服务机制，优化"理财通"与"保险通"业务模式；培育新型消费业态，发展夜间经济、文旅融合经济等特色消费场景；健全知识产权全链条管理体系，探索金融创新支持路径；深化投资管理体制改革，激活社会资本参与活力等。

同年12月30日召开的广东省委十三届六次全会暨省委经济工作会议，再次强调要深入贯彻落实中央对横琴粤澳深度合作区的战略部署。要深入领会习近平总书记对横琴粤澳深度合作区的关爱指导，携手澳门在践行开发横琴初心上持续用力，推动合作区建设走深走实。要深入领会习近平总书记对粤港澳大湾区建设的重要要求，锚定打造世界级的大湾区，发展最好的湾区目标，以大湾区市场一体化建设为先导，强强联手加快建设国际一流湾区和世界级城市群。

金融工作一直是广东的重点发展领域。早在2024年6月7日，广东省级金融工作会议时隔6年再次召开，并将"全省金融工作会议"更名为"省委金融工作会议"，反映出党对金融工作的高度重视，以及金融在广东经济发展大局中的重要地位。随后，12月21日的广东全省金融系统工作会议部署了2025年的重点金融工作，提出开创金融服务经济高质量发展和建设金融强省的新格局，需要统筹好经济工作的重要关系：形成财政金融国资

---

① 《习近平考察横琴粤澳深度合作区》，《人民日报》2024年12月20日。

"扩投资"强大合力;丰富消费金融产品和提升保险保障水平;深化跨境贸易投资,优化跨境金融服务;发展科技金融,培育壮大耐心资本;通过高水平金融开放扩展"金融通"范围,推动金融机构聚焦主业提升高质量发展水平;稳妥有序化解中小金融机构风险,提升地方金融监管能力,大力弘扬中国特色金融文化。

横琴粤澳深度合作区是经济创新发展的先行试验区。横琴拥有全省金融领域得天独厚的发展基础和潜力优势。在金融产业层面,广东是全国第一个金融业增加值突破万亿元的省份。在金融市场层面,广东的证券交易额等主要金融指标长期稳居国内第一位。在金融体系层面,广东拥有深交所和广期所两个交易平台。在金融政策层面,近年来中央层面相继推出"横琴金融30条""前海金融改革30条"等专项政策,全力支持粤港澳大湾区金融创新实践。在率先探索金融制度型开放、落地实施全国首创金融政策方面,横琴一直是金融对外开放试验区和先行地。因此,开展关于横琴以及粤澳深度合作区创新发展的研究,具有重要的政策价值和现实意义。

一 横琴文化演艺产业发展现状与金融市场政策基础

横琴目前的文化演艺产业发展呈现多样化的特点,涵盖了音乐演出、舞蹈表演、戏剧剧目等多种演出类型。同时,国家和地方出台了一系列有关鼓励社会资本和金融产业进入文化演艺产业的政策法规。现行的金融市场政策为社会资本参与文化演艺产业的发展注入了金融活力和制度保障。

(一)横琴文化演艺产业的发展分析

1. 现状产业规模结构与社会资本参与情况

在音乐演出方面,横琴有定期举办的流行音乐演唱会以及古典音乐演奏会。在舞蹈表演方面,横琴有民族舞、现代舞等多种形式的专场演出。在戏剧剧目方面,横琴涵盖了话剧、音乐剧等作品形态。在演出场馆方面,横琴拥有多个规模不等的场馆。其中，大型场馆有2024年9月正式启用的横琴文化艺术中心，总投资19.92亿元，建筑面积为14.04万平方米，具备先进的舞台设备和音响系统，能够承接大型歌舞剧和演唱会①。珠海横琴国际网球中心可用于举办演唱会等活动，可容纳5000名观众。还有珠海横琴长隆度假区的长隆剧院和国际马戏城。长隆剧院的总建筑面积为7万平方米，提供6700个豪华观众席位；国际马戏城建筑面积达1.5万平方米，观众座席约4000个。

近年来，横琴文化演艺产业发展迅速，产业规模不断扩大。根据横琴粤澳深度合作区统计局数据，2023年，合作区服务业（第三产业）增加值同比增长2.7%。其中，文化、体育和娱乐业增加值增长56.1%②，对促进当地经济发展和就业发挥了重要作用。社会资本在横琴文化演艺产业中的参与形式日益多样化。直接投资方面，不少企业纷纷注资兴建演出场馆、投资制作原创剧目等。通过与社会资本的合作，横琴文化演艺产业不仅提升了演出质量，还拓宽了市场渠道，实现了票房和口碑的双丰收。

2. 未来发展定位规划与旅游金融消费潜力

《横琴粤澳深度合作区建设总体方案》将"发展促进澳门经济适度多元的新产业"作为横琴粤澳深度合作区的四大战略定位之一，并明确要大力发展的"四新产业"，其中就包括文旅会展商贸产业和现代金融产业。横琴致力于成为国际化演艺中心和特色文化旅游目的地。横琴通过吸引国内外优秀的演艺团队和作品，提升文化演艺产业的国际化水平，同时结合独特的地理优势和旅游资源，打造具有特色的文化演艺旅游品牌，吸引更多游客前来观赏和体验。

随着横琴旅游业的快速发展，游客数量逐年递增。游客的消费喜好也呈现多样化和高端化的趋势，对文化演艺等精神文化消费的需求不断增长，未

---

① 《璀璨亮灯！横琴文化艺术中心，点亮琴澳融合新未来》，横琴粤澳深度合作区民生事务局网站，2024年9月16日，https：//www.hengqin.gov.cn/livelihood/msgk/whss/zwdt/content/post_3711113.html。
② 《文娱大咖集聚 这片热土能否跃升为中国"百老汇"》，同花顺财经网站，2024年3月22日，https：//field.10jqka.com.cn/20240322/c656218513.shtml。

来横琴文化演艺产业的个人旅游金融消费规模将保持较高增速。一方面，越来越多的游客愿意通过消费信贷等方式提前预订演出门票和相关旅游产品，以获得更好的消费体验。另一方面，金融创新产品，如与文化演艺相关的旅游保险、理财产品等也逐渐受到游客的欢迎，为个人旅游金融消费市场带来新的增长点。

（二）社会资本引导与现行金融市场政策

1. 鼓励社会资本进入文化演艺产业的政策法规

当前各级政府部门出台的鼓励性政策法规主要包括：2021年9月，中共中央、国务院印发的《横琴粤澳深度合作区建设总体方案》；2022年10月，横琴粤澳深度合作区金融发展局制定的《横琴粤澳深度合作区促进金融产业发展扶持办法》；2023年1月，广东省人大常委会审议通过的《横琴粤澳深度合作区发展促进条例》；2023年8月，横琴粤澳深度合作区经济发展局印发的《横琴粤澳深度合作区文旅产业发展扶持办法》；2023年12月，国家发展改革委与商务部联合发布的《关于支持横琴粤澳深度合作区放宽市场准入特别措施的意见》；2024年8月，横琴粤澳深度合作区民生事务局公示的《横琴粤澳深度合作区文化事业发展扶持办法（公开征求意见稿）》等。

2. 政策法规对社会资本投向重点领域的鼓励措施

在政策激励措施方面，重点引导设立多币种私募基金与创投基金，涵盖跨境创业投资、股权投资等多元形态。相关政策明确对参与合作区建设的金融机构给予专项扶持，包括落户奖励、运营补贴、增资补助等具体措施。开展跨境业务的金融企业或行业组织可获扶持。对有突出贡献的金融机构授予奖项，其中澳资企业申请扶持按相应标准的1.2倍执行。根据横琴粤澳深度合作区金融行业协会的数据，2022~2024年合作区金融业均衡发展，每年增加值占全区GDP比重均在30%以上。金融企业数量稳定在660家左右，为支持琴澳发展财富管理、债券市场、融资租赁等现代金融业夯实了基础。合作区着力推进金融高水平开放，让资金跨境流动更加便捷。目前，合作区已经打通QFLP（合格境外有限合伙人）和QDLP（合格境内有限合伙人）的

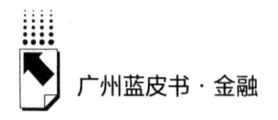

跨境双向投资通道。截至 2024 年上半年，合作区共有 QFLP 管理企业 25 家，其中澳资 14 家；QFLP 基金产品 21 只，其中澳资产品 9 只；QDLP 管理企业 2 家。此外，合作区还促进跨境贸易结算和投融资便利化，2022～2024 年跨境人民币结算金额超 1 万亿元①。政策支持合作区创新发展现代金融业，降低澳资金融机构准入门槛，引导社会资本投向金融领域。合作区创新建设用地等管理模式，构建灵活土地供应体系，支持多种产业发展，提供政策和资源保障，给予税收优惠，营造金融营商环境，建立市场准入制度、账户管理体系、跨境投融资管理制度等，引导社会资本投向合作区的重点产业和项目，例如高新技术产业、金融产业等。

3. 政策对跨境旅游金融消费的支持

国家出台政策建设横琴国际休闲旅游岛，发展旅游和大健康产业，开发周边海岛资源，推动粤港澳游艇自由行。横琴与澳门在地理空间上仅一水之隔，正加快构建"一程多站、综合运营、联动拓展"跨境旅游产业链。为促进粤澳会展业协同发展，实施会展人员签证便利化机制，对参与粤澳跨境会展的专业人士开放多次往返签注，保障经横琴口岸在珠澳两地的高效通行。重点打造国际高品质消费博览会暨横琴世界湾区论坛品牌展会，构建具有全球影响力的商贸对接平台。同步推进进口消费品交易中心建设，通过政策引导完善跨境商品流通体系，培育涵盖展示交易、供应链金融等环节的完整产业生态链。开展便利澳门居民的民生类金融服务，健全跨境金融监管合作机制，完善民生金融产品和服务，如布设澳门政务服务智能终端、支持澳门元缴费支付、鼓励澳门银行设立金融便民设施。明确粤澳跨境车险"等效先认"制度，降低澳门居民跨境旅游出行成本。通过发展旅游和大健康产业、开发海岛资源、推动游艇自由行等政策，丰富旅游产品供给，为个人提供更多旅游选择，从而促进旅游消费。举办国际展会和打造交易中心，吸引更多游客和消费者，刺激旅游相关消费，并促使金融机构推出更多配套金

---

① 《横琴粤澳深度合作区金融统计月报》，2024 年 12 月，https：//www.hengqin.gov.cn/attachment/0/396/396568/3770462.pdf。

融服务。便利的民生金融服务、跨境金融监管体制完善以及降低跨境旅游出行成本，有利于提高个人旅游金融消费的便利性和安全性，促进消费增长。

二 横琴文化演艺产业创新的金融挑战与风险防控

当前服务消费日渐占据重要地位，互联网金融、交易平台、财富管理等金融类机构和非金融类机构纷纷参与文化演艺产业的建设创新过程。随着横琴新兴金融业态的高速增长，金融挑战和风险防控问题随之产生。横琴许多企业的注册地和经营地是分离的，且在横琴经营的金融机构大多是分支机构，金融产业基础仍然处于建设期和培育期。琴澳地区以及粤港澳大湾区跨境金融发展过程中常面临法律法规体系存在差异的问题，横琴发展文化演艺产业和金融创新依然面临诸多挑战。

（一）政策与实践操作的衔接问题

在横琴文化演艺产业的发展中，有时政策制定与实际操作存在一定的衔接错位。例如审批流程环节较多、耗时较长，影响了项目的推进速度。在政策解读方面，不同部门和人员对政策的理解存在差异，从而导致执行标准不一致。由于涉及文化、金融、旅游等多个部门，部门协调不足，因此需要改进政策执行和部门协作的关系。设立跨部门协调机制，成立专门的工作小组，定期召开会议，协调解决政策实施中的问题。着力构建政企信息协同共享平台，通过数字化手段实现政策文件的全流程精准推送，确保涉企政策信息在多维度覆盖中实现高效传递。开展政策推广和宣传，深化政策执行者对政策的理解并提高执行能力。

（二）社会资本投资的风险防控问题

社会资本投资横琴文化演艺产业面临多重风险。在市场不确定性方面，市场需求不断变化，竞争激烈，项目的票房收入难以预测。项目回报周期长、前期投入大、资金回收慢，对投资者的资金实力和耐心是巨大考验。当前，风险防控机制尚存在风险评估标准不完备的问题，难以对项目的风险进行准确评估和量化。风险分担机制不完善，主要由投资者承担大部分风险，缺乏有效的风险分担措施。因此，需要建立健全风险评估体系、完善风险分担和补偿机制，制定科学合理的风险评估指标和方法，对项目风险进行全面评估。完善风险分担机制，鼓励金融机构、政府和投资者共同承担风险，如设立风险损失补偿基金等。

（三）个人信用评估的风险管控问题

在个人旅游金融消费中，信用评估存在诸多难点。游客信用数据分散在不同的机构和平台，获取难度大。同时，不同金融机构的信用评级标准不一致，导致评估结果缺乏可比性。当前，信用评估风险管控的薄弱环节主要是监管不力，对信用评估机构和金融机构的监管不够严格。亟须加强个人信用评估的风险管控，构建全面的个人信用数据库，整合各方面的信用数据，实现信息共享，并提高监管能力、健全监管制度。

（四）旅游金融产品的适应性问题

当前的旅游金融产品在横琴文化演艺场景中存在一些适应性问题。文旅产品存在创新性不足与同质化现象突出的双重困境，难以有效响应游客差异化、品质化的消费需求。造成这些问题的原因主要是对市场需求调研不足，金融机构对游客在文化演艺方面的消费需求了解不够深入；创新动力缺乏，受传统业务模式的束缚，缺乏创新的积极性和主动性。提高旅游金融产品适应性，需要加强市场调研，深入了解游客的消费需求，开发个性化的金融产品，推动金融与文化演艺产业深度融合，例如推出与主题演艺项目关联的消费信贷产品、票务金融服务等。

三 横琴文化演艺产业对金融市场创新的感知分析

本报告围绕横琴文化演艺产业对金融市场创新的感知开展了问卷调查，

横琴文化演艺产业创新的金融市场优化研究及对广州的启示

旨在全面了解横琴粤澳深度合作区不同利益相关者对社会资本参与横琴文化演艺产业发展的政策需求和看法。问卷通过线上第三方问卷调查机构进行回收，共发放消费者问卷550份，回收有效问卷520份，有效回收率为94.55%；发放金融和文化旅游相关行业企业问卷115份，回收有效问卷104份，有效回收率为90.43%。对回收的问卷数据进行初步整理，剔除无效问卷并对数据进行编码录入。以下数据均来自本报告研究团队的调查收集与分析整理。

（一）消费者需求层面的感知分析

横琴现有的旅游金融产品主要包括旅游信用卡、旅游消费信贷、旅游保险等。旅游信用卡通常与商户合作提供消费折扣和积分奖励；旅游消费信贷为游客提供分期付款服务；旅游保险涵盖行程险、意外险等险种。调查结果显示，消费者在选择旅游金融产品时，普遍关注产品的多样性、服务质量及个人信息保护等特性。同时，参与者对旅游金融消费的满意度呈现一定的分化，反映出市场在价格、服务和产品种类等方面的不足。此外，消费者对于演艺消费的关注度及支付意愿也提供了有价值的市场洞察参考。

1. 消费者对旅游金融消费参与的感知

2024年，旅游支付（如分期、微信支付、支付宝支付、快捷支付等）是最受欢迎的旅游金融消费方式，比例高达86.92%。其次是旅游保险服务，比例为67.50%。旅游平台与银行联名信用卡的使用比例为41.54%，先游后付的比例则相对较低，只有27.69%。旅游信贷，例如分期贷款、小额消费信贷等服务使用比例为13.85%（见图1）。同时，对于旅游金融产品，服务质量是受访者最看重的特性，选择比例高达81.35%，显示出用户对旅游金融产品的服务体验有着极高的期望。产品多样性（66.54%）和个人信息保护（64.62%）也受到较高重视，表明消费者希望在享受金融服务的同时，能够选择多样化的产品，并且对个人隐私安全有较高的关注。用户体验（63.65%）占比较高说明用户希望在使用过程中感受到便捷和舒适。从数据中可以看出，消费者在旅游金融消费中更倾向于便捷的支付方式和旅游保险等保障措施,目前对信贷产品的使用度尚有较大提升空间。

鉴于旅游支付的高使用率,平台应持续优化支付流程,提供更多便捷的支付选项。通过线上线下渠道加强对旅游信贷产品的宣传,展现其优势和使用场景。推出包含旅游保险的支付解决方案,吸引更多消费者选择旅游保险服务。优化"先游后付"的产品设计,提升金融消费的吸引力。完善信息披露机制,确保消费者能够清晰了解产品的所有相关信息,强化个人信息保护措施,确保消费者的信息安全,提升用户对产品的信任度。

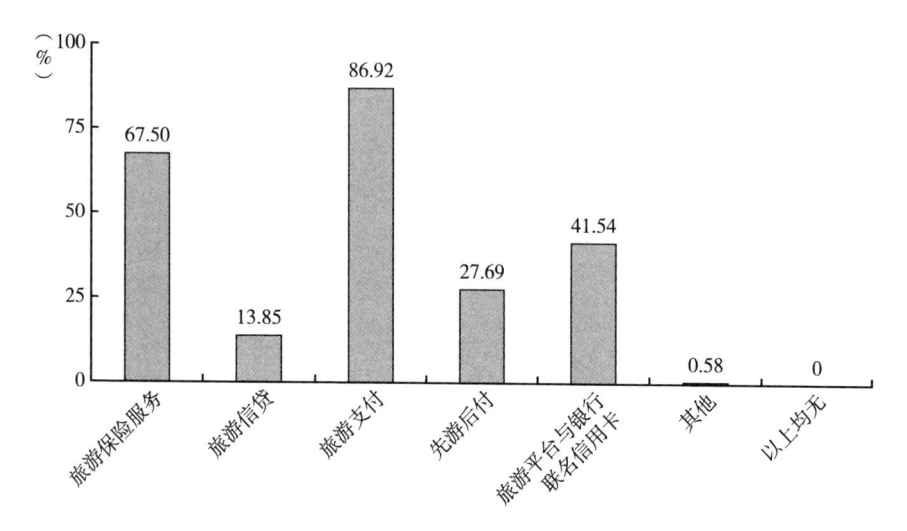

图1 2024年受访消费者参与过的旅游金融消费项目

2.消费者对旅游金融产品创新方向的感知

数据显示,受访者在个性化定制方面的创新需求比例为75.58%,在数字化服务方面的创新需求比例也高达70.38%,其余的创新需求还包括生态环保方面和跨界合作方面。消费者认为横琴文化演艺产业在金融市场的准入方面需要优化的内容还包括产品创新(81.35%)、市场推广(77.50%)、政策支持(60.58%)以及用户教育(36.92%)。受访者普遍认为当前旅游金融产品存在价格过高(44.04%)和服务不完善(50.38%)的问题。在附加服务需求层面,大多数受访者希望旅游金融产品提供退款保障(69.04%)和定制化服务（70.38%），显示出对个性化和安全性的强烈需求。可以看出，消费者在旅游金融消费和文化演艺消费方面表现出较高的参与度，同时对服务质量和个性化需求有较强的关注，市场在产品创新和信息透明度方面仍需进一步提升。

在旅游金融产品的功能需求方面，消费者普遍关注支付便捷性和信贷额度。服务需求上，消费者期望获得更完善的售后保障和个性化服务，根据个人旅游计划定制金融产品。在价格敏感度上，消费者对利率、手续费等价格因素较为关注，倾向于选择性价比高的产品。

3. 需求图谱展示消费者金融消费的需求画像

绝大多数受访者在2024年有旅游经历，其中66.35%的受访者选择了"2~3次"，这表明大多数家庭在旅游方面保持了一定的活跃度。同时，22.31%的受访者表示旅游次数为"4次及以上"，显示出一部分家庭对于旅游的热情和需求。通过对旅游人均总花费的分布情况进行分析，可以看出，约68.66%受访者的旅游人均花费在1000元以上，其中人均2000元以上的比例达到36.35%，显示出受访者在旅游消费上有较高的支出意愿。在信息获取渠道方面，在线旅游预订网站（81.35%）和社交媒体（74.04%）是主要的信息获取渠道，显示出数字化平台在旅游决策中的重要性。在演艺消费过程中，受访者在旅游中观看演出的频率较高，45.19%经常观看，且观看地方特色文化演出占比达75.38%，表明这是最受欢迎的演出类型。在文化演艺活动的消费中，62.31%的受访者在选择旅游线路时会考虑文化演艺活动的安排，显示出文化演艺活动对消费者的吸引力。

通过消费者对旅游金融的功能需求画像，可以观察消费频次和消费额度，以及信息获取渠道和文化演艺的消费决策安排等数据。同时，消费者在文化演艺场景中也表现出一些特殊金融需求，如票务分期、演艺周边产品消费信贷等。在文化演艺场景中，消费者对票务分期的需求较为突出。此外，对于演艺周边产品的消费信贷也有一定需求，如购买限量版的演艺纪念品等。

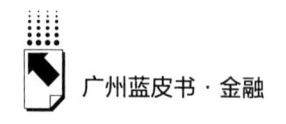

（二）行业企业层面的感知分析

对于行业企业层面的感知调研，本报告设计了相关企业问卷，对横琴文化演艺产业融资状况进行了行业视角的观察。调查结果显示，大多数企业对当前金融市场和政府政策支持力度的感知呈现一般态度，表明文化演艺产业的融资环境仍存在较大的改进空间。受访企业普遍反映融资难度加大，尤其在申请材料、审批周期等方面遇到显著障碍。同时，企业对金融机构的了解程度与其融资能力之间存在一定关联，表明在推动行业发展的同时，应加强金融机构与文化演艺产业之间的沟通与合作。

1. 当前金融市场对文化演艺产业的支持力度感知

目前相关企业参与的文化演艺产业项目中，文娱演艺产业链项目（57.69%）和旅游演艺项目（52.88%）占比最高，显示出企业对整体文化演艺产业的广泛参与，尤其是在文娱演艺产业链的建设上。其余项目参与比例依次是演艺小镇和集聚区项目38.46%、旅游舞台表演模式36.54%、数字艺术展示项目35.58%、科技融合演艺项目28.85%，表明企业在开发特色文化和地方文化旅游方面有一定的投入，在创新和科技融合方面的探索代表了未来的趋势。大部分受访企业对金融市场参与文化演艺产业持积极态度，其中61.54%的受访企业认为支持力度"较大"，表明金融市场对横琴文化演艺产业的支持相对较为显著。尽管大多数受访企业对支持力度持正面看法，但仍有22.12%的受访企业认为支持力度"一般"，表明未来应进一步加大金融市场对横琴文化演艺产业的支持力度。政府的支持政策应当满足文化演艺产业的需求，通过增加专项资金、提供更多的融资渠道、举办行业交流活动等方式，进一步优化文化演艺产业的融资环境和增强市场信心。

2. 影响文化演艺产业企业融资能力的因素

影响文化演艺产业相关企业融资能力的主要因素依次为资金成本高（65.38%）、行业规模小（56.73%）、行业门槛高（46.15%）、信息不对称（39.42%）、信用评级低（34.62%）以及政策支持不足（31.73%）。其中，资金成本高是占比最高的影响因素，这表明融资的经济压力是企业面临的主要挑战。因此，迫切需要政府及金融机构推出针对文化演艺产业的专项融资政策，降低贷款利率，提供更多的补贴和优惠贷款，以减轻企业的融资压力。同时，建立行业信息共享平台，减少信息不对称，帮助融资方和投资方更好地了解市场和企业情况，提升融资效率。通过政策引导和市场培育，降低行业准入门槛，吸引更多企业加入，促进竞争和创新，有效提高文化演艺产业相关企业的融资能力，促进行业健康发展。

3. 文化演艺产业企业的融资障碍与创新需求

数据显示，相关企业对文化金融特色产品的申请经历占比最高，达到75.96%。政府引导基金和地方产业基金的申请经历占比分别为54.81%和46.15%，说明这些资金来源在企业融资中也占据重要地位。信贷融资和专项债券的占比分别为37.50%和25.00%，债券融资的占比最低（见图2）。大部分受访企业认为社会资本在文化演艺产业发展中发挥重要作用。同时，89.42%的受访企业认为在当前经济环境下，企业融资的难度加大。在融资障碍方面，审批周期长（74.04%）和申请材料烦琐（54.81%）被认为是融资过程中遇到的最大困难。贷款利率（44.23%）是企业在融资时最看重

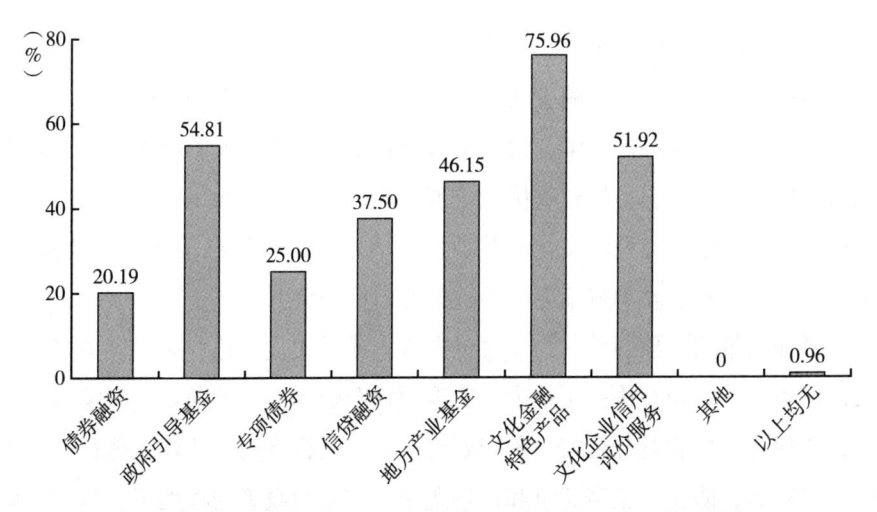

图2　2024年受访企业申请文化演艺产业相关融资经历分布情况

的因素，其次是贷款额度（31.73%）。同时，受访企业认为金融创新应集中在融资模式创新（58.65%）和市场推广创新（68.27%）等方面。因此，亟待加强对债券融资和专项债券的宣传和推广，帮助企业更好地理解这些融资方式的优势与适用场景，从而提高使用率。引导金融机构结合文化演艺产业特质创新金融服务，开发适配文化企业的专项信贷产品，精准对接企业多元化融资需求。继续推动政府引导基金和地方产业基金的有效运作，确保资金能够快速、有效地流入有潜力的文化演艺项目。

四 金融市场优化促进横琴文化演艺产业创新的策略建议

通过上述的数据分析，可以深入了解文化演艺产业消费者和相关企业的行为和偏好，特别是旅游金融产品的使用情况及内在创新需求。基于调研数据的分析结果，有效地识别当前市场中存在的现实问题与行业的潜在需求，从而为未来的产品创新和市场推广策略提供依据。

（一）宏观层面：优化社会资本引入机制

1. 增强政策的稳定性和可预期性

增强政策的稳定性，减少政策变动对投资的影响。例如，稳定横琴粤澳深度合作区的财政补贴力度，特别是对具有创新性和重大影响力的文化演艺项目。提供更具吸引力的税收优惠政策，如长期的企业所得税减免和增值税返还。不同规模和类型的文化演艺项目所适用的税收优惠幅度和补贴标准，应通过政府网站、政策解读会等多种渠道向社会公开。

增强政策的可预期性，为社会资本进入横琴文化演艺产业提供更坚实的法律保障，完善现有法律法规中可能限制社会资本参与的条款，保障其合法的投资权益，如收益分配权、资产处置权等。出台专门的法规规范社会资本的投资行为，防止不正当竞争和市场垄断。在宏观政策的框架下，制定实施细则，对社会资本的准入条件、投资领域、优惠政策的申请流程等进行明确规定。保持政策的相对稳定性，减少投资政策变动的不确定性。

2. 简化审批流程、提高金融监管效率

建立横琴粤澳深度合作区文化演艺产业发展基金，为项目提供资金支持。整合涉及文化演艺产业项目审批的各个部门，建立统一的一站式审批服务平台。实现线上申请受理和审批，减少纸质材料的提交和流转环节。对于重点项目，开辟绿色通道，实行特事特办，确保审批时间大幅缩短。在简化审批流程的同时，加强对资本投资项目的事中事后监管。同时，加强对项目资金使用、工程质量、安全生产等方面的监管，确保项目顺利运作。

组建文化演艺产业金融监管机构，配备专业的监管人员，加强对金融市场的动态监测和分析。建立风险预警指标体系，及时发现和处置潜在的金融风险。建立健全信用评价体系，对社会资本的投资行为、项目运作情况、履约能力等进行全面评估。建立信用分级管理机制，对诚信经营主体实施差异化激励政策，包括表彰奖励等正向引导措施；针对失信主体构建跨部门协同监管框架，实施联合惩戒措施。推动跨机构监管协作平台建设，强化监管协同效应，通过信息共享与执法联动构建金融市场风险联防联控体系。

3. 创新融资模式与风险分担机制

与横琴引导基金合作设立子基金，支持优秀的文艺项目，鼓励文化演艺产业扎根横琴。鼓励横琴粤澳深度合作区文化演艺企业通过资产证券化的方式，将优质资产转化为可交易的证券，拓宽融资渠道。引导社会资本设立文化演艺产业投资基金，专注于投资具有潜力的文化演艺项目和企业。支持企业发行企业债券、中期票据等债务融资工具，优化融资结构。

建立风险损失补偿基金，由政府、金融机构和社会资本按一定比例出资。推动金融机构创新金融产品，如开发针对文化演艺产业的信用保险、贷款保证保险等，分散信贷风险。鼓励社会资本通过股权合作、风险投资等方式与文化演艺企业共担风险、共享收益。支持保险机构根据文化演艺产业的特点，开发针对性的保险产品，如演出取消险、演员意外伤害险、艺术品险等。政府给予一定的保费补贴，提高企业的投保积极性。加强保险机构与文化演艺企业的沟通和合作，提高保险服务的质量和效率。

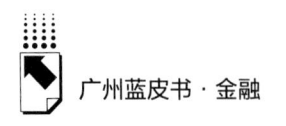

（二）微观层面：优化旅游金融消费服务

1. 金融消费创新注重用户个性化体验

横琴粤澳深度合作区的金融消费产品创新过程中，应将用户体验放在首位。针对高端游客，与银行合作推出专属信用卡，提供高信用额度、机场贵宾服务、豪华酒店预订优惠等特权。针对学生群体，设计优惠信贷产品，如低息旅游消费贷款、分期付款服务等，并结合假期消费特点，设置灵活的还款方式。对于亲子家庭，开发与亲子旅游相关的金融产品，如儿童演出门票分期付款、亲子旅游保险套餐等。推动金融机构与文化演艺企业合作，推出票务分期服务，消费者可以分期支付演出门票费用，减轻一次性支付压力。开发衍生品消费贷款，支持消费者购买文化演艺相关的周边产品，如限量版演出纪念品、明星同款商品等。此外，可以推出与文化演艺项目绑定的金融消费产品，如购买特定演出套餐可享受消费信贷优惠。

重视消费者的个性化体验，找出市场供给和消费需求的差异，从而确定旅游金融产品设计的创新方向。与横琴文化演艺 IP 深度结合，推出联名信用卡或专属消费信贷产品，提供与演出相关的特色优惠和服务。开发基于区块链技术的旅游金融产品，实现交易记录的不可篡改和安全存储，提高消费者信任度。利用大数据和人工智能技术，实现个性化的产品推荐和风险评估。

2. 提升消费金融服务的市场适用性

金融机构与横琴文化演艺企业建立深度合作关系，在景区、演出场馆等人流量较大的地方设立金融服务站点，提供消费信贷咨询与办理、金融产品销售等一站式服务。同时，配备移动金融服务设备，方便游客随时随地享受金融服务。推广移动支付应用，实现无现金消费。开发金融机构的手机应用程序，提供在线预订演出门票、购买金融产品、申请消费信贷等服务。引入智能客服系统，利用人工智能技术，实现全天候在线咨询和解答客户疑问，提高服务的及时性和准确性。同时，金融机构加强对旅游金融服务人才的培养，通过内部培训、外部引进等方式，培育既懂金融又懂文化旅游的专业服务团队。培训内容应包括文化演艺产业知识、旅游市场动态、金融服务技能等。

在横琴和澳门深度合作发展的背景下，澳门的旅游空间得以延伸至横琴，产生横琴与澳门的叠加效应，实现"一程多站"和"一展两地"的创新模式，极大促进会展、旅游、体育赛事、文化演艺等产业的发展，提升消费金融服务的创新性和市场适用性，推动横琴国际休闲旅游岛的高水平建设，呼应澳门世界旅游休闲中心建设。

3. 增强入境旅游消费的金融支付吸引力

国家移民管理局于2024年12月17日发布新政公告，系统性优化调整过境免签政策实施细则。具体调整包括：将原72小时、144小时两类过境免签停留期限统一延长至240小时（即10天），同步扩展适用口岸范围，新增纳入21个指定口岸作为过境人员出入境通道。此次调整有效扩大了免签人员在华活动半径，进一步便利国际商务与旅游往来。横琴应抓住机遇优化升级出入境服务举措，聚焦境外商旅消费者和展会企业两大主体，推出入境旅游和文化演艺产品消费的金融便利服务。优化横琴的入境金融支付服务，创新"Hengqin Pass"消费一卡通，采取不记名实体卡、预存资金模式，小额资金用不完可退。境外游客可以在机场、交通卡自营服务网点等渠道办理购买、兑汇、充值、退资、维护等业务，打通文旅场馆、交通出行、商超购物、文化演艺等消费场景。

增强金融支付吸引力，发挥横琴和澳门的"一展两地""一节两地""一演两地"消费优势，借助横琴荷花节、横琴盛夏音乐会、澳门国际喜剧节等重要节事，积极推动文娱产业的发展，培育多元消费与剧场、音乐会、演唱会等相结合的场景。

横琴文化演艺产业已初具规模，拥有一定数量和类型的演艺项目及场馆，但产业规模相对较小，社会资本参与程度有待提高。随着金融市场准入环境和服务机制的不断优化，横琴文化演艺产业有望实现蓬勃发展。预计未来将吸引更多社会资本的投入，产业规模将持续扩大，演艺项目的质量和数量将显著提升。文化演艺产业与金融产业的深度融合，有望形成具

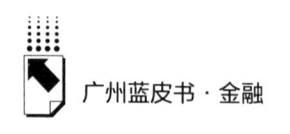

有横琴特色的文化演艺金融生态,势必会提升区域的文化影响力和经济竞争力。

五 对培育广州文化演艺金融生态的启示

广东是改革开放的试验区,一直是全面深化改革中走在最前列做表率的角色,更是推进中国式现代化建设的先行地。横琴是广东联结粤港澳地区经济适度多元发展的重要载体,具有粤澳合作的先天优势,承担悠久历史传承与现代文明发展重任。横琴的产业机制创新能够为大湾区提供新的发展空间,也为广州的深度开放和经济发展提供新的动力,发挥积极的带动作用,促进区域的协调发展。

广州作为大湾区的重要城市,在发展文化演艺产业上具有深厚的基础和巨大的潜力。横琴在优化社会资本参与机制、创新金融模式与风险防控机制等方面的探索和实践,对广州具有重要的发展启示。

(一)引导社会资本参与文化演艺项目

广州可借鉴横琴增强政策稳定性和可预期性的举措,制定长期且稳定的文化演艺产业扶持政策,为投资者提供明确的方向和信心。加大财政补贴力度,对具有创新性和影响力的文化演艺项目给予重点支持,同时提供更具吸引力的税收优惠,吸引社会资本投入。

在资本运作模式上,引导多元项目投资者共同投资,包括私人投资者、基金公司等。通过银行贷款、债券发行等方式筹集资金。最终,建立成熟的融资渠道和多元化的融资体系,满足不同规模项目的资金需求。在资金回笼方面,拓宽门票销售、版权转让、周边产品开发等多种渠道。在项目管理流程上,注重专业化和精细化服务。剧本创作、演职人员、演出场地等各个环节由专业的团队负责,建立严格的质量控制体系,确保展演项目的高水准和高水平。在市场推广策略上,利用各种营销手段进行推广,通过社交媒体、广告投放、明星效应等吸引观众。与旅游机构合作,将观看演出纳入旅游套餐，吸引国内外游客。在品牌合作上，采取多样化的合作模式，让投资方、制作方、演出方之间形成灵活多样的经济协作和优势互补模式。打造强大的文化品牌，形成具有全球影响力的文化品牌，吸引消费者和投资者的持续关注。

同时，简化审批流程和提高金融监管效率，整合相关部门建立一站式审批服务平台，提高审批效率。完善并强化多层次金融监管框架，系统性构建风险防控机制，切实维护金融市场平稳运行。创新融资模式与风险分担机制，设立文化演艺产业发展基金，鼓励企业通过资产证券化等方式拓宽融资渠道，引导社会资本设立投资基金，支持企业发行债务融资工具。建立风险损失补偿基金，推动金融机构创新金融产品，开发针对性的金融消费和保险产品，加强保险机构与文化演艺企业的合作。

（二）创新支持文化演艺项目落地的政策保障

第一，在项目用地保障政策方面，创新土地使用政策。土地是文化演艺项目落地的重要载体，广州市政府应当在土地规划和供应方面进行更加深入的创新探索。结合城市发展规划，合理布局文化演艺产业用地。在城市中心区域、文化产业园区等重点地段，预留一定比例的土地用于文化演艺项目的建设。对于短期的文化演艺活动，采用临时用地的方式，满足其用地需求；对于长期稳定的文化演艺项目，通过出让、租赁等多种方式提供土地使用权，以适应不同项目的发展需求，建立灵活的土地使用机制。此外，加强对土地使用的监管，确保土地的合理利用。对于获得土地使用权的文化演艺项目，要求其按照规划用途和建设要求进行开发建设，避免土地闲置和浪费。

第二，在财政补贴政策实施方面，建立科学合理的评估机制。广州市政府应当对申请补贴的文化演艺项目进行全面客观的评估，评估的指标具体包括创意水平、艺术价值、社会影响、市场潜力等。通过科学评估，确保补贴资金能够真正投入具有发展潜力和社会价值的项目。同时，采取多样化补贴形式，除了资金补贴外，还可以采取设备购置补贴、演出场次补贴、人才培养补贴等方式。对于购置先进演出设备的企业，给予设备购置费用补贴；对于达到演出场次标准的剧目，按照场次给予相应补贴；对于培养和引进优秀文化演艺人才的企业，给予人才培养引进的费用补贴。同时加强对补贴资金使用情况的监督和管理，受补贴企业需定期提交资金使用报告，确保补贴资金专款专用，用于文化演艺项目的落地与提升。

（三）优化产业协同的金融消费生态

广州应加强与横琴及大湾区其他城市的合作与交流，共享资源和经验，优势互补，共同推动文化演艺产业的发展。文化演艺产业与旅游、教育等产业的融合发展，能够产生协同效应，拓宽市场渠道，实现互利共赢。在与旅游产业的融合方面，广州应借鉴横琴将文化演艺活动融入旅游线路的经验，打造具有特色的旅游演艺产品。在与教育产业的融合方面，广州可以将文化演艺纳入学校的教育教学体系，提升学生艺术素养和创造力，培养未来的文化演艺消费者和从业者。学习产业机制创新方面的先进成果，结合自身特点进行改革和创新，提高产业竞争力。积极参与全球文化演艺产业和金融领域的合作，借鉴国际成功经验，推动广州文化演艺产业的国际化发展。

总之，横琴的发展经验对于广州加速推进金融数字化、移动支付、文化演艺消费等方面的发展具有重要启示意义。这些发展经验为广州在文化演艺金融生态的构建和优化方面提供了宝贵的参考，广州可以充分吸收这些经验，并结合自身实际情况，推动文化演艺产业与金融产业的深度融合，实现产业的高质量发展。通过推动区域协同发展，加强与粤港澳大湾区其他城市的合作，搭建交流平台，整合产业链，打造具有广州特色的文化演艺品牌，加强国内外文化交流，借助新媒体平台宣传推广，提升广州在国内外文化旅游市场的影响力。

目前，中国跨境电商、消费文娱等领域企业的出海已成为趋势，特别是文化演艺产业和金融产业在产品出海、品牌出海、技术出海等方面与国际同领域的互联互通不断加强，逐步建立更加广泛的全球性技术生态系统。未来，广州应进一步重视实物消费向服务消费转变的发展趋势，为消费者带来更便捷智能的服务体验，通过海外合作的创新和实践不断进行自我迭代，实现产业链出海、生态出海。加速培育新型消费业态，着力打造多元化消费增长极。重点布局数字消费与绿色消费领域，创新拓展健康消费及体育赛事消费场景，深化文娱旅游与文化演艺融合，推动国货潮品等新消费品牌矩阵式发展。培育具有全球视野的金融创新合作模式，有力推动包括广州及周边城市文化演艺产业在内的众多领域，实现金融科技创新的全球化突破发展。

参考文献

李剑：《持续深化横琴粤澳合作区金融改革》，《中国金融》2024 年第 3 期。

B.10 广州高水平建设粤港澳大湾区国际金融枢纽核心引擎面临的挑战及对策建议[*]

高琦 张妮 张艺馨 邓路[**]

摘　要： 打造国际金融枢纽核心引擎是增强城市经济活力，推动社会经济高质量发展的关键举措。广州金融市场国际化进程加快，跨境金融交易不断深入，期货市场逐步完善，外资金融机构蓬勃发展，推动金融改革试点业务、跨境电商数字赋能取得明显成效。通过回顾2023~2024年广州金融市场国际化的发展现状以及结合上海和深圳两个金融城市的发展经验，本报告提出如下建议：深化改革开放，扩大"自主改"权限；改善金融市场营商环境，实现市场和企业良性互动；交流合作不断拓展，推动更大范围的高层次协同开放；培育金融领军队伍，完善人才培养机制。

关键词： 国际金融枢纽　金融市场　金融改革

---

[*] 基金项目：广东省哲学社会科学规划2022年度学科共建项目"构建统一大市场背景下城市营商环境格局演变、影响因素及机制检验：基于时空双维度的实证研究"（项目编号：GD22XYJ29）；广州市哲学社科规划2023年度课题"广州深化营商环境创新试点城市建设研究——基于'互联网+政务服务'平台的互动治理视角"（项目编号：2023GZYB84）；2023年度广州市宣传思想文化优秀创新团队项目：广州金融高质量发展研究团队。

[**] 高琦，经济学博士，广东外语外贸大学马克思主义学院讲师，研究方向为可持续发展经济学、产业经济；张妮，广东财经大学经济学院硕士研究生，研究方向为国际贸易；张艺馨，广东财经大学经济学院硕士研究生，研究方向为国际贸易；邓路，经济学博士，广东财经大学经济学院副教授，研究方向为国际贸易、对外投资。

广州高水平建设粤港澳大湾区国际金融枢纽核心引擎面临的挑战及对策建议

一 建设粤港澳大湾区国际金融枢纽核心引擎重要性分析

（一）国际金融枢纽核心引擎的重要性

2024年1月16日，习近平总书记在推动金融高质量发展专题研讨班开班仪式上发表重要讲话，强调"要通过扩大对外开放，提高我国金融资源配置效率和能力，增强国际竞争力和规则影响力，稳慎把握好节奏和力度"，"要以制度型开放为重点推进金融高水平对外开放"，"要加强境内外金融市场互联互通，提升跨境投融资便利化水平，积极参与国际金融监管改革"，"要守住开放条件下的金融安全底线"。[①] 在这一背景下，中国毫不动摇地坚持对外开放原则，秉持"以开放促改革、以开放谋发展"的理念，通过优化营商环境、扩大市场准入等务实举措，为经济高质量发展注入新的活力。建设国际金融枢纽核心引擎是顺应时代潮流、响应国家政策的关键之举，也是实现金融市场高质量、可持续发展的重要方向与必由之路。这一举措有利于促进金融资源要素的国际流动，倒逼金融市场主体自我革新，优化经营管理模式、提高创新能力和服务质量，以更好地满足客户多样化的金融需求，推动金融市场朝着更高质量、更具活力、更加开放的方向蓬勃发展。

（二）建设粤港澳大湾区国际金融枢纽核心引擎对于广州的重要性

1. 三中心、一标杆、一高地，高标准打造国际金融城

2021年9月，广州市地方金融监管局依托《广州市金融发展"十四五"规划》做出部署，"十四五"时期，广州金融发展总体定位可以概括为"三

---

① 《习近平在省部级主要领导干部推动金融高质量发展专题研讨班开班式上发表重要讲话》，中国政府网，2024年1月16日，https://www.gov.cn/yaowen/liebiao/202401/content_6926302.htm。

中心、一标杆、一高地"。"三中心"即建设风险管理中心、打造财富管理中心、建设金融资源配置中心；"一标杆"即建设数字金融创新城市；"一高地"则是依托绿色金融改革创新试验区建设，全力打造在全国具有重要影响力的绿色金融创新发展高地，有效推动经济的绿色低碳转型，构建经济与生态协同发展的新格局。因此，"三中心、一标杆、一高地"的战略定位，为广州金融发展确定了发展方向，在推动国际金融城市建设的过程中，广州还需要提升金融市场国际化程度，高标准打造国际金融城市，营造开放活跃的金融营商环境。

2. 加快打造粤港澳大湾区国际金融枢纽核心引擎，书写建设金融强市的广州篇章

2024年6月，广东省委金融工作会议在广州召开，深入贯彻落实党的二十大、二十届二中全会及中央金融工作会议精神，会议强调要全面贯彻落实习近平总书记、党中央决策部署，坚定不移走好中国特色金融发展之路，持续深化金融领域改革，精准对接经济社会发展要求，推动广东金融高质量发展。广州作为广东省会城市，助力广东金融强省建设中应当体现广州担当、广州作为。2024年10月，广州市委金融工作会议召开，全面贯彻党的二十届三中全会精神，会议深刻认识新时代金融工作的重大意义，以加快建设金融强市为目标，以深化金融供给侧结构性改革为主线，以推进金融高质量发展为主题，致力打造粤港澳大湾区国际金融枢纽核心引擎，为推进中国式现代化的广州实践提供有力支撑。

二　广州金融市场国际化现状分析

（一）跨境金融交易深化

截至2023年底，广州共签署了21个跨境理财和资管相关项目，达成意向合作金额超过2000亿元，同比增长45%以上；近十年，广州跨境电商进出口规模增长了136倍，进出口规模连续九年位居全国榜首，是名副其实的跨境电商之城，并且形成了多种具有地方特色的业务模式，例如，实现了线上线下平台联动模式，服务企业超过6万家，累计贸易总额超5000亿元。同时，广州积极探索"跨境电商+产业带"模式，推动传统贸易转型升级，加强与共建"一带一路"国家和地区的经贸合作，推动跨境电商进出口业务的持续增长[①]。

（二）期货市场体系逐步完善

广州期货交易所定位为创新型期货交易所，以碳排放为首个交易品种，通过上市绿色金融衍生品，为绿色产业提供风险管理工具，吸引国内外投资者参与，截至2023年底，已上市的工业硅、碳酸锂期货期权累计成交量约6500万手，成交额超6万亿元，为企业套期保值和机构价值投资提供了较好的市场基础；期货招商工作成效显著，全年累计新设1家法人期货公司，为广东省（除深圳）唯一一家新设法人期货公司；累计新设17家期货公司地区总部，约占广东省（除深圳）新设地区总部数量的90%；截至2023年底，广州市期货公司（含分支机构）达98家，其中法人机构7家、地区总部55家、其他分支机构36家[②]。

（三）外资金融机构蓬勃发展

广州作为国际商贸中心和国际消费中心城市，改革开放至今，广州吸引和使用外资规模一直居全国前列，连续多年保持稳定。从数量上看，广州作为华南地区的金融中心，外资金融机构的数量持续增长，2023年广州新增外资企业6629家，同比增长92.6%，占全国的12.3%，实际使用外资达483.2亿元[③]；2024年9月，广州新设6223家外商直接投资企业，同比增长

[①] 伍庆主编《广州城市国际化发展报告（2024）》，社会科学文献出版社，2024。
[②] 《2023年广州推动期货市场发展工作成效明显》，广州市地方金融监督管理局网站，2024年1月12日，https://jrjgj.gz.gov.cn/gzdt/content/post_9438470.html。
[③] 《〈广州外商投资发展报告2024〉发布：去年广州新增外资企业数量6629家》，广州日报新花城，2024年9月13日，https://huacheng.gz-cmc.com/pages/2024/09/13/SF12614375c5245c83e970417f8444f2.html。

32.2%，实际使用外资196.4亿元①，这些机构涵盖了外资银行、保险、证券公司等多个类型；截至2024年8月，外资企业以占全市企业总量2%的数量，贡献了全市超过30%的进出口总值和规模以上工业增加值，以及超过40%的规模以上先进制造业增加值②；外资金融机构主要集中在广州的金融核心区域，如珠江新城、天河CBD等区域。

（四）推行金融改革试点业务

广东自贸区南沙新片区充分发挥先行先试的政策优势。在深化改革开放的进程中，南沙新片区凭借自由贸易区的独特优势，成功获批跨境贸易投资高水平开放试点。自试点开展以来，相关部门积极落实各项工作，目前已有13项试点措施落地实施，覆盖跨境贸易、投资等多个领域，并且在跨境贸易投资领域成果丰硕，累计交易金额已攀升至260亿美元，有力推动了区域经济的高质量发展③。此外，南沙成功落地全国首单券商QDLP基金境外投资，实现跨境金融新突破。截至2023年12月20日，南沙QDLP基金完成9.71亿元资金出境并开展投资。

（五）数字赋能跨境电商成效显著

过去，跨境电商含锂电商品种类多、数量大，无法像大宗货物一样提供航空鉴定报告，存在运输成本高、运输不畅等问题。2024年5月开始，广州上线全国首个跨境电商带电货物数据服务平台，该平台运用AI及图像理解大模型等技术，解决了跨境电商带电货物电池报告检验问题；同时，建立各电商平台与机场的数据通道，创新提出"一次集中预审、多机场联合共

---

① 《2024年9月广州市利用外资情况》，广州市商务局网站，2024年11月20日，https：//sw.gz.gov.cn/xxgk/zlhb/tjsj/wztj/content/post_9984838.html。
② 《〈广州外商投资发展报告2024〉发布：去年广州新增外资企业数量6629家》，广州日报新花城，2024年9月13日，https：//huacheng.gz-cmc.com/pages/2024/09/13/SF12614375c5245c83e970417f8444f2.html。
③ 张跃国、杨再高主编《广州金融发展报告（2024）》，社会科学文献出版社，2024。

享、多端快速出货"的高效便捷模式，预计物流运输效率能够有效提升55%左右，地面操作成本降低61%左右①。

三 金融市场国际化经验借鉴

（一）上海市国际金融中心建设

上海凭借卓越的地理位置、深厚的经济基础和前瞻性的政策引领，已逐步发展成为全球瞩目的国际金融中心，其股票、债券等核心金融市场规模跻身世界前列，金融市场多方面展现强劲发展态势。

1. 金融机构增速迅猛，外资活跃促金融市场新飞跃

上海外资金融机构数量总体呈现稳步增长的趋势。据统计，截至2024年5月，上海已有1771家持牌金融机构入驻，外资金融机构占比近1/3，其中，外资法人银行、保险机构和基金管理公司数量约占全国总数的50%，全球规模前十的资管机构均已在沪开展业务②。截至2024年6月，上海积极落实金融开放政策，推动163家跨国企业在沪设立资金集散中心，据统计，资金集散中心外债额度超2300亿美元，境外放款额度也攀升至700多亿美元③。

2. 优化外汇市场结构，推动国际互联互通

一是上海积极推动企业汇率风险管理服务体系建设，取得显著成效。上海企业外汇套期保值比例高达35.7%，创历史新高。二是优化信贷结构，刺激信贷规模稳健增长。截至2024年7月，上海本外币贷款余额11.86万亿元，同比增长9%，增速比上月末高0.4个百分点④。三是提升跨境贸易

---

① 《打造产业版营商环境 广州"赢商"再发力》，广州市商务局网站，2024年10月15日，http://sw.gz.gov.cn/ztzl/wsqjl/tzhj/content/post_9917311.html。
② 《上海国际金融中心建设全面提升能级，各类持牌金融机构达1771家》，上海金融网，2024年5月24日，https://jrj.sh.gov.cn/ZXYW178/20240524/ea6a1fd91edf4c0fb714ffa861ce41a7.html。
③ 《扩大金融高水平开放，支持上海国际金融中心建设——中国人民银行副行长、国家外汇局局长朱鹤新在第十五届陆家嘴论坛上的主题演讲》，中国人民银行网站，2024年6月19日，http://www.pbc.gov.cn/hanglingdao/128697/5163864/5163871/5379427/index.html。
④ 《2024年7月份上海货币信贷运行情况》，上海市地方金融管理局网站，2024年8月19日，https://jrj.sh.gov.cn/SCGK194/20240819/f71993bec217486a88b133fd8bcb4d3a.html。

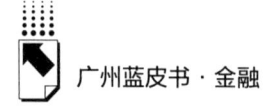

投资主体对外汇服务的满意度，推动外汇投资便利化落地。截至2023年，跨境人民币结算量取得了突破性进展，跨境人民币结算量达到20万亿元①。四是跨境联通日益紧密，面向外籍来华人员和外籍人员的外汇服务体系不断优化。上海积极响应"一带一路"倡议，大力拓展外汇服务广度与深度，截至2024年6月，上海辖内特许机构可兑换币种已达50种，涵盖多数共建"一带一路"国家和地区，2024年以来外籍来沪人员兑换外币人数、笔数、金额均同比增长了4倍以上②。

3. 实施先行先试政策，推进金融改革开放

一是推进高水平金融改革。2024年1月，上海市政府指出，着力完善金融市场体系，加快打造国际金融资产交易平台，高水平建设国际再保险中心，优化跨境金融、离岸金融等服务，在临港新片区试点推出人民币外汇期货，先行试点推出人民币兑美元和兑"一带一路"共建国家和地区货币的期货，以满足实体经济外汇交易和汇率风险对冲需求。二是科技助力企业"引进来""走出去"协同推进。为更好发挥金融对科创的支撑作用，上海积极推动金融与科创双中心联动，强化资源整合，提升金融服务科创的效能。三是在外汇管理领域，上海先行先试多项创新举措，上海率先开展QFLP外汇管理试点，截至2024年6月底，已有92家境内外知名投资机构参与上海QFLP试点，63家参与QDLP试点，中国证券投资基金协会登记备案的35家外资私募证券投资基金管理人有29家落户上海③。

---

① 《上海国际金融中心建设全面提升能级，各类持牌金融机构达1771家》，上海市地方金融管理局网站，2024年5月24日，https：//jrj.sh.gov.cn/ZXYW178/20240524/ea6a1fd91edf4c0fb714ffa861ce41a7.html。

② 《扩大金融高水平开放，支持上海国际金融中心建设——中国人民银行副行长、国家外汇局局长朱鹤新在第十五届陆家嘴论坛上的主题演讲》，中国人民银行网站，2024年6月19日，http：//www.pbc.gov.cn/hanglingdao/128697/5163864/5163871/5379427/index.html。

③ 《重磅发布！2024版〈海外资管机构赴上海投资指南〉附全文链接》，上海市地方金融管理局网站，2024年10月11日，https：//jrj.sh.gov.cn/SC212/20241011/88e5a0c8ce2a4194b4117a0e48a82202.html。

（二）深圳市金融市场发展的实践经验

深圳金融业的发展得益于国家的改革开放发展战略，立足于深圳经济金融社会发展现实，以改革、开放、创新为灵魂，基于金融体系资源配置功能，通过政策创新、发展规划引导，金融机构、产品与市场相融合，发挥深港金融要素集聚作用，全面建设深圳产业创新和金融创新中心，以顶层设计引领金融国际化领域走上高质量发展道路。

1. 深化跨境金融业务，推动全球化金融服务升级

一是开创跨境理财通业务。深圳率先在跨境理财领域进行创新实践，成为跨境理财通业务首批重要试点城市。自2024年3月跨境理财通2.0上线实施以来，截至2024年第三季度末，全市25家试点银行累计开立跨境理财通账户6.3万个，跨境收付金额合计404.4亿元，分别占粤港澳大湾区的47.4%和44.2%。二是为助力企业"走出去"提供金融支持。深圳市于2024年5月正式启动跨境金融服务银企对接系列活动，积极搭建银企沟通桥梁，为出海企业拓宽融资渠道，解决融资困难等问题，助力企业在海外市场稳健发展。2024年第三季度，相关部门积极践行金融服务理念，开展跨境金融个人外汇入企宣传，为出海企业外派员工提供便利用汇服务。高水平便利化试点精准服务"走出去"企业，新增61家试点企业，其中中小企业45家，业务规模达291.8亿美元[①]。

2. 完善金融市场基础设施，精准对接国际金融市场发展

一是加快数字化进程，打造数字金融新生态。2024年9月，中国人民银行深圳市分行联合数字货币研究所，发布《关于进一步做好深圳地区数字人民币App收款业务应用试点的通知》，截至2024年9月底，数字人民币推广取得重大进展，深圳地区数字人民币钱包数量在相比年初净增超600

[①] 《人民银行深圳市分行、国家外汇管理局深圳市分局举行2024年第三季度新闻发布会》，国家外汇管理局网站，2024年10月29日，https：//www.safe.gov.cn/shenzhen/2024/1029/1970.html。

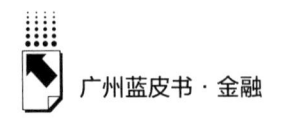

余万个,使用频率大幅提升,累计流通业务金额较上年同期增长80%以上[1];二是构建跨境资金池政策体系。2023年6月,深圳在全国首批落地通用版本外币一体化资金池试点,截至2024年11月末,试点企业合计达52家,汇集境内外成员企业超1700家,涵盖多个行业,业务规模超2200亿美元,已累计为深圳企业增加财务收入、节约税务成本超1亿元人民币[2]。

四 建设粤港澳大湾区国际金融枢纽核心引擎的挑战

(一)广州市打造粤港澳大湾区国际金融枢纽核心引擎仍存瓶颈

虽然广州金融市场对外开放水平不断提升,但广州市金融领域市场化、开放化和国际化水平相比国际一流水平还存在一定差距,广州要建设粤港澳大湾区金融枢纽核心引擎还面临以下挑战。

一是金融创新自主权亟待突破。尽管广州积极投身于改革开放综合实验区的建设,试图在金融领域开拓创新发展路径,但"自主改"的权限不够大,现行的金融管理体制限制了金融发展进程。二是广州市目前的金融开放程度和市场规范程度,相较国际高标准经贸规则还存在差距,改革开放效果有待进一步彰显。三是经济增速稳定但经济基础还不牢固,缺乏经济韧性。广州亟待金融供给侧结构性改革,新旧动能转换尚未完成,龙头企业和高技术金融人才偏少,金融市场国际化有待提速增效。四是金融市场存在结构性矛盾。《金融标准化"十四五"发展规划》指出,金融领域存在供需矛盾,有效供给不足,金融脱实向虚倾向仍然存在,金融体系风险总体可控,但仍然容易出现金融风险,金融市场还不够稳定。

---

[1] 《人民银行深圳市分行:做好金融"五篇大文章",以高质量金融服务支持深圳经济高质量发展》,中国人民银行网站,2024年5月1日,http://www.pbc.gov.cn/goutongjiaoliu/113456/113475/5485554/index.html。

[2] 《深圳跨境金融十件大事》,新浪财经,2024年1月16日,https://finance.sina.cn/2024-01-16/detail-inacsxuz6933375.d.html。

（二）数字金融创新生态体系亟待完善

2024年12月，政协第十四届广州市委员会第三次会议指出，广州作为粤港澳大湾区的核心引擎之一，已提出创建数字金融标杆城市以推动粤港澳大湾区国际金融枢纽建设。然而，数字金融作为新兴事物，发展基础还不稳固。与纽约、新加坡、深圳、上海和北京等国内外发达的金融城市相比，广州数字金融产业在增加值、持牌金融机构数量、存贷款规模、从业人数等方面短板明显。

一是广州市财政对金融科技等数字金融相关主体落户的支持力度不够。二是多数地方金融机构规模小且分布散，缺少政务数据和普惠金融技术的针对性支持，机构单独开展服务线上转型、数字化转型面临较高资金压力和市场不确定性。此外，目前地方金融机构缺乏有效的数据共享机制。三是数字金融市场秩序有待进一步规范，尤其是对移动金融等金融领域风险监测、防控技术的研发与应用。四是数字金融复合型人才培养和引进亟待加强。目前，高等院校缺乏数字金融方面的课程体系，不能全面培养跨领域的金融复合型人才。

五　打造粤港澳大湾区国际金融枢纽核心引擎的对策建议

（一）深化改革开放，扩大"自主改"的权限

一是建设更高水平制度型开放体系。落实《中国（广东）自由贸易试验区提升战略行动方案》，推进制度型开放试点举措落地见效。学习借鉴上海临港新片区实践经验，研究形成高水平开放自贸区实施方案，探索人员、资金、货物和数据等要素国际流动的高水平自由贸易政策。二是搭建政策支撑体系，出台专项优惠政策，放宽外资准入限制。多维度协同推进长期资本流入，提升资本开放质量。三是给予地方政府充分的"自主

改"权限，扩大改革范围和加大改革力度，在继续开展南沙片区改革试点工作的同时，系统整合市属金融资源，支持广州期货交易所建设强龙头交易平台。四是加快金融创新步伐。围绕建设世界一流国际金融城的目标，推动南沙试验区总体发展规划实施，加大金融企业梯度培育力度，力争建设领军金融企业。

（二）改善金融市场营商环境，实现市场和企业良性互动

一是打造活力金融服务枢纽。以科技金融提效，增强产业融资对接，引导资本投向创新领域，促进科技、产业、金融协同发展。二是争取国家层面出台金融领域支持南沙专项政策，加快筹设粤港澳大湾区保险服务中心、国际商业银行，推动更多持牌机构落地。推动广州期货交易所丰富业务品种，探索期现联动，建设期货产业园。深化跨境贸易投资高水平开放试点、跨境股权投资试点，探索筹设人民币海外投贷基金。三是放宽外资准入条件与加大税收优惠力度。落实外商投资国民待遇，营造公平透明的营商环境，放宽金融企业行业准入、资格限制，加大产业补贴力度，建立公平开放透明的竞争规则。四是完善数字金融生态。完善企业市场准入标准，同时积极举行粤港澳大湾区（广州）创投峰会，从政策、税收、资金等方面做好暖企工作，对龙头机构在穗设立数字金融分支机构给予用地、税收等更大支持。

（三）交流合作不断拓展，推动更大范围的高层次协同开放

一是加快共建粤港澳大湾区金融枢纽。依托粤港澳大湾区，扩大广州金融市场对港澳开放，促进广州期货交易所与香港证券交易所交流合作，推动债券、银行、保险市场双向开放。二是持续扩大国际金融交往"朋友圈"，拓展国际金融交流合作深度和广度，实现更大范围的统筹开放。三是突出"协同"体系，"联通"促开放。通过推进跨境金融创新政策试点、特色金融发展和金融集聚区建设，有序推动大湾区金融市场互联互通，大力推进金融"引进来""走出去"，不断提升广州金融影响力、辐射力、带动力。

（四）打造金融领军队伍，完善人才培养机制

一是建立数字金融人才培养激励机制，包括提供奖学金、资助研究项目、设立创新基金等；鼓励粤港澳大湾区各个城市数字金融领域的人才引进、交流、学习活动；鼓励人才参加国际学术会议、交流项目和实习，与国际同行交流经验；建立人才评价机制，吸引和留住具有创新精神和专业能力的人才。二是注重金融从业人员再教育工作，实施产业金融人才培养工程；行业组织引导企业搭建数字人才职业发展平台，以激励机制鼓励人才参与数字化改革项目。三是积极引进创新型高新技术金融人才，以建设粤港澳大湾区人才高地为契机，培育符合市场需求的跨学科金融人才。

参考文献

曹凤岐：《金融国际化、金融危机与金融监管》，《金融论坛》2012年第2期。

马勇、姜伊晴：《金融开放、货币政策与企业出口》，《中国工业经济》2025年第1期。

陈志法：《加快推进上海国际金融中心建设》，《中国金融》2025年第1期。

程贵：《金融高水平对外开放的动力机制及其转换》，《世界经济与政治论坛》2024年第6期。

曾刚：《金融强国与上海国际金融中心建设》，《新金融》2024年第11期。

石先梅：《数字技术赋能金融强国建设的内在逻辑与实践路径》，《当代经济管理》2024年第11期。

B.11
南沙打造高能级金融开放平台的策略与建议[*]

闫志攀 李松民 赵奇锋[**]

摘 要： 粤港澳大湾区在全国新发展格局中具有重要战略地位。当前，粤港澳大湾区各城市融合发展不断深化，南沙有基础、有空间、有潜力拓展金融开放合作平台。建议南沙以更大力度打造高能级金融开放平台，不断深化粤港澳大湾区融合发展。一是尽快弥补金融政策短板；二是围绕金融开放重点领域精准招商；三是深化金融领域规则衔接；四是提升开放平台功能。

关键词： 金融开放 粤港澳大湾区 南沙

近年来，南沙牢牢把握《广州南沙深化面向世界的粤港澳全面合作总体方案》（以下简称《南沙方案》）赋予的重大机遇，发挥多重政策叠加优势，在提升粤港澳金融合作水平、吸引金融高端要素资源、高水平开展跨境贸易投资试点、构建四链融合高水平开放政策体系等方面取得诸多成绩，高能级金融开放平台逐步成型。《中共中央关于进一步全面深化改革 推进中国式现代化的决定》提出，"深化粤港澳大湾区合作，强化规则衔接、机制对接"，为南沙金融开放平台建设进一步指明了方向。2024年10月召开的

---

[*] 本报告为广州市宣传思想文化骨干人才资助项目以及国家自然科学基金青年科学基金项目"企业基础科学研究的动因、机制与经济效果研究"（项目编号：72302229）阶段性成果。

[**] 闫志攀，广州市社会科学院财政金融研究所助理研究员，研究方向为金融理论与政策、全球价值链理论与政策；李松民，广州越秀资本控股集团股份有限公司风险管理与法务合规部总经理，研究方向为金融风险管理；赵奇锋，经济学博士，中国社会科学院数量经济与技术经济研究所副研究员，研究方向为企业创新、数字经济。

广州市委金融工作会议要求，不断提升广州金融影响力、辐射力、带动力①。当前，粤港澳大湾区融合发展不断深化，南沙有基础、有空间、有潜力拓展金融开放合作平台。面向未来，建议进一步提升南沙金融开放平台能级，释放开放潜力、平台优势，强化规则衔接、机制对接，瞄准湾区所需、南沙所能，争取政策突破、先行示范，尽快在金融开放赛道上形成自身特色。

一 发挥平台作用有助于实现金融高水平开放

国家"十四五"规划纲要提出，"统筹推进各类开放平台建设，打造开放层次更高、营商环境更优、辐射作用更强的开放新高地"。平台越优、越大、越广阔，南沙越能在新发展阶段抢占先机、释放潜力、施展"才能"。通过不断提升制度创新质效、金融产业能级、营商环境水平，发挥毗邻港澳的区位优势与资源合作优势，南沙金融开放平台将发挥更大作用，为南沙高水平打造"立足湾区、协同港澳、面向世界的重大战略性平台"做出金融贡献。

（一）有助于推动制度体系融合发展

《南沙方案》提出，"有序推进金融市场互联互通"。通过打造金融领域的制度型开放平台，有助于南沙与国际高标准规则精准对接，提升金融发展的国际化水平，最大化发挥制度创新优势，在服务和参与共建粤港澳大湾区、"一带一路"高质量发展上发挥更重要作用。此外，通过加快制度创新成果的复制推广，也有利于强化南沙对外开放平台"以点带面"和"先行先试"的功能与优势。

---

① 《广州市委金融工作会议召开》，广州市人民政府网站，2024年11月1日，https：//www.gz.gov.cn/xw/gzyw/content/post_9952584.html。

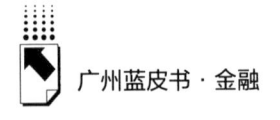

（二）有助于加强金融业国际合作分工

《南沙方案》提出，"加强国际经济合作"。南沙金融开放平台发挥国际经济合作便利化优势，支持金融机构加强海外布局和国际化经营，可以极大促进金融机构参与国际金融业分工和跨文化交流合作，拓展海外市场，提升金融业综合竞争力。此外，通过推进货币和资本市场等方面的合作，拓宽国际金融合作的渠道，助力人民币国际化。

（三）有助于拓展对内对外开放新空间

《南沙方案》提出，"建设中国企业'走出去'综合服务基地"。开放的金融平台有助于促进域内资金更便捷地流向生产、贸易领域，推动形成互利合作的产业分工格局，加速投贷联动、FT账户等金融创新政策的落地，为装备、技术、标准等"走出去"提供跨境金融支持。此外，依托自身高水平开放平台的定位和优势，南沙可以进一步联通国内国际两个市场，持续深化金融业各领域的交流合作，为金融企业出海开拓市场提供新通道。

（四）有助于更好统筹金融开放与金融安全

《南沙方案》提出，"加强金融监管合作，提升风险监测、预警、处置能力"。守住安全底线，是金融业高水平对外开放的应有之义。通过搭建开放金融平台，积极探索跨境合作监管模式，有助于提升跨境金融监管的专业性、有效性和协调性。此外，开放也有利于倒逼南沙金融机构从战略、管理、产品和业务等多个维度打造核心竞争力，增强金融风险防御能力。

二 南沙打造高能级金融开放平台的基础与优势

南沙作为国家级新区、自贸试验区和粤港澳全面合作示范区，始终以服务实体经济为导向，深化改革创新，扩大制度型开放，在构建高能级金融开放平台方面形成显著优势。依托国家战略叠加优势与粤港澳协同发展势能，南沙持续深化金融领域规则衔接机制对接，推动跨境金融要素集聚效应日益凸显。通过聚合跨境要素、畅通投融资渠道、优化政策生态，南沙为粤港澳大湾区打造国际金融枢纽提供强力支撑。

（一）与港澳金融合作水平不断提升

一是港澳金融元素成色足。"支持南沙扩大金融业对外开放，深化与港澳金融合作"写入《南沙深化面向世界的粤港澳全面合作条例》。截至2024年6月，已有3家港资银行在南沙设立支行，6家区内企业赴香港证券交易所上市，市值合计超460亿元[①]。二是创新双向合作模式。成立广州南沙粤港合作咨询委员会、广州南沙粤澳发展促进会，为粤港澳金融合作、政策试点争取等建立良好沟通渠道。三是发挥跨境理财通新优势，助力打造粤港澳大湾区优质生活圈。粤港澳大湾区（广州南沙）跨境理财和资管中心建设成效显著，南沙区共有20家银行机构开展跨境理财通业务试点，涉及"南向通""北向通"产品合计超3300种，为大湾区居民购买跨境理财产品提供了更加多样的选择。

（二）金融开放重大基础设施建设不断提质见效

一是金融开放基础设施建设取得历史性跨越。广州期货交易所在南沙注册落地，吸引香港交易及结算所有限公司入股，广州期货交易所由此成为全国首家混合所有制的交易所。粤港澳大湾区商业银行、粤港澳大湾区保险服务中心筹设工作稳步推进。二是金融开放载体建设取得新突破。南沙引入持牌法人金融机构17家，占全市的1/4，引进广州市首家券商资管子公司。

---

① 《朱锦：聚力〈南沙方案〉和自贸区政策赋能，打造金融市场互联互通"南沙样本"》，"清华金融评论"百家号，2024年6月29日，https：//baijiahao.baidu.com/s？id＝1803201284877413279&wfr＝spider&for＝pc。

明珠金融创新集聚区吸引超50家机构入驻，汇聚千亿级资产①。南沙国际金融岛吸引国际金融论坛设立永久会址。引进中国金融四十人研究院、国家金融与发展实验室广州基地等，加快打造粤港澳大湾区财富管理论坛品牌。

（三）跨境贸易投资高水平开放试点加快落地

一是加速开放资本项目试点，助力人民币国际化。南沙自2022年获批成为全国首批跨境贸易投资高水平开放试点地区之一以来，截至2024年6月，已累计办理试点业务超1.5万笔，累计交易金额超340亿美元，认定优质企业63家，目前13项试点措施全部落地实施②。二是FT账户量质齐升。南沙自2019年11月落地FT账户以来，已累计开立FT账户超8000户，办理FT项下跨境人民币结算超1.1万亿元，开立FT账户的数量占广东自贸区近七成。2024年3月，离岸人民币债券成功首次落地南沙自贸片区，进一步完善南沙自贸片区FT账户功能③。三是通过"双Q"试点、人民币海外投贷基金试点，实现跨境投融资双向"高速路"。截至2024年6月，南沙与超20家港澳地区知名金融机构建立常态化合作，累计11家基金管理企业获批QFLP、QDLP试点资格，累计获批额度超240亿元、累计跨境投资金额超13.5亿元，实现资本"引进来""走出去"双向流动。落地全国首单券商私募QDLP基金境外投资、全省最大规模QFLP基金和首个QFLP基金实际利用外资成功案例④。

---

① 《朱锦：聚力〈南沙方案〉和自贸区政策赋能，打造金融市场互联互通"南沙样本"》，"清华金融评论"百家号，2024年6月29日，https：//baijiahao.baidu.com/s？id=180320 1284877413279&wfr=spider&for=pc。

② 《朱锦：聚力〈南沙方案〉和自贸区政策赋能，打造金融市场互联互通"南沙样本"》，"清华金融评论"百家号，2024年6月29日，https：//baijiahao.baidu.com/s？id=180320 1284877413279&wfr=spider&for=pc。

③ 《朱锦：聚力〈南沙方案〉和自贸区政策赋能，打造金融市场互联互通"南沙样本"》，"清华金融评论"百家号，2024年6月29日，https：//baijiahao.baidu.com/s？id=180320 1284877413279&wfr=spider&for=pc。

④ 《朱锦：聚力〈南沙方案〉和自贸区政策赋能，打造金融市场互联互通"南沙样本"》，"清华金融评论"百家号，2024年6月29日，https：//baijiahao.baidu.com/s？id=180320 1284877413279&wfr=spider&for=pc。

（四）"四链融合"高水平开放政策体系不断完善

一是围绕创新链、产业链、资金链、人才链发布国家级新区中首个"四链融合"的政策文件。分层次、全周期地精准支持企业以及人才发展，对吸引金融高端要素资源、引进培育开放型高端人才起到了重要作用。二是不断优化金融营商环境。入选"中国国际化高质量发展环境建设标杆园区"，排在首位[①]，营商环境显示度、美誉度不断提升。三是出台并不断细化金融专项扶持政策。结合重点产业领域、重大功能平台及急需紧缺人才的发展需求，南沙不断优化跨境金融扶持政策，印发实施《广州南沙新区（自贸片区）促进金融业高质量发展扶持办法》（以下简称"南沙金融15条"），在机构落户、业务发展、金融创新、举办活动等多方面给予支持。

三 南沙打造高能级金融开放平台存在的困难与障碍

南沙作为粤港澳大湾区建设的重大战略平台，在推进高能级金融开放平台建设过程中，仍存在若干亟待突破的体制机制障碍和发展壁垒。从政策体系看，专项金融政策创新力度不足，现有政策与《南沙方案》衔接不够紧密，相较前海、横琴等合作区在政策覆盖面和时效性上存在差距；从要素支撑看，金融基础设施能级偏弱，法人金融机构集聚度不高，国家级金融平台建设推进缓慢；从制度衔接看，粤港澳三地金融规则对接仍存在制度性障碍，跨境资本流动、产品互认及监管协同等领域存在短板；从发展生态看，税收优惠政策覆盖范围有限，金融资源同质化竞争态势明显，跨境金融创新示范效应尚未充分显现。这些系统性问题的存在，一定程度制约了南沙金融开放平台能级的提升，亟须通过强化顶层设计、深化制度改革、完善配套体系等综合施策加以破解，为全面释放国家战略功能提供坚实支撑。

[①] 《广州南沙荣获中国国际化高质量发展环境建设标杆园区榜首》，中新网，2021年7月26日，https://www.gd.chinanews.com.cn/wap/2021/2021-07-26/415115.shtml。

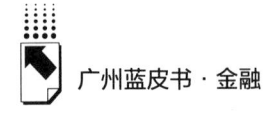

（一）金融政策配套滞后

随着《南沙方案》的出台，虽然各级政府部门先后针对金融领域出台了落实政策举措，但仍存在与市场需求脱节、服务实体经济成效不足的问题。部分金融创新政策试点门槛过高，企业可望而不可即，从首单首创到复制推广仍有诸多障碍待破解。2025年5月，中央金融部委会同广东省政府推出首个金融支持南沙专项政策——南沙"金融30条"，这一部署既是落实《南沙方案》第一阶段目标的关键举措，也标志着南沙金融开放发展进入国家战略驱动的新阶段。南沙"金融30条"有效弥补了南沙金融政策体系的短板，但仍需通过更富个性化、更加精细、更具可操作性的实施方案将政策势能转化为发展动能。

（二）金融业税收激励相对不足

一是企业所得税优惠政策适用受限。从企业所得税优惠适用范围看，前海、横琴整个合作区均可适用，南沙则仅限于部分先行区域。从适用的行业类别看，南沙和横琴支持六类金融企业，前海企业所得税优惠产业目录不包括金融业。二是个人所得税优惠政策适用受限。从优惠政策适用范围看，横琴的个人所得税优惠政策适用范围最广，涉及境内、境外的高端紧缺人才及澳门居民，而南沙和前海的个人所得税优惠政策均局限于境外人才，其中，南沙仅针对在南沙工作的港澳居民，优惠形式是超过港澳税负的部分免征。

（三）基础设施仍然薄弱

对比前海、横琴，南沙在金融基础设施方面相对薄弱，尤其体现在法人金融机构数量方面。截至2023年第一季度，前海合作区持牌金融机构422家（含分支机构），其中法人和一级分支机构占比38%，达到162家。横琴拥有易方达基金和广发基金等行业头部机构，在中国证券投资基金业协会存续登记的私募基金管理人达527家，管理基金规模达6717亿元。截至2024

年 12 月末，横琴粤澳深度合作区经 QFLP 试点认定存续的管理企业 23 家，试点认定存续的基金产品 20 只；经 QDLP 试点认定的管理企业 3 家，试点认定的基金产品 4 只[①]。对比来看，南沙虽然拥有持牌金融机构 17 家（截至 2024 年 6 月）[②]，但除广州期货交易所之外再无大型国家金融基础设施，在吸引金融机构落户方面存在一定劣势。

（四）跨境合作面临障碍

一是资本账户开放程度较低。粤港澳大湾区受限于不同的汇率制度和资本流动管理制度，资本账户开放程度仍然较低。目前广州与港澳跨境资本市场联通仍属于管道式、散点式的联通，跨境资本市场全面流通仍然受阻，导致跨境金融业务规模难以扩大。二是粤港澳三地金融体系互认依然存在诸多障碍。例如，债券评级互认和跨境融资抵押品互认仍难实现，导致粤港澳金融产品难以直接流通。三是跨境金融监管规则不一致。跨境金融监管依靠的是监管部门的双边监管合作谅解备忘录，跨境执法仍然需要根据个案的情况特别协调。由于境内外法律制度不同，仍存在跨境监管协作法律理解和适用、监管执法措施不一致等问题。

四 南沙打造高能级金融开放平台的目标定位

南沙打造高能级的金融开放平台，必须与前海、横琴、河套以及天河区的广州国际金融城等平台载体实现错位、协同发展，避免在争取金融资源过程中出现同质化竞争，通过区域、客户和产品的错位发展，找准自身功能定位。展望未来，建议依托南沙国际金融岛财富管理总部集聚区、明珠湾跨境

---

① 《12月金融统计月报》，横琴粤澳深度合作区金融发展局网站，2025 年 2 月 26 日，https://www.hengqin.gov.cn/finance/information/data/2024/content/post_3770462.html。
② 朱锦：聚力〈南沙方案〉和自贸区政策赋能，打造金融市场互联互通 "南沙样本"》，"清华金融评论" 百家号，2024 年 6 月 29 日，https://baijiahao.baidu.com/s?id=1803201284877413279&wfr=spider&for=pc。

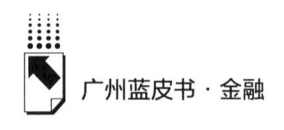

理财集聚区"两个集聚区",不断健全金融开放生态圈和产业链,同时充分发挥毗邻港澳的优势,在金融开放赛道上尽快实现突破,形成自己的特色,加快打造更高能级的金融开放平台。

(一)南沙打造高能级金融开放平台的目标与路径

1. 近期目标(2023~2025年)

南沙财富管理产业链条更加清晰、支持政策更加完备,吸引培育粤港澳行业领先、具有较强影响力的理财、资管、基金等各类持牌财富管理机构,专业化、国际化、创新型资管人才不断集聚。粤港澳绿色金融合作平台建设、气候投融资改革试点不断落地见效,绿色金融发展、机构网点布局的跨区域合作实现新突破。跨境理财、汇兑便利等一批引领性改革措施接续落地。数字人民币应用场景不断拓展,科技力量在拓展跨境金融服务广度和深度上发挥更大的作用。

2. 远期目标(2026~2035年)

南沙国际金融岛财富管理总部集聚区、明珠湾跨境理财集聚区"两个集聚区"建设不断迈上新高度,高效协同、功能完善的金融开放组织体系、环境体系和人才储备体系基本形成,有利于推动开放型金融系统良性健康发展的行业环境不断优化。金融业与实体经济联动提升的发展格局基本形成,建立具有历史底蕴、城市特色、产业基础的金融开放新模式。高能级的金融开放平台基本建成,成为广州乃至广东、粤港澳大湾区的一张亮丽金融名片,南沙在全球金融业发展中的显示度不断提高。

(二)南沙打造高能级金融开放平台的定位与策略

大湾区银行业对外开放重大平台。充分利用自贸试验区开放政策,发挥集聚效应,吸引全球系统性重要银行设立分支机构或者落户亚太总部,推动外资银行在南沙设立法人机构。大湾区资本账户开放平台。积极争取相关部委支持在南沙设立资本账户开放试点。同时,积极防范与化解可能或已经出现的资本外流风险。亚洲财富管理枢纽平台。依托粤港澳大湾区(广州南沙）跨境理财和资管中心，吸引财富管理行业上、中、下游产业链的集聚。面向"一带一路"的金融开放平台。共建"一带一路"给中国带来对外开放新机遇，为南沙打造金融开放平台提供了一个新的舞台。

五 南沙打造高能级金融开放平台的政策建议

南沙高能级金融开放平台正逐步成型，面向未来，要胸怀"国之大者"，不断提升跨境投融资便利化水平，支持香港巩固提升国际金融中心地位，促进澳门经济适度多元发展。

（一）尽快弥补金融政策短板

一是争取国家战略支持。推动南沙"金融30条"落地见效，以服务国家重大战略为导向，充分发挥制度创新试验田作用，为国家试制度、探新路。二是健全税收支持体系。加快落实企业所得税优惠配套政策，构建"基础政策+专项政策"的立体化税收框架。重点在航运金融等领域实施精准突破，争取参照前海模式对南沙国际航运企业实施增值税减免，明确广州市保险机构为南沙企业提供的国际航运保险业务享受免税待遇，形成具有湾区特色的税收政策样板。

（二）围绕金融开放重点领域精准招商

一是以重大项目建设为载体引育更多金融机构和金融人才。依托广州期货交易所建设，全面推进建设期货产业园，推动期现联动。依托粤港澳大湾区（广州南沙）跨境理财和资管中心建设，研究推动跨区域的金融新业态发展和机构网点布局。研究出台南沙金融人才专项政策，吸引更多港澳金融人才融入南沙发展。二是瞄准湾区所需、南沙所能，差异化发展外资金融机构。积极推动外资银行在南沙设立法人机构，支持辖内金融机构按程序申请设立资管子公司、理财子公司，吸引家族办公室、家族信托等新型财富管理机构落户发展。

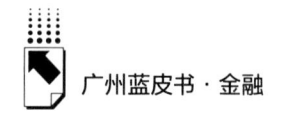

（三）深化金融领域规则衔接

一是深化与港澳金融领域规则衔接机制对接。积极争取在南沙设立华南地区首家金融法院，推动形成更多的广州判例、湾区标准，积极参与全球主流金融裁判规则制定。加快气候投融资试点，会同港澳探索建立气候投融资标准体系，让更多气候友好型企业和项目享受气候金融服务。二是加快粤港澳金融市场互联互通。进一步释放跨境贸易投资高水平开放试点政策红利，探索在绿色金融、科创金融、跨境保险等领域扩大与港澳地区的双向开放合作。拓宽穗港澳三地金融产品互认范围，打通跨境融资抵押品互认通道。三是进一步拓宽交流渠道。充分依托广州南沙粤港合作咨询委员会机制推动三地金融合作交流，建议由"一行两会"主导或授权成立穗港澳金融专项工作小组，由三地政府部门深度参与。

（四）提升开放平台功能

一是做实做强金融开放平台。高标准建设明珠湾跨境理财集聚区、国际金融岛、期货产业园等金融要素平台载体，进一步完善配套设施，支持金融企业和相关服务机构在南沙开展实质性运营。高水平建设金融文化基础设施，提升金融文化要素辨识度，加快优质金融资源和要素集聚，以开放的姿态吸引国际头部金融机构进驻。二是构建三位一体的金融风险防控体系。强化地方金融风险防控中心核心枢纽功能，健全风险监测预警与应急处置联动机制。通过完善监管框架与智能分析平台建设，提升风险识别处置能力，实现全链条闭环管理，筑牢金融安全防线，保障经济社会稳定运行。

参考文献

郭晓洁：《在打造中国式现代化的南沙范例中体现金融担当》，《21世纪经济报道》2023年3月30日。

贺林平：《在协同融合中拥抱机遇》，《人民日报》2024年8月27日。

徐碧君：《坚守初心：新时代"一国两制"理论与实践发展》，《港澳研究》2024年第3期。

倪海清、刘小卉：《以高水平开放载体建设提升开放能级》，《群众》2021年第18期。

欧阳卫民：《自贸区金融改革创新：目标、思路和对策》，《南方金融》2016年第3期。

数字金融篇

B.12 基于多模态大语言模型与智能感知技术的金融应用场景分析与展望

魏 生 戴科冕 黄秋宜*

摘　要： 在金融业持续创新与变革的浪潮中，风险防控始终是稳健发展的核心要义。本报告立足广州金融，深度聚焦人工智能与多模态大数据技术融合，重点调研该技术在金融风险防控领域的应用前景，创新性提出金融风险"智慧大脑"的架构设想，并详述基于多AI Agent模式的落地路径。虽面临数据安全、算法等诸多挑战，但人工智能技术与金融的融合趋势不可逆转。以大语言模型为基座构建的垂直领域人工智能应用平台，依托多模态感知数据、多引擎协同决策，经多轮模型微调与增强，有望在调查评估问答、可疑报告生成等场景取得良好的应用成效。展望未来，多模态数据可持续迭代优

---

* 魏生，软件工程博士，广州银行总行金融科技部（数字化转型办公室）总经理助理，研究方向为金融科技、大数据、区块链、人工智能、软件架构；戴科冕，广州八斗软件科技有限公司总经理，研究方向为数据中台、容器云+技术中台、区块链服务平台、AI中台（AIPaaS+AIMaaS）、时序大模型、多模态大模型；黄秋宜，广州八斗软件科技有限公司产品经理，研究方向为区块链、人工智能、多模态大模型。

基于多模态大语言模型与智能感知技术的金融应用场景分析与展望

化风险防控体系基础能力，通用大模型技术演进也将促使认知水平进一步提升，将有力保障广州及全球的金融安全稳定，同时会推动作为最佳实践的金融行业智能化应用达到新的高度。

关键词： 人工智能　多模态　大数据　风险防控　AI Agent

2022年6月23日，国家主席习近平在金砖国家领导人第十四次会议上提出："谁能把握大数据、人工智能等新经济发展机遇，谁就把准了时代脉搏。"[①] 同年，美国OpenAI公司正式推出基于GPT-3.5架构开发的ChatGPT。这款人工智能大模型在文本对话、逻辑推理、图文数据处理等应用领域实现了用户体验上的重大突破，迅速引发了全球性的AI热潮。2024年12月26日，杭州深度求索公司的DeepSeek-V3横空出世，其性能直逼Anthropic Claude 3.5 Sonnet和OpenAI GPT-4o，但训练成本远远低于GPT-4o。2025年1月20日，基于独特的GRPO强化学习优化策略（替代传统的PPO微调模式），更开放、更高效、更普惠的DeepSeek-R1开源版本发布，在AIME（美国数学邀请赛）测试中，其逻辑推理能力和准确率接近甚至超过OpenAI最新付费版推理模型产品o1。随后，基于多模态的开源文生图模型DeepSeek Janus-Pro也发布了，在多项基准测试中，超过OpenAI的图像生成模型DALL-E 3和行业领先的商用生成模型产品Stable Diffusion。深度求索公司凭借一系列优秀成果，引发全球同行热议，其影响力不断扩大、发酵，打破了ChatGPT的相关纪录，成为全球增长最快的AI应用。

在金融行业的改革发展进程中，信息技术的创新性应用贯穿始终。当前，多模态大语言模型与智能感知相关技术在金融领域展现出广阔的应用前景与巨大潜力。其中，"多模态"指的是涵盖文本、图像、音频、视频等多

---

① 《习近平在金砖国家领导人第十四次会晤上的讲话（全文）》，习近平系列重要讲话数据库，2022年6月23日，http://jhsjk.people.cn/article/32454893。

种不同类型信息的数据集合。以金融领域为例，一份以文本格式呈现的金融研究报告，若与相关公司的财务报表扫描件（图像格式）相结合，便构成了多模态数据，这种多模态数据为金融信息分析提供了更为全面的基础。经研究表明，采用传统信息处理方法处理多模态数据存在诸多局限。传统方法大多仅能处理单一类型的数据，缺乏有效的整合机制，难以充分挖掘和利用不同类型信息之间的关联性与互补性，这在一定程度上限制了金融分析的深度和广度。智能感知技术作为人工智能与现实世界交互的基础和关键环节，通过对信息进行智能化的感知与测量，能够助力金融行业更高效地进行识别、判断、预测和决策。随着大数据、云计算、深度学习等关键技术的持续成熟，人工智能技术为金融行业应对业务挑战提供了全新的工具和解决方案，有助于构建更为严谨、全面、精准且智能的风险防控体系。广州作为中国重要的金融中心之一，近年来在金融领域发展迅猛。然而，其在发展过程中也始终面临各类风险挑战。在此背景下，开展基于多模态大语言模型与智能感知技术的金融应用场景分析研究具有重要的现实意义，有望为广州乃至整个金融行业的稳健发展提供有力支持。

一 大模型技术的演进

（一）Transformer 架构

"大模型"一般指具有海量参数与复杂架构的机器学习模型，其参数规模可达百亿乃至千亿级，核心功能为自然语言理解与生成，通过对海量文本数据的深度学习，实现文本后续词汇预测或给定文本的相关内容生成。2017 年，Google 提出的 Transformer 架构基于自注意力机制的神经网络结构，能处理长输入序列，捕捉长距离依赖关系，提升计算效率，为大模型预训练算法架构奠定基础。2020 年，OpenAI 推出参数量达 1750 亿的GPT-3，在众多任务领域效果卓越，能准确流畅地理解和生成自然语言文本，在知识问答、文本创作、语言翻译等方面表现突出。此后，GPT-3.5发布，自然语言交互、内容理解及回复等方面能力显著提升，如在自然语言交互中理解能力更强，能精准捕捉用户意图与需求；在内容理解上，可深入全面分析各类文本；在对话回复方面，回答更准确、详细且逻辑严密。2023年3月14日发布的GPT-4，比以往任何版本都更具创造性和协作性，能更准确地解决难题，还可解析文本和图像输入，但也保留了编造信息等问题。综上，以GPT、Gemini、LLaMA、豆包、Kimi、文心一言、讯飞星火为代表的国内外通用大模型产品展现出的强大性能，进一步推动了大模型技术在人工智能领域的发展，吸引了更多关注，也让人们更清晰地认识到该技术的巨大潜力，促使科研人员不断聚焦和探索大模型技术，推动人工智能迈向新时代。

（二）多模态大模型

基于Transformer架构的自然语言大模型对文本分析和生成取得惊人成效后，研究者顺理成章地将探索领域拓展至图像、声音等其他领域。随着VIT（Visual Transformer）模型的推出，通过将图片精细切分为多个图块，并利用线性映射转化为Transformer可接受的输入形式，有效解决了因数据过大而难以处理非文本类数据的问题，使大模型具备了处理多模态数据的能力，进而推动了各领域的应用实践。在此过程中，自动驾驶领域的端到端模型尤为突出，特斯拉基于纯视觉的FSD V14版本更是取得了显著进展，在广泛测试中使无人驾驶和自动驾驶技术获得认可。多模态大模型技术由此受到更多关注与发展，进一步发展出更多的AI Agent系统，而这些成果正有力地推动AGI（通用人工智能）和ASI（超级人工智能）的研究进程，为实现人工智能接近乃至超越人类智能水平的宏伟目标奠定了坚实基础。

（三）多模态大模型发展情况调查

开源AI大模型社区作为探索与研究AI技术未来趋势的前沿阵地，可洞悉多模态大模型技术的最新发展态势及潜在应用方向。当前，国外主流开源社区主要有Hugging Face、PyTorch Hub、TensorFlow Hub等，国内则有魔搭社区、始智AI、飞桨社区等。多模态图像识别大模型包括GPT-4o、

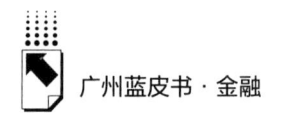

Claude、Gemini、LLaMA3.2 - Vision、Qwen - VL、GLM - 4V、OmniLMM、PSALM等，其中最新的多模态大模型已有能力支持结合摄像头、电脑操作桌面等多种交互方式进行识别，这表明视觉领域的多模态模型在商用落地方面已具备一定的成熟条件。其中，Hugging Face作为全球知名的人工智能托管平台，以丰富的AI模型资源著称，提供模型托管与共享服务。该社区平台拥有强大的Transformer库及配套工具，可降低NLP研究与应用的门槛，并基于模型库构建大量NLP应用。截至2024年12月初，Hugging Face社区发布的多模态主流模型数据已达31011个（见表1）。魔搭社区是由阿里达摩院与中国计算机学会（CCF）开源发展委员会共同推出的开源AI大模型社区，首批开源模型超300个，涵盖计算机视觉、语音、语义、多模态等多个领域。该社区提供SDK开发工具包，便于用户调用模型进行推理和微调，同时支持低代码开发平台魔搭Studio，使非技术用户也能搭建AI应用。如表2所示，截至2024年11月，魔搭社区发布的模型数据已超28800个，其中多模态相关的开源大模型达8573个，占比约30%。在多模态模型中，约93%的开源模型为文本生成图片类型，其次为视觉多模态理解类型。并且该社区在2024年8月及10月出现了模型发布数量的爆发式增长。

表1　Hugging Face的多模态主流模型数据

单位：个

类型	模型数量
音频转文本（Multimodal）	26
图像转文本（Image-Text-to-Text）	5760
视觉问题回答（Visual Question Answering）	432
文档问题回答（Document Question Answering）	209
视频转文本（Video-Text-to-Text）	50
任意到任意的转换（Any-to-Any）	5458
图像分类（Image Classification）	15062
对象检测（Object Detection）	2918
图像分割（Image Segmentation）	1096

基于多模态大语言模型与智能感知技术的金融应用场景分析与展望

表2 截至2024年11月魔搭社区的大模型统计数据

单位：个

类型	2023年以及之前	2024年1月	2024年2月	2024年3月	2024年4月	2024年5月	2024年6月	2024年7月	2024年8月	2024年9月	2024年10月	2024年11月	合计
视觉多模态理解													
图像描述	19	3	3	10	4	1	1	7	2	47	31	107	200
视频描述	1				3	2	4	3	5	1	3	2	58
视频定位	5												1
													5
文本生成图片	139	5	9	83	27	13	10	185	1882	327	4429	886	7995
文本生成视频	7	1	1	8	4	2	4	4	4	12	2	15	62
多模态表征	9		1	1	1	4	1	2	1	1	3	2	26
视觉问答	9	6	3	7	9	1	8	4	9	4	5	3	68
视频问答	2				1								3
图文检索	8			1	1	6		1	2		3		22
视觉蕴含	2												2
生成式多模态表征	2		1										3
多模态相似度	1				2			2	1	1	2		4
文档理解	1		1	7	2			2	2	3	3	6	25
视频时序定位	1										1		1
生成模型调优	4				4	3		5	1	2	2		20
多模态对话	11	5	3		2	10	4	2	9	5	2		53
图片生成视频	3	1	1	3			1		2	2	6		19
统一多模态	3											3	6

191

综上所述，国外社区凭借先发优势，依托全球海量英语使用者产生的数据，构建了规模庞大的多语言数据集。国内社区建立时间较晚，虽在中文数据方面有一定积累，但整体规模与英文数据相比仍存在较大差距，这致使国内社区在多模态大模型的发展上长期处于追赶状态。值得注意的是，目前国内多模态大模型已步入快速发展阶段，催生一系列可商用的解决方案与优秀案例，有望逐步缩小与国外的差距。

二 大模型给金融行业带来的变革

（一）金融行业大模型发展现状

在科技飞速发展的浪潮下，大模型技术的革新堪称一场深刻变革，重塑着人工智能的发展轨迹。大模型技术凭借突破性创新，成为推动人工智能从感知智能迈向认知智能的关键驱动力。在此过程中，大模型通过深度挖掘与学习海量数据，构建强大的知识图谱和逻辑推理体系，推理能力实现质的飞跃。这使人工智能可以在复杂多变的情境中，如人类般进行深度思考、分析判断，进而在众多行业中展现变革性影响力，有望成为引领各行业创新发展的核心力量。金融行业作为数字化和智能化应用的前沿领域，具有得天独厚的优势。其长期积累的海量、多类型数据资源，涵盖市场交易细节、客户信用记录、宏观经济动态指标等，构成了丰富的数据宝库。同时，金融行业的业务场景广泛且复杂，从传统储蓄、信贷业务到创新的金融衍生品交易、智能投顾服务等，各环节均蕴含人工智能技术的广阔应用空间。

2024年12月26日，杭州深度求索公司正式上线DeepSeek-V3首个版本并进行同步开源，经过短暂时间发酵后，于2025年1月引发了全球性的轰动热潮。"开源""低成本""高效"是DeepSeek大模型最为显著的三个标签。从技术层面来看，其通过创新的算法架构实现了计算资源的高效利用，而从商业层面来看，其通过开源的方式，降低了各行各业使用前沿大模型技术的门槛，并可在此基础上进一步进行定制化、优化和创新。在金融行业，DeepSeek对比之前提到的一些传统大模型，优势在于高质量、高速率处理非线性的数据资源，并能应用持续的学习方法不断自主优化大模型的应用参数。目前市面上常见的金融行业使用大模型情况见表3。

表3 目前市面上常见的金融行业使用大模型情况

模型名称	来源	类型	开发成本	是否开源	性能指标优势	在金融行业的适用场景
DeepSeek	国内，杭州深度求索	通用	557万美元（约为GPT-4的1/18）	开源	高效推理，支持定制	风控、投顾、客服、本地化部署
GPT-4	国外，Open AI	通用	1亿美元	闭源	通用自然语言处理最强	全球化审查、高频交易信号捕捉
Gemini	国外，Google	通用	约为GPT-4的2.5倍	闭源	多模态处理最强	数据融合
轩辕	国内，百度	金融垂类	100万~500万美元	开源	中文金融文本解析准确率高	信贷风控、审查
聚宝盆	国内，成都计算所	金融垂类	类似轩辕	闭源	智能客服响应应快	智能投顾、贷后管理
盘古	国内，华为	通用	数千万美元	部分开源	数据安全优势	政企智能客服、多模态金融分析

（二）金融行业面临的范式变革

在数字化浪潮下，生成式大语言模型在自然语言处理领域展现的强大能力，正推动金融行业发生范式转变，革新金融行业运作模式，重塑数字金融业务形态。这种影响主要体现在以下几个方面。

1. 提升行业生产力

第一，自动化信息创建与业务创新。大语言模型自动化能力强，能高效生成精准的金融信息。在金融产品描述方面，大语言模型运用专业语言清晰阐述产品特点、优势与风险，便于客户理解。回复客户咨询时，大语言模型能迅速把握核心内容，提供逻辑清晰的解答，提升服务效率与质量。基于客户资产状况、风险偏好等，大语言模型可定制个性化金融规划与服务建议，

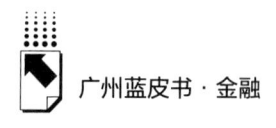

有力推动业务创新。

第二，快速打造个性化服务。凭借卓越的数据分析与理解能力，大语言模型为庞大的金融客户群体提供个性化、高品质服务。在投资咨询领域，大语言模型实时分析海量金融市场数据，结合客户投资目标与风险承受能力，提供精准投资策略建议。智能客服依托大语言模型，实现7×24小时服务，快速响应客户问题，提升满意度。商业推广方面，大语言模型依据目标客户群体特征制定个性化营销方案，提高营销效果。此外，在风险管控、个性化营销等方面大语言模型也发挥重要作用，融合多种技术，成为金融行业新的生产力增长点。

2. 重塑金融风险评估与管理模式

第一，多维度数据整合提升风险识别能力。大语言模型整合宏观经济、行业动态、企业财务报表、社交媒体舆情等多源多维度数据，构建全面深入的风险评估体系。与传统模型主要依赖结构化财务数据不同，其能处理非结构化数据，如新闻报道、分析师评论等，从中挖掘潜在风险信号。例如，通过分析社交媒体对企业的讨论，可及时发现负面看法，为风险管理者提供早期预警。

第二，动态风险监测与实时决策支持。借助强大的实时处理能力，大语言模型持续监测金融市场与企业动态，及时更新风险评估结果。市场波动或突发事件发生时，能迅速分析事件对金融机构和投资组合的影响，提供应对策略建议。如突发地缘政治事件或重大政策调整时，可快速评估对汇率、股票市场、大宗商品价格等的影响，助力金融机构调整资产配置与风险敞口，实现科学决策，降低风险损失。

3. 推动金融创新与产品设计多元化

第一，挖掘客户需求，催生创新产品。通过自然语言交互，大语言模型深入了解客户潜在需求、痛点与期望，为金融机构提供客户洞察数据，挖掘新业务机会，设计创新金融产品。如发现客户对特定风险收益特征理财产品或绿色金融、定制化结构性理财产品的需求，丰富市场产品供给，满足多样化需求。

第二，加速创新流程，缩短产品上市周期。在金融产品设计中，大语言模型辅助市场调研、产品概念测试、收益模拟分析等工作，提高创新效率。可快速生成市场调研报告，分析竞品，优化产品功能。通过模拟不同市场条件下的产品表现，大语言模型提前评估风险收益，减少设计反复修改与测试时间。如开发新智能投顾产品时，能短时间内模拟评估多种投资策略，筛选最优方案，加快产品上市进程，使金融机构快速响应市场变化。

三 大模型给金融风险防控带来的机遇

在金融行业，风险防控一直是核心议题。随着金融行业环境的急剧变迁和金融技术的迭代升级，传统风险管理方法面临愈发严峻的挑战。大语言模型、多模态大模型与人工通用智能体的涌现，为金融风险防控带来了革命性变革。这些技术强化了数据处理与决策支持效能，开拓了新的应用场景，切实提升了金融机构风险管理的效率与精度。本部分将剖析金融风险防控的关键应用领域，结合大模型及其相关技术，阐述其在各领域所开创的应用场景与发展机遇。

（一）金融风险防控需求分析

金融风险防控是指金融机构对潜在风险的识别、评估、管理与控制。风险防控不仅关乎金融机构的稳健运行，也是保障金融市场长期稳定的重要组成部分。金融行业通常涉及的风险类型包括信用风险、市场风险、操作风险和流动性风险等。

（二）人工智能发展的政策环境

广州积极发布针对人工智能领域的政策，呈现多区域、多维度、强扶持的特性，为人工智能产业的发展筑牢了坚实基础。《广州市金融发展"十四五"规划》及后续拟推进的"十五五"规划，将全方位推动广州各区域的数字化转型，而且将重点加快人工智能技术在金融行业的落地应用，有力促

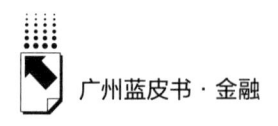

进产业升级，推动新质生产力的形成，这充分彰显了广州在推动金融业高质量发展方面的坚定决心与不懈努力。表4列举了近年来广州出台的相关政策。

表4　广州市级、区级层面的人工智能政策

政策名称	主要内容
《广州市金融发展"十四五"规划》	主要规划广州推动金融业高质量发展的战略方向、行动目标、主要任务和重点项目，是推动广州金融业高质量发展的纲领性文件
《广州市数字经济高质量发展规划》	明确数字经济的发展目标，指明全市11个区的数字经济发展方向
《广州市促进人工智能产业链高质量发展行动方案（2024—2026年）》（征求意见稿）	为适应人工智能发展新形势，持续加强人工智能技术创新和赋能经济社会发展，广州市对2021年印发的三年行动计划进行修改，主要是从人工智能产业全链条要素出发，主要围绕算力供给、技术攻关、产业集聚、应用场景、数据要素以及创新环境等六大方面提出二十条工作举措
《广州开发区 广州市黄埔区关于支持大模型等数字技术和实体经济融合加快推进中小企业数字化转型发展若干措施实施细则》	推动数字产业集聚发展，支持数字创新企业加速汇聚，强化关键软件创新应用，对符合条件的企业给予相应补贴支持
《广州市海珠区建设人工智能大模型应用示范区实施细则》	为加快海珠区人工智能大模型产业高质量发展，就培育行业大模型优势产业集群、构建环海珠湿地创芯价值圈和打造数字人才集聚高地提出政策指导
《广州市海珠区建设"琶洲算谷"若干促进措施》	聚焦"算法、算力、数据"人工智能发展三大支柱，通过集聚一批龙头企业、培育一批中小企业、引聚一批重点人才、打造一批特色载体，做强琶洲人工智能与数字经济试验区产业之核，加快建设"琶洲算谷"

我国一直积极出台相关政策鼓励多模态大语言模型以及智能感知技术在多个行业的应用发展，对金融行业更是一直持积极引导、监管并重、开放合作的态度。比如，2021年发布的《金融科技发展规划（2022—2025年）》强调，要抓住人工智能发展机遇，推进智能技术在金融领域的深化应用；

基于多模态大语言模型与智能感知技术的金融应用场景分析与展望

2022年7月发布的《关于加快场景创新以人工智能高水平应用促进经济高质量发展的指导意见》提出，鼓励银行、保险等金融机构研发面向中小企业场景创新的金融产品，为中小企业推动场景项目建设提供资金支持；2023年7月发布的《生成式人工智能服务管理暂行办法》强调发展与安全并重的原则，对提供AIGC服务提出了具体要求，如数据来源合法性、知识产权保护、个人同意等。我国鼓励市场化投资机构关注场景创新企业，培育一批耐心资本，为开展场景创新的科技企业提供融资支持。通过发展多模态大语言模型与智能感知等相关人工智能技术，能够顺应金融创新政策的导向，提升金融服务的智能化水平和效率，增强金融风控和反欺诈能力，推动金融创新和业务增长。图1列举了2024年举行的各层级会议对于金融工作的重点要求，同时为我们指明了在金融行业运用人工智能技术的发力方向。

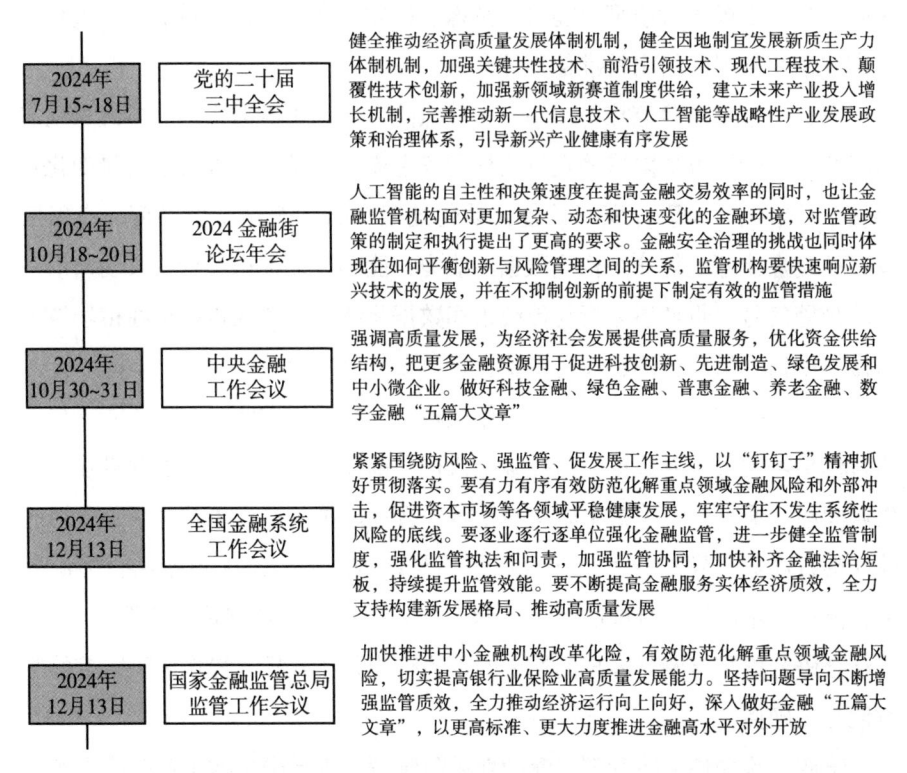

时间	会议	内容
2024年7月15~18日	党的二十届三中全会	健全推动经济高质量发展体制机制，健全因地制宜发展新质生产力体制机制，加强关键共性技术、前沿引领技术、现代工程技术、颠覆性技术创新，加强新领域新赛道制度供给，建立未来产业投入增长机制，完善推动新一代信息技术、人工智能等战略性产业发展政策和治理体系，引导新兴产业健康有序发展
2024年10月18~20日	2024金融街论坛年会	人工智能的自主性和决策速度在提高金融交易效率的同时，也让金融监管机构面对更加复杂、动态和快速变化的金融环境，对监管政策的制定和执行提出了更高的要求。金融安全治理的挑战也同时体现在如何平衡创新与风险管理之间的关系，监管机构要快速响应新兴技术的发展，并在不抑制创新的前提下制定有效的监管措施
2024年10月30~31日	中央金融工作会议	强调高质量发展，为经济社会发展提供高质量服务，优化资金供给结构，把更多金融资源用于促进科技创新、先进制造、绿色发展和中小微企业。做好科技金融、绿色金融、普惠金融、养老金融、数字金融"五篇大文章"
2024年12月13日	全国金融系统工作会议	紧紧围绕防风险、强监管、促发展工作主线，以"钉钉子"精神抓好贯彻落实。要有力有序有效防范化解重点领域金融风险和外部冲击，促进资本市场等各领域平稳健康发展，牢牢守住不发生系统性风险的底线。要逐业逐单位逐步强化金融监管，进一步健全监管制度、强化监管执法和问责，加强监管协同，加快补齐金融法治短板，持续提升监管效能。要不断提高金融服务实体经济质效，全力支持构建新发展格局、推动高质量发展
2024年12月13日	国家金融监管总局监管工作会议	加快推进中小金融机构改革化险，有效防范化解重点领域金融风险，切实提高银行业保险业高质量发展能力。坚持问题导向不断增强监管效能，全力推动经济运行向上向好，深入做好金融"五篇大文章"，以更高标准、更大力度推进金融高水平对外开放

图1 2024年举行的各层级会议金融工作相关内容

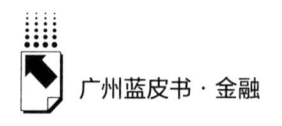

（三）大模型与多模态数据的整合应用场景

在金融行业领域，传统风险评估方法多依赖历史数据、结构化数据以及人工判断。然而，面对海量非结构化数据，尤其在市场环境瞬息万变、金融风险潜伏难测的情境下，传统方法难以做到及时且精准的预测。大语言模型及其多模态整合应用，凭借强大的数据处理与学习能力，正成为金融风险防控的关键工具。

第一，信用风险管理。传统信用评估主要基于客户财务报表、信用记录等结构化数据，难以全面覆盖信用风险。大语言模型凭借对文本数据的深度理解，能从社交媒体、新闻报道、公开财务报告等非结构化数据中挖掘潜在信用风险。例如，通过分析客户在公开平台上的言论、舆情动态，识别负面风险信号。多模态大模型更能融合图像、视频、文本等多源数据，全方位评估客户信用状况，给出精准信用评分。

第二，市场风险监控与预测。市场风险监控与预测需实时分析海量动态市场数据。传统方法多依赖定量指标与静态模型，难以捕捉市场情绪变化及突发事件影响。大语言模型具备自动化处理和分析全球金融新闻、专家解读、社交媒体评论等非结构化数据的能力，能迅速捕捉市场情绪波动与潜在风险预警信号。将情感分析与传统市场数据相结合，金融机构可在市场波动前做出更精准风险预测，及时调整投资组合与风险对冲策略。

第三，操作风险与管理。在操作风险管理与监控方面，AGI智能体与大语言模型可通过实时数据流监控金融机构内部操作行为，及时发现潜在操作失误问题。通过自动分析金融交易、客户行为、员工操作等数据，AGI智能体能够自动标记异常行为，并进行预警与报告。多模态大模型结合多源数据，能识别不同风险维度的潜在问题，如利用图像识别监控企业账户安全，或结合语音识别检测与客户沟通中的不当行为，有效提升操作风险防控的实时性与准确性。

第四，流动性风险管理。流动性风险管理要求金融机构迅速响应市场变化，确保短期内调动充足资金以应对突发需求。大模型通过实时分析市场流动性、资金流动及客户资金需求，及时发现潜在流动性风险，并提供动态资金管理方案。多模态大模型整合多渠道数据，如市场数据、宏观经济指标、客户交易行为等，使流动性风险预警更全面精准。通过深度学习与自适应调整，金融机构可优化资金配置，避免资金链断裂或流动性危机。

四 总结与展望

在数字经济时代，AI 大模型代表着人工智能技术发展的前沿水平，是将数据要素转化为生产力的重要实践范例。伴随技术的持续迭代，大模型已从理论概念迈向实际应用阶段。然而，当前市场上的通用大语言模型仍难以契合金融行业对于专业性和精准性的严苛要求。因此，金融领域大模型亟待从"通用大模型"向"行业大模型"转型，以达成更为高效、精准的应用成效。当下，金融行业规模化应用大模型的进程面临诸多挑战，如何确保大模型输出专业、可信的内容成为关键问题。本报告立足生成式人工智能蓬勃兴起的时代背景，回顾大模型的技术演进历程，剖析金融领域现有大模型的应用状况，进一步探究大模型为金融行业带来的范式变革与潜在机遇，提出了面向金融风险防控领域的智慧大脑构建方案，通过整合多模态数据，借助 AI Agent 的智能协同，有望提升风险识别、评估、监测与预警的准确性和及时性，为金融行业的稳健发展提供更有力的保障。

然而，尽管大模型在提升金融风险防控能力方面具有显著潜力，但仍存在诸如数据安全、算法可靠性等多重挑战。这要求我们在推进金融大语言模型应用的同时，注重完善相应的风险管理机制和应对策略，确保其健康发展。展望未来，随着技术的不断演进，金融行业对多模态数据的应用将不断深化，并为风险防控系统提供更加精准、高效的支撑。AI 风险防控大脑的构建前景广阔，但仍需不断完善技术框架和实践经验，以适应快速变化的金融环境，为广州及全球金融行业的可持续发展注入新动力。

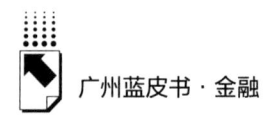

参考文献

《人民银行印发〈金融科技发展规划（2022—2025年）〉》，中国政府网，2022年1月5日，https：//www.gov.cn/xinwen/2022-01/05/content_5666525.htm。

《生成式人工智能服务管理暂行办法》，中国政府网，2023年7月10日，https：//www.gov.cn/gongbao/2023/issue_10666/202308/content_6900864.html。

《微众银行金融场景Agent：创新实践与深度剖析（12/30）》，腾讯云，2024年12月27日，https：//cloud.tencent.com/developer/article/2481944。

Marvin Minsky，*The Society of Mind*，Simon & Schuster，1986.

Zane Durante，Qiuyuan Huang，*Agent AI：Surveying the Horizons of Multimodal Interaction*，2024.

B.13 国内先进城市壮大"硬科技"耐心资本的举措及对广州的启示[*]

陈旭佳 刘松涛 刘哲瑜[**]

摘　要： 近年来，以上海、深圳、苏州、合肥为代表的先进城市，聚焦解决以"硬科技"技术突破推动产业创新过程中的资本难题，促进长期资本、耐心资本进一步向高投入、长周期、研发难度高的"硬科技"产业集聚，创新性举措与亮点主要包括：聚焦先导产业"硬核实力"，云集"硬科技"顶流耐心资本；当好"硬科技"耐心资本，寻找最优投资赛道"明日之星"；引导耐心资本向"新"而行，助力"先进制造"强势崛起；巧用耐心资本"以投带引"，勇当中国"最佳政府投行"。下一步，广州培育壮大"硬科技"耐心资本，深刻把握耐心资本推动"硬科技"产业高质量发展的时代要求与使命担当，重点围绕如何推动国有耐心资本向前瞻性产业集中、支持"硬科技"企业上市融资助跑提速、加强"硬科技"企业融资工具与模式创新、营造"硬科技"耐心资本供给的长期生态等方面，推动解决新科技、新赛道、新经济企业发展的耐心资本瓶颈问题，为广州继往开来推动"二次创业"再出发、培育新质生产力新动能提供强有力的资本支撑。

关键词： 耐心资本　硬科技　广州

---

[*] 本报告为广州市宣传思想文化骨干人才资助项目阶段性成果。
[**] 陈旭佳，博士，广州市社会科学院财政金融研究所副所长（主持工作）、研究员，研究方向为城市与财政金融；刘松涛，管理学博士，广州市社会科学院财政金融研究所助理研究员，研究方向为普惠金融；刘哲瑜，澳大利亚国立大学商业与经济学院金融学硕士研究生，研究方向为长期投资、绿色金融、资产定价。

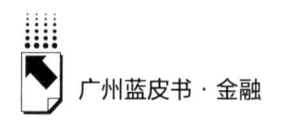

一 国内先进城市壮大"硬科技"耐心资本的创新性举措与亮点

(一)上海:聚焦先导产业"硬核实力",云集"硬科技"顶流耐心资本

1.深化"浦江之光"行动方案,打造"硬科技"企业科创板上市首选地

推动"硬科技"企业创新优势在新的高度立起来强起来,离不开科创板资本市场的持续赋能。近年来,上海充分发挥科创板的"主场"优势,推动"浦江之光"行动不断深化,针对"硬科技"企业投入大、周期长、研发及商业化不确定性高等特点,全力清理制约"硬科技"企业上市融资的堵点、卡点、痛点和难点,加强"科创企业上市培育库"建设,打通"硬科技"企业上市融资的"最后一公里",鼓励更多耐心资本、长期资本支持具有关键核心技术、市场潜力大、科创属性突出的优质未盈利"硬科技"企业,持续为"硬科技"企业发展注入源源不断的"资本活水",取得显著成效。

截至2025年5月底,上海共拥有93家科创板上市公司,IPO融资额为2326.40亿元,总市值达2.15万亿元,上市数量、融资额、总市值分别占科创板的15.8%、25.3%、28.1%[①],均位列全国各城市之首,全国"硬科技"企业科创板上市首选地可谓实至名归。在行业结构上,以浦东新区为例,截至2024年中,全区50家企业登陆科创板,其中集成电路及生物医药科创板上市企业占全区科创板上市企业比例达82%,"硬科技"行业集中度相对较高,并涌现中芯国际、华虹半导体、芯原股份、中微公司、概伦电子、翱捷科技等一批半导体行业标杆企业;还有生物医药科创板企业18家,涵盖"研发+临床+制造+应用"全产业链环节,培育出君实生物、艾力斯、

[①] 数据来源:根据Wind数据库查询数据整理。公司市值统计截至2025年5月23日,查询时间为2025年5月23日。

南模生物、和元生物等一批生物医药龙头公司。

2."高精尖科技+新兴产业"引领耐心资本新风向,"硬科技"投资时代特征鲜明

风险投资的关键在于投创新、投预期、投未来,需要"等得住"的耐心资本长期扶持,其中离不开股权投资机构的长期陪伴。截至2025年3月底,上海已登记私募基金管理人3724家,管理基金40985只,基金管理规模为49251.09亿元,占全国同期水平比重分别为18.67%、28.86%和24.67%,均居全国城市之首[①]。从市场投资活跃度来看,2025年第一季度,上海私募股权投资案例数和投资金额均居国内城市第一位,尤其是集成电路、人工智能、人形机器人、低轨卫星、生物技术、新能源汽车等"硬科技"行业投资规模遥遥领先,耐心资本追逐"硬科技"投资热度始终高涨。

截至2024年6月底,上海共发起431起股权投资项目,投资金额达597.25亿元,投资规模位列全国第一,战略性新兴产业投资针对性更强,其中2/3的项目投向战略性新兴产业,1/3的项目投向新一代信息技术行业,重点支持符合国家创新驱动发展战略需求、关键核心技术"自主可控"、具有产业链核心环节控制力的战略性新兴企业,"硬科技"投资时代特征鲜明,耐心资本支持"硬科技"企业发展的效能正在不断提升。

(二)深圳:当好"硬科技"耐心资本,寻找最优投资赛道"明日之星"

1."硬科技"投资底层逻辑凸显,打造"快时代、慢工夫"的国有耐心资本创投服务平台

如何挖掘到最具成长潜力的"硬科技"项目,始终考验着投资机构的专业判断力。在深圳众多创投机构中,深创投是少有具有国资背景的创投机构,也是中国创投界的风向标之一。作为深圳最具代表性的创投机构,深创投创立以来,秉承创新、创业、创投、创客"四创联动"理念,凭借过硬

[①] 数据来源:中国证券投资基金业协会,统计截止时间为2025年3月31日。

的投资能力，以助推274家企业在全球17个资本市场上市的耀眼战绩，被中国创投委、清科集团、投中集团等权威机构连续多年评为国内本土创投机构第一名，也被誉为创投界的"IPO孵化器"，在国内创投行业中的地位可见一斑。

深创投在"硬科技"领域的投资方向与国家产业政策方向几乎一致，其背后的投资逻辑在于，被投资企业是否具有前沿性技术、颠覆性技术、产业共性关键技术。与此同时，深创投坚持当好耐心资本、长期资本、战略资本，通过参股子基金鼓励投资机构增加对初创企业、小微企业、科创企业的投资，引导社会资本陪伴"硬科技"、科学家与创业者"长跑"，为传统产业升级、新兴产业壮大、未来产业培育等提供稳定的耐心资本支撑，彰显国企的责任与担当。

截至2024年6月30日，深创投管理国家级、省级、地市级、县区级基金合计222只，已投资创投项目1822个，累计投资金额约1084亿元①，涵盖众多"硬科技"领域，吸引和培育更多长期投资者进入创新投资领域，为"硬科技"创新创业生态提供强有力的耐心资本支持。

2."人才基金"持续赋能，助力"硬科技"创新英才迎来"高光时刻"

现阶段，风险投资和创业者越来越"高精尖"化，尤其在"硬科技"领域，草根创业、野蛮生长的时代已基本结束，依靠高层次顶尖人才勇闯科技创新"无人区"、抢占未来产业发展制高点、实现高水平科技自立自强，逐渐成为"硬科技"时代的主流模式。在高层次人才耐心资本扶持方面，深圳市坚持人才强市战略，充分发挥耐心资本对人才的牵引作用，早在2017年1月就设立百亿规模的一号、二号、三号人才基金，旨在发挥政府引导基金的撬动作用，吸引更多社会资本转化为耐心资本共同参与，解决高层次人才在创新创业过程中融资难、融资贵的问题。

自成立运作以来，深圳市人才创新创业基金投资过程践行"三不限"

---

① 《【优创投】深创投，管理4800亿基金，本土创投机构第一名》，"总裁俱乐部"微信公众号，2024年7月16日，https://mp.weixin.qq.com/s/CGEobh4DZNnq0R2yBFvriw。

"三优先"原则（即行业不限、地域不限、阶段不限，优先投深圳项目、优先投中早期项目、优先投硬科技类项目），持续加大对深圳市各类人才创新创业项目的关注及挖掘力度，以耐心资本助力项目高速增长。以深圳市二号人才基金为例，截至2023年底，该基金总共投资项目94个，投资总额8.44亿元，所投企业已覆盖国家级、省级及市级各层次人才超过70人，覆盖半导体、新材料、生物医药等"硬科技"领域，四会富仕、爱克莱特、迅捷兴、中微半导、路维光电、豪鹏科技、云里物里、天承科技8家创新人才企业已成功上市。该基金成为服务人才、服务创新的源头活水，取得积极成效。

（三）苏州：引导耐心资本向"新"而行，助力"先进制造"强势崛起

1. 厚植"硬科技"耐心资本科创沃土，打造国内VC/PE落户最佳首选地

经过多年的培育发展，苏州俨然成为全国母基金密度最高、股权投资生态最完整的城市之一，其政策亮点是通过设立引导基金等方式，吸引和促进股权投资基金集聚，动员有条件的社会资本做"耐心资本"，以创业带动创投，以创投推动创新，实现创业、创新、创投的融合互动，从而促进了战略性新兴产业的发展，逐渐形成了股权投资发展的"苏州模式"。

2023年，苏州投资案例数829起，投资金额达339.5亿元[①]。苏州诞生了国内第一只市场化运作的国家级母基金——由苏州工业园区管委会控股的元禾辰坤母基金，造就了在股权投资行业颇负盛名的诸多知名本土投资机构——苏高新创投、兆润投资控股集团、苏州高铁新城国控集团、苏州国发、苏州民投、东方国资、苏州园丰资本、农发创新资本等，也吸引了高瓴资本、启明创投、礼来亚洲基金等国内外知名投资机构相继布局。这些创投

---

① 参见《母基金发展迈入新阶段 业内共商推动发展新质生产力》，"深圳市创业投资同业公会"微信公众号，2024年4月24日，https://mp.weixin.qq.com/s?__biz=Mzg3MzU4NjY1NA==&mid=2247501970&idx=1&sn=d380be42211deff6539f4385b31d9160&chksm=cedf4223f9a8cb357b6d90aaee502ee47e3444d612f4ffe2e003148a90e367d9c47a6f3b99b5&scene=27。

机构立足苏州市创新型城市发展战略,针对"硬科技"企业全生命周期的发展诉求,建立了一整套涵盖从企业初期成果转化的天使轮投资,到成长期、瞪羚期支持企业"跨越式"发展的投资组合,促进创新型耐心资本的集聚与创新型企业实现快速成长,"硬科技"科创企业耐心资本涵养力不断提升。

2. 强化科创板对"硬科技"的支撑作用,助力"苏州板块"登"高"求"新"

近年来,苏州高度重视科创板培育"硬科技"耐心资本的作用,先后出台《苏州市科创板上市后备企业培育计划》《苏州市促进企业利用资本市场实现高质量发展的实施意见》等支持政策,不断优化、细化科创板后备企业、科创板上市企业培育机制,助推"硬科技"企业科创板上市跑出加速度。

截至 2025 年 3 月底,苏州拥有科创板上市企业 57 家[1],仅次于上海、北京,排名全国第三,数量占全国总数的近 1/10、江苏省的 1/2,高新技术企业占比达 100%,近 80%企业曾入选瞪羚计划,并集聚于"硬科技"领域。从细分领域来看,苏州科创板上市公司包揽了科创板多个"第一",更好助力苏州企业用好资本力量、加快创新发展。

(四)合肥:巧用耐心资本"以投带引",勇当中国"最佳政府投行"

1. 举全市耐心资本之力引入京东方项目,培育"硬科技"产业"核爆点"

时至今日,2008 年京东方第 6 代生产线项目落地合肥,依然被业界认为是合肥产业发展史上最具里程碑意义的事件,而项目成功引进的背后,并非合肥市政府一次心血来潮的决策行为,而是主政者具有足够远见、敢于担当的"硬科技"产业战略布局抉择。在引进京东方项目之前,合肥的家电行业汇聚了美菱、荣事达等知名品牌,但全市液晶电视上下游配套率仅为 30%,限制了产能提升。恰逢其时,当时国内领先液晶面板制造商京东方,正在谋划建设第 6 代 TFT—LCD 生产线,项目投资存在 175 亿元资金缺口,正好契合

---

[1] 《苏州科创板上市企业总数达 57 家》,苏州市人民政府网站,2025 年 3 月 26 日,https://www.suzhou.gov.cn/szsrmzf/szyw/202503/7841654d6d81494c9c40885070cf5f71.shtml。

了合肥的产业发展诉求。合肥对京东方给出的承诺是，项目投资所需175亿元，其中85亿元通过银行授信解决，而剩余90亿元通过定增投资方式解决，全部由政府负责保底，投资总额超过了当年合肥市政府50%的财政收入。

对于京东方，合肥市政府举全市耐心资本之力定增投资，项目投产后成功解决了家电产业年均500亿~700亿元液晶显示屏需求，并吸引了彩虹、住友化学、康宁、三利谱等100多家具有国际影响力的新型显示产业龙头企业入驻，合肥一举超过了青岛、顺德等，跃升全国三大家电基地之首。

2. 着眼于未来产业前瞻布局，引导政府耐心资本投资"硬科技"项目

在引进京东方项目大获成功后，近年来，合肥市将政府耐心资本投资目光转向半导体、新能源汽车等"硬科技"领域，通过战略性投资引育长鑫存储、蔚来汽车等一批龙头企业，实现产业链整体提升。2017年，合肥市与兆易创新公司共同出资成立合资公司——长鑫存储，由合肥市政府出资75%，兆易创新出资25%，专注于动态随机存取存储芯片（DRAM）领域的设计、研发与生产，广泛应用于移动终端、电脑、服务器、人工智能、虚拟现实和物联网等领域，锻造"合肥芯""合肥产""合肥用"全产业链条，倾力打造"中国IC之都"。

在新能源汽车耐心资本投资方面，合肥在2020年初蔚来汽车深陷现金流短缺危机之时，对蔚来汽车进行战略性投资，攻入中高端电动汽车领域，以创新聚变助推产业裂变，全力推动产业延链补链强链，推动新能源汽车这一"首位产业"迎来爆发性增长。2024年第一季度，合肥新能源汽车产量达16.3万辆，同比增长28.8%，占全国的7.9%，呈现爆发式增长态势，初步建成具有世界影响力的新能源汽车之都。其中，作为合肥"首位产业"的代表企业之一——蔚来汽车2024年以来的表现十分亮眼。截至2024年6月底，蔚来汽车累计交付量达8.74万辆，同比增长60.2%。其中，第二季度交付新车5.74万辆，大幅增长143.9%，超过第二季度指引上限5.6万辆，呈现良好的发展趋势①。

---

① 数据来源：根据Wind数据库查询数据整理，查询截止时间为2025年5月23日。

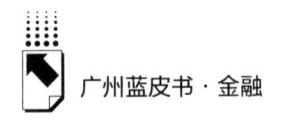

二 对广州壮大"硬科技"耐心资本的政策启示

下一步，广州培育壮大"硬科技"耐心资本，要认真学习贯彻中共中央政治局会议上关于"积极发展风险投资，壮大耐心资本"的重要思想，按照党中央、国务院关于耐心资本工作的重要决策部署，深刻把握耐心资本推动"硬科技"产业高质量发展的时代要求与使命担当，对照国内外最高最好最优的一流标准，坚持从体制机制层面破局，坚决破除一切制约"硬科技"耐心资本发展的思想障碍和制度藩篱，重点围绕如何推动国有耐心资本向前瞻性战略性产业集中、提高"硬科技"企业上市融资积极性、加强"硬科技"企业直接融资工具创新、完善科技创新型政府引导基金体系、建立"硬科技"资本尽职免责容错机制等方面，持续加大体制机制改革和耐心资本创新力度，全力推动解决新科技、新赛道、新经济企业发展的耐心资本瓶颈问题，努力在全国耐心资本高质量发展中争做示范、走在前列、勇当标杆，为广州继往开来推动"二次创业"再出发、培育新质生产力新动能提供强有力的资本支撑。

（一）机制破题：推动国有耐心资本向"硬科技"前瞻性产业集中

一是探索国有耐心资本的特殊政策和中长周期考核机制。针对"硬科技"产业所具有的原创性、颠覆性创新投入周期长、不确定性大、见效慢等特点，研究试点在实行分类精准考核、适时调整返投政策、优化提高让利比例、建立健全正向激励等方面取得新突破。

二是强化国有耐心资本与广州优势、高新产业的融合发展。学习借鉴深圳、苏州经验，通过压缩国有资本法人机构和管理层级、优化重置国有资本组织架构等方式，持续提升广州"硬科技"优势、高新产业的稳定性和竞争力。

三是建立国有耐心资本中长期激励机制。通过设计风险共担、利益共享的正向激励政策，探索在限制性股票激励计划、员工模拟持股、国有私募基金跟投、超额利润分配机制等方面进行改革创新，强化国有耐心资本投资团队激励约束机制，有效绑定团队与国有耐心资本之间的利益，促使其更好地履行信义义务，实现国有耐心资本的保值增值。

（二）纵深突围：支持"硬科技"企业上市融资助跑提速

一是指导广州"硬科技"企业做好挂牌融资上市路径规划。由市委金融办牵头，积极实施"科创领头羊"工程，发挥市企业上市综合服务中心的作用，根据广州"硬科技"企业规模、发展阶段、创新能力、成长规律等实际情况，全力协助企业解决股改、挂牌和上市过程中的各类历史遗留问题，推动企业加快登陆资本市场。

二是加强与证券监管部门、上交所、深交所、北交所和港交所的沟通联络。借鉴深圳经验，推动北交所广州服务基地、沪深港交易所广州服务支队落地，推动广州诚实守信、规范运作、专注主业、稳健经营的优质"硬科技"企业，纳入上市、再融资、并购重组等"豁免/快速审核"通道，进一步简化与提速"硬科技"企业以技术革命性突破、颠覆性前沿技术创新、重大科技成果转化为目标的再融资和并购重组审批流程。

三是建立"先挂牌，后上市"的挂牌上市培育对接机制。强化广州股权交易中心与上交所、深交所、北交所和全国中小企业股份转让系统的沟通合作，对主动在区域性股权市场挂牌的"硬科技"企业，给予同等条件下优先挂牌上市审核，加快挂牌上市培育工程"标准化""流程化""系统化"升级，更好发挥广州股权交易中心在多层次资本市场体系中的基础和补充作用。

（三）聚力攻坚：加强"硬科技"企业融资工具与模式创新

一是创新"硬科技"产业再融资支持方案。鼓励广州"硬科技"上市公司通过定向增发、可转债、公司债、绿色债、双创债等再融资工具募集资金，壮大自身资本实力，并以证券、股权、债券等多种投资方式，构建以耐心资本为纽带的"硬科技"产业集群。

二是设立"硬科技"企业并购贷款专项支持资金。由市财政局牵头，通过财政贴息、信贷奖励补助等手段，引导全市各级银行机构适当降低"硬科技"企业并购贷款利率，延长并购贷款期限，优化担保条件，提高并购贷款比例上限。

三是强化"硬科技"企业知识产权证券化产品发行备选项目谋划和储备。由市知识产权局牵头，深化广州技术产权交易中心与沪深交易所合作，按照"谋划一批、储备一批、落地一批"的思路，推动形成科技成果转化知识产权证券化产品备选项目库，对入库项目实行动态调整的分级、分类管理模式，及时更新项目信息，不断充实储备项目。

（四）提质培优：营造"硬科技"耐心资本供给的长期生态

一是尽快制定出台广州促进创业投资高质量发展的政策文件。贯彻落实国务院办公厅《促进创业投资高质量发展的若干政策措施》决策部署，结合广州大力培育长期资本、耐心资本工作实际，从市场准入、展业要求、登记备案、资金募集、投资运作、监督管理等方面，尽快制定出台广州促进创业投资高质量发展的实施方案，以及支持"硬科技"产业发展的实施细则，推动积极发展风险投资，引导广州耐心资本、长期资本、专业聪明资本"投早投小投硬科技"。

二是进一步加大财税政策支持力度。在实施落户奖励和税收优惠基础上，在扶持广州"硬科技"耐心资本发展方面，可进一步考虑按照其对地方财政税收的经济贡献给予奖励，对"硬科技"耐心资本企业租赁和购置办公用房给予补贴，并参照深圳做法给予企业高管个税减免的优惠政策，吸引一批运作规范、业内有影响力的私募基金机构和人才来穗落户发展，鼓励各类风险投资机构投资广州本地"硬科技"企业。

三是加强"硬科技"耐心资本的监督考核。按照公共性原则对"硬科技"耐心资本进行绩效考核，针对耐心资本投资运作情况、社会资金放大作用、"硬科技"产业带动效果等情况进行综合评价。

参考文献

林毅夫、王燕:《"耐心资本"新时代赋新意》,《北京大学校报》2024 年 6 月 15 日。

王文、刘锦涛:《壮大耐心资本的意义与路径》,《中国金融》2024 年第 10 期。

田轩:《以耐心资本推动创新发展》,《人民日报》2024 年 7 月 9 日。

程恩富、刘美平:《以耐心资本助力新质生产力发展》,《光明日报》2024 年 6 月 25 日。

陈旭佳:《培育壮大耐心资本 助推创业投资做大做强》,《南方日报》2025 年 2 月 24 日。

B.14 粤港澳大湾区数字金融发展进展、短板与对策

赵俊豪 陈晓君 梁凤欣 陈嘉瑶[*]

摘 要： 中央金融工作会议和党的二十届三中全会均强调发展数字金融。做好数字金融大文章，促进金融数字化与数字金融化，对于建设金融强国、巩固数字经济优势具有重要意义。当前，粤港澳大湾区正以数字金融发展为重要机遇，推动建设国际金融枢纽、"数字湾区"，全面推进数字化发展。本报告围绕金融数字化和数字金融化两个演进路径，展现数字金融的最新成就，同时，通过进一步剖析金融数字化面临的资金、治理、人才短板和数字金融化存在的创新性便利性不足问题，建议加快大湾区金融数字化智能化转型，强化数字赋能科技金融、绿色金融、普惠金融、养老金融，丰富数据资产价值实现方式，便利跨境数据流动和应用，加强大湾区数字金融共治。

关键词： 金融数字化 规则衔接机制对接 粤港澳大湾区

数字金融是指运用现代信息技术工具和新型生产资料，挖掘数据要素价值，改变传统金融产品，甚至重塑服务模式的金融业态。数字金融兼具金融与数字化的双重特性，是数字技术、数据资源与金融市场、金融活动、金融机构深度结合的产物，构成了金融发展的基础架构和关键支撑。2023年中

---

[*] 赵俊豪，中国人民银行广东省分行金融研究处一级主任科员，研究方向为区域改革等；陈晓君，中国人民银行肇庆市分行科员，研究方向为绿色金融；梁凤欣，中国人民银行肇庆市分行科员，研究方向为金融科技；陈嘉瑶，中国人民银行肇庆市分行科员，研究方向为金融统计。

央金融工作会议提出，要"做好科技金融、绿色金融、普惠金融、养老金融、数字金融五篇大文章"，数字金融首次写入中央文件。2024年7月，党的二十届三中全会进一步明确积极发展数字金融。2023年12月，国家数据局等十七部门联合印发《"数据要素×"三年行动计划（2024—2026年）》，明确了数据要素×金融服务场景。2024年11月，中国人民银行等七部门联合印发《推动数字金融高质量发展行动方案》，明确以数据要素和数字技术为关键驱动，加快推进金融机构数字化转型，夯实数字金融发展基础，完善数字金融治理体系，到2027年底，基本建成与数字经济发展高度适应的金融体系。

粤港澳大湾区作为国家战略中的核心区域，具有"一个国家""两种制度""三个关税区""三种货币金融制度"的独特区位特征，在科技创新及成果转化、数字经济发展、金融基础条件等方面走在全国前列，是我国建设全国统一大市场、金融强国和数字中国的重要载体。研究粤港澳大湾区数字金融发展有利于提高社会治理能力、服务实体经济，对于推动区域经济一体化、促进科技创新及产业升级、引导社会资源优化配置、提高全要素生产率、提高金融服务实体经济的效率等方面具有重要意义，亦可为政策制定者、金融科技企业提供战略参考。

一 当前粤港澳大湾区"数字金融"的具体实践

（一）粤港澳大湾区金融数字化进展

1. 广东金融数字化进展

在政策引领方面，广东省、广州市、深圳经济特区均出台了促进数字经济发展的条例，强调完善与数字经济相适应的金融服务体系。2023年11月，广东印发实施《"数字湾区"建设三年行动方案》，提出将"数字湾区"建设与服务粤港澳大湾区经济社会发展紧密结合，将粤港澳大湾区打造成为全球数字化水平最高的湾区。2024年7月，中国人民银行广东省分行印发《广东做好金融五篇大文章三年专项行动计划》，构建广东金融"五篇大文章"1个总体方案、5个实施方案"1+5"政策体系。在金融基础设施数字化方面，广东推进数字人民币试点，全面覆盖"吃住行游购娱医"等零售场景，充分发挥数字人民币智能合约技术优势，探索在财政支付、预付式消费等特色领域应用。不断完善区域性支付清算网络，扩大移动支付使用范围，聚焦重点领域和关键环节提升支付服务便利性。在金融机构数字化智能化转型方面，广东组织金融机构加强与科技公司等合作，制定先进的金融科技解决方案，夯实科技系统支撑。运用信息技术对业务流程进行全面数字化改造，推动开展了金融科技应用试点。组织金融机构深入探索大数据、区块链、人工智能等前沿技术，应用于身份验证、精准营销、客户服务、风险防范等领域，并取得多项全国首创性成果。在金融科技监管方面，广东开展了金融科技创新监管试点、资本市场金融科技创新试点，探索打造金融监管"沙盒"。

2. 香港金融数字化进展

在政策引导方面，2021年6月，香港金融管理局发布"金融科技2025"策略，旨在推动金融业在2025年全面深化金融科技应用。2022年10月，香港财经事务及库务局颁布《有关香港虚拟资产发展的政策宣言》，全面设定虚拟资产作为香港未来发展方向，推动香港成为国际性的虚拟资产中心。2022年12月，香港特区政府发布《香港创新科技发展蓝图》，提出在未来十年把香港打造成国际创科中心的战略规划。2023年11月，香港财经事务及库务局公布联动金融科技惠及实体经济发展的三项主要措施，包括为零售基金分销设立新综合基金平台、欢迎数字人民币跨境使用、促进虚拟资产和Web3.0领域与实体经济相关应用和创新。在金融基础设施数字化方面，2023年5月，香港启动"数码港元"先导计划，探索"数码港元"在零售层面的应用。2024年3月，香港推出稳定币发行人沙盒，为发行稳定币的机构提供测试平台。2023年2月，香港特区政府成功发售8亿港元全球首批由政府发行的代币化绿色债券。2023年12月，香港证监会发文认可基金投资虚拟资产，并上市虚拟资产现货ETF。在金融机构数字化智能化转型方面，目前，香港金融科技和 Web3.0 领域活跃着超过 1100 家公司，业务覆盖了包括移动支付、跨境理财在内的多个细分领域。目前，香港共有 8 家虚拟银行、4 家虚拟保险公司以及 7 家获得许可的虚拟资产交易平台。在金融科技监管方面，香港针对银行、保险和证券市场推出金融科技监管沙盒，截至 2024 年 9 月底，共有 352 项金融科技项目获准使用香港金融管理局的金融科技监管沙盒试运行。2024 年 8 月，香港金融管理局与数码港合作推出生成式人工智能沙盒。香港特区政府还增加政府资助，打造香港数码港，成立香港科技园公司，支持全球机构设立创新实验室、加速器，举办金融科技周，实施"金融科技推广计划"。

3. 澳门金融数字化进展

在政策引领方面，2023 年，澳门金管局重新订立并发布《货币发行法律制度》和《金融体系法律制度》，完成澳门首部《证券法》，引入数字形式法定货币的法律概念，新增金融科技临时许可制度。2023 年 11 月，澳门特区政府公布《澳门特别行政区经济适度多元发展规划（2024—2028 年）》，确立"1+4"的经济适度多元发展策略，其中提出要加快发展现代金融业，完善与优化金融软硬基础设施建设，包括制定相关法律以及建设数字经济基础设施。在金融基础设施数字化方面，澳门积极推动本地法定数字货币项目研发落地，2024 年 12 月数字澳门元（e-MOP）原型系统公开演示。澳门特区政府支持"澳门中央证券托管系统"（CSD）运作，使其具备必要核心基建的法律地位，并对标国际惯例，推进系统功能优化，为未来与周边及国际证券托管机构的对接、吸引更多投资者奠定基础条件。澳门推出人民币资金清结算系统，提供实时银货两讫（DvP）结算服务，并与香港债务工具中央结算系统（CMU）对接。2024 年 8 月，滴灌通澳门金融资产交易所投入运营，通过数字化技术和金融科技手段，建立一个以收入分成为底层资产的数字化权益交易所，为小微企业提供新型的融资渠道。澳门推出"聚易用"聚合支付服务，推动提供本地二维码支付服务的银行及支付机构合作，实现支付系统互联互通。在金融机构数字化智能化转型方面，澳门金融机构加强大数据、人工智能等技术运用，改造经营管理流程、风控体系等。在金融科技监管方面，2023年9月澳门推出了创新金融科技试行项目的监管要求，允许金融机构在许可的业务范围内，在设有客户保障和风险管控措施的前提下，面向有限数目的参与客户实行创新的科技项目。

（二）粤港澳大湾区数字金融化进展

在数据要素金融化方面，广东推动企业数据资产入表，对数据资产进行确权登记，以数据资产的形式在财务报表中予以确认，并探索出了数据资产融资的有效路径。广东肇庆构建"碳账户+碳信用+碳融资+碳入表"的"四碳"联动金融服务模式，支持征信机构根据企业碳效评价结果出具碳信用报告，银行机构根据碳信用报告开发差异化信贷融资产品，并落地国内首笔碳公共数据质押融资。数据规范共享方面，广东强化"珠三角征信链"平台建设，打通了地方征信平台、企业征信机构等区域征信基础设施与数据源机构、金融机构间的信息共享渠道，实现珠三角区域内涉企信用信息共享；推动建设信用信息服务平台，将政务数据共享给银行机构，解决中小微企业融资难问题。香港"商业数据通"已成功对接政府的"授权数据交换闸"，支持金融机构在获得企业用户授权情况下，可以提取企业（尤其是中小型企业）业务运作的商业数据，让企业更方便获取融资。澳门邮政储金局构建和营运"信贷资料平台"，实现澳门各信用机构间的客户个人信贷资料共享，便利信用机构更了解借款人或担保人的信贷状况。在跨境数据运用方面。2023年6月，国家互联网信息办公室与香港特别行政区政府创新科技及工业局正式签署了《关于促进粤港澳大湾区数据跨境流动的合作备忘录》，旨在加强香港和内地间的数据跨境流动，充分发挥数据的基础性作用，激活粤港澳大湾区数字经济创新动能。2023年12月《粤港澳大湾区（内地、香港）个人信息跨境流动标准合同实施指引》和2024年9月《粤港澳大湾区（内地、澳门）个人信息跨境流动标准合同实施指引》发布，进一步放宽了个人数据出境的限制，简化相关评估、备案流程。2024年1月，中国人民银行与香港金融管理局签署《关于跨境征信互通业务试点的谅解备忘录》，明确支持深圳同香港率先开展跨境征信合作试点，通过深港两地征信机构市场化合作，为银行提供跨境征信，实现南北向双通。粤港、粤澳跨境数据验证平台正式上线运行，通过加密算法生成"数据指纹"，与区块链中存证内容进行核对，实现数据"可用不可见"，解决跨境数据验证难题。

二 粤港澳大湾区数字金融发展存在的短板

（一）金融数字化发展面临资金、人才、规则衔接等短板

一是数字金融人才短缺。我国内地金融机构对生成式人工智能需求较大且技能要求明确，但面临人才供给不足问题，特别是高校人才培养在数据算力资源、教学实践资源、专业师资力量等方面存在一定的短板，需要与时俱进。此外，数字化人才进入传统产业意愿不足，受国家发展政策的鼓励，人工智能、电子芯片和新能源等新经济领域吸引了大量数字化技术人员。香港、澳门地域狭窄，发展空间受限，存在较为明显的数字金融人才发展短板。根据香港银行学会进行的2021年银行业人才培训和发展调查结果，82%受访金融行业从业者认为科技及数据技能是银行业的最大技能缺口。根据澳门金融业未来人才需求调研结果，系统/程序开发是澳门银行业缺口较多的岗位。

二是金融科技规则衔接机制对接还不够深入。粤港澳三地数字金融法律适用范围和依据有所不同，制度层面对接呈现碎片化特征，对于推动跨区域金融数字化合作有一定影响。香港、澳门均设立虚拟银行，香港还设立了虚拟保险，但按照现有规定，"跨境交付"项下开放程度较低，不得在内地跨境展业。粤港澳大湾区多渠道开放格局下渠道多但不互通，数字技术赋能还不充分，影响资金使用效率。金融基础设施由于规则标准不一致等，跨境对接还有很大空间，跨境业务监管协作、信息共享、人员交流需要进一步加强。

（二）数字金融化方面需进一步提升便利性和创新性

一是数据要素价值实现还处于早期阶段。内地在开展数据资产入表工作

时，由于小微企业数据管理粗放，入表面临确权难、价值评估难等难题。对金融机构而言，以数据资产为标的的信贷在贷前、贷中、贷后仍存在诸多风险和挑战，现阶段数据资产价值评估无权威、公允方法，不同方法评估价值差异大，一些数据周期短，时效性、专用性较强，价值波动大，增加了确定授信额度的复杂性；数据交易市场尚未成熟，参与者不够丰富，数据资产流动性和变现能力有限，在企业发生风险后，金融机构面临数据资产处置难问题。据上海数据交易所估计，数据资产入表将新增万亿级规模资产，其中相当部分将成为金融机构授信的依据或抵质押物，将对金融机构贷款全流程和风控产生深远影响。香港、澳门缺乏数据要素价值化的具体法律依据，在发挥金融市场优势、激活数据资产价值方面还有许多工作要做。

二是数据跨境传输和运用还不够便利。粤港澳大湾区已建立数据跨境流动安排，对于特定情形予以法定豁免出境备案等，但现有法定豁免情形列举较为有限，跨境理财通、代理见证开户、"港车北上""澳车北上"保险信息互通及联动核查等大湾区金融业务试点均未纳入豁免范围，降低了跨境金融业务便利性。自贸试验区被赋予自主权，制定强化义务管理的数据清单即负面清单，限制负面清单内的数据跨境自由流动，相比正面清单而言透明度、开放度更高，但这一安排尚未在横琴、前海、南沙落实。

三 对策建议

一是加快大湾区金融数字化智能化转型。以创新技术、关键场景、新兴业态、中小金融机构等为重点深化数字化智能化转型。以生成式人工智能为着力点，扩大"人工智能+"金融服务，深化在大湾区客户服务、业务流程、风险防控等场景中应用，促进金融服务自动化、智能化。以跨境场景为着力点，运用区块链去中心化、分布式等特性，探索大湾区多中心治理路径。运用先进技术提升多市场托管效率，减少交割风险，实现多市场托管和分割市场直接联通的目的，提升大湾区金融市场互联互通效率。做好数字人民币和数码港元的技术性连接和制度性融合，并提供更多数字人民币跨境支付应用场景，加强支撑数字人民币"走出去"。以数字化业态为着力点，加强智慧银行建设，探索发展开放银行，运用开放应用程序接口（API）与合作伙伴共享数据、算法、交易和流程，形成数字化银行的开放生态；促进港澳虚拟银行与内地互联网用户对接合作。以中小金融机构为着力点，支持中小金融机构抱团取暖，成立数字化转型战略联盟，建设共性技术平台。

二是强化数字赋能科技金融、绿色金融、普惠金融、养老金融。科技金融方面，运用数字技术提升全生命周期服务质效，强化与数据知识产权相适应的金融服务，进一步探索数字金融赋能股权市场的路径和业务模式。绿色金融方面，发展绿色科技，通过大数据、人工智能等赋能碳核算、可持续信息披露、绿色识别，促进绿色金融业务的自动化、智能化。普惠金融方面，紧贴小微企业和民生等场景，通过数字化、智能化手段，便利涉农、小微企业及个人的小额金融借贷，满足长尾群体的资金需求。养老金融方面，运用数字技术提升老年人金融服务水平，解决数字鸿沟问题。

三是丰富数据资产价值实现方式。依托大湾区先行先试优势，基于数据资产的商品属性和金融属性，构建多元化的数据资产交易市场，持续完善数据资产价格评估机制，推动大湾区数据协同，培育一批数据经纪人、数据商和第三方专业服务机构，发展基金、保险、信托、证券化等多元化模式，探索数据托管、融合增值、数据抵押等数据金融新业态。发挥香港、澳门独特优势，完善数据资产有关制度规则，建立数据资产金融服务体系，增强对共建"一带一路"国家和地区及葡语国家的辐射力。

四是便利跨境数据流动和应用。加强数据跨境认证，如加强会计、审计人才队伍建设，加强数据交易所之间的合作。推动统一大湾区内数据跨境转移相关标准合同条款。设立第三方认证机构，对大湾区内的跨境数据转移进行公正的规格评估。加强相关机构协调不同区域的制度理解和执行，设置一套整体的常态化金融数据监管框架，共同完善跨境数据管治规则，保障金融稳定。以征信产品融合推动大湾区征信市场协同发展。强化隐私计算技术的应用，推动实现"数据可用不可见"，保障跨境征信数据的安全、可靠流动。不断完善正面清单，提升数据跨境流动便利性，在横琴、前海、南沙等

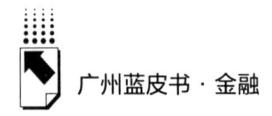

自贸试验区探索实现负面清单模式转变。

五是加强大湾区数字金融共治。构建具有大湾区特色的跨境监管沙盒制度框架，为金融机构及金融科技公司提供优质的跨境金融创新测试服务。与时俱进推出不同主题的沙盒，发挥社会组织吸引和集聚市场主体灵活开展创新的优势，聚焦行业特色和发展实际，依托监管沙盒探索解决特有问题。密切关注金融创新活动，做好分析监测，强化监管科技在跨境金融监管中的应用。加大人才培训和人才引进力度，吸引及培育具有相关技术技能的人才，解决人才短缺和人才市场流通问题。

参考文献

王信：《粤港澳大湾区金融科技发展的若干思考》，《南方金融》2021年第10期。

杜姝一、吴王元：《深度融合粤港澳大湾区债券市场拓展澳门现代金融发展新机遇》，《债券》2024年第11期。

李莉莎、李碧玉：《粤港澳大湾区数字人民币跨境支付的制度障碍及对策》，《深圳社会科学》2024年第5期。

王铼、韦婉、王晨翼：《数据要素赋能数字金融高质量发展：实践意义、现实挑战与路径研究》，《金融理论探索》2024年第5期。

B.15 广州推动国有创投资本向颠覆性技术创新产业集中的对策研究*

邓 路 张艺馨 张 妮 刘帷韬**

摘 要： 推动国有创投资本向颠覆性技术创新产业集中，有利于发展新质生产力，推动经济高质量发展。作为战略性新兴产业发展势头强劲的城市，上海、深圳、合肥通过国有资本引领、创新要素驱动、金融资本赋能等方式，因地制宜发展新动能。在讨论国有创投资本布局颠覆性技术创新产业的必要性和广州基本情况的基础上，分析整理三个标杆城市政策举措，有利于广州吸收国有资本运营经验，加快金融强市建设。基于对标杆城市优秀举措的借鉴以及广州面临的机遇和挑战，本报告提出如下建议：科学把握抢位发展与错位发展；增强资金保障能力，优化政策支持；聚焦创新引领效应，掌握标准制定话语权；提升风险防范能力，避免资本流失。

关键词： 国有资本 颠覆性技术创新 广州

---

* 基金项目：广东省哲学社会科学规划2022年度学科共建项目"构建统一大市场背景下城市营商环境格局演变、影响因素及机制检验：基于时空双维度的实证研究"（项目编号：GD22XYJ29）；广州市哲学社科规划2023年度课题"广州深化营商环境创新试点城市建设研究——基于'互联网+政务服务'平台的互动治理视角"（项目编号：2023GZYB84）；2023年度广州市宣传思想文化优秀创新团队项目——广州金融高质量发展研究团队。

** 邓路，经济学博士，广东财经大学经济学院副教授，研究方向为国际贸易、对外投资；张艺馨，广东财经大学经济学院硕士研究生，研究方向为国际贸易；张妮，广东财经大学经济学院硕士研究生，研究方向为国际贸易；刘帷韬，经济学博士，广州市社会科学院科研处副处长、副研究员，研究方向为国际贸易、营商环境、城市发展战略等。

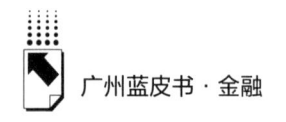

一 推动国有创投资本向颠覆性技术创新产业集中的必要性

2024年1月，工业和信息化部等七部门联合发布了《关于推动未来产业创新发展的实施意见》，未来产业是借助前沿技术驱动而形成的，处于孕育萌发阶段或者产业化初始时期的具有前瞻性的新兴产业，具备战略性、引领性、颠覆性以及不确定性等诸多特性。颠覆性技术变革可催生全新产业与模式，是驱动新质生产力发展的关键核心要素。战略性新兴产业以及未来产业作为新质生产力的主要承载主体，促使新质生产力加快落地。依靠技术变革所产生的驱动力，新兴产业与未来产业得以蓬勃兴起，不断为经济发展注入活力，助力新质生产力持续增强。2024年7月，党的二十届三中全会提出，要鼓励国有创投资本等先进生产要素向新质生产力领域集中，更好发挥政府投资基金作用。这是培育新动能、壮大耐心资本、塑造竞争新优势和发展新质生产力的重要举措，构成了实现高质量发展战略目标的核心动力，有助于全面推进中国式现代化。

（一）助力新旧动能转换提速

推动国有创投资本向颠覆性技术创新产业集中是助力新旧动能转换提速的现实路径。2024年7月30日，中共中央政治局召开会议分析研究当前经济形势和经济工作，会议指出当前外部环境变化带来的不利影响增多，国内有效需求不足，经济运行出现分化，重点领域风险隐患仍然较多，新旧动能转换存在阵痛[①]。传统动能逐渐减退而新动能尚在成长，社会经济增长面临动能不足问题，因此加快新旧动能转换、培育新的经济增长点刻不容缓。颠覆性技术创新是在技术创新"量变"积累上产生的

[①] 《中共中央政治局召开会议 分析研究当前经济形势和经济工作 审议〈整治形式主义为基层减负若干规定〉中共中央总书记习近平主持会议》，中国政府网，2024年7月30日，https://www.gov.cn/yaowen/liebiao/202407/content_6965236.htm。

"质变",可以推动企业在已有范式上深化发展从而获得技术进步,形成经济发展的新动能。2024年11月,全国新能源汽车产量突破1000万辆大关,创下历史新纪录;工业机器人产量同比增长29.3%;集成电路产量同比增长8.7%[①]。科技创新推动了生产效率的提高和产业升级,创造了新的经济增长点。

(二)实现高水平科技自立自强

推动国有创投资本向颠覆性技术创新产业集中是实现高水平科技自立自强的重要举措。党的二十大报告指出,要坚持"四个面向",加快实现高水平科技自立自强。战略性新兴产业及未来产业聚焦科技创新前沿阵地,但是科技创新的研发周期往往比较长且具有一定的风险性,其背后的沉没成本是阻碍发展的重要因素。推动国有创投资本作为耐心资本、长期资本,聚焦长期战略需求,为成长萌芽期和产业化初期公司提供资本支撑,以推动创新驱动发展战略。2023年,中央企业营业收入达39.8万亿元,在战略性新兴产业领域完成投资2.18万亿元,在科技研发方面的投入连续两年过万亿,四成上市公司处于战略性新兴产业[②]。

(三)推动发展新质生产力

推动国有创投资本向颠覆性技术创新产业集中是推动发展新质生产力的关键步骤。2023年9月,习近平总书记在黑龙江考察调研时指出,要以科技创新引领产业全面振兴;整合科技创新资源,引领发展战略性新兴产业和未来产业,加快形成新质生产力[③]。2023年,我国新经济动能发展指数达到

---

① 《权威解读丨从11月数据看中国经济增长点》,央视网,2024年12月18日,https://news.cctv.com/2024/12/18/ARTI5GmIHewkZrr8QZeUDMPk241218.shtml。
② 《2023年央企经济运行情况新闻发布会》,国务院国资委网站,2024年1月24日,http://www.sasac.gov.cn/n2588020/n2877938/n2879597/n2879599/c29885932/content.html。
③ 《关于发展新质生产力,总书记这样强调》,求是网,2024年3月8日,http://www.qstheory.cn/laigao/ycjx/2024-03/08/c_1130086855.htm。

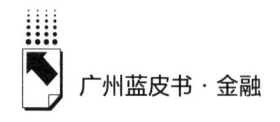

119.5，其中创新引领分项指标指数攀升至122.3，较上年提升22.3%，成为拉动整体指数上升的关键因素①。我国战略性新兴产业增加值占GDP比重从2014年的7.6%升至2023年的13%以上，"新三样"产品累计出口额达到1.06万亿元②。加大国有创新资本对战略性新兴产业和未来产业的投资力度，吸引社会优质创投资本向易产生颠覆性技术创新的产业集中，集聚力量突破"卡脖子"技术难题，为发展新质生产力打下坚实的科技基础和产业基础。

二 广州推动国有创投资本向颠覆性技术创新产业集中的基本情况

2024年10月，广州市委金融工作会议提出，要坚持走好中国特色金融发展之路，积极稳妥推动广州金融强市建设；通过优化融资结构吸引更多长期资本和耐心资本，加快壮大现代金融能级量级；推动科技金融高效赋能，进一步提升产业科技投融资对接效率，引导创新资本"投早投小投硬科技"，促进"科技—产业—金融"良性循环。

（一）国有资本资金雄厚，构建庞大的创投基金网络

根据广州市国资委数据，广州国企资产总额从2016年的2.7万亿元增至2023年的5.8万亿元，2024年10月末达6.2万亿元。2024年1~10月，市属国企营收8496亿元、利润226亿元，固定资产投资1036.1亿元，同比增长17.1%，科技研发投入203.9亿元，同比增长8.3%③。广州支持国企

---

① 《2023年经济发展新动能指数增长19.5%》，国家统计局网站，2024年8月31日，https：//www.stats.gov.cn/sj/zxfb/202408/t20240831_1956158.html。
② 《大力推进现代化产业体系建设 加快发展新质生产力》，国家发展改革委网站，2024年6月21日，https：//www.ndrc.gov.cn/xwdt/ztzl/NEW_srxxgcjjpjjsx/yjcg/zw/202406/t20240621_1391239.html。
③ 《广州市属国企资产总额突破六万亿元》，中国新闻网，2024年11月15日，https：//www.chinanews.com.cn/cj/2024/11-15/10319832.shtml。

设立创投基金，2023年初广州产投集团发起设立2000亿元母基金，含1500亿元产业投资母基金、500亿元创新投资母基金[①]。截至2023年5月，创新投资母基金投资20.71亿元，撬动社会资本186.59亿元，财政放大效应达9.01倍[②]。为优化区域产业布局，2024年第二季度，广州产投集团与开发区交投共同设立100亿元低空产业创投基金，填补低空经济投资空白[③]。

（二）紧跟战略布局，积极投入战略性新兴产业

《广州市国资委2023年工作总结及2024年工作安排》提出，持续优化国有资本运作，发挥国有创投母基金聚集和杠杆作用，加大战略性新兴产业投入。《广州市战略性新兴产业发展"十四五"规划》提出打造"3+5+X"战略性新兴产业和未来产业体系与"一核、两带、三城、多节点"空间格局。2023年"3+5"产业增加值达9333.54亿元，占GDP比重达30.7%，新兴制造业增长强劲：新能源汽车、光伏电池、风力发电设备增加值同比分别增长110%、80%、38.2%；工业机器人、显示面板、集成电路产量同比提升47.1%、29.3%、21.6%；智能电视机、影像设备增加值同比增长29.5%、15.1%[④]。2024年1月，广州科技创新母基金第八批拟合作机构中创业投资类占半数，重点投向原创性及关键核心技术产业化领域。

（三）"以投促产"，国资运营平台放异彩

国有资本投资运营平台以基金投资为引领，培育孵化战略性新兴产业。基金投资是国有资本运营公司发挥功能作用的重要抓手，广州产业投资控股

[①] 《广州2000亿元母基金面世》，广州市人民政府网站，2023年2月19日，https://www.gz.gov.cn/zt/nsygahzfa/gzxd/content/mpost_8810325.html。

[②] 《广州科技创新母基金投资广州项目104个 近半是生物医药 三分之一是新一代信息技术》，广州市人民政府网站，2023年6月27日，https://www.gz.gov.cn/zwfw/zxfw/kjcy/content/mpost_9068886.html。

[③] 《广州设立首只低空经济主题基金》，广州市人民政府网站，2024年6月15日，https://www.gz.gov.cn/ysgz/xwdt/ysdt/content/post_9705812.html。

[④] 《〈广州蓝皮书：广州经济发展报告（2024）〉发布 新兴产业增长亮眼》，广州市工业和信息化局网站，2024年7月26日，https://gxj.gz.gov.cn/yw/yxfx/content/mpost_9780250.html。

集团有限公司（以下简称"广州产投"）发起设立总规模达2000亿元的广州产业投资母基金和广州创新投资母基金，重点投向半导体与集成电路、新能源、生物医药与健康等战略性新兴产业领域[①]。遵循"以投促引、以投促产、以投促创"产业投资理念，广州产投持续强化"战略投资发展平台"和"科技创新服务平台"功能定位，积极稳妥推动战略性新兴产业发展。通过市场化的基金投资手段，国有资本投资运营平台充分发挥国有资本杠杆放大作用，推动国有资本向颠覆性技术创新产业集中。

三 推动国有创投资本向颠覆性技术创新产业集中的挑战

（一）国内国际形势纷繁复杂

从国际看，百年变局加速演进，新一轮科技革命催生颠覆性技术，世界经济秩序与产业格局面临重塑。局部冲突频发，中美贸易摩擦不断，外部打压遏制升级。2024年，美国对中国生产的电动车、先进电池、太阳能、电脑芯片等加征关税，其中对电动汽车加征100%关税[②]，欧盟也宣布对中国电动汽车加征惩罚性关税。从国内看，我国经济处于结构调整关键阶段，周期性与结构性矛盾交织。《广州市国民经济和社会发展第十四个五年规划和2035年远景目标纲要》指出，各大城市加速集聚高端资源要素，对广州强化国家中心城市功能提出更高要求。作为国家中心城市，广州需在"双循环"格局下明晰定位，把握机遇、应对挑战，构建具有核心竞争力的现代化经济体系。

（二）国有资本监管挑战

风险管控难度增加。《数字化转型指数报告2023》显示，信息技术、生物医

[①] 《广州2000亿元母基金面世》，广州市人民政府网站，2023年2月19日，https://www.gz.gov.cn/zt/nsygahzfa/gzxd/content/mpost_8810325.html。

[②] 《美国正式宣布！9月27日起对中国锂电池、电动汽车等加征关税》，北极星储能网，2024年9月14日，https://news.bjx.com.cn/html/20240914/1400747.shtml。

疗等产业发展阶段早、规模小、企业少，部分领域尚未形成完整产业链与市场化规模，风险管控难度增加。考核评价体系亟待优化。当前国有资本考核周期短，缺乏中长期战略执行考核，导致"脱实向虚"频发，不利于长期目标实现。如何健全精准化、长周期考核评价与政策支持体系，衡量国有创投资本投入产出效率，制定科学考核指标与激励机制，是国有资本监管面临的重要挑战。

（三）科技创新突破挑战

专利转化效率有待提高。我国专利转化效率虽有所提升，但2023年发明专利产业化率和实施率分别为39.6%和51.6%，均低于日本、欧洲等发达经济体[①]。畅通专利转换环节，提高专利转化效率，是加快发展颠覆性技术创新产业过程中必须应对的挑战。人才缺口需要填补。2022年《广州市重点产业紧缺人才目录》显示，广州软件信创、智能网联汽车、生物医药等领域人才缺口显著[②]。《制造业人才发展规划指南》预测，战略性新兴产业人才缺口将持续扩大，到2025年新一代信息技术产业人才缺口将高达950万人，新材料产业人才缺口将达400万人[③]。

四 标杆城市经验借鉴

（一）上海市的做法与经验

2023年以来，上海市聚焦"提战力、夯能力、挖潜力、聚合力、激活力"，推动国资国企综合改革试验走深走实，持续优化国有资本布局结构，

[①] 《2023年中国专利调查报告》，国家知识产权局网站，2024年4月15日，https：//www.cnipa.gov.cn/art/2024/4/15/art_88_191587.html。

[②] 《广州市人力资源和社会保障局关于发布〈广州市重点产业紧缺人才目录〉的通知》，广州市人力资源和社会保障局网站，2022年12月31日，https：//rsj.gz.gov.cn/ywzt/rcgz/renczc/content/post_8761366.html。

[③] 《教育部 人力资源社会保障部 工业和信息化部关于印发〈制造业人才发展规划指南〉的通知》，教育部网站，2017年1月11日，http：//www.moe.gov.cn/srcsite/A07/moe_953/201702/t20170214_296162.html。

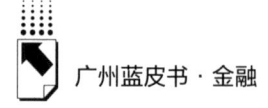

培育壮大战略性新兴产业。根据《2023年上海市国民经济和社会发展统计公报》，2023年上海市战略性新兴产业增加值为11692.50亿元，同比增长6.9%，占上海市生产总值的24.8%[①]。

1. 做大耐心资本，孵化幼小企业

2024年1月，上海国际集团发起设立早期硬科技基金，以"投早投小投科技"为核心理念，强化市区国资和各类社会资本的优势互补与战略协同，基金目标规模10亿元，首期规模约2亿元[②]。为早小科创企业尽可能多地提供长期资本支持，带动各类社会资本进入早期投资领域，打通"科技—产业—金融"良性循环。

2. 立足区位优势，做好错位发展

临港金山先进制造业基地明确产业定位，立足于周边的医疗器械产业基础，聚焦医学装备领域，改名为枫泾医学装备产业园核心示范区，成为整个长三角的生物医药产业链关键"节点"。园区围绕产业定位，清退与产业定位不匹配的企业，按照产业需求升级配套基础设施，推动基地向特色产业园区转型，带动区域经济增长并促进长三角地区生物医药产业协同发展。

3. 金融赋能科创，助力高质量发展

2023年，上海财政科技支出528.1亿元，同比增长36.7%，全社会研发投入强度为4.4%左右，获国家自然科学基金项目经费33.96亿元[③]。上海坚持"以资促创、以创带产、以产布创"，对战略性新兴产业新增投资超过500亿元[④]，布局实施一批重大项目。2024年，上海发起设立总规模1000

[①] 《2023年上海市国民经济和社会发展统计公报》，上海市统计局网站，2024年3月21日，https：//tjj.sh.gov.cn/tjgb/20240321/f66c5b25ce604a1f9af755941d5f454a.html。

[②] 《金融国资参与"投早投小投科技"，上海国际集团发起设立早期硬科技基金》，上海市国资委网站，2024年1月30日，https：//www.gzw.sh.gov.cn/shgzw_zxzx_gqdt/20240130/12b673fe674949f296ff02ea37bf52ea.html。

[③] 《上海科技进步报告2023》，上海市科学技术委员会网站，https：//stcsm.sh.gov.cn/newspecial/2023jb/pdf/kjjdbg2023.pdf。

[④] 《上海以"五力"为抓手 纵深推进区域性国资国企综合改革试验》，国务院国资委网站，2024年10月11日，http：//www.sasac.gov.cn/n4470048/n29955503/n30329277/n30329323/c31850154/content.html。

亿元的三大先导产业母基金，重点投向集成电路、生物医药、人工智能等领域[1]，推动政府资源与社会资源协同联动，以市场化方式撬动创新资源，推动创新型企业发展。

（二）深圳市的做法与经验

深圳深入学习贯彻习近平总书记对广东、深圳系列重要讲话和重要指示精神，落实省委十三届三次、四次全会精神和"1310"具体部署，在推动战略性新兴产业发展方面取得了显著成效。《深圳市2023年国民经济和社会发展统计公报》数据显示，深圳市战略性新兴产业整体发展态势良好，2023年实现增加值14489.68亿元，较上年增长8.8%，占GDP比重达41.9%，新一代电子信息产业、数字与时尚产业、绿色低碳产业等表现亮眼[2]。

1. 壮大耐心资本，强化资金支撑

国有资本资金雄厚、抗风险能力强，可以为战略性新兴产业提供稳定资金。深圳市创新投资集团受托管理千亿级市政府引导基金，参股140余只子基金，投资战略性新兴产业和未来产业项目2800多个，投资金额超2300亿元，投资初创期、早中期项目占比超70%[3]。深圳市投资控股有限公司积极创新投资机制，构建总规模超1500亿元的全生命周期基金群，覆盖从天使、VC/PE到并购投资各阶段，贯穿企业发展全生命周期，累计投资项目约2400个，投后培育上市企业约120家[4]。

---

[1]《千亿规模！上海三大先导产业母基金发布，龚正出席发布仪式并启动母基金》，上海国有资本投资有限公司网站，2024年7月26日，https://www.sh-ssci.com/gtyw/20240731/273.html。

[2]《深圳市2023年国民经济和社会发展统计公报》，深圳市统计局网站，2024年4月28日，https://www.sz.gov.cn/cn/xxgk/zfxxgj/tjsj/tjgb/content/post_11264250.html。

[3]《市属国资国企彰显责任和担当 "耐心资本"扶持科创企业成长》，深圳市国资委网站，2024年6月17日，https://gzw.sz.gov.cn/gkmlpt/content/11/11363/post_11363011.html#1904。

[4]《深投控：赋能科创企业 培育新兴产业 加快创建国际一流国有资本投资公司》，国务院国资委网站，2023年10月19日，http://www.sasac.gov.cn/n4470048/n13461446/n15390485/n15769618/c29079979/content.html。

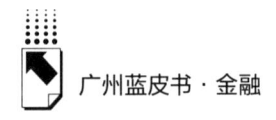

2. 推进"工业上楼"，拓展产业空间

深圳市南山区积极响应市政府"20+8"产业集群体系建设，着力打造"总部研发+高端制造"10公里产业带，推动南山智造（红花岭基地）项目建设。该项目创新性实行"政府主导+国企引导+利益统筹+市场运作"模式，为战略性新兴产业企业提供充裕的发展空间，推动产业集群化发展，加快要素集聚，实现"上下楼就是上下游、一栋楼就是一条链、一个园区就是一个集群"。

3. 加大创新要素投入，增强产业竞争实力

《2023年广东省科技经费投入公报》显示，2023年深圳科研经费投入达2236.61亿元，占GDP的6.46%①，投入和占比均居全省第一位。深圳高度注重创新要素的持续投入，全力构建"两湾两足一鹏城"实验室发展格局，基于"20+8"产业体系推动高水平基础研究机构的建设，深圳累计建成各类各级创新载体3900多家②。

（三）合肥市的做法与经验

根据《合肥市2023年国民经济和社会发展统计公报》数据，2023年合肥市战略性新兴产业的产值增长率达到11.1%，占全市规模以上工业产值的比例高达54.7%。合肥市通过精准的资本配置，在京东方、长鑫存储、蔚来汽车等一系列重点项目上的投资，不仅收获了丰厚的回报，还打造了独具特色的"合肥模式"。

1. 聚焦金融赋能，创新股权投资模式

合肥市产业投资控股有限公司（以下简称"合肥产投"）着重围绕战略性新兴产业头部企业的上下游展开布局，积极探索并创新股权投资模式，深化"投资+招商"模式，打好基金投资"组合拳"；开创"基金+基地"

---

① 《2023年广东省科技经费投入公报》，广东统计信息网，2024年11月6日，http://stats.gd.gov.cn/tjgb/content/post_4519181.html。
② 《我市国家高新技术企业达2.48万家》，深圳政府在线，2024年11月7日，https://www.sz.gov.cn/cn/xxgk/zfxxgj/zwdt/content/post_11706198.html。

模式，创新基金招商"连环招"；构建"政策+市场"模式，助力基金运作多元化；着力打造"产业+资本"协同运作模式，积极绘制基金合作的协同发展蓝图。

2.落实"智改数转"，推动传统产业升级

合肥市因地制宜发展新质生产力，在战略性新兴产业进行前瞻性布局的进程中，用智能化与数字化技术赋能传统优势产业，实现了规模以上工业企业"智能化改造、数字化转型"的全面覆盖，有效突破传统产业生产率提升的瓶颈。

3.重视科技企业孵化培育，助力企业发展

组建市级科创集团，形成"众创空间+孵化器+加速器+产业园区"的多层级创业孵化链条，累计孵化企业近1000家，其中国家高新技术企业100余家。善用引导基金放大国资引领产业发展功能，坚持"投早、投小、投科技"，天使基金累计投资项目超300个，投资金额超22亿元，引入各类高层次人才近800人[①]。

五 推动广州国有资本布局战略性新兴产业的对策建议

（一）科学把握抢位发展与错位发展

一是前瞻布局未来产业。聚焦未来制造、信息等六大领域，结合广州产业基础与区位优势，重点布局量子科技、区块链、太赫兹等产业，通过科学规划实现精准培育与错位发展。二是因地制宜培育特色。借鉴上海经验，依托珠三角制造业根基与区位优势，瞄准细分领域承接产业链上游补链需求，在同质化产业导向中寻找精准错位空间。三是构建产业空间新格局。落实

---

① 《合肥国资：纵深推进战新产业和未来产业发展，合计投入资本金超1700亿元》，搜狐网，2024年8月24日，https://www.sohu.com/a/803324114_120988576。

"123+N"布局,发挥核心区辐射与服务功能,利用东部、南部产业集聚带区位优势,加快南沙科学城等平台要素集聚与配套建设,强链延链补链,推动区域特色园区基地建设。

(二)增强资金保障能力,优化政策支持

一是创新股权投资机制。随着广州市科技创新能力的不断提升,国有创投资本在推进颠覆性技术创新产业发展方面的引领作用日渐显著。国有资本运营平台可以借鉴合肥产投股权投资机制,与时俱进,不断创新股权投资模式,撬动国有资本和社会资本向颠覆性技术创新产业汇聚。二是做好精准施策。借鉴深圳经验,构建全生命周期基金群,初创期"扶苗助长"、成长期"添薪助力"、成熟期"固本培优"。根据不同类型企业的发展特点量身定制差异化投资策略,提高资金使用效率和投资回报率。三是改善要素供给与政策服务。广州要加快形成"一揽子"发展规划体系,进行战略性和前瞻性规划,科学合理制定各产业"十五五"规划,出台相关配套政策。强化用地保障,加大土地资源供应力度,借鉴深圳市"工业上楼"经验,优化产业园区空间利用,推动产业链集聚。

(三)聚焦创新引领效应,掌握标准制定话语权

一是重视自主创新。加快"2+2+N"战略科技创新平台建设,引进大院大所大装置,做大做强国家实验室,吸引大科学装置,补齐"知识创造"短板。制定人才引进新政策,更新战略性新兴产业和未来产业紧缺人才目录,培养一批重点产业、重点领域的领军科技人才。二是加强知识产权保护。推动低空经济、海洋经济等新兴领域立法,抓紧制定《广州市低空经济高质量发展条例》等,为颠覆性技术创新产业发展提供全方位、多层次、强有力的法律支撑与保障。三是积极掌握标准制定话语权。创建标准国际化创新型城市,激励企业和科研机构积极参与国内外标准的制定过程,增加标准化工作的投入,努力将自主研发的技术成果转化为行业标准或国家标准,从而在全球竞争中占据有利位置。

（四）提升风险防范能力，避免资本流失

一是完善企业内部监督。以风险管理为导向健全内控体系，细化日常风控、纳入考核激励体系，设立"分级管控"机制，构建产业适配的风险量化指标与在线监测机制。强化法律事务效能与风险偏好，建立"分层+分类"矩阵式管理体系，推动内控与风控融合。二是深化外部监督协同。健全"管资本"监管机制，组建综合监督小组，形成业务、综合、追责"三位一体"监督闭环。以党内监督为引领，推动出资人监督与纪检监察、巡视、审计等协同联动。强化制度执行监督，采取定期检查与不定期抽查结合，完善经常性审计，对重大项目、专项资金实施跟踪审计。三是推进数字智能监管顺应数字化发展趋势。广州依托智慧国资系统打造"一网一云、一中心一平台"，推动监管数字化转型。以信息化手段强化在线监测，提升监管效能与精准度，实现国资监管数字化、网络化、智能化升级。

参考文献

李心萍：《持续推动国有资本和国有企业做强做优做大——访国务院国资委党委书记、主任张玉卓》，《中国经济周刊》2024年第19期。

张倩：《推动国有资本向前瞻性战略性新兴产业集中》，《国有资产管理》2024年第4期。

武志：《国有经济在战略性新兴产业中的作用研究》，中国财政经济出版社，2021。

姚亮亮：《管资本时代　如何全面完善国资监管与考核指标体系》，《国有资产管理》2023年第12期。

B.16 广州建设数字金融标杆城市研究

夏清莹 李中港 陈达*

摘 要: 中央金融工作会议提出要做好数字金融等"五篇大文章",数字金融是我国经济高质量发展的重要驱动力,能够推动数实融合、提升区域竞争力、提高金融服务质效。广州积极响应中央关于数字金融建设的决策部署,锚定建设数字金融标杆城市的目标定位,着力构建具有全国示范效应的数字金融发展体系。近年来,广州凭借雄厚的经济实力、领先的科技水平及优越的区域协同条件,逐步健全数字金融政策体系、加强数字基础设施建设、丰硕创新试点成果,全力推动数字金融高质量发展。目前,广州已形成数字金融与科技金融、绿色金融、普惠金融、养老金融的深度协同发展格局,但仍存在数字人才缺口、数据要素流通壁垒、算力资源区域分布失衡、数字治理效能不足等发展瓶颈。展望未来,建议广州认真落实省委"1310"具体部署及市委"1312"思路举措,把握在政策支持、金融科技、数据要素等领域已有的先发优势,进一步加强数字技术研发、数字人民币应用、算力基础设施建设、数字治理等,积极面对数字时代的新风险,用数字技术赋能金融监管,建设广州"12218"现代化产业体系。

关键词: 数字金融 数字经济 金融科技 数字技术 数字融合

---

* 夏清莹,万联证券股份有限公司 TMT 行业首席分析师,研究方向为数字技术、金融科技等;李中港,万联证券股份有限公司 TMT 行业分析师,研究方向为数字创意、人工智能等;陈达,万联证券股份有限公司 TMT 行业分析师,研究方向为数字经济、算力等。

数字金融作为金融"五篇大文章"之一，是现代金融体系的核心要素，依靠数字技术创新与数据驱动，深度赋能实体经济。推动数字技术和数据资源的深度融合，提升金融服务的效率与质量，是各省份推动自身经济高质量发展的关键驱动力。2024年6月7日，广东省委金融工作专题会议召开，强调要持续巩固并进一步拓展广东省数字经济领域既有优势，全方位、深层次深化数字金融的普及推广与创新应用实践，全面优化提升金融服务的便捷程度与市场竞争力，以此筑牢广东省金融高质量发展根基[1]。2024年10月31日，广州市委金融工作会议召开，提出要拓展数字金融应用的广度和深度，赋能金融机构数字化转型，加强数字人民币试点城市建设，重视数字金融发展中的安全问题，让数字金融成为金融赋能实体经济的重要支撑[2]。发展数字金融，能够更好地贯彻落实广东省委"1310"具体部署[3]，有助于广东省达成"走在前列"的发展目标，也是广东金融赋能实体经济的创新路径之一，符合广东省委十三届三次全会精神[4]。2025年1月3日，广州市委十二届九次全会暨市委经济工作会议召开，强调加快建设"12218"现代化产业体系[5]，数智化是广州"两化转型"的主攻方向之一[6]，建设数字金融标杆城市更能凸显"数"是广州经济高质量发展的重要抓手。

---

[1]《省委金融工作会议在广州召开　深入学习贯彻习近平总书记关于金融工作的重要论述精神　坚定不移走好中国特色金融发展之路　推动广东金融高质量发展　加快建设金融强省　黄坤明王伟中讲话　黄楚平孟凡利出席》，广东省人民政府网站，2024年6月8日，https://www.gd.gov.cn/xxts/content/post_4437726.html。

[2]《广州市委金融工作会议召开》，广州市人民政府网站，2024年11月1日，https://www.gz.gov.cn/xw/gzyw/content/post_9952584.html。

[3]《中共广东省委十三届三次全会·一图读懂》，广州青年报网站，2023年6月22日，https://www.gzyouthnews.com/view/9188。

[4]《中共广东省委十三届三次全会在广州召开　深入学习贯彻习近平总书记重要讲话重要指示精神　锚定"走在前列"总目标　激活"三大动力"奋力实现"十大新突破"　扎实推进中国式现代化的广东实践　黄坤明代表省委常委会作报告》，广东省人民政府网站，2023年6月20日，https://www.gd.gov.cn/xxts/content/post_4205041.html。

[5]《中共广州市委十二届九次全会暨市委经济工作会议召开》，广州市人民政府网站，2025年1月4日，https://www.gz.gov.cn/xw/gzyw/content/post_10061442.html。

[6]《"12218"解开广州产业发展新密码》，广州人民政府网站，2025年1月4日，https://www.gz.gov.cn/zt/gzlfzgzld/gzgzlfz/content/post_10061452.html。

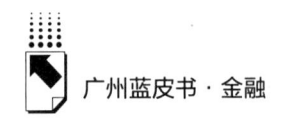

一 广州奋力建设数字金融的积极意义

广州作为广东省经济发展的前沿阵地与关键支撑城市，积极投身数字金融建设的意义深远、责任重大。通过高起点规划、高标准打造集金融资源集聚、金融改革创新先行示范、金融开放合作对外联通、金融风险防控稳健运行等多功能于一体的综合性金融发展高地，广州不仅能够实现自身金融综合竞争力的跨越式提升，更将为广东省乃至全国金融领域的高质量发展提供坚实支撑，这一举措，既精准契合中国特色金融发展的战略导向与实践要求，也为金融强国建设的广东篇章增添了浓墨重彩的一笔。

（一）数字金融是经济高质量发展的重要驱动力

数字经济在我国国民经济中已然占据重要地位，2023年我国数字经济的规模达53.9万亿元，占GDP的比重达42.8%，规模及占比均较2022年有所提升。2023年我国数字经济增长对GDP增长的贡献率高达66.45%，[1]体现出数字经济的发展是我国经济高质量发展的核心组成。产业数字化和数字产业化是我国数字经济的主要构成，数字金融既能推动产业数字化，又能加速数字产业化，进而成为促进我国经济高质量发展的核心动能。一方面，数字金融本身就是金融机构数字化转型成果的体现，数字金融的发展与金融产业的数字化水平呈现正向关系；另一方面，数字金融通过赋能数字技术产业，能够推进数字产业化，金融和数字技术的有效融合能够更好地赋能各产业实体经济的发展，推动产业数字化转型。

（二）数字金融能够赋能实体经济推动数实融合

数字金融是数字经济与实体经济沟通的桥梁，数字金融有望推动数实融合，提升金融服务实体经济的质效。一是提高金融服务效率，提升金融资源

---

[1] 根据《中国数字经济发展研究报告（2024）》数据整理，数据查询日期为2025年1月16日。

配置有效性。大数据、人工智能等数字技术的应用，使金融服务不再受限于传统金融产品的空间和数量，金融机构能够利用海量数据和先进算法，快速处理和分析大量信息，从而更精准地把握市场需求和客户偏好，实现金融服务的创新和优化，提升金融资源配置有效性。二是增进金融服务普惠性，扩大服务覆盖面。小微企业和低收入家庭往往因地理位置偏远、缺乏抵押物、信用记录不足等，难以获得有效的金融服务。然而数字金融能够突破地理障碍和传统风险评估的堵点，通过移动支付、数字信贷等数字金融服务，借助互联网和移动设备，延伸金融服务触角，降低金融服务的门槛，扩大金融服务的覆盖面。三是增强金融机构风险管理能力，包括利用数字技术优化自身资产负债管理，以及加强风险评估、反欺诈、业务全流程的审查和管理等方面的风险管控能力。

（三）数字金融能够多维度提升区域竞争力

金融在区域经济发展中起到重要作用，其服务水平的提升能够有效推动地区经济发展，而数字金融则是提升金融服务水平的重要驱动力。一是数字金融打破了传统金融服务渠道的局限性，依托先进的数字技术，即通过数字技术和移动通信技术等手段改进金融服务和产品，有望改善金融服务信息不对称等问题，更加高效、普惠、便捷地完成金融服务，切实提升金融服务实体经济的质效。二是数字金融和数字技术的发展是相辅相成的，数字技术作为区域内技术创新水平提升的重要驱动力，能够赋能数字金融的发展，而数字金融能够有效推进区域技术创新在研发、产品化等各阶段的发展进程，对区域技术创新水平提升起到正向作用。三是数字金融能够助力传统产业数字化转型、提升资本市场对新兴产业和未来产业投融资估值的包容性，提高区域内新质生产力的发展水平。

（四）数字金融的融合特征让金融服务提质增效

数字金融在金融"五篇大文章"中具有融合性特征，能够通过数字技术的赋能与其他四篇"金融大文章"形成良好协同，是科技金融、绿色金融、普惠金融、养老金融发展的重要底层动力。

1. 融合发展数字金融与科技金融，提升科技创新和产业升级的金融服务质效

数字金融能够为科技金融提供更精准的风险评估和定价手段，进而推动科技创新和产业升级。一是通过大数据、人工智能、云计算等数字技术的赋能，让金融机构更全面地了解科技型企业的发展潜力和风险状况，进而优化金融决策、运营流程和交易模式，提升金融机构筛选客户和营销对接的效率，降低风险评估成本，提升资本运作水平。二是数字金融让金融机构突破了传统服务渠道的限制，通过新兴数字技术，金融服务能够更为全面地覆盖初创和成长型企业，更加精准地为科技型企业寻找最为适配的融资支持方案，更好地满足科技企业多样化、个性化的金融需求。

2. 融合发展数字金融与绿色金融，扩大绿色金融服务的覆盖面并提升精准度

数字金融能够借助数字技术赋能绿色金融，让金融机构更好地追踪和管理绿色项目的资金流向和环境效益，实现对绿色金融业务的广泛覆盖、精准投放和风险防控。一是降低融资成本与门槛，利用数字技术降低风险评估成本和信息不对称程度，打破传统绿色金融融资成本高、门槛高的限制，提升中小企业参与积极性，推动绿色低碳市场平衡发展。二是精准识别和评估绿色项目，借助大数据分析和人工智能技术，金融机构能够构建绿色低碳项目数据库和评估模型，对绿色项目进行精准识别与评估，从而引导金融资源更精准地投向绿色低碳领域。三是提升风险管理能力，通过数字技术全面、详细地对绿色金融项目进行风险评估，构建完善的绿色金融风险监测体系，并实时监测环境数据和企业社会责任情况，及时发现和解决潜在的环境和社会问题。

3. 融合发展数字金融与普惠金融，营造普惠金融服务的新业态、新模式

数字金融能够运用数字技术解决普惠金融领域的痛点和难点，目前已经取得了较为显著的进展，并逐步形成了新业态、新模式。一是提升金融服务可得性，数字技术使金融服务的时间、空间均有所拓展，使更多的小微企业、弱势群体等能够便捷地获得金融服务，提升民众对于数字普惠金融的参与度和使用率，包括提升互联网普及率、银行卡渗透率、人均持卡数、移动支付金融业务笔数等①。二是创新金融产品和服务模式，数字技术赋能传统金融产品，有望为普惠金融客户提供更多元化、个性化的金融产品选择，如基于区块链技术的数字货币、供应链金融产品等。三是降低金融机构服务成本，金融机构通过数字化转型，减少了对实体网点的建设和运营投入，降低了人力成本、物力成本等运营成本，同时提升业务流程效率和风险防控能力。

4. 融合发展数字金融与养老金融，加强养老金融服务体系的建设和创新

数字金融对养老金融的赋能，有望改善养老金融监管体制分散、市场发展失衡、金融产品和服务供给不足等问题。一是助力养老金融政策实施与监管，数字金融平台可协助政府部门更好地实施养老金融政策，为政策调整和优化提供数据支持；同时，监管部门可运用数字科技加强对养老金融市场的监管，提高监管的有效性和精准度，防范养老金融市场风险。二是扩大养老金融市场覆盖范围，通过数字化手段降低养老金融服务的门槛，如打造银政风险信息共享数据平台②，金融机构可以根据老年人财务水平酌情降低养老金融产品门槛，使更多的老年人享受到金融服务；同时，利用短视频、直播等形式，为老年人提供金融素养通识课程，提高其对养老金融产品和服务的认知度和接受度。三是创新养老金融产品与服务，金融机构能利用数字技术深入了解老年人的财务状况、养老需求等，实现养老金融产品的个性化、多元化，提升养老金融服务水平。

二 广州建设数字金融的基础和优势

在数字经济蓬勃发展的时代浪潮下，加快数字金融建设，是推动金融服务实体经济、提升金融核心竞争力的关键举措。广州作为国家中心城市和粤

---

① 中关村金融科技产业发展联盟：《中国金融科技与数字金融发展报告（2024）》，2024。
② 《以科技赋能养老金融高质量发展》，今日头条，2024 年 7 月 19 日，https：//www.toutiao.com/article/7393174317603652132/？upstream_ biz=doubao&source=m_ redirect。

港澳大湾区核心引擎之一，建设数字金融具备坚实基础与显著优势。近年来，广州在金融科技领域持续发力，政策体系逐步完善，创新试点成果丰硕，金融"五篇大文章"各有成效，产业生态日益健全，为数字金融发展筑牢根基。凭借雄厚的经济实力、领先的科技水平及优越的区域协同条件，广州在数字金融赛道上蓄势待发。站在新的历史起点，广州将紧紧抓住数字化发展机遇，充分发挥自身基础与优势，全力推动数字金融高质量发展，为构建新发展格局、推动经济社会高质量发展注入强劲动力。

（一）健全政策体系形成有力支持

广州在数字金融发展的政策支持力度和政策发布效率上具备优势。一是在中央出台数字金融高质量发展的顶层设计政策后，广州率先发布地区性支持政策"广州数字金融二十条"，为广州数字金融的建设明确了重点工作任务和发展方向，也对国内各地区数字金融政策的发布起到了示范作用。二是广州此前就陆续发布了多项数字金融相关的支持性政策，如《广州市关于促进金融科技创新发展的实施意见》《广州市数字经济高质量发展规划》等，为广州金融科技的发展、金融业态的数字化转型和数字金融产业发展服务平台的建设提供了有力支撑。三是有效补充了广州金融的"1+N"政策体系，明确了数字金融在广州金融高质量发展中的重要地位。

（二）数字经济基础设施建设具备优势

广州在数字产业化、产业数字化、数字基础设施建设和领先企业发展等方面具备优势。一是通过数字产业化和产业数字化的双轮驱动，广州进一步加强数字经济在经济发展中的促进作用，2023年广州的数字经济核心产业增加值占地区生产总值的比重为12.8%，目标在2025年达到15%。其中，数字产业化方面，广州快速推进5G基础设施建设，2023年新增5G基站1.52万座、总数达9.17万座，有望提前达成2025年建成10万座的目标；产业数字化方面，广州加强打造示范平台和企业，2023年遴选"四化"赋能重点平台122家，新增国家级智能制造示范工厂揭榜单位4家。二是在数字基础设施建设方面，广州扎实推进数据中心建设，"十三五"期间全市在用数据中心、机架规模位居省内第一，广州人工智能公共算力中心的规模也处于全国领先水平[①]，未来将通过加快5G基站等通信基础设施和人工智能公共算力中心等算力底座的建设，打造更高水平的数字广州[②]。三是新一代信息技术产业规模国内领先，广州在电子信息制造、超高清显示、智能汽车、软件业务等重点产业领域都处于全国领先水平。四是具备优质企业集群，广州在算力、智能驾驶、低空经济等领域都具备领军企业，如广州数科集团作为地方国企，在广州数字经济的发展中起到了良好的引领作用，前瞻布局了算力、数字金融等方面；广汽埃安、亿航智能分别作为新能源汽车和无人驾驶领域的优质企业，带动了广州智能汽车和低空经济产业的发展。五是数字金融的产学研一体化体系渐趋完善，广州设立众多专业组织与平台，通过举办各类论坛与活动，加强行业交流合作，推动跨行业协同创新，为数字金融的持续发展营造了良好环境，助力广州在数字金融领域迈上新台阶。

（三）多项创新成果国内领先

1. 金融机构

金融机构的数字化转型是数字金融发展的基础，广州的本土、头部金融机构积极加速数字化转型。以广东省内规模最大的法人城商行广州银行为例，广州银行紧紧聚焦数字金融领域，全力强化专业化经营，致力于为客户打造更优质便捷智能的服务[③]。一方面，积极创新业务，打造数字小微作业

[①] 《广州市人民政府办公厅关于印发广州市数字经济高质量发展规划的通知》，广州市人民政府网站，2024年5月16日，https：//www.gz.gov.cn/zwgk/fggw/sfbgtwj/content/post_9651625.html。

[②] 《2024年广州市政府工作报告》，广州市人民政府网站，2024年1月26日，https：//www.gz.gov.cn/zwgk/zjgb/zfgzbg/content/post_9462719.html。

[③] 《广州银行：获2024年金融"拓扑奖"，数字金融助力提升服务效能》，今日头条，2024年10月16日，https：//www.toutiao.com/article/7426186392255873576/？upstream_biz=doubao&source=m_redirect。

平台，助力普惠小微贷款增长、扩面，摆脱传统信贷模式；精心打造广银校付通等场景化数字产品，构建教育、乡村等多领域数字金融生态圈，融入客户生活。另一方面，精准把握数字金融民生渗透趋势，构建零售3C全闭环营销体系，搭建数字化营销矩阵，洞察、聚焦、触达客户；发布新一代手机银行，重塑400余项功能，涵盖"金融+民生+政务"服务，一站式满足需求。此外，广州银行推进线上化产品与服务升级，远程视频银行首创"空中营业厅"，让客户居家享受柜面服务。在技术赋能下，广州银行运营管理加速数字化、智能化转型，依托数字化集中作业平台再造复杂业务流程，削减网点业务、缩短客户等待时间，助推分支机构转型；巧用GIS等技术推出对公普惠营销拓客地图，精准定位潜在客户，提升对公业务效率，让金融普惠范围更广。资本市场方面，万联证券作为广州唯一市属券商，其"数智人"项目获得多项金融科技奖项，包括金融行业唯一的部级科技奖项"金融科技发展奖"[1]。

2. 数据要素

数据要素是数字金融发展的关键驱动之一，广州在数据要素领域打造多项创新成果。一是成立广州数据交易所，在智能制造、气象服务、金融等20余个重点行业打造了特色金融数据产品。二是建设广州市公共数据开放平台，加强推进重点行业公共数据的授权运营管理，加速释放重点行业的公共数据要素价值；同时积极探索数据要素应用，促进金融机构内外部数据融合与公共数据共享整合。三是积极推进"数据要素×"大赛，广州市的相关企业积极参与，第一批16个优秀成果案例全面覆盖了12个重点行业，气象服务和城市治理领域较为突出[2]。四是广州南沙打造了全国首个全球溯源中心数字经济公共基础设施，形成了以数据要素赋能金融创新发展的新模式。目前已有16家金融机构依托该中心创新数字风控模式，对传统金融产品进行升级和创新，

---

[1]《万联证券荣获中国人民银行"金融科技发展奖"》，"万联证券"微信公众号，2024年12月17日，https://mp.weixin.qq.com/s/W8KLOhPPRN-fep3D3k1big。

[2]《广州发布首批16项"数据要素×"成果案例》，广东省政务服务和数据管理局网站，2024年7月23日，https://zfsg.gd.gov.cn/xxfb/dtxw/content/post_4459423.html。

降低了融资成本和外贸新场景的银行融资门槛①。企业通过加入全球溯源中心，可将数据资产转化为信用价值，用于满足资金融通需求，金融机构则通过该平台提升风险控制模式，助力中小微企业发展。

3. 数字人民币

数字人民币的推广使用不仅能够降低支付门槛、优化支付体验，还能够为广州市数字经济的发展注入新的活力，广州市通过积极探索创新应用场景，为全国金融创新提供了有益的经验。此外，数字人民币的推广还为跨境支付和国际贸易提供了更加便捷和安全的支付方式，增强了人民币的国际影响力，提升了中国的金融竞争力。

广州在数字人民币试点应用上取得多项成效。一是广州市在全国26个数字人民币试点地区中表现亮眼②，旨在服务经济发展和普惠民生。自2022年广州市获批成为第三批试点城市至2025年1月，广州市累计开立个人钱包超1400万个，落地支持数字人民币支付商户门店超140万个③，涵盖了饮食、住宿、交通、住房公积金等日常生活基本需求的9个领域以及大型活动、政府服务、惠农政策等14个特定领域，相关应用的推广和实施已经成功落地④，不仅为广州市民和企业提供了更加便捷、高效的支付方式，而且促进了数据生产力的提升，驱动了公共支付场景的数字化转型。二是广州积极推进数字人民币创新应用。以中国建设银行广州市分行为例，其成功推出了全国首创的数字人民币系列钱包"智合分账"，此应用作为全国首个数字人民币一体化分账方案，能够依据既定规则，自动对数字人民币以及微信、支付宝、云闪

---

① 《观察 | 广州南沙打造全国首个全球溯源中心数字经济公共基础设施》，"链向科技"微信公众号，2024年6月3日，https://mp.weixin.qq.com/s?__biz=MzIzOTQ0NTI3NA==&mid=2247508051&idx=2&sn=f554b9344092f9e3f4d52ba580e2c5f9&scene=0。

② 《谁是下一个？数字人民币试点地区会如何扩围》，澎湃新闻，2024年11月20日，https://m.thepaper.cn/kuaibao_detail.jsp?contid=25359496。

③ 《深化应用，示范创新 广州印发数字人民币试点2.0行动方案》，"广州金融"微信公众号，2025年1月6日，https://mp.weixin.qq.com/s/lR736dwKWS2JQipjgNhtJg。

④ 《广州全域推进数字人民币生态建设多维打造"羊城特色"数币应用示范区》，广州市地方金融管理局网站，2024年7月1日，http://jrjgj.gz.gov.cn/gzdt/content/post_9735487.html。

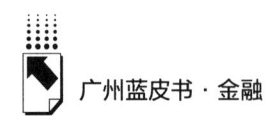

付等渠道的传统人民币支付资金进行分账处理。商户仅需对接一套分账体系，便可轻松实现全渠道支付资金的一体化分账与结算操作，极大地提高了商户的对账效率，有效减轻了工作负担。现阶段，这一具有创新性的应用已在广州市花都区供水缴费平台顺利落地实施，全面支持花都供水的微信小程序以及营业厅等线上线下多种场景，同时能够对水费、排污费进行一体化分账操作，服务覆盖缴费用户超过30万户，为广大用户提供了更加便捷、高效的缴费体验，也为数字人民币在实际场景中的应用提供了优秀范例①。

（四）金融"五篇大文章"各有成果

1. 积极发展科技金融，为科创产业发展注入活力

近年来，广州金融系统积极应对人工智能等以数字技术为主业的"硬科技"企业的融资难问题，通过加强政策支持、优化营商环境、强化银企对接、创新信贷业务等措施，构建多层次、数智化的创新服务体系，为企业提供覆盖全生命周期的完整服务，推动"科技—产业—金融"良性循环，助力广州经济高质量发展。2023年，广州在科研城市中的排名提升至全球第8位，在力箭冲天、海底采冰等"上天入海"硬科技领域取得新突破，全社会的研发投入金额首次超过千亿规模，增加了12家独角兽企业，数量位居当年全国第一②。在科技金融产品创新方面，广州是全国最早实施科技信贷风险损失补偿政策的城市。以中国工商银行广州市分行为例，其近年来大力开展"科创入池贷"业务，为广州市科技型中小企业信贷风险损失补偿资金池中的客户提供信用贷款，2024年初到11月末，共发放贷款超150亿元，惠及4000多家企业，授信超170亿元，贷款余额超150亿元③。在助

---

① 《广州发布！数字人民币创新应用落地》，澎湃新闻，2024年9月15日，https：//thirdpage.thepaper.cn/h5/jrtt/28763031。
② 《广州优化金融政策支持科技创新——提升经济发展"含新量"》，今日头条，2024年3月16日，https：//www.toutiao.com/article/7346725487204876838/？upstream_biz=doubao&source=m_redirect。
③ 《破题科技金融　谋篇科创强市》，今日头条，2024年12月15日，https：//www.toutiao.com/article/7452166835899793972/？upstream_biz=doubao&source=m_redirect。

力科技企业融资上，广州多管齐下，一是加大风投创投扶持力度，设立大型产投母基金、创投母基金等，并设立成果产业化引导基金，引导社会资本流向处于早期发展阶段的科技型中小企业；二是举办"领头羊"拟上市企业评选等活动，帮助科技企业打通上市融资渠道；三是支持企业借助债券市场筹资，推动科技企业发行全国首创的知识产权证券化产品，实现知识产权由无形变有形，为企业发展注入强劲动力。

2. 绿色金融发展成效显著，助力碳达峰行动

自2017年广州获批成为全国首批绿色金融改革创新试验区以来，广州全市积极投入绿色金融的开拓创新工作，致力于做好绿色金融这篇大文章，从政策体系、组织机构、产品服务以及区域合作等多个维度展开深入探索，着力培育并发展出具有鲜明广州特色的绿色金融服务体系，推动广州市经济高质量发展。截至2024年第三季度末，广州绿色贷款余额已达1.28万亿元，在境内外累计发行的各类绿色债券折合人民币超2000亿元。广州期货交易所成功上市了工业硅、碳酸锂期货和期权，截至2024年第三季度末，累计成交超2亿手，累计成交额近14万亿元。此外，广州碳排放权交易中心的碳配额现货成交量也颇为可观，累计成交3.08亿吨，成交额达到73.48亿元[①]。

3. 普惠金融领域成效斐然，多维度推动发展

一是普惠贷款风险损失补偿机制发挥关键作用，每年安排专项资金，对合作银行给普惠型小微企业的不良贷款本金损失予以补偿，激励银行放贷；二是系列政策文件引导金融资源下沉，助力乡村振兴等普惠领域。同时，广州的普惠金融服务模式不断创新，如荔湾区推行"信用融资服务官"助企模式，通过政府、部门、街道、专业机构、行业协会多方协作，下沉服务窗口，保障信用信息安全，开发特色产品；浙商银行广州分行构筑场景化服务新模式，按客群定制融资方案。广州的普惠金融产品也日益丰富，广州银行

---

① 《广州绿色金融产品增"量"添"亮" 提升绿色发展含"金"量》，"广州绿色金融"微信公众号，2024年12月6日，https://mp.weixin.qq.com/s/3YjxFhE-o2fB-ezLUXmWCg。

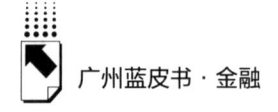

有"鑫园贷""连连贷"等，在穗银行针对农业推出"种业贷"等多样产品。此外，广州的普惠金融基础设施助力显著，贷款投放量大、惠及主体多，广州期货交易所也为产业企业提供风控与价格发现工具。截至2024年10月末，全市普惠小微贷款在贷余额9487亿元，同比增长14.4%，数据彰显成效，展现出广州普惠金融蓬勃发展态势①。

4. 养老金融发展势头强劲，在多个领域成果显著

自2022年底个人养老金制度纳入试点以来，目前在广州开户参加个人养老金的人数已超500万人，养老金产品供给持续优化，新增国债、特定养老储蓄、指数基金等②。广州地区金融机构表现也较为活跃，中国银行广州分行建成众多养老服务示范网点，挂牌"敬老服务模范网点"，开立大量个人养老金账户，为企业及员工提供年金服务，线上线下结合打造"银发集市"普及知识；兴业银行广州分行发行多款养老金融产品，如养老理财、基金、保险等产品；中国工商银行广州分行揭牌首批养老金融旗舰网点，配备适老设施，60岁以上客户众多，个人养老金账户数量领先，探索多元创新服务模式。市场呈现年轻人参与度更高的态势，40岁以下人群占比超60%，③且养老产业获金融大力支持，广东作为试点项目集中地，为消费者积累大量养老资金，保险机构投资众多养老社区项目，推动养老产业发展与模式创新。

5. 大力发展数字金融，推进数字融合应用

广州在数字金融融合发展上的应用场景持续拓展，持续推动数字技术在科技金融、绿色金融、普惠金融、养老金融、数实融合等服务领域的应用。

---

① 《截至10月末广州普惠小微贷款在贷余额9487亿元，同比增长14.4%》，今日头条，2024年12月6日，https：//www.toutiao.com/article/7445225347706061339/？upstream_biz=doubao&source=m_redirect。

② 《努力践行民生实效理念 持续推动个人养老金扩面提质增效——广州市人社局联合越秀区人社局、工商银行北京路支行开展"人社温暖 伴你同行"志愿服务活动》，广州市人力资源和社会保障局网站，2024年12月31日，https：//rsj.gz.gov.cn/gkmlpt/content/10/10056/post_10056325.html#510。

③ 《广东养老产业获8家保险机构加持 已有21个养老社区项目落地》，今日头条，2024年4月24日，https：//www.toutiao.com/article/7361306937448808986/？upstream_biz=doubao&source=m_redirect。

如数字金融和绿色金融的融合上,广州推动碳排放权交易中心基于企业碳账户、碳排放数据等方面探索创新业务模式,提升服务粤港澳大湾区碳排放交易市场能力;在数字金融和养老金融的融合上,广州推动金融机构深度挖掘信息数据资源,对养老企业精准画像,开发养老专属纯信用信贷产品等。

三 广州数字金融面临的挑战和发展建议

广州在数字金融的发展过程中,仍面临技术更新迭代快、复合型人才短缺、金融风险防范难度大、金融监管日趋复杂等问题。2024年10月,广州市委金融工作会议提出发展数字金融的重要举措,包括深化数字金融推广应用、加快金融业数字化转型、深化数字人民币试点城市建设、推动数字金融安全发展等,以推进广州金融业高质量发展,深化金融供给侧结构性改革,加快建设金融强市[1]。

(一)多措并举加强数字人才储备

数字人才在发展数字金融中扮演至关重要的角色,他们不仅是技术发展的推动者,也是金融创新和业务转型的关键因素。培养和吸引数字金融人才,对于提升金融机构的竞争力、推动金融业务的数字化转型以及构建数字经济的新体系具有重要意义。随着数字金融产业的迅猛发展,尤其是智能投顾、数字货币等新兴业务模式的涌现,数字金融产业对于具备创新知识结构和专业技能的人才的需求正在与日俱增。然而,教育体系和职业培训的发展速度未能与产业的快速进步保持同步,这导致了在人才供应和需求之间出现了一个显著的缺口,这一挑战并不局限于某个地区,而是全国范围内普遍存在的问题,目前我国数字人才缺口在2500万~3000万人[2]。数字金融产业的快速增长与教育体系相对滞后的人才培养机制之间存在矛盾,使得满足市

---

[1] 《广州市委金融工作会议召开》,广州市人民政府网站,2024年11月1日,https://www.gz.gov.cn/xw/gzyw/content/post_9952584.html。

[2] 《人才缺口在2500万至3000万 中国数字人才培育行动方案出炉》,新华网,2024年4月29日,http://www.xinhuanet.com/tech/20240429/fef36288d2c94a4db1b22b2a0b700a90/c.html。

场需求的合格人才供应不足，传统的教育模式往往难以迅速适应数字金融领域快速变化的知识和技能要求，这进一步加剧了人才供给与产业需求之间的差距。广州在数字人才储备上，一是联合教育体系，优化数字人才的培育和供给体系；二是把握粤港澳大湾区的区位优势，从港澳地区引进国际化数字金融人才；三是将数字金融人才的引进纳入政策体系，给予数字金融人才更大力度的政策优惠，增强人才吸引力。

（二）优化数据要素市场体系建设

数据要素市场存在体系不完善、数据流通不畅、数据交易市场培育困难等问题。一是数据要素市场体系不完善，在数据有效供给方面，数据加工和处理能力的局限导致大量数据"源头即弃"且储后利用不充分，使得数据价值挖掘面临重重困难，全国数据产存转化率仅为2.9%，一年未使用数据比例高达38.9%[1]，同时数据统计指标体系不健全，参与主体技术标准和统计口径存在差异，致使数据缺乏统一性，进而在处理和应用时困难重重。二是数据流通不畅，数字基础设施、数字经济和数字治理生态存在区域和城乡差异，"数据鸿沟"现象极为突出，截至2023年6月，农村地区互联网普及率仅为60.5%，远远低于城市地区，网民规模还不到全国的1/3[2]，而且政府部门和企业的数据标准与接口不统一，形成了信息孤岛，严重阻碍了数据的获取与联通，此外部分企业和部门出于数据安全和隐私保护的考虑，数据分享有限，这也影响了数据持有者经济效益的释放。三是数据交易市场培育困难，数据开放的法学理论和立法滞后，数据产权界定模糊不清，交易生成过程复杂多样，立法工作迫切需要取得突破；数据标准化、资产化和商品化体系不完善，全国统一的数据大市场仍未建立；数据交易过程中信息不对称问题严重，收益和成本估算机制以及信任机制都不健全；当前主要依据应用场景进行定价，缺乏统一的数据定价标准，定价模式亟待完善。

---

[1] 根据《全国数据资源调查报告（2023年）》数据整理，数据查询日期为2025年1月16日。
[2] 根据中关村金融科技产业发展联盟《中国金融科技与数字金融发展报告（2024）》整理，数据查询日期为2025年1月16日。

（三）加强数字人民币的应用

2025年1月，在《广东省数字人民币试点工作方案》《广州市推动数字人民币试点工作实施方案》工作要求的基础上，中共广州市委金融委员会办公室印发了《关于进一步推动广州市数字人民币工作行动方案》，旨在深化数字人民币试点工作现有成果，全面激发全社会应用数字人民币的活力，用安全、便捷、稳定的数字人民币场景服务实体经济和群众生活。该政策强调，要进一步拓展应用领域和丰富应用场景，完善数字人民币支付生态环境，力争数字钱包开立数量、应用场景、交易规模等指标位居全国前列，努力打造服务便捷高效、应用覆盖面广、生态较为完善的数字人民币运营体系[1]。加强数字人民币场景建设是提升数字人民币普及度的关键，开展数字人民币进社区活动，通过举办讲座、现场体验等形式，可以有效提升居民对数字人民币的理解和接受程度，同时收集居民的反馈以改进服务质量。此外，不断扩大数字人民币在多个关键领域的应用范围，包括但不限于零售、餐饮、旅游、教育、医疗和公共服务，能够满足公众多元化的支付需求。特别在商业、日常生活和文化旅游等关键领域，扩大应用场景的覆盖面，打造具有特色的数字人民币使用环境，是提高用户使用率和渗透率的重要手段。数字人民币使用率的提升，也为"跨境理财通"带来了新的发展机遇，这不仅为粤港澳大湾区的金融市场整合和金融产品创新注入了新的活力，而且对于推动人民币在全球范围内的使用和认可度提升具有深远的影响。数字人民币的推广使用简化了跨境交易流程，减少了交易成本，提升了人民币在全球金融市场中的作用，同时为监管机构提供了更加高效的资金流动监管工具，有助于预防和控制金融风险。此外，数字人民币的广泛应用还加强了大湾区内部的经济协作和贸易活动，提升了该地区在全球经济中的竞争力。

---

[1] 《中共广州市委金融委员会办公室关于印发〈关于进一步推动广州市数字人民币工作行动方案〉的通知》，"广州金融"微信公众号，2025年1月6日，https://mp.weixin.qq.com/s/k7cVApogouTGS1tZsTEW_ w。

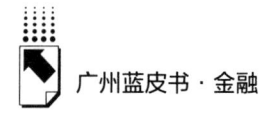

（四）强化数字基础设施建设

算力作为数字经济时代的核心竞争力，对数字金融的增长和创新至关重要，它不仅为金融行业提供了坚实的技术基础，还促进了服务效率和质量的提升。尽管广州已在算力领域取得了一定成就，但仍有进一步优化的空间。一是在政策和资金支持方面，深圳通过发放"训力券"、"模型券"和"语料券"等，[①] 大力支持深圳数据要素市场的建设。广州应当出台类似的支持性政策，并在算力建设和人工智能大模型训练方面提供专项支持资金，降低广州企业训练大模型、开发 AI 应用产品的成本。同时对于在公共数据、企业数据要素资源开发利用，数据要素交易流通，可信数据空间建设等方面取得优质成果的企业，给予更多奖励。二是广州在算力资源的地域分配上，存在一定的不平衡现象，经济较为繁荣的中心区域拥有较为集中和完善的算力设施，而一些边远地区和郊区则在算力资源的配置和建设上显得相对不足，这可能导致不同区域的企业和机构在获取算力资源时遇到不同程度的挑战，影响全市数字经济的均衡发展。三是广州尽管已经建立包括国家超级计算广州中心在内的重要算力基础设施，但面对数字经济的迅猛发展和数据量的激增，现有的数据中心在数量和规模上仍需扩大。四是在数据中心的建设过程中，还需兼顾能耗和环保问题，广州在建设绿色、节能的数据中心方面还有进步的空间，以实现算力增长与环境保护的和谐发展。

（五）完善数字治理体系

广州在数字治理领域虽取得部分积极进展，但在系统效能、公共数据治理、数据资源管理及共享等方面仍存在待完善之处。一是在数字政府建设中，业务应用协同创新不足，导致系统效能不高、数据共享不深、网络安全

[①] 《市工业和信息化局关于印发〈深圳市打造人工智能先锋城市的若干措施〉的通知》，深圳政府在线，2024 年 12 月 18 日，https：//www.sz.gov.cn/cn/xxgk/zfxxgj/tzgg/content/post_11906633.html。

边界不清、资金使用效益不强等问题。二是在公共数据治理方面，重复采集建设现象依然存在，公共数据管理工作尚未实现常态化监测及评估。数据资源管理及共享方面，标准规范执行不够严格和统一，导致数据质量参差不齐，影响数据的可用性和价值发挥。三是数据共享开放程度有待提升，政务数据共享协调工作机制和公共数据开放平台虽已建立，但数据共享的范围、深度和及时性仍需优化。部分部门对数据共享存在顾虑，导致数据难以实现跨部门、跨层级的充分共享，社会数据的共享利用也相对有限，无法满足数字化应用需求。

（六）加强金融科技在监管中的应用

加强金融科技在广州监管实践中的应用对于提高监管效率和精准度至关重要，它有助于实现金融创新与稳定的均衡。同时，在推动金融科技企业创新和成长的同时，必须有效防范系统性风险，确保金融市场的稳定，以提高金融资源配置的效率，引导资本更多地流入实体经济，进而推动广州经济的高质量发展。以加大金融科技在监管实践中的应用力度为目标，广州可以构建多主体合作的监管体系，充分发挥政府监管机构、行业组织、自律机构以及科技企业等多方面的优势，明确各自的职责和分工，加强信息共享与合作；通过建立和完善信息共享与信用机制，打破信息孤岛，利用区块链等技术构建一个透明且可信的信用评价体系，提升市场参与者的信用意识；同时，建立统一的技术规范，促进监管科技的研发和应用，确保监管措施能够与金融科技的发展同步，增强监管的穿透性和持续性，利用技术手段提高监管效率，提高风险预警、监测和处理能力；优化监管沙箱的规则，明确中央和地方监管部门的职权范围，为金融科技企业提供一个更加灵活有效的创新试验环境，并且在测试过程中加强监督和指导。广州应当积极面对金融科技监管的挑战，利用自身优势，加强金融科技在监管中的应用，以此提高监管效能，促进金融科技的健康和可持续发展，为广州打造国际金融中心打下坚实的基础。

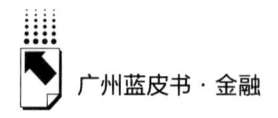

参考文献

陈志峰:《金融科技合作监管的制度逻辑与建构路径》,《经济社会体制比较》2024年第6期。

杜庆昊:《数字金融的发展趋势和实现路径》,《中国金融》2024年第3期。

江映霞主编《广州数字金融发展报告(2022~2023)》,中国金融出版社,2024。

谢正娟:《数字金融赋能区域技术创新研究》,光明日报出版社,2024。

可持续金融篇

B.17
以"转型金融"为突破口提升广州国际绿色金融枢纽能级研究

尚飞 徐枫[*]

摘　要： 本报告聚焦广州绿色金融发展的现状，从转型金融的视角切入，探讨如何增强广州作为国际绿色金融枢纽的影响力。首先，分析了粤港澳大湾区建设国际金融枢纽的政策背景，指出绿色金融在助推区域经济转型中的关键作用，并总结了广州在绿色信贷、绿色债券以及碳交易等领域的显著进展。与此同时，还梳理了当前亟待解决的主要问题，包括融资覆盖范围不足、标准体系建设滞后、区域协作机制缺乏以及风险管理能力薄弱等。通过总结英国伦敦、新加坡和中国香港等国际绿色金融枢纽的成功经验，本报告建议广州借鉴政策引导、金融工具创新、跨境合作及数字化转型等方面的实践经验，并进一步提出以转型金融为核心的路径探索，具体包括建立转型金

---

[*] 尚飞，华南理工大学经济与金融学院博士后科研流动站、广州越秀集团股份有限公司博士后科研工作站博士后研究员，研究方向为ESG、绿色金融、宏观计量；徐枫，华南理工大学经济与金融学院副院长、教授、博士生导师，研究方向为绿色金融、科技金融。

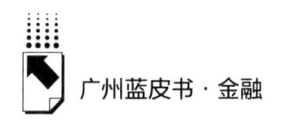

融政策框架、推动金融产品创新、完善信息披露机制、搭建国际合作平台以及提升风险管理能力。

关键词： 转型金融　绿色金融　国际绿色金融枢纽　粤港澳大湾区　广州

一　转型金融驱动广州绿色金融枢纽建设

（一）广州建设国际绿色金融枢纽的政策蓝图

习近平总书记指出，推动绿色发展，促进人与自然和谐共生[①]。同时，粤港澳大湾区的建设是习近平总书记亲自谋划、部署和推动的重大国家战略[②]。这一战略方向与广州打造国际绿色金融枢纽的愿景高度一致，为绿色金融创新提供了坚实的政策支持与明确的发展方向。2023年中央金融工作会议进一步强调，要全面推进科技金融、绿色金融、普惠金融、养老金融和数字金融五大领域的协同发展，为实现经济高质量发展注入持续动力。其中，绿色金融在促进经济绿色转型方面的重要性尤为突出。

作为全国绿色金融改革创新试验区之一，广州自2017年起积极探索绿色金融的发展路径。在国家政策的引领和地方政府的创新举措下，广州已初步构建较为完善的绿色金融体系。这一体系不仅为区域内的低碳转型和可持续发展提供了有力的资金支持，也助推了相关产业的绿色升级，绿色金融成为广州实现经济、社会和环境效益多赢的关键工具。

国家层面，国家政策的系统性支持为广州绿色金融的发展奠定了坚实基础。自2016年《关于构建绿色金融体系的指导意见》发布以来，绿色金融

[①] 《习近平提出，推动绿色发展，促进人与自然和谐共生》，中国政府网，2022年10月16日，https：//www.gov.cn/xinwen/2022-10/16/content_5718825.htm。
[②] 《推动粤港澳大湾区高质量发展》，中国政府网，2024年3月22日，https：//www.gov.cn/yaowen/liebiao/202403/content_6940836.htm。

便被赋予了重要的战略意义，成为推动生态文明建设和实现可持续发展的核心抓手。2021年出台的《"十四五"节能减排综合工作方案》进一步明确了绿色金融在实现"碳达峰"和"碳中和"目标中的关键作用。地方层面，广州市通过系列政策文件为绿色金融的深化发展指明了方向。2021年4月，广州市发展和改革委员会发布了《广州市关于推进共建粤港澳大湾区国际金融枢纽实施意见》（以下简称《意见》）和《广州市关于推进共建粤港澳大湾区国际金融枢纽三年行动计划（2021—2023年）》（以下简称《计划》）。《意见》明确提出了构建粤港澳大湾区五大金融中心的目标，包括资产管理中心、绿色金融创新中心、科技金融创新中心、跨境投融资服务中心和金融要素区域交易中心。这一布局紧扣转型金融的核心理念，从技术创新、资本流动到要素交易，为广州国际金融枢纽建设提供了全方位支撑。

根据《意见》的规划，到2035年，广州将形成高效、便捷、安全、生态友好的现代金融服务体系，成为粤港澳大湾区国际金融枢纽的核心引擎。届时，广州不仅将在国际金融市场中发挥重要影响力，也将以绿色金融为突破口，为全球经济可持续发展贡献"中国方案"。

（二）转型金融是深化绿色金融改革的重要突破口

近年来，广州在绿色金融的探索与实践中取得了令人瞩目的成效。地方政府紧跟国家政策步伐，依托数字化技术与创新金融模式，成功打造了覆盖范围广泛的绿色金融服务平台，显著提升了绿色项目的融资效率，大幅提高了资源整合的效果，从而推动了绿色信贷与绿色债券市场的快速扩张。截至2023年末，广州绿色贷款余额突破1万亿元，达1.06万亿元，同比增长34.36%，占全市各项贷款比重为13.87%，占全省绿色贷款余额的33.93%，居全省首位[①]。同期，粤港澳大湾区绿债市场进一步发展，2023年广东（不含深圳）、深圳、香港、澳门共发行绿色债券2280只，规模共计4483.9亿

---

① 《2023年度广州金融十大新闻》，广州市地方金融管理局网站，2024年3月30日，http://jrjgj.gz.gov.cn/gzdt/content/post_9573604.html。

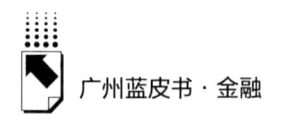

元，实现发行规模和数量的双增长①。

尽管广州发展绿色金融取得了显著成绩，但想要进一步突破也不得不面对更深层次的挑战。首先，传统金融机构普遍倾向于支持低风险项目，这使得创新型绿色项目在融资过程中常遇瓶颈。特别是在清洁能源和绿色制造等领域，中小企业难以获得早期阶段的信贷支持，导致绿色金融的普惠性和覆盖面不足。其次，标准体系的不完善是阻碍市场深化发展的重要因素。绿色金融产品种类的不断丰富，使得统一的评估标准和分类体系愈发重要。然而，当前市场在绿色项目的认定、评估和监管方面仍缺乏权威的标准化体系，这不仅降低了资源配置效率，还可能引发"漂绿"等现象，损害市场信任和健康发展。此外，市场机制的协同性有待提升。作为粤港澳大湾区的重要城市，广州在绿色金融资源整合和区域协同发展方面尚未完全发挥潜力。跨境金融合作不足以及信息壁垒的存在，限制了绿色金融资源的高效流动，削弱了广州在大湾区绿色金融一体化发展中的引领作用。最后，现有的风险评估机制无法完全覆盖新兴绿色金融产品，使得市场主体在面对风险时的应对能力还存在不足。

尽管面临诸多挑战，但广州作为绿色金融改革创新试验区，在建设国际绿色金融枢纽方面拥有巨大的潜力，而转型金融是深化绿色金融改革的重要突破口。中国在2020年宣布"双碳"目标，力争二氧化碳排放在2030年前达到峰值，并努力争取2060年前实现碳中和。

目前，中国积极探索转型金融实践，为落实"双碳"目标所需的经济社会全面去碳化转型，出台积极参与和探索转型金融的政策。同时，广州市也已在多个行业试点转型金融标准，为高碳行业提供明确的转型方向。例如，在建材行业，金融机构与企业合作，通过专项授信支持产业绿色化升级，为高碳行业的低碳转型树立了典范。在"双碳"目标的引领下，广州绿色金融与区域经济的深度融合已成为重要发展趋势。绿色金融作为联结资金供给与绿色产业需求的重要纽带，能够有效突破绿色经济发展的资

---

① 粤港澳大湾区绿色金融联盟等：《粤港澳大湾区绿色债券发展报告（2024）》，2024。

金瓶颈，优化资源配置，并在防范环境风险方面发挥独特作用。通过进一步深化转型金融实践，广州可以推动金融创新赋能，健全绿色金融服务体系，实现绿色金融与区域经济的协同发展，形成良性循环，从而全面提升广州作为国际绿色金融枢纽的能级，助力低碳转型和经济高质量发展目标的实现。

二 转型金融的内涵与国际实践经验

（一）转型金融的内涵：推动高碳行业向低碳转型

转型金融指通过金融工具和机制，支持那些尚未完全实现绿色化的高排放行业（如能源、重工业、制造业等）进行低碳转型的金融活动。其核心目标是通过资金的有效配置和市场激励，推动这些行业逐步向低碳、可持续发展方向转型，从而实现全球气候目标，特别是《巴黎协定》中设定的减排目标。

随着全球对转型金融认识的深化，国际上逐步建立了一套日益完善的标准体系和操作框架。多个国际组织已发布转型金融的相关指南，气候债券倡议组织（CBI）发布的《为可信的绿色转型融资》白皮书明确指出，转型金融的主要要求如下。

1. 科学依据

转型目标和路径应基于科学的气候变化目标和技术可行性，确保减排的科学性和实际操作性。

2. 强有力的验证机制

应建立独立的第三方验证体系，确保资金流向符合减排目标的项目，避免"漂绿"现象。

3. 包容性与公平性

要考虑不同地区、行业的特点，确保转型过程的社会公正性，避免因转型带来的社会不平等。

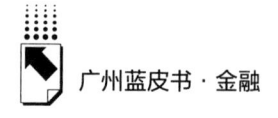

与传统的"绿色金融"不同，转型金融的关键在于过程导向性。绿色金融通常聚焦支持已经符合低碳标准的项目或行业，而转型金融更加注重推动当前高碳排放行业的变革。根据气候相关财务信息披露工作组（TCFD）的建议，转型金融不仅要关注低碳行业的融资需求，更需要为那些处于高碳阶段的行业制定清晰的转型路径，支持它们通过技术创新、生产工艺改进、能源结构调整等措施显著减少温室气体排放。转型金融的核心任务，正是推动高碳行业逐步向低碳、绿色活动转型，以实现全球气候目标。

（二）国际主要金融枢纽的转型金融实践经验与启示

全球范围内，主要金融枢纽在推动转型金融实践方面积累了丰富经验，提供了重要的借鉴。例如，英国伦敦作为全球绿色金融的领导者，通过政策引导和创新金融工具，推动高碳行业低碳转型；新加坡则以其在绿色金融数字化转型和区域合作方面的独特优势，开辟了推动区域绿色发展的新路径；中国香港则在绿色债券市场的创新和国际化中扮演了重要角色。这些实践为广州探索转型金融提供了多维度的参考。

1. 英国伦敦

英国作为全球首批实施绿色低碳转型的欧美国家之一，始终处于欧美绿色金融发展的领先地位。伦敦证券交易所集团指出，全球绿色经济作为应对气候变化和环境问题的关键，无论从市场规模、增长势头还是财务表现来看，都是21世纪最具潜力的投资机会之一。

伦敦在政策设计与框架构建方面始终走在前列。2019年，英国成为全球首个立法承诺在2050年实现净零排放的主要经济体，其目标与《巴黎协定》一致，即在21世纪中叶实现经济增长的同时实现净零排放。脱欧后，英国通过《2020年温室气体排放交易计划令》建立了英国排放交易体系（UK ETS），自2021年1月1日起取代了其参与的欧盟排放交易体系。为加速达成净零排放目标，2020年英国发布了《绿色工业革命十点计划》，涵盖清洁能源、交通、自然和创新技术等十大环保领域，并推出了《国家基础设施战略》和《能源白皮书：赋能净零排放未来》。

在绿色信贷方面，英国推出《担保贷款计划》，为环保企业提供担保，帮助其获得贷款。房屋减碳改造面临成本和投资不足的挑战，为此，英国政府鼓励银行提供低利率贷款，并通过绿色房屋改造贷款支持家庭节能措施，同时为企业提供"绿色转型贷款"。在绿色债券方面，伦敦证券交易所设立了可持续债券市场（SBM），促进了市场的多样化与透明化。截至2021年，该市场已涵盖250多种债券，拥有国际化的市场参与者和长期投资者基础。2021年，英国政府还发行了全球首只主权绿色债券，用于支持绿色项目融资。在碳市场方面，英国碳市场经历了三个发展阶段，脱欧后独立运行，并设立了价格底线以确保市场稳定。此外，政府通过英国创新投资基金解决市场失灵问题，推动早期风险投资，支持中小型清洁技术企业的快速研发和商业化。

2. 新加坡

为实现经济脱碳目标，新加坡将从单一的"绿色金融"扩展至"转型金融"，通过鼓励创新、扩大补助和制定明确规则推动这一转型。转型金融策略有望使新加坡连接发展中国家的需求与发达市场的投资者，成为亚洲的绿色转型金融中心。

新加坡金融管理局（MAS）在第28届联合国气候变化大会（COP28）上推出了一系列金融措施，重点包括转型分类法、混合融资平台和转型信用等。MAS特别强调煤电厂的提前淘汰，由于这一举措对短期经济构成挑战，因此又提倡实现"公正转型"，确保所有相关人员能以公平和包容的方式过渡到绿色经济。为此，MAS推出了混合融资平台"亚洲转型融资合作伙伴关系"（FAST-P），通过融合公共与商业资本，为那些难以筹集资金的企业提供支持。与此同时，MAS还推出了"转型信用联盟"，通过"转型信用联盟"促进煤电厂的提前淘汰，并为符合条件的企业提供碳税减免。MAS积极发展可持续债务市场，优化数据资料，并扩大可持续发展债券与贷款计划覆盖范围，将转型债券和转型贷款纳入其中，同时建立保障机制，降低企业"转型漂绿"风险。新加坡计划进一步扩大混合型金融规模，鼓励投资者与企业及慈善机构合作，利用影响力投资推动碳密集行业的低碳转型。

作为东南亚金融枢纽，新加坡在绿色金融领域表现出显著优势，特别是在绿色技术投资和金融科技应用方面。MAS 与金融科技企业合作推出了基于区块链的绿色债券交易平台。区块链技术的引入优化了交易流程，提高了透明度和效率，有效提升了融资效率和市场流动性。此外，新加坡通过建立东南亚国家联盟绿色金融网络，促进了政府、金融机构与企业之间的跨区域合作，推动了区域绿色金融资源的整合。这一区域合作模式为粤港澳大湾区绿色金融一体化发展提供了重要的实践参考。

3. 中国香港

香港已成为亚洲领先的绿色融资中心，近年来，年均发行超过 630 亿美元的绿色债券和绿色债务。截至 2024 年 6 月，香港证监会认可的 ESG 基金已超过 230 家，管理资产超过 1600 亿美元，较三年前增长了 60%。香港具备发展转型金融市场的坚实基础，包括健全的监管框架、完善的金融基础设施、发达的金融市场以及在标准方面的专业知识。

2024 年香港推出的《可持续金融行动计划》提出愿景，将进一步巩固香港作为区域可持续金融中心的地位，支持亚洲以及全球可持续发展，尤其是支持共建"一带一路"国家和地区的融资需求。该计划的核心目标之一是确保到 2030 年，本地银行实现净零排放，并逐步减少高排放资产。此外，该计划还强调提高银行在气候风险及机遇方面的透明度，确保符合国际标准的披露要求。香港计划通过外汇基金支持 ESG 投资，并力求在 2050 年前实现全面净零排放。除了推动金融科技领域的绿色创新外，该计划还注重完善可持续金融披露质量，解决该区域在可持续金融领域的人才与知识缺口。

在绿色债券市场创新方面，香港已跻身全球领先行列，成为最大的离岸绿色债券发行地之一。香港通过推出转型挂钩债券、绿色资产证券化等新型金融产品，为大量需要低碳转型的企业提供资金支持，为不同类型绿色项目提供了多样化的融资选择。此外，香港作为 CBI 的认证中心，致力于推动绿色债券市场的标准化、透明化和统一化。

香港充分发挥在"一国两制"框架下的独特优势，包括资金的自由流动、与国际监管标准接轨等特点，吸引国际机构在本地进行绿色投融资活动与认证，并致力于建设成为国际性绿色金融枢纽。借助香港低成本资金的优势，绿色金融有助于内地企业拓宽资金渠道，降低绿色融资成本。尤其是随着《区域全面经济伙伴关系协定》（RCEP）的生效，粤港澳大湾区与共建"一带一路"国家和地区的合作得到了进一步加强。这些地区的碳排放总量占全球的30.8%，对低碳发展的需求巨大，也为大湾区提供了发展绿色技术和产品服务的市场机会。

三 以转型金融为抓手提升广州国际绿色金融枢纽能级的路径探索

作为全国绿色金融改革创新试验区，广州在绿色金融领域取得了显著的成绩，但要进一步提升国际绿色金融枢纽的地位，仍需在政策和监管体系方面进行系统优化。为了实现这一目标，广州应采取一系列举措，从政策框架的完善、金融产品创新、加强跨境监管合作等方面，全面提升绿色金融的系统性与透明度，推动绿色金融与转型金融的深度融合。

（一）建立转型金融政策框架

转型金融的核心目标是为高碳行业的低碳转型提供资金支持和政策保障。现有的绿色金融政策框架主要针对已具备绿色属性的行业和企业，缺乏对高碳行业大规模转型的有效引导。为此，广州应制定更具针对性和实效性的转型金融政策，确保政策能够切实支持高碳行业的绿色转型。

首先，应明确转型金融的具体政策目标，并设定较为清晰的时间节点和实施路线图。例如，根据各行业的特点，设计切实可行的转型路径，并为企业提供详细可行的行动指南。可以参考欧洲部分国家的经验，如推出"绿色过渡债券"计划，为高碳行业提供低成本融资支持，同时通过税收优惠等政策，促进企业实现平稳转型。

其次，建立绿色金融与转型金融的协同机制。虽然二者的总体目标一致，但在实际操作中，由于政策和标准的分散，往往缺乏有效的联动效应，影响了政策发挥协同效应。广州应推动绿色金融与转型金融政策的有机结

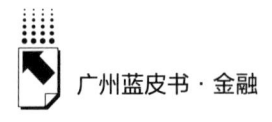

合，创建能够兼容绿色与转型需求的金融支持体系。

最后，为有效防范"漂绿"风险，广州必须加强跨部门监管。随着绿色金融和转型金融的迅速发展，部分项目可能会被错误标注为"绿色"，为了确保透明度和公信力，广州可以借鉴伦敦和香港等国际金融中心的成功经验，支持设立第三方认证机构，对绿色和转型金融产品进行认证审核。全球范围内，已有国际资本市场协会（ICMA）提出的绿色债券原则（GBP）等成熟的绿色金融标准。广州应以这些标准为基础，推动本地绿色金融政策与国际规则的全面接轨，从而进一步增强广州绿色金融产品在全球市场上的竞争优势。

在转型项目融资过程中，信息不对称依然是制约金融机构决策的重要难题。广州可以出台政策引导金融机构加强对绿色转型项目的审查和尽职调查，确保项目具有可行性和明确的市场竞争优势。从项目的环境效益、技术可行性到财务回报等维度进行深入评估，是避免资金盲目投入的关键手段。通过精细化的审查流程，使资金的流向更加精准有效，真正支持那些符合绿色转型要求的项目，为绿色金融的高质量发展提供可靠保障。

（二）聚焦重点产业

在推动广州国际绿色金融枢纽能级提升的过程中，科学选择转型金融的重点支持产业是关键。结合广州实际，应从降碳需求、产业规模集聚度及金融支持可行性三个维度明确重点产业选择标准，确保资源配置精准高效。

1.以降碳需求为导向，聚焦高耗能高排放行业的低碳转型

广州作为粤港澳大湾区的重要城市，传统高耗能产业如能源、交通运输、石化化工和制造业等在地方经济中占据重要地位，同时是碳排放的主要来源。重点领域的低碳转型需要大量资金，并且由于边际效应减碳的成果将更为显著。例如，在石化和建材行业，通过金融支持推广节能设备、绿色工艺改造和碳捕集技术，能够显著降低行业碳排放总量。

2.优先考虑具有区域特色的规模集聚产业

广州的产业结构特点是兼具传统制造业与现代服务业的多样性，部分行

业具有鲜明的区域集中度和代表性，例如新能源汽车制造、装备制造和港口物流。这些产业在地方经济中的支柱地位使其成为优先支持对象。特别是在新能源汽车领域，广州已具备完善的上下游产业链，通过引入转型金融支持生产线智能化改造和供应链优化，不仅有助于提升产业竞争力，还能发挥规模经济效应，带动区域整体低碳化水平的提升。

3. 提高金融参与能力，提升转型金融支持效率

重点支持产业的选择还需综合考虑金融支持的可行性。广州作为绿色金融改革创新试验区，辖内金融机构积累了大量与高耗能行业相关的客户资源，这为转型金融的推广提供了天然优势。与此同时，金融机构可通过制定特定行业专属的转型金融服务方案（见表1），为企业量身定制支持路径，有助于优化资源配置效果。

表1 广州重点行业转型金融服务方案

产业领域	行业现状	重点支持方向
先进制造业	制造业强市,汽车、装备、电子信息等行业碳排放较高	推动发展绿色制造技术,支持新能源汽车与智能制造
交通运输业	交通枢纽、港口、航空、物流减排压力大	推广新能源汽车、电动物流车,发展低碳高效运输网络
建筑与城市基础设施	城市建设需求大,建筑业碳排放显著	推动建筑节能改造,推广绿色建筑标准与基础设施
能源行业	高度依赖化石能源,清洁能源占比低	支持光伏、风能等清洁能源项目,加快电气化与储能技术应用
石化与化工产业	碳排放高,技术改造需求大	开展节能技术改造,推广绿色化工与碳捕集技术

（三）金融产品创新

金融产品创新是推动广州国际绿色金融枢纽能级提升的核心驱动力之一。广州应加强对绿色基础设施、清洁能源等重点领域的资产证券化支持，吸引更多社会资本参与，使资本市场能够更广泛地介入绿色项目投资，从而

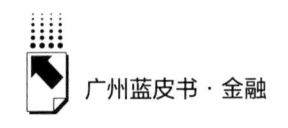

有效降低融资成本,助力绿色经济的持续发展。

转型债券的推出是转型金融创新的重要一步。不同于传统的绿色债券,转型债券不仅面向已经具备一定减碳基础的行业,还适用于那些尚处于转型阶段但急需资金支持的高碳行业。与此同时,绿色资产证券化为绿色项目融资提供了新的途径,通过将未来的现金流转化为可交易的证券,绿色项目能够利用资本市场实现高效融资。另外,可持续发展挂钩贷款同样具有较大的发展潜力,利率与企业绿色转型的进度挂钩,即在企业达到可持续发展目标时,可以享受更低的贷款利率。这一机制激励企业加速绿色转型,并通过减少融资成本来优化转型路径。

绿色供应链金融是另外一项具有较大潜力的创新举措,特别适用于广州这样的产业集群城市。其核心在于为绿色供应链中的各环节提供资金支持,帮助企业在生产和供应过程中采用更环保的技术和方法。建立绿色供应链金融体系,不仅能加速传统行业的绿色升级,还能推动绿色供应链的整体建设。

金融产品创新对于提升国际绿色金融枢纽的竞争力至关重要。因此,应加强对创新金融工具的支持与引导,鼓励金融机构和投资者将更多资金投向绿色科技创新领域。绿色保险、低碳保险、绿色科技基金和绿色股权投资基金是绿色金融创新体系的重要组成部分。其中,绿色保险主要为清洁能源和绿色基础设施项目提供风险保障,帮助降低高投资与技术不确定性带来的风险;低碳保险则帮助企业应对碳价格波动,降低绿色项目的投资难度;绿色科技基金与绿色股权投资基金则可以直接投资绿色企业,为绿色技术的研发、创新和产业化提供长期资金保障。

(四)建立和完善信息披露机制

在全球绿色金融日益成为投资热点的背景下,透明的信息披露机制对提升广州国际绿色金融枢纽的地位至关重要。信息披露不仅能够提高市场的透明度和投资者的信任度,还能够为绿色金融市场提供更加清晰的方向,推动资本的有效配置。

建立绿色金融信息披露标准。绿色金融信息披露标准是保障绿色金融市场公正、透明与高效运行的关键基础。为了提升在国际绿色金融领域的竞争力，广州应加强与国际标准的对接，特别是借鉴国际气候相关财务信息披露工作组等框架。通过对标国际标准，规范绿色项目对环境效益、碳减排成效及可持续发展目标等核心指标的披露，确保数据的透明性和可比性。这不仅能为投资者提供更加全面和可靠的数据，还将帮助投资者更加精准地评估项目的风险与回报，有效规避信息不对称带来的投资风险。

完善信息披露机制。在推动绿色债券市场发展的过程中，确保信息披露的透明度和质量至关重要，这直接关系投资者的信心和决策。广州应推动绿色债券发行人遵循统一的披露标准，确保定期报告资金使用情况、碳减排目标和环保效益等关键信息。全球绿色债券市场广泛采用第三方认证机制，确保债券项目的绿色属性符合国际标准，因此，为了避免"漂绿"现象，广州应积极鼓励推动类似机制的建立，引入独立的第三方机构，对绿色项目的环境效益和碳减排效果进行评估，并定期发布报告。与此同时，广州金融监管机构还应要求绿色金融产品的发行方公开包括绿色属性、融资用途和潜在风险在内的关键信息，并努力确保披露内容符合国际最佳实践标准。

（五）搭建国际与区域合作平台

在绿色金融日益全球化的背景下，国际合作已成为提升广州国际绿色金融枢纽能级的关键路径。通过跨国合作，广州能够推动绿色金融与转型金融的国际化进程，不仅能吸引更多国际资本流入，还能够促进全球资本市场的绿色转型，为低碳经济提供充足的资金支持。

推动对接绿色金融国际标准。广州应加快对接国际绿色金融标准，特别是在绿色债券和转型债券等领域，加强与CBI和ICMA等国际绿色金融机构的合作，为跨境资本流动创造更加便捷的环境。与此同时，应深化与粤港澳大湾区其他城市和地区的合作，推动建立跨境绿色金融监管体制，促进绿色金融产品的国际认证和跨境交易。加速这一机制的建设将提升市场透明度与资本流动性，吸引国际投资者，并提供更具吸引力的市场选择，进而提升广

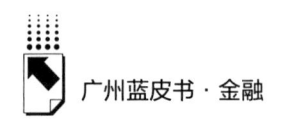

州在全球绿色金融体系中的地位

跨境绿色融资平台建设。广州应该借鉴香港和新加坡等国际金融枢纽城市的成功经验，搭建跨境绿色融资平台，吸引国际资本参与本地绿色项目。通过与其他金融中心的合作，逐步建立一个多层次、具有国际竞争力的绿色债券市场，展示本地绿色相关项目信息，吸引更多国际投资者的参与。这样不仅能有效推广本地绿色项目，还能为全球投资者提供更多的投资机会，进一步促进绿色产业的发展。

（六）转型金融风险管理与能力建设

绿色金融和转型金融的快速发展离不开有效的风险管理和金融机构能力建设。在绿色金融产品数量日益增加的背景下，更需要加强金融风险管理体系的建设，以帮助金融机构准确识别、评估和应对绿色金融投资中的潜在风险，推动绿色金融市场的可持续发展。

强化转型项目风险评估。广州应着眼于转型金融的独特需求，推动建立标准化的转型金融风险评估框架。该框架应聚焦高碳行业的转型项目，全面评估减排效果、环境效益、社会影响与经济回报等多重因素以及相关风险。通过推动开发更加精确的风险管理工具，帮助金融机构更准确地识别和评估转型项目的潜在风险，确保资金流向具备可持续发展潜力的项目，从而最大程度上避免资源浪费和金融风险的积累。

加强金融机构的能力建设。金融机构的能力建设是绿色金融体系长期发展的重要保障，转型金融尤其对金融机构的专业能力提出了更高要求。广州应加大对金融机构的支持力度，加强对金融机构的人才培训，特别是在绿色金融风险管理和评估等领域，培养具备专业素养的绿色金融人才。提供有针对性的培训与资源支持，帮助金融机构提升绿色项目评估和风险管理能力，从而增强金融机构市场竞争力。

四 结论与政策建议

本报告深入分析了广州绿色金融发展的现状及所面临的主要挑战，并结

以"转型金融"为突破口提升广州国际绿色金融枢纽能级研究

合转型金融的核心理念与国际成功经验，提出了提升广州国际绿色金融枢纽能级的具体路径。广州已经在绿色金融领域取得了显著进展，尤其在绿色信贷、绿色债券和碳交易等方面成绩突出。然而，当前仍然存在一系列制约因素，如政策体系尚不完善、融资渠道相对有限以及区域合作深度不足等问题。

随着全球低碳转型步伐的加快，转型金融逐渐成为推动高碳行业低碳转型的重要金融工具。这一领域不仅关注已经具备低碳特征的行业，还特别侧重于支持那些尚处于高碳状态的行业实施低碳转型，这使转型金融在实现全球气候目标方面具有不可替代的战略作用。广州作为中国绿色金融改革创新的前沿阵地，拥有在转型金融领域进一步探索与突破的独特优势。

本报告的核心目标是通过分析广州绿色金融的现状，结合国际绿色金融枢纽的成功经验，提出一系列务实的政策建议，推动广州在绿色金融与转型金融领域的深化发展，并提升其作为国际绿色金融枢纽的能级。

短期内，广州应优化现有绿色金融政策环境，推动市场主体参与，提升绿色金融市场的活力。具体而言，广州需加强转型金融政策引导与激励，特别是在支持高碳行业低碳转型方面；同时推动绿色金融产品的创新，特别是面向高碳行业的转型金融产品提供多样化的融资渠道；此外，应提升绿色金融信息披露的透明度，通过制定统一的标准和引入第三方认证机构，提高市场信任度，吸引更多投资者参与。

中期内，广州应着力建设跨境绿色融资平台，加强国际合作与市场机制的完善，推动绿色金融和转型金融的协同发展。广州应加强与国际金融枢纽的合作，推动跨境绿色债券市场及转型债券市场的建设，吸引全球资本流入。同时，要促进绿色金融与转型金融政策的协调和融合，提升金融产品的灵活性和针对性；加强绿色金融人才培训和金融科技创新，提升市场的效率和透明度。

长期内，广州应致力于构建国际化的绿色金融市场，完善相关法规与基础设施，推动全球绿色低碳转型资本的流动。广州应通过资本市场引领全球绿色低碳转型，并加强与国际绿色金融组织的合作，推动全球绿色债券和转

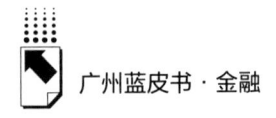

型债券市场的发展；同时，要完善绿色金融法规，与国际标准对接，提高市场的国际化水平；此外，应建设全球绿色金融创新中心，推动绿色科技和低碳产业的创新，进一步巩固广州作为全球绿色金融枢纽的地位。

参考文献

张伟煜：《广东绿色金融高质量发展的战略思考与实践突破》，《广东经济》2023年第6期。

李志青、胡时霖：《上海打造国际绿色金融枢纽的挑战及对策分析——基于国际比较的视角》，《新金融》2023年第12期。

邓宇：《深化绿色金融改革 构建绿色发展新格局》，《金融博览》2024年第7期。

叶林、邓睿彬：《绿色金融推动实现"双碳"目标的路径探讨——基于政策工具的分析》，《地方治理研究》2023年第1期。

B.18 签署PRI基金持股对企业"漂绿"行为的影响研究[*]

许林 陈逸凡[**]

摘　要： 本报告基于中国A股3109家上市公司2017~2023年的面板数据，探究签署《联合国负责任投资原则》（PRI）的基金是否表现出对投资标的企业"漂绿"行为的治理效应。在使用工具变量法、多期双重差分法与安慰剂检验、倾向评分匹配（PSM）等方法缓解内生性后，证实PRI签署基金对投资标的企业"漂绿"行为存在抑制效应，进而说明PRI签署基金已经成为企业重要的外部治理力量。机制检验表明，PRI签署基金将通过"减持威胁"与"吸引媒体关注"强化投资者的监督作用，进而约束标的企业的"漂绿"行为。异质性分析发现，PRI签署基金对标的企业环境信息披露质量的改善作用对内部融资约束较低和被"四大"审计的企业更明显。在经济后果方面，PRI签署基金可以通过约束标的企业的"漂绿"行为间接提高其实质性环保投入。总而言之，本报告实证检验了基金公司签署PRI行为是一种可信的负责任投资承诺，其市场机制对规范企业环境信息披露具有积极作用，有助于约束投资标的企业的"漂绿"行为，促进企业的实质性绿色投资，进一步助力我国"双碳"目标的实现，助推基金行业与经济社会的稳健持续高质量发展。

---

[*] 基金项目：国家社会科学基金项目"高质量发展视域下绿色金融推动双碳目标实现的机制与路径研究"（22BJL038）；广东省哲学社会科学规划项目"以高质量发展实现广东现代化建设新跨越研究"（GD24WTC08）。

[**] 许林，管理学博士，华南理工大学经济与金融学院教授，人工智能与数字经济广东省实验室（广州）教授、博士生导师，研究方向为绿色金融与资本市场等；陈逸凡，华南理工大学经济与金融学院硕士研究生，研究方向为绿色金融。

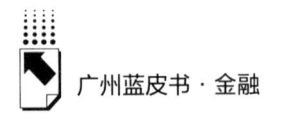

关键词： PRI 签署基金 "漂绿" 环境信息披露

一 问题的提出

2024年8月，中国人民银行联合国家发展改革委等八部门发布《关于进一步做好金融支持长江经济带绿色低碳高质量发展的指导意见》，要求金融机构健全环境风险信息披露制度，将企业环境信息纳入绿色融资审批，并强化资金流向监管以防范"洗绿""漂绿"风险。作为国际权威的ESG组织之一，中国证券投资基金业协会与联合国负责任投资组织（UN PRI）秉持"支持成员成为积极的负责任投资者"的宗旨，致力于引导成员关注并助力企业环境治理，同时呼吁投资者将ESG因素纳入投资决策。《联合国负责任投资原则》（PRI）的问世，意味着ESG投资理念正式确立并在全球范围内推广。国际众多金融机构纷纷加入PRI组织，签署相关承诺，并且在旗下产品的投资决策中融入了ESG理念。在我国资产管理规模前20的大型公募基金中，已有15家签署了PRI。这些基金公司通过实施可持续发展战略，不仅让自身的运营状况得到了显著改善，还为全球的可持续发展和环境治理贡献了力量，成为全球ESG投资的重要资金提供者。良好的尽责管理方案不仅为客户实现了可观的投资收益，还积极支持了标的企业的长期发展。基于此，如何客观评价企业被PRI签署基金持股的经济后果成为ESG投资理念发展和政策修订的重要问题。

本报告的贡献主要有以下四点：第一，从企业环境信息披露质量的视角，实证检验了PRI签署基金对标的企业"漂绿"行为的约束作用，间接验证了基金公司签署PRI行为的承诺效应。第二，揭示了PRI签署基金对标的企业环境信息操纵行为的监督机制。第三，发现了内部融资约束与外部监督机制是PRI签署基金对标的企业"漂绿"行为影响的调节机制。第四，进一步挖掘了PRI签署基金对标的企业"漂绿"行为约束所带来的经济后果。

二 理论分析与研究假设

（一）PRI签署基金与企业"漂绿"行为

对于签署方而言，本报告认为签署方有动力在加入PRI后约束企业对环境信息披露的操纵行为，原因在于：一方面，签署方的投资决策将受到更严厉的监督。虽然PRI签署方的身份可以吸引大量资本从而使签署方受益，但随着资产所有者对ESG问题的关注日益增加，来自公众、资产所有者和对签署方负有信托责任的其他各方对于签署方的审查也会增加[1]。另一方面，投资"漂绿"企业会带来更大的风险。"漂绿"企业不仅可能受到监管机构的罚款、诉讼等法律后果，面临财务处罚、法律成本与机会成本[2]，还会因为"漂绿"丑闻而声誉受损[3]，进一步影响投资价值。因此，为维护市场声誉并吸引资金流入，PRI签署基金需有效识别并规避企业"漂绿"风险。

对于企业而言，被PRI签署基金持股也将面临更严格的监督和审视，为了得到PRI签署基金持续性的支持与公众对企业环境价值的认可，企业有动力完善环境信息披露机制。PRI签署基金基于承诺效应，会更严格地遵循负责任投资的选股策略，其交易行为具备显著的信息价值，能够在资本市场形成认证效应并发挥示范引导作用。当发现标的企业存在"漂绿"风险时，PRI签署基金可通过撤资等策略向投资标的公司的管理层施压以约束其不实行为；反之，若增加投资将释放环境价值认可信号，吸引社会资本流

---

[1] Kim S., Yoon A., "Analyzing Active Fund Managers' Commitment to ESG: Evidence from the United Nations Principles for Responsible Investment," *Management Science*, 2023 (2): 741-758.

[2] Flammer C., "Corporate Social Responsibility and Shareholder Reaction: The Environmental Awareness of Investors," *Academy of Management Journal*, 2013, 56 (3).

[3] Seele P., Gatti L., "Greenwashing Revisited: In Search of a Typology and Accusation-based Definition Incorporating Legitimacy Strategies," *Business Strategy and the Environment*, 2017, 26 (2).

入,为企业绿色发展提供长期资金支持,进而增强企业披露实质性环境信息的意愿。研究表明,高质量环境信息披露能塑造差异化竞争优势[1]、提升市场估值[2],进而为企业吸引长期资本流入。由此形成的以PRI签署基金驱动的"市场激励"机制,最终将实现环境信息披露质量的系统性提升。基于以上理论分析,本报告提出以下基本假设:

H1:PRI签署基金对标的企业环境信息披露发挥了积极的治理效应,抑制了企业"漂绿"行为。

(二)PRI签署基金对标的企业"漂绿"行为的影响机制

从机构投资者行为特征来看,不同类型机构存在信息挖掘能力的异质性。当面临资源约束与注意力分散时,机构投资者在决策过程中倾向于将同行的信息获取路径与交易行为作为重要参照,以此降低信息收集与验证成本并提升决策效率[3]。基金经理可能基于市场公开信息与私有信息的理性决策,通过模仿战略投资者的投资策略追求超额收益[4]。作为公开承诺践行环境价值投资的专业机构,PRI签署基金凭借更具专业性的管理团队、先进的环保人才引进机制及环境信息优势[5],其交易行为更易被其他机构视为标的企业环境价值的重要信号,从而引发市场跟随效应。

除机构投资者外,中国资本市场的投资者多为中小投资者,相对处于信息劣势,缺乏信息分析和处理能力,因此很难准确及时地发现企业的"漂绿"行为。若企业能够被PRI签署基金持股,其"负责任投资"的标签将

---

[1] Peters G. F., Romi A. M., Sanchez J. M., "The Influence of Corporate Sustainability Officers on Performance," *Journal of Business Ethics*, 2019 (4)。
[2] 宫宁等:《高碳排放行业企业碳信息披露动机及经济后果研究——基于上市公司的实证分析》,《证券市场导报》2024年第5期。
[3] 尹海员、朱旭:《机构投资者信息挖掘、羊群行为与股价崩盘风险》,《管理科学学报》2022年第2期。
[4] 周终强、周大庆、熊熊:《"国家队"基金持股与机构投资者羊群行为》,《系统工程理论与实践》2024年第11期。
[5] 蔡贵龙、张亚楠:《基金ESG投资承诺效应——来自公募基金签署PRI的准自然实验》,《经济研究》2023年第12期。

吸引更多的专业分析师、新闻媒体、报刊的关注。作为第三方的媒体对企业的行为进行监督和约束可以降低投资者的信息搜集成本及解读成本①，从而强化中小投资者对企业绿色投机行为的监督作用。

基于此，本报告提出以下假设：

H2：PRI 签署基金将通过"减持威胁"与"吸引媒体关注"强化投资者的监督作用，进而约束标的企业的"漂绿"行为。

（三）企业自身特征的调节效应

1. 融资约束

在有限资源约束下，实质性环保投资与其他项目投资存在此消彼长的替代关系。实质性环保投资对稳定充足的外部资金具有高度依赖性②。此类投资如安装减排设备、实施低碳生产工艺、治理污染等均需消耗大量企业资源，且短期内难以产生显著经济效益③。所以面临高融资约束的企业往往会出于逐利动机选择投资持有周期较短、回报较高的项目。如此势必会挤占绿色研发投入、环境治理投入等环保措施，导致企业的绿色治理意愿降低。被PRI 签署基金持股意味着更严格的审查和监督，而外部监督压力较高的企业在可能面对环保处罚时，更容易采取"漂绿"策略转移公众的注意力、提高绩效。因此，面对 PRI 签署基金的监督机制，高融资约束的企业更急于披露社会责任信息以满足合法性要求、树立绿色形象，而缺乏实质性环保行为的信息披露更容易出现"漂绿"现象。因此，在面临高融资约束的企业中，被 PRI 签署基金持股将不利于企业"漂绿"行为的改善。基于此，本报告提出以下假设：

H3a：PRI 签署基金监督机制的发挥受制于企业的融资约束程度，融资

---

① Dyck A., Volchkova N., Zingales L., "The Corporate Governance Role of the Media: Evidence from Russia," *The Journal of Finance*, 2008, 63 (3).
② 吕明晗、徐光华、沈弋：《货币政策与企业环保投资行为——我国重污染行业上市公司的证据》，《经济管理》2019 年第 11 期。
③ Kim E. H., Lyon T. P., "Greenwash vs. Brownwash: Exaggeration and Undue Modesty in Corporate Sustainability Disclosure," *Organization Science*, 2015, 26 (3).

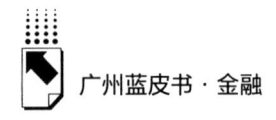

约束越高,监督效果越差。

2. 外部监督机制

在绩效薪酬激励下,经理人更倾向于选择短期投资策略以提升短期利润,而非投入周期较长的实质性环保项目。作为重要的外部治理机制,国际四大会计师事务所(以下简称"四大")凭借专业能力与独立性优势[1],能够提供高质量审计服务,有效缓解委托代理冲突并提升公司治理效能[2]。这种治理改进不仅能提高会计信息质量[3],还可优化投资者与管理层的信息沟通机制。公司治理水平的提升与信息沟通机制的优化,将显著增加企业环境信息操纵成本,从而强化PRI签署基金通过监督机制对"漂绿"行为的约束效果。由此可以推测PRI签署基金对标的企业"漂绿"的影响依赖企业外部监督机制的有效性,被"四大"审计会放大PRI签署基金对标的企业环境信息披露质量的提升作用。基于此,本报告提出以下假设:

H3b:被"四大"审计可以加强PRI签署基金对标的企业"漂绿"行为的约束作用。

(四)PRI签署基金与企业实质性环境治理

当企业所处的制度环境中环境信息披露监管较为宽松,且投资者对企业环境责任履行的具体细节缺乏有效监督时,企业基于成本效益原则的考量,往往倾向于选择成本投入较低、实施难度较小的"漂绿"策略,而非在环境治理领域进行实质性的资源投入[4]。这种行为反映了企业在环境信息披露与环境治理实践之间的策略性权衡,即在满足最低要求的前提下,规避高成

---

[1] Fan Joseph P. H., Wong T. J., "Do External Auditors Perform a Corporate Governance Role in Emerging Markets? Evidence from East Asia," *Journal of Accounting Research*, 2005, 43 (1);白重恩等:《中国上市公司治理结构的实证研究》,《经济研究》2005年第2期。

[2] 梁上坤、陈冬、胡晓莉:《外部审计师类型与上市公司费用粘性》,《会计研究》2015年第2期。

[3] Fan Joseph P. H., Wong T. J., "Do External Auditors Perform a Corporate Governance Role in Emerging Markets? Evidence from East Asia," *Journal of Accounting Research*, 2005, 43 (1).

[4] 肖红军、张俊生、李伟阳:《企业伪社会责任行为研究》,《中国工业经济》2013年第6期。

本的环境治理投入以维护自身经济利益。而被 PRI 签署基金持股后，企业在获得更充裕的长期资金的同时，也将面临更标准的审查。一方面，基金公司签署 PRI 可以传递 ESG 投资承诺信号，进而有效吸引长期资金流入①。由于环境治理具有显著的资金长期性需求特征，获得更多长期资金支持的基金公司将更有动力提升旗下基金的绿色投资水平。另一方面，被 PRI 签署基金持股的企业优化环境信息披露质量后，企业的环境信息将面临来自投资者更加严格的审查与监督，企业有动机将更多的长期资金投入环境治理类项目。因此，PRI 签署基金在约束投资标的企业"漂绿"行为的同时，也有利于缓解标的企业随意操纵环境信息披露对实质性环境治理带来的负面效应。基于此，本报告提出以下假设：

H4：被 PRI 签署基金持股有助于标的企业缓解"漂绿"行为对环境治理的负面影响。

三 研究设计

（一）基准模型构建

为了验证上述研究假设，本报告采用了控制时间和个体的双重固定效应模型构建了基准模型。为了结果的稳健性，分别采用了目标公司的 PRI 签署基金持股数目和比例来衡量目标公司被 PRI 签署基金持股的倾向。此外，本报告对回归模型中的标准误进行了公司维度的聚类处理，以此降低潜在的异方差和序列相关的影响。具体模型如下：

$$GW_{i,t} = \beta_0 + \beta_1 PRII_{i,t}(PRIS_{i,t}) + \beta_2 Controls_{i,t} + Year + Id + \varepsilon \tag{1}$$

---

① Brandon G. R., Glossner S., Krueger P., Matos P., Steffen T., "Do Responsible Investors Invest Responsibly?" *Review of Finance*, 2022, 26 (6); Kim E. H., Lyon T. P., "Greenwash vs. Brownwash: Exaggeration and Undue Modesty in Corporate Sustainability Disclosure," *Organization Science*, 2015, 26 (3); 蔡贵龙、张亚楠：《基金 ESG 投资承诺效应——来自公募基金签署 PRI 的准自然实验》，《经济研究》2023 年第 12 期。

模型（1）中被解释变量 GW 为企业"漂绿"程度。借鉴相关文献研究，根据中国经济金融研究数据库（CSMAR）中环境研究板块的指标分类，将各指标进一步按操纵的难易程度分为如表 1 所示的硬指标（五大类，23

表 1 上市公司环境披露指标

指标性质	类型	项目	赋分
硬指标	环境治理制度	环保管理制度体系 环保专项行动 环保荣誉或奖励 "三同时"制度	披露为1,否则为0
	环境监管	重点污染监控单位 污染物排放达标 突发环境事故 环境违法事件 环境信访事件	披露为1,否则为0
	环境认证	是否通过ISO14001认证 是否通过ISO9001认证	披露为1,否则为0
	环境负债	废水排放量 COD排放量 SO_2排放量 CO_2排放量 烟尘和粉尘排放量 工业固废排放量	定量披露赋值为2, 定性披露赋值为1, 否则为0
	环境业绩与治理	废气减排治理情况 废水减排治理情况 粉尘、烟尘治理情况 固废利用和处置情况 噪声、光污染、辐射等治理情况 清洁生产实施情况	定量披露赋值为2, 定性披露赋值为1, 否则为0
软指标	环保战略	环保理念 环保目标	披露为1,否则为0
	环保措施	环保教育与培训 环保事件应急机制	披露为1,否则为0
	环境信息披露载体	上市公司年报 社会责任报告 环境报告	披露为1,否则为0

个小项目）和软指标（三大类，7个小项目）。采用3项量化指标评估企业环境信息披露"漂绿"程度：以硬指标未披露比例（GWH=1-实际披露分值/应披露总分值）衡量选择性披露，比例越大选择性越强；以软指标得分占比（GWS=软指标得分/披露总得分）衡量表述性操纵，占比越高操纵越显著；通过几何平均法合成综合指数 $GW=\sqrt{GWH \times GWS}$，该值越大表明企业环境信息披露避重就轻和表述操控越严重，企业"漂绿"程度越高。模型控制变量的定义如表2所示。

表2 模型控制变量定义

变量	符号	定义
企业规模	Size	年末总资产的自然对数
资产负债率	Lev	年末总负债与年末总资产的比值
资产收益率	Roa	公司净利润与年末总资产的比值
成长性	Growth	（期初所有者权益+本期利润）/期初所有者权益
公司年限	AgeEst	观测年份减去公司成立年份加1取自然对数
营业毛利率	Gpm	毛利润/总收入
边际利润率	Mp	（销售收入-变动成本）/销售收入
独董比例	Pid	公司董事会中独立董事所占比例
两职合一	Dual	如果公司董事长与总经理为同一人，取值为1，否则为0
第一大股东持股比例	Top1	第一大股东持股数量与占企业总股份的比例
机构投资者持股比例	Insinv	年末机构投资者持有股份占企业总股份的比例
企业性质	Soe	若公司是国有企业，则取值为1，否则取值为0
污染行业属性	Pollution	若公司属于重污染行业，取值为1，否则取值为0

（二）机制检验模型构建

为了验证假设H2，本报告构建了如下模型：

$$\Delta PRII_{i,t+1}(\Delta PRIS_{i,t+1}) = \beta_0 + \beta_1 \Delta GW_{i,t} + \beta_2 PRII_{i,t}(PRIS_{i,t}) \\ + \beta_3 Controls_{i,t} + Year + Id + \varepsilon \quad (2)$$

$$\Delta INI_{i,t} = \beta_0 + \beta_1 \Delta PRII_{i,t}(\Delta PRIS_{i,t}) + \beta_2 Controls_{i,t} + Year + Id + \varepsilon \quad (3)$$

$$Attention_{i,t} = \beta_0 + \beta_1 PRII_{i,t}(PRIS_{i,t}) + \beta_2 Controls_{i,t} + Year + Id + \varepsilon \quad (4)$$

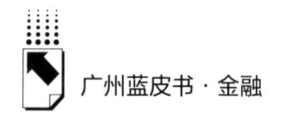

$$GW_{i,t} = \beta_0 + \beta_1 Attention_{i,t} + \beta_2 Controls_{i,t} + Year + Id + \varepsilon \qquad (5)$$

其中，模型（2）、模型（3）是为了验证减持威胁的作用效果，而模型（4）、模型（5）将验证吸引媒体关注的监督强化作用。模型（2）为 PRI 签署基金持股变化对企业"漂绿"程度变化的回归，表现了投资对"漂绿"行为的反应程度。模型（3）为机构投资者持股家数变化对 PRI 签署基金持股变化程度的回归，反映了其他机构投资者对 PRI 签署基金的投资跟进行为。模型（4）为企业的媒体关注度对 PRI 签署基金持股情况的回归，反映了媒体对 PRI 签署基金持股行为的关注程度。模型（5）为企业"漂绿"对媒体关注度的回归，反映了媒体对企业环境信息披露管理的监督作用。其中，$\Delta PRII$（$\Delta PRIS$）和 ΔGW 分别表示 PRI 基金持股数量（基金持股比例）和企业"漂绿"程度下一期与本期的差值，ΔINI 表示企业机构投资者净增持股家数的变化率，$Attention$ 表示报刊与网络媒体报道总量的自然对数，其他变量定义与模型（1）保持一致。

（三）调节效应模型构建

为了检验假设 H3a、H3b，本报告采用加入交互项回归的方法，检验融资约束与外部监督机制对 PRI 签署基金与标的企业"漂绿"行为之间关系的调节效应。模型构建如下：

$$GW_{i,t} = \beta_0 + \beta_1 PRID_{i,t} \times FC_{i,t} + \beta_2 PRID_{i,t} + \beta_3 WW_{i,t} + \beta_4 Controls_{i,t} \\ + Year + Id + \varepsilon \qquad (6)$$

$$GW_{i,t} = \beta_0 + \beta_1 PRID_{i,t} \times Big4_{i,t} + \beta_2 PRID_{i,t} + \beta_3 Big4_{i,t} + \beta_4 Controls_{i,t} \\ + Year + Id + \varepsilon \qquad (7)$$

（四）经济后果模型构建

为了探究假设 H4，本报告构建了如下模型：

$$EPI_{i,t+1} = \beta_0 + \beta_1 GW_{i,t} + \beta_2 Controls_{i,t} + Year + Id + \varepsilon \qquad (8)$$

$$EPI_{i,t+1} = \beta_0 + \beta_1 PRID_{i,t} \times GW_{i,t} + \beta_2 PRII_{i,t}(PRIS_{i,t}) + \beta_3 Controls_{i,t} \\ + \beta_4 Controls_{i,t} + Year + Id + \varepsilon \qquad (9)$$

模型（9）可以更直观地观测 PRI 签署基金的持股数量及比例如何通过约束企业"漂绿"行为对企业实质性绿色投入产生影响。本报告借鉴赵阳等①的研究方法，采用企业环境治理费用与总资产的比值构建该指标（EPI＝环境治理费用/总资产）。该比值越高，表明企业在环境保护领域的实质性资源投入越大。其他变量定义与模型（1）保持一致。

四 实证结果与分析

（一）样本选择与数据来源

本报告选择 2017~2023 年沪深 A 股主板、中小板及创业板上市公司为初始研究对象，遵循以下标准进行样本筛选：第一，剔除 ST/ST*类上市公司（风险警示状态）；第二，排除金融行业（J 门类）上市公司；第三，筛除关键变量数据缺失的样本。同时，为控制极端值影响，对所有连续变量实施 1%与 99%分位的缩尾处理。最终获得 21763 个公司—年度观测值。PRI 签署基金数据通过 UN PRI 官网手工采集整理；公司财务与治理数据源自 CSMAR 中国证券市场数据库。

（二）描述性统计

表 3 列出了公募基金公司签署 PRI 的时间分布数据。

表 3 公募基金公司 PRI 签署时间分布情况

单位：家，%

项目	2017 年	2018 年	2019 年	2020 年	2021 年	2022 年	2023 年
新增数量	2	5	4	3	8	3	3
累计	2	7	11	14	22	25	28
签署占比	1.23	4.29	6.75	8.59	13.50	15.34	17.18

资料来源：UN PRI 官网。

---

① 赵阳、沈洪涛、周艳坤：《环境信息不对称、机构投资者实地调研与企业环境治理》，《统计研究》2019 年第 7 期。

表4列出了主要变量的描述性统计结果，包括所有21763个公司—年度观测值。样本中，企业"漂绿"程度（GW）均值为0.474，标准差为0.183，最小值为0.000，最大值为0.805，说明样本公司"漂绿"程度各有差异，为后续研究创造较好的条件。PRII的最大值为6.023，最小值为0.000，平均值为2.336；PRIS最大值为25.500，最小值为0.000，平均值为2.158。总体来说，上市公司中PRI签署基金的持股家数和比例已经达到相当规模，可能对公司治理产生一定的影响效果。此外，控制变量的分布均在合理范围内。

表4 主要变量的描述性统计

变量	观测值	平均值	中位数	标准差	最小值	最大值
GW	21763	0.474	0.459	0.183	0.000	0.805
PRII	21763	2.336	2.197	1.627	0.000	6.023
PRIS	21763	2.158	0.294	4.547	0.000	25.500
AgeEst	21763	3.067	3.091	0.268	2.303	3.584
Growth	21763	1.098	1.054	0.288	0.268	2.498
Size	21763	22.424	22.253	1.336	19.922	26.368
Lev	21763	0.435	0.427	0.200	0.069	0.929
Gpm	21763	0.286	0.253	0.177	-0.030	0.838
Roa	21763	0.029	0.034	0.075	-0.340	0.208
Mp	21763	0.991	0.996	0.119	0.324	1.475
Top1	21763	32.386	30.000	14.422	8.348	71.238
Soe	21763	0.341	0.000	0.474	0.000	1.000
Dual	21763	0.286	0.000	0.452	0.000	1.000
Pid	21763	37.906	36.360	5.441	33.330	57.140
Insinv	21763	41.642	42.767	24.532	0.230	90.594
Pollution	21763	0.281	0.000	0.450	0.000	1.000

（三）基准回归结果

表5的基准回归结果显示，无论是否引入控制变量，PRI签署基金持股数量与比例均与企业"漂绿"行为呈现显著负相关关系。其中，未加入控

制变量模型的 $PRII$ 系数为-0.006、$PRIS$ 系数为-0.001，均在1%的水平下显著为负；全变量模型下 $PRII$ 系数为-0.003、$PRIS$ 系数为-0.001，均在5%的水平下显著为负。结果表明，PRI 签署基金有效抑制了上市公司环境信息披露中的机会主义行为，为假设 H1 提供了直接的实证支持。

表5 基准回归结果

变量/项目	GW (1)	(2)	(3)	(4)
$PRII$	-0.006*** (0.001)		-0.003** (0.002)	
$PRIS$		-0.001*** (0.000)		-0.001** (0.000)
$AgeEst$			-0.019 (0.045)	-0.019 (0.045)
$Growth$			0.004 (0.004)	0.003 (0.004)
$Size$			-0.021*** (0.005)	-0.022*** (0.005)
Lev			0.009 (0.017)	0.009 (0.017)
Gpm			0.015 (0.025)	0.014 (0.025)
Roa			-0.011 (0.029)	-0.012 (0.029)
Mp			-0.014 (0.015)	-0.013 (0.015)
$Top1$			-0.000 (0.000)	-0.000 (0.000)
Soe			-0.002 (0.009)	-0.002 (0.009)
$Dual$			-0.002 (0.004)	-0.002 (0.004)

续表

变量/项目	GW			
	（1）	（2）	（3）	（4）
Pid			0.000 （0.000）	0.000 （0.000）
Insinv			-0.000 （0.000）	0.000 （0.000）
Pollution			-0.010 （0.014）	-0.010 （0.014）
常数项	0.515 *** （0.003）	0.508 *** （0.003）	1.044 *** （0.163）	1.062 *** （0.162）
时间固定效应	是	是	是	是
个体固定效应	是	是	是	是
样本观测值	21763	21763	21763	21763
调整的R^2	0.035	0.034	0.037	0.037

注：括号内为标准差；*、**、*** 分别表示在10%、5%、1%的水平下显著。下同。

（四）机制检验回归结果

监督机制的检验结果如表6、表7所示。表6展示了"减持威胁"的作用机制。模型（2）的回归结果见表6列（1）~（2），d_GW的系数分别在5%和10%水平下显著为负，说明当期企业"漂绿"行为的加重将会增加下一期PRI签署基金退出的可能性，这表明PRI签署基金对标的企业的"漂绿"行为具有一定的识别能力，将积极履行负责任投资的承诺。模型（3）的回归结果见表6列（3）~（4），d_PRII和d_PRIS的系数均在1%水平下显著为正，一定程度上说明，被PRI签署基金持股具备极为显著的信号作用，能够对其他机构投资者的投资决策产生重要影响。其他机构投资者所呈现的跟随效应，会进一步赋予PRI签署基金更强大的影响力，进而强化其在企业"漂绿"行为治理方面的作用。表7展示了吸引媒体关注对中小投资者监督作用的强化效果。模型（4）的回归结果见表7列（1）~（2），*PRII*、*PRIS*的系数均在1%水平下显著为正，说明被PRI签署基金持股将会

签署 PRI 基金持股对企业"漂绿"行为的影响研究

增加企业被媒体关注的可能性。模型（5）的回归结果见表 7 列（3），*Attention* 的系数在 1%水平下显著为负，一定程度上说明，媒体关注度的提高会制约企业"漂绿"行为，进一步说明媒体报道追踪数量的增加将会缓解中小投资者面临的环境信息不对称困境，能够对中小投资者的监督效果产生重要影响。检验结果证明假设 H2。

表 6 机制检验回归结果（减持威胁）

变量/项目	d_PRII (1)	d_PRIS (2)	d_INI (3)	d_INI (4)
d_GW	-0.073** (0.033)	-0.291* (0.152)		
PRII	-0.833*** (0.010)			
PRIS		-0.559*** (0.021)		
d_PRII			1.459*** (0.188)	
d_PRIS				0.108*** (0.012)
AgeEst	0.883** (0.359)	4.306** (1.691)	0.198 (1.265)	0.027 (1.357)
Growth	0.006** (0.003)	-0.005* (0.003)	-0.003 (0.007)	0.007 (0.007)
Size	0.010* (0.005)	0.018 (0.012)	-0.023 (0.019)	0.034 (0.027)
Lev	0.235*** (0.032)	0.682*** (0.122)	-0.007 (0.221)	-0.186 (0.245)
Gpm	0.524*** (0.102)	0.607* (0.325)	-0.283 (0.567)	0.993 (0.687)
Roa	0.028 (0.032)	-0.068* (0.037)	0.030 (0.154)	0.183 (0.159)
Mp	-0.009 (0.006)	0.002 (0.010)	-0.032 (0.025)	-0.031 (0.023)
Top1	-0.006*** (0.002)	-0.045*** (0.007)	-0.003 (0.011)	-0.006 (0.012)

续表

变量/项目	d_PRII (1)	d_PRIS (2)	d_INI (3)	d_INI (4)
Soe	-0.075 (0.052)	-0.767*** (0.189)	0.153 (0.249)	0.186 (0.260)
Dual	0.033 (0.027)	0.052 (0.122)	-0.113 (0.140)	-0.133 (0.148)
Pid	0.000 (0.002)	0.012 (0.009)	0.018 (0.012)	0.015 (0.012)
Insinv	0.013*** (0.001)	0.047*** (0.007)	0.025*** (0.008)	0.037*** (0.010)
Pollution	0.192* (0.109)	-0.340 (0.414)	0.536 (0.362)	0.660* (0.367)
常数项	-6.696*** (1.238)	-28.062*** (5.854)	-2.706 (6.169)	2.027 (6.741)
时间固定效应	是	是	是	是
个体固定效应	是	是	是	是
样本观测值	15545	15545	18654	18654
调整的R^2	0.475	0.238	0.072	0.024

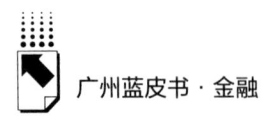

表7 机制检验回归结果（吸引媒体关注）

变量/项目	Attention (1)	Attention (2)	GW (3)
PRII	0.103*** (0.013)		
PRIS		0.020*** (0.003)	
Attention			-0.003*** (0.001)
AgeEst	0.128 (0.315)	0.147 (0.316)	-0.003 (0.044)
Growth	0.109*** (0.034)	0.120*** (0.034)	0.004 (0.004)
Size	0.281*** (0.037)	0.324*** (0.036)	-0.023*** (0.005)

续表

变量/项目	Attention (1)	Attention (2)	GW (3)
Lev	-0.016 (0.131)	-0.037 (0.131)	0.011 (0.017)
Gpm	0.111 (0.142)	0.165 (0.142)	0.014 (0.024)
Roa	-0.644*** (0.219)	-0.591*** (0.220)	-0.017 (0.028)
Mp	0.212** (0.097)	0.178* (0.097)	-0.009 (0.014)
Top1	-0.005** (0.002)	-0.005** (0.002)	-0.000 (0.000)
Soe	-0.103 (0.068)	-0.100 (0.068)	-0.001 (0.009)
Dual	-0.044 (0.033)	-0.045 (0.033)	-0.002 (0.004)
Pid	0.004 (0.003)	0.004 (0.003)	0.000 (0.000)
Insinv	-0.005*** (0.001)	-0.006*** (0.001)	-0.000 (0.000)
Pollution	-0.048 (0.118)	-0.041 (0.118)	-0.010 (0.014)
常数项	-1.702 (1.127)	-2.569** (1.122)	1.050*** (0.158)
时间固定效应	是	是	是
个体固定效应	是	是	是
样本观测值	21763	21763	21763
调整的R^2	0.413	0.413	0.037

(五) 调节效应回归结果

表8报告了假设H3a、H3b的检验结果。列(1)~(2)显示，无论是否控制时间和个体固定效应，$PRID×FC$的回归系数都在1%的水平下显著为

正，假设 H3a 得到验证。这说明当企业面临较高融资约束时，PRI 签署基金对标的企业"漂绿"行为的约束能力变差，PRI 签署基金监督机制的发挥还受制于企业的融资约束程度。列（3）~（4）显示，无论是否控制时间和个体固定效应，$PRID×Big4$ 的系数分别在 5% 和 10% 水平下显著为负，结果表示高质量外部审计通过提升信息透明度，有效增强了 PRI 签署基金对企业环境治理的监督效能，与委托代理理论关于审计治理功能的预期一致，假设 H3b 得到验证。

表 8　调节效应回归结果

变量/项目	GW			
	（1）	（2）	（3）	（4）
PRID	-0.017*** (0.004)	-0.007 (0.004)	-0.008** (0.004)	0.004 (0.004)
PRID×Big4			-0.066** (0.026)	-0.040* (0.024)
PRID×FC	0.015*** (0.004)	0.019*** (0.005)		
Big4			0.038 (0.026)	0.014 (0.024)
WW	-0.018*** (0.004)	-0.026*** (0.005)		
AgeEst	-0.027*** (0.005)	-0.032 (0.045)	-0.025*** (0.005)	-0.022 (0.045)
Growth	0.012** (0.005)	0.002 (0.004)	0.012** (0.005)	0.003 (0.004)
Size	-0.013*** (0.001)	-0.024*** (0.005)	-0.011*** (0.001)	-0.024*** (0.005)
Lev	0.008 (0.008)	-0.003 (0.017)	0.010 (0.008)	0.010 (0.017)
Gpm	0.099*** (0.009)	0.013 (0.025)	0.100*** (0.009)	0.013 (0.025)
Roa	-0.210*** (0.026)	-0.013 (0.029)	-0.222*** (0.026)	-0.015 (0.029)
Mp	0.046*** (0.014)	-0.014 (0.015)	0.046*** (0.014)	-0.012 (0.015)

续表

变量/项目	GW			
	(1)	(2)	(3)	(4)
$Top1$	-0.000**	0.000	-0.000**	-0.000
	(0.000)	(0.000)	(0.000)	(0.000)
Soe	0.014***	-0.001	0.014***	-0.001
	(0.003)	(0.009)	(0.003)	(0.009)
$Dual$	0.001	-0.002	0.002	-0.002
	(0.003)	(0.004)	(0.003)	(0.004)
Pid	0.000	0.000	0.000	0.000
	(0.000)	(0.000)	(0.000)	(0.000)
$Insinv$	-0.000***	-0.000	-0.000***	-0.000
	(0.000)	(0.000)	(0.000)	(0.000)
$Pollution$	-0.094***	-0.011	-0.094***	-0.010
	(0.002)	(0.014)	(0.002)	(0.014)
常数项	0.792***	1.125***	0.754***	1.101***
	(0.034)	(0.161)	(0.034)	(0.160)
时间固定效应	否	是	否	是
个体固定效应	否	是	否	是
样本观测值	21763	21763	21763	21763
调整的R^2	0.088	0.039	0.088	0.037

(六) 经济后果回归与稳健性分析

首先，检验企业"漂绿"程度对环境治理费用投入的负向影响，即考察表9列(1) GW 的回归系数。然后，检验PRI签署基金持股行为($PRID$)与企业"漂绿"程度对环境治理费用投入的影响，即交互项 $PRID×GW$ 的回归系数。表9列(1)显示，GW 的回归系数在1%的水平下显著为负，第(2)~(3)列显示 $PRID×GW$ 的回归系数也在1%水平下显著为负，这一结果验证了假设H4。

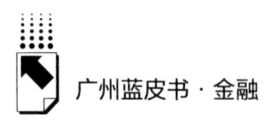

表9　经济后果的回归结果

变量/项目	EPI		
	(1)	(2)	(3)
PRII		0.005*** (0.001)	
PRIS			0.001*** (0.000)
PRID×GW		-0.043*** (0.008)	-0.040*** (0.008)
GW	-0.037*** (0.005)	-0.002 (0.008)	-0.005 (0.007)
AgeEst	-0.101*** (0.037)	-0.101*** (0.037)	-0.103*** (0.037)
Growth	-0.000** (0.000)	-0.000** (0.000)	-0.000** (0.000)
Size	0.013*** (0.003)	0.009*** (0.003)	0.011*** (0.003)
Lev	0.000 (0.000)	0.000 (0.000)	0.000 (0.000)
Gpm	0.001 (0.011)	-0.003 (0.011)	-0.000 (0.011)
Roa	-0.004 (0.003)	-0.005* (0.003)	-0.005* (0.003)
Mp	0.000 (0.001)	0.001 (0.001)	0.001 (0.001)
Top1	0.000 (0.000)	0.000 (0.000)	0.000 (0.000)
Soe	-0.014** (0.006)	-0.013** (0.006)	-0.012** (0.006)
Dual	0.000 (0.003)	0.000 (0.003)	0.000 (0.003)
Pid	0.000 (0.000)	0.000 (0.000)	0.000 (0.000)
Insinv	0.000* (0.000)	0.000 (0.000)	0.000 (0.000)

续表

变量/项目	EPI		
	(1)	(2)	(3)
Pollution	0.010 (0.012)	0.009 (0.011)	0.010 (0.011)
常数项	0.027 (0.123)	0.102 (0.125)	0.067 (0.125)
时间固定效应	是	是	是
个体固定效应	是	是	是
样本观测值	18654	18654	18654
调整的R^2	0.198	0.199	0.199

五 研究结论[①]

本报告探讨了 PRI 签署基金如何影响标的企业的"漂绿"行为，结论为：PRI 签署基金显著抑制了标的企业的"漂绿"行为，且这种抑制效果在融资约束水平较低、外部监督更完善的企业中更为显著。机制检验发现，被 PRI 签署基金持股会强化投资者对企业环境信息披露的监督作用。对于机构投资者而言，若企业当期提高"漂绿"程度将会增加 PRI 签署基金在下一期退出的可能，并引致其他机构投资者的模仿和跟随，进一步强化 PRI 签署基金"减持威胁"的效果。而对于中小投资者而言，被 PRI 签署基金持股将提高企业的社会媒体关注度，信息透明度的提高会弥补中小投资者的信息劣势，间接约束管理者"漂绿"的短视行为。最后经济后果检验表明，PRI 签署基金可以缓解标的企业"漂绿"行为对环境治理投入水平产生的负面影响，助力实质性环保行动的开展。

[①] 经过工具变量法、多期双重差分法与安慰剂检验、倾向评分匹配、变量替换法等一系列检验后，以上结论依然稳健，因篇幅限制，此处省略，需要者可向作者索取。

B.19
金融支持绿美广东生态建设：进展、思路及对广州的启示

蔡晓琳　廖欣瑞*

摘　要： 党的二十大擘画了强国建设、民族复兴的宏伟蓝图，对推动绿色发展、促进人与自然和谐共生作出了重要部署。2022年12月，广东省委、省政府作出深入推进绿美广东生态建设的决定。为了解金融支持绿美广东生态建设情况，本报告在对广东各区域调查的基础上，全面分析绿美广东生态建设的金融需求，总结金融支持绿美广东生态建设的做法及成效，深入剖析金融支持绿美广东生态建设存在的"不能投、不会投、不敢投"问题，并提出：广州要做实项目的承贷主体，做好项目搭配，打造金融支持绿美广州生态建设的长效机制；加强金融服务和产品创新，加大信息共享力度，不断提高绿美广州生态建设融资服务水平；制定完善地方转型金融目录及配套激励机制，建立完善生物多样性评估标准及披露框架。

关键词： 绿色金融　绿美广东　生物多样性

一　绿美广东生态建设已成为广东高质量发展的鲜明底色

2023年2月，中共广东省委发布《关于深入推进绿美广东生态建设的

---

* 蔡晓琳，中国人民银行广东省分行金融研究处三级主任科员，研究方向为区域金融改革；廖欣瑞，中国人民银行广东省分行金融研究处一级主任科员，研究方向为绿色金融。

决定》（以下简称《决定》），共6章23条，旨在让南粤大地蓝天常驻、青山常在、绿水长流、生态更美，为广东在新征程中走在全国前列、创造新的辉煌筑牢生态根基。2023年5月，广东省委、省政府出台《关于新时代广东高质量发展的若干意见》，提出"统筹产业结构调整、污染治理、生态保护、应对气候变化，协同推进降碳、减污、扩绿、增长，走出新时代绿水青山就是金山银山的广东路径"，绿美广东生态建设成为广东高质量发展的鲜明底色。

2023年12月，中共中央、国务院印发《关于全面推进美丽中国建设的意见》，提出当前我国经济社会发展绿色转型内生动力不足。新征程上，必须把建设美丽中国摆在强国建设、民族复兴的突出位置，建设天蓝、地绿、水清的美好家园。深入了解绿美广东生态建设的资金需求情况，厘清社会资本在支持绿美广东生态建设方面存在的障碍，推动金融支持绿美广东生态建设，打造人与自然和谐共生的美丽中国"广东样板"，对促进我国美丽生态建设及区域经济高质量发展具有重要的现实意义。

二 金融支持绿美广东生态建设的做法及成效

（一）加强政策引导，打造绿美广东生态建设金融服务生态圈

一是强化金融支持绿美广东生态建设的政策指导，建立健全制度保障。为持续支持绿美广东生态建设，广东金融机构将绿色金融纳入长期发展战略规划，出台相关政策文件、实施方案等，加大顶层推力，完善激励约束机制，不断提升金融支持蓝天、碧水、净土等方面综合服务能力。例如，东莞银行制定《东莞银行东莞地区绿色金融业务——"碧水蓝天"专项营销方案》，其中梳理了东莞市内河涌整治项目清单，组织推动"碧水蓝天专项营销活动"，加大对水污染防治的绿色信贷投放力度。二是完善金融支持绿美广东生态建设配套措施，夯实发展基础。广东金融机构通过健全组织架构，成立绿色金融业务工作领导小组以及绿色金融服务专营小组，开通绿色金融

专营审批通道,优先满足绿色项目的信贷需求并合理降低绿色项目融资成本。按照"零碳网点"+"绿色金融专营机构"的思路,持续打造辖区绿色金融文化宣传中心、绿色金融信息研究中心、绿色金融产品创新和服务中心,目前已实现省内地市"零碳网点"全覆盖。例如,韶关市始兴农商行将辖内司前支行打造为"绿色金融支行",重点服务林业、农业等绿色产业,并开通绿色金融绿色审批通道,以"全周期"金融服务满足绿色企业金融需求。

(二)强化融资对接,加大绿美广东生态建设项目的金融支持

一是持续加大金融支持绿美广东生态建设的力度。广东金融系统聚焦资源整合优化,引金融"活水"灌溉污染治理、生态保护、生态修复、园林绿化、生态林业等领域。据中国人民银行广东省分行统计,截至2023年末,广东省19个地市各银行机构投向绿美广东生态建设的信贷余额为1213亿元,较上年增加253亿元,同比增长26%。例如,光大银行湛江分行为国有林场森林碳汇试点名单中的中林集团雷州林业局有限公司提供综合授信额度3亿元,解决企业实施森林资源培育、森林植被恢复的日常经营融资需求。广东南粤银行为湛江市恒诚水处理有限公司提供3亿元授信支持,用于城市黑臭水体整治。二是充分利用碳减排支持工具等为碳减排重点领域提供更多低成本资金。例如,中国工商银行珠海分行主动对接广东粤电珠海海上风电有限公司、南方海上风电联合开发有限公司、珠海粤风新能源有限公司等企业,已发放8亿元碳减排贷款。惠州市银行机构运用碳减排支持工具支持垃圾处理项目,通过碳减排支持工具为博罗县生活垃圾焚烧发电扩容及餐厨项目和惠阳区污泥、餐厨垃圾、粪便无害化处理PPP项目发放贷款余额合计2.1亿元,带动减少碳排放2.2万吨。三是不断搭建完善绿美广东生态建设项目与金融机构和政府相关部门的沟通桥梁。例如,依托广州碳排放权交易中心和第三方评估机构技术和智力支持,中国人民银行清远市分行配合地方政府部门制定《清远市绿色企业(项目)库管理实施细则(试行)》,引导金融机构积极对接绿色企业和绿色项目融资需求,促进绿色产业发展。

（三）探索金融创新，有效满足绿美广东生态建设多样化融资需求

一是创新信贷产品，提高绿美广东生态建设项目融资可得性。针对绿美广东生态建设项目运营周期长、回报率低、传统抵质押物不足等方面问题，广东金融机构创新融资产品，提高项目融资可得性。例如，农发行肇庆市分行积极对接肇庆市广宁县生态环境整治项目需求，落地了广东省首个正式获得政策性金融支持的 EOD 项目，通过市场化运营、肥瘦项目合理搭配、融资产品创新等项目实施方式，成功为广宁县人居环境改善与产业融合发展项目整合首批融资 7 亿元。近年来，广东金融机构将海产品养殖、森林种植与经营、农田利用与绿色技术应用等形成的未来碳汇收益纳入合格抵质押物范围，打造"传统抵押+碳汇增信"的信贷模式，创新推出水稻碳汇、林业碳汇、海洋贝类养殖碳汇、林下种植中药材碳汇等一系列生态碳汇预期收益权质押贷款，逐步形成了具有广东特色的生态碳汇预期收益权质押贷款产品矩阵。二是创新保险产品，为绿美广东生态建设保"价"护航。广东金融机构积极创新保险产品，提升绿美广东生态建设项目"防风险、可持续"能力。例如，人保财险广东省分公司基于广州碳排放权交易中心为云浮市国有大云雾林场出具的林业碳汇价值认定结论，发放保险金额为 118 万元的全省首单林业碳汇价值综合保险，可对因自然灾害造成的林木和碳汇价值损失进行赔付，为森林所产生的碳汇恢复期间耗损、固碳能力修复成本以及碳排放权交易价值提供保障。

（四）加大宣传力度，促进达成金融支持绿美广东生态建设的共识

一是发挥示范引领作用，激励金融机构主动参与绿美广东生态建设工作。为弘扬生态文明理念，广东金融机构广泛开展绿美广东生态建设专题宣传活动，更好宣传总结广东绿色金融改革创新成果，加快复制推广绿色金融改革创新经验。例如，中国人民银行广东省分行组织开展主题为"绿美广东·金融赋能"的绿色金融改革创新案例征集和推广活动，得到全省各金融机构和相关单位积极响应，经初审遴选、网络投票、专家评议等环节，确

定 2024 年绿色金融改革创新推广案例 50 项。同时，通过第 12 届金交会宣传全国首单公园城市景观林保险等多个广东乃至全国首创的绿色金融创新案例，充分展示广东绿色金融改革创新的蓬勃活力和积极成效，强化示范和推广效应，运用好绿色金融手段赋能绿美广东生态建设。二是强化联动工作机制，注重宣传引导金融支持绿美广东生态建设。例如，中国人民银行韶关市分行联合韶关市林业局、南方财经全媒体集团举办韶关林业金融发展研讨会、林业产融对接会，吸引超 40 家金融机构、林业企业代表参与，深入讨论韶关林业发展、林业金融发展情况和林业融资现状及问题，开展涵盖木材加工、木材销售、旅游观光、餐饮服务、竹林种植与林下经济等领域的项目路演，共同探讨绿色金融赋能绿美广东生态建设实施路径。

三 金融支持绿美广东生态建设存在的问题

（一）从项目主体看，缺乏市场化主体参与，项目回报率低，导致社会资金"不能投"

一是绿美广东生态建设项目普遍依赖财政资金支持，银行介入难。生态环境和自然资源为国有或集体所有，相关项目现阶段仍主要依靠党政推动、政府投入，运营主体为政府部门或事业单位等机构，而不是自负盈亏的市场化法人，不符合银行放贷主体要求。此类项目优先采用专项债资金支持，以东莞市某污水处理有限公司为例，该公司为开展某污水处理厂二期工程项目在银行批复 4 亿多元贷款额度，但仅在首笔支用 7000 多万元，后续全部采用专项债资金满足需求，不再使用银行借款。又如某公园建设项目为专项债支持项目，已由行政单位立项，后续拟由专项债以及地方财政资金负责投入建设，无需银行机构介入提供融资。二是生态建设行业项目存在周期长、回报低的特征，导致银行支持意愿不足。相对于传统的投资项目，不少绿美广东生态建设项目的基础性、公益性、长期性等特点更为突出，难以吸引商业银行和社会资本进入。以林业为例，林业具有投资周期长、回报慢的特点，如桉树林回报周期一般在 7 年左右，杉树林和松树林回报周期则在 10 年以上，因此银行在提供融资服务时面临较大的风险和不确定性。又如某污水管网及污水处理设施建设项目目前已处于投产阶段，但因水价调整机制与市场成本动态变化存在一定偏差，目前项目整体回报率低于预期，部分子项目污水处理费低于实际处理成本，不足以覆盖所有经营成本。

（二）从融资渠道看，创新模式复制推广难，共享机制不健全，导致信贷资金"不会投"

一是绿色金融创新模式复制推广难。近年来，广东省银行机构虽然通过拓宽抵质押物范围、结合绿色元素差异化授信等方式探索绿色金融创新模式，推动经济绿色低碳转型，但创新产品大多为散发式落地，复制推广面临多方面制约。如自 2019 年初起，肇庆市创新推出生态公益林补偿收益权质押贷款业务，后来在全省推广此项业务。但受制于公益林补偿收益权属证明、质押登记、价值评估等方面难题，经过全省银行机构近年的实践，仅在肇庆、清远、韶关、河源等少数地区发放少量此类贷款，全面铺开难度较大。2023 年广州碳排放权交易中心碳排放配额成交量 567 万吨，总成交额 3 亿元，市场规模小、价格波动幅度大，使得环境权益类抵质押物价值不稳定，增加银行贷后管理难度，削弱银行推广此类创新产品的意愿。二是信息共享机制不完善。企业环评信息、绿色信用评级信息、污染排放信息等信息不对称，制约金融资源向绿美广东生态建设领域流动。除控排企业和一些从事碳排放权交易的企业外，目前碳排放量、林业碳汇、能源消耗等企业环境数据只能依赖客户提供，而这些信息不属于客户贷款的必要资料，获取难度相对较大。例如，某银行反映在某垃圾处理与资源利用 PPP 项目融资过程中，需实时查询项目录入国家 PPP 项目库相关信息，但政府与社会资本合作中心暂未开放 PPP 项目库查询功能，导致部分项目信息无法获取。此外，部分 BOT 污水项目需每年查询纳入当地财政预算情况信息，也需政府有关部门协助，银行机构无法及时从各地政府网站查询相关项目信息，难以做到应查尽查。

（三）从配套措施看，转型金融标准有待完善，生物多样性评估难度大，导致社会资金"不敢投"

一是转型金融标准或目录尚未出台。转型金融是推动产业结构减碳、绿色发展的重要手段。但由于缺乏转型金融的界定标准，金融机构难以准确判断高碳行业的转型活动，基于"假转型"风险往往会审慎开展融资活动。例如，与绿色金融已有的明确支持项目目录不同，当前未有较明确的针对"棕色"领域的专项政策指引，金融机构难以对项目属性进行界定，很多拥有可行低碳转型方案的大型"两高"企业因经济活动不属于"绿色"，很难获得绿色金融支持。二是评估生物多样性风险缺乏统一的定义标准和数据。从价值链影响环节看，生物多样性的影响复杂性极高，与各类物种、生态系统均存在关联性，且会随着行业的活动和地点不同而变化。由于金融支持生物多样性项目缺乏标准化的工具和指标，加上自身生物多样性相关专业知识的欠缺，银行机构难以厘清实体或项目的生物多样性足迹，无法准确识别其是否对生物多样性存在负面影响。在多样性数据获取方面，主要渠道包括企业主动披露 ESG 数据、政府机构公开数据、专业第三方数据等。目前，生物多样性研究尚处于探索阶段，各方数据披露较少，银行难以获得准确数据来评估和管理风险。如《中国企业生物多样性信息披露研究报告（2022）》显示，2022 年中证 800 成分股中披露生物多样性信息的企业仅占 28.89%。

四 对广州的启示

（一）做实项目的承贷主体，做好项目搭配，打造金融支持绿美广州生态建设的长效机制

一是做实绿美广州生态建设项目的承贷主体。要发挥地方政府在绿美广州生态建设项目中的主导、引领作用，统筹负责项目捆绑、资源搭配、制度设计、特许经营等工作任务。同时，项目的规划申报、资金筹措和投产运营

等工作要选择专业的市场化实施主体来承接。在具体实践中，除了市、区直属的国企、城投公司，还可授权各地管委会成立的专业运营公司作为实施主体，推进项目融、投、建、运、维一体化落地实施，以便在有效贯彻落实政府环境整治政策的同时，解决项目融资的难题。二是做好项目搭配。结合广州各区特色，构建"城市环境综合整治+环境敏感性产业""矿山修复治理+存量资源经营""农村环境综合整治+生态种养""荒山荒地综合整治+清洁能源"等环境治理与产业协同的复合模式，提升绿美广州生态建设项目可持续性。

（二）加强金融服务和产品创新，加大信息共享力度，不断提高绿美广州生态建设融资服务水平

一是推动金融机构加大融资产品创新力度。开发适配 EOD 项目全生命周期的"一揽子"专项融资方案，如项目启动前提供普通贷款、项目启动后提供项目贷款或银团贷款、项目实施中后期提供环境权益抵押贷款等。二是加强重大项目信息共享。建议加强政银企沟通合作交流，通过对接活动、对接平台等加强重大项目信息共享，并在对重大项目的土地、环评、抵质押等审批流程中简化办事程序、提高办事效率，推动绿美广州生态建设项目顺利开展。

（三）制定完善地方转型金融目录及配套激励机制，建立完善生物多样性评估标准及披露框架

结合广州发展实际，研究出台地方转型金融目录，强化转型项目与资金对接机制，完善政府激励措施，提升社会转型项目融资获得性。建立转型主体差异化信息披露分级体系，支持银行机构提供差异化金融服务，引导转型主体提升信息披露的主动性、规范性和透明度。由证监会等部门明确信息披露规则及要求，引导上市公司等企业主体主动参与生物多样性信息披露，有关政府部门牵头建立生物多样性数据共享平台，研究生物多样性评价指标体系和风险模型，建立完善生物多样性评估标准及披露框架。

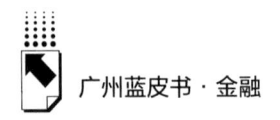

参考文献

习近平:《以美丽中国建设全面推进人与自然和谐共生的现代化》,《先锋》2024年第1期。

孙金龙:《深入学习贯彻习近平生态文明思想 奋进全面推进美丽中国建设新征程》,《环境与可持续发展》2024年第1期。

阳晓霞:《绿美广东"碳"寻绿色金融发展之路》,《中国金融家》2023年第9期。

刘佩忠:《转型金融发展实践、问题与建议》,《现代金融导刊》2023年第9期。

B.20 广东蓝绿金融融合发展现状、问题与对策研究

赖锐标 谭广权 郑光林*

摘　要： 党的二十大报告强调，"发展海洋经济，保护海洋生态环境，加快建设海洋强国"。金融是经济的血脉，绿色金融对海洋经济可持续发展具有关键驱动作用。近年来，广东积极推动绿色金融向蓝色经济领域拓展，探索蓝绿金融融合发展模式，取得了初步成效。但仍存在几方面问题：蓝色金融政策体系尚未健全，制约绿色金融资源投入；融资配套措施有待完善，削弱绿色金融发展效能；融资渠道相对单一，限制绿色金融工具在海洋领域拓展应用。建议加快构建蓝色金融发展机制，完善蓝色金融发展配套措施，加快绿色金融创新在蓝色经济领域的拓展应用，推动蓝绿金融融合发展，促进蓝色经济绿色低碳转型，助力海洋强国建设。

关键词： 蓝色金融　绿色金融　海洋经济

一　蓝绿金融融合发展的内在机理

蓝色金融是可持续金融新兴领域。目前，国内外关于蓝色金融的概念尚未统一，但不同的定义中彰显了相似的内核，即为海洋资源保护和可持续利用提供投融资等服务的可持续金融活动。

---

* 赖锐标，中国人民银行广东省分行金融研究处三级主任科员，研究方向为区域改革等；谭广权，中国人民银行湛江市分行统计研究科科长，研究方向为区域改革等；郑光林，中国人民银行汕尾市分行统计研究科科员，研究方向为区域改革等。

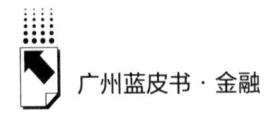

（一）发展蓝色金融是建设海洋强国的必然要求

海洋是经济高质量发展和高水平对外开放的战略要地，也是社会经济转型升级与可持续发展新的动力源泉所在。推动海洋经济的可持续发展是我国从海洋大国迈向海洋强国的必由之路。党的二十大报告强调"发展海洋经济，保护海洋生态环境，加快建设海洋强国"。推动海洋经济活动绿色低碳发展，可显著削减二氧化碳等温室气体排放量，是支撑"双碳"目标实现的可行路径。在建设海洋强国的战略框架下，构建服务蓝色经济发展的蓝色金融体系已成为统筹海洋资源开发与生态保护的必然要求。2018年，中国人民银行等八部委印发《关于改进和加强海洋经济发展金融服务的指导意见》，提出"探索以金融支持蓝色经济发展为主题的金融改革创新"。

（二）蓝绿金融融合发展是绿色金融深化发展的内在需求

蓝色金融是绿色金融理念在金融服务海洋资源保护和可持续开发方面的应用和拓展，其本质逻辑与绿色金融是一致的。当前，我国蓝色金融仍处于起步阶段，金融服务政策及体系尚未建立。绿色金融发展较快，金融服务体系已较为完善，但大部分绿色金融活动主要关注非海洋区域。推动蓝绿金融融合发展，可通过复制推广绿色金融发展经验、创新模式，推动蓝色金融更好更快发展，同时可将绿色金融实践延伸到涉海投融资领域，为绿色金融深化发展提供新动力。

二 广东蓝绿金融融合发展的做法及成效

广东是海洋大省，大陆海岸线长约4100千米，居全国首位，海域面积41.93万平方千米，居全国第二位，在发展海洋经济方面有着得天独厚的优势，也为蓝色金融的发展提供了广阔平台和丰富场景。2024年，广东海洋产业生产总值突破2万亿元，已连续30年领跑全国，海洋产业生产总值约占全国的1/5。近年来，广东主动扛起海洋大省的责任担当，通过强化体制机制建设、加大绿色信贷支持力度、加强蓝色保险创新、拓宽蓝色融资渠道、探索蓝色碳汇创新，推动蓝色金融发展走在全国前列。

（一）强化体制机制建设，增强蓝色金融服务效能

一是加强地方政策探索，引导绿色金融资源投向蓝色经济领域。支持地方根据区域发展实际，出台金融支持蓝色经济领域发展的指导意见。例如，阳江市出台《关于金融支持海洋经济高质量发展的若干措施》，提出强化货币政策工具导向作用、开发推广信贷产品、优化融资服务模式等11项金融支持措施；湛江市制定《关于加快湛江蓝色金融发展的指导意见》，为全国地级市层面首份蓝色金融发展指导文件，从体制机制建设、重点行业支持、金融产品创新、金融基础发展等四大方面提出17条措施推动蓝色金融发展。

二是鼓励金融机构完善内部体制机制建设，大力推动蓝绿金融融合发展。引导金融机构将绿色金融、蓝色金融纳入长期发展战略规划，出台相关业务指引、实施方案等，加大对海洋经济领域可持续发展的信贷支持。例如，交通银行广东省分行制定《海洋金融服务指导意见》，成立海洋金融业务领导小组，出台蓝色金融综合服务方案，深化蓝色金融与绿色金融、普惠金融等融合发展模式，协同推进海洋开发与保护、污染防治与生态修复，助力海洋经济绿色低碳转型。

三是健全金融组织架构，提升金融服务的针对性、专业性。鼓励有条件的金融机构通过设立蓝色金融特色分支机构、专营部门、服务专窗等方式，强化对蓝色经济领域的针对性金融服务。例如，茂名农商银行、徐闻农商银行成立海洋特色支行，中国农业银行湛江分行、阳江农商银行等设立"蓝色金融服务中心""蓝色窗口"，加强精准对接，重点支持海洋捕捞、水产养殖、冷链物流、水产品加工、渔船改造等海洋经济活动及上下游产业链绿色低碳高质量发展。

（二）加大绿色信贷支持力度，促进蓝色经济发展

一是加强货币政策工具运用，为蓝色经济领域绿色低碳发展注入金融

"活水"。充分利用碳减排支持工具，激励和引导金融机构为海洋经济碳减排重点领域提供更多低成本资金。例如，阳江市银行机构运用碳减排支持工具支持海上风电等重大项目建设，助推阳江市千亿级海上风电产业发展；汕尾市运用碳减排支持工具、煤炭清洁高效利用专项再贷款资金撬动金融机构为中广核汕尾后湖海上风电场等项目发放贷款，助力建成全国最大海上平价风电场。

二是加大金融支持力度，支持蓝色经济领域可持续发展。引导金融机构加大对可持续海洋渔业、海洋生态保护与修复、绿色海洋交通运输、临海新能源等重点领域的信贷支持。例如，湛江市银行机构投放绿色贷款支持钢铁、石化等临港产业转型升级，助力中科炼化一体化项目废水、固体废物、地下水污染预防等40余项基础设施工程建设，减少对海洋环境的污染；支持宝钢湛江钢铁公司7个二次资源利用项目建设，实现水资源重复利用率达98%，减少对能源及海洋资源的损耗。

三是鼓励金融产品创新，提升蓝绿金融融合发展质效。引导银行机构推出"园区降碳贷""新能源项目贷""可再生能源补贴确权贷款""碳排放配额质押贷""海洋牧场贷"等一系列创新信贷产品，有效满足蓝色经济领域市场主体绿色低碳发展的融资需求。例如，交通银行广东省分行为珠海某石化企业发放2000万元碳减排挂钩贷款，支持控排企业绿色转型；广发银行为广东江门恒光新能源有限公司发放绿色贷款，支持200兆瓦渔光互补项目建设；中国银行广东省分行以可再生能源补贴未到账资金为依据，创新开发无抵质押确权贷款模式，为广东华电前山风力发电有限公司发放可再生能源补贴确权贷款；中国农业银行湛江分行开发"海洋牧场贷"，把养殖平台、渔船、深海养殖设备等涉海市场主体资产纳入抵押物范畴，同时提高相关押品的抵押率，解决涉海企业贷款抵押物不足难题，支持绿色渔业、海洋牧场建设运营。

（三）加强蓝色保险创新，为蓝色经济发展保驾护航

鼓励保险机构根据海洋经济新兴业态以及涉海企业的特殊保险需求，开

发蓝色碳汇保险、海洋渔业保险、海洋牧场平台保险、海洋环境责任险等蓝色保险产品，通过发挥保险的功能作用，为蓝色经济发展保驾护航。例如，人保财险广东省分公司开发红树林碳汇价值综合保险，为湛江市7个红树林片区提供风险保障；中国太保产险广东分公司开发海水网箱养殖保险，为我国首座半潜式波浪能养殖旅游平台"澎湖号"及其周边25口深水重力式网箱提供3000万元风险保障；人保财险阳江分公司推出海水网箱水产养殖风灾指数保险，为阳西县溪头镇、沙扒镇、上洋镇等的119个深海网箱提供1.04亿元风险保障；人保财险广州分公司首创政策性虾蟹气象指数保险，为广州市南沙区养殖户提供虾蟹气象指数保险保障，参保面积达1.4万亩，风险保障金额高达2.4亿元。

（四）拓宽蓝色融资渠道，满足蓝色经济多样化融资需求

结合广东蓝色经济发展实际，支持市场主体探索发行绿色债券、蓝色债券，设立海洋产业投资基金，开展融资租赁业务等，支持优质涉海企业可持续发展，满足蓝色经济多样化融资需求。例如，招商租赁根据绿色债券项下的创新产品"蓝色债券"相关规定，在深交所发行两期20亿元用于置换及支付海上风电安装船项目建造运营费的债券，为融资租赁行业全国首单蓝色债券；茂名港集团在香港和澳门发行6.4亿元绿色和蓝色债券，支持绿色能源、绿色海洋交通发展；招商银行发行全球首笔蓝色浮息美元债券4亿元，用于支持海上风力发电项目和可持续水资源管理；阳江国资企业牵头设立总规模120亿元的海上风电产业发展基金，以股权直接投资方式支持海上风电产业及上下游产业链发展；科学城（广州）融资租赁有限公司围绕广东精铟海洋工程股份有限公司对高端海上风电装备的研发、生产需求，以融资租赁直租模式落地"科学城号"直租项目，助力国内首座海事登记勘探平台建设。

（五）探索蓝色碳汇创新，推动海洋生态产品价值的实现

金融机构在蓝色碳汇金融创新方面进行了积极的探索。例如，中国工商

银行汕头分行以农户养殖牡蛎可形成的碳汇量为质押物，创新开发海洋碳汇预期收益权质押贷款，开辟金融支持海洋碳汇生态产品价值实现的新路径；中国工商银行惠州分行以中海壳牌石油化工有限公司7万吨碳排放配额作为质押物，通过碳排放配额质押贷款4亿元支持企业发展，资金价格较纯信用或其他抵押担保流动资金贷款成本低10~20BP，有效降低客户融资成本；徐闻农商银行创新推出基于商业银行、保险公司、融资担保公司三方合作的"碳汇贷"产品，创设了"一次评估、两个平台（动产融资登记平台+粤财担保平台）、N项碳应用服务"的业务模式，以碳汇融资新模式支持海洋养殖产业绿色发展。

三 蓝绿金融融合发展存在的问题

（一）蓝色金融政策体系尚未健全，制约绿色金融资源投入

我国蓝色金融政策体系还处于起步阶段，绿色金融在蓝色经济领域的拓展主要参考《绿色债券发行指引》《绿色低碳转型产业指导目录（2024年版）》等绿色金融政策文件。但海洋经济活动有其特点，不能完全照搬陆上经济的已有实践经验。目前蓝色金融标准、蓝色经济产业目录、蓝色项目数据库等尚不健全，金融机构难以准确界定和识别可持续海洋经济活动，制约了绿色金融向蓝色经济的拓展。

（二）融资配套措施有待完善，削弱绿色金融发展效能

一是海洋资产评估、流转等配套措施有待完善。目前市场缺乏涉海资产交易流转平台，海洋物权交易流转困难，海洋抵质押资产变现难，海洋生态资源评估难，难以满足金融机构合格抵押物"产权清晰、价值稳定以及易变现"等要求，降低了银企对接合作的效能。如目前虽然有不少海洋市场主体具备海域使用权、养殖装备、鱼苗等资产，但价值评估、抵押登记、市场流转等环节的配套机制还不完善，资产变现难度较大。二是缺乏蓝色项目

信息共享平台。由于集税务、海关、征信、工商等公共信息于一体的蓝色项目共享平台或项目库的缺失，目前金融机构在开展绿色金融业务的过程中，无法通过平台或项目库获取蓝色项目清单和客户清单，不能精准定位蓝色项目。三是海洋生态保护补偿机制有待完善和细化落地。目前地方政府在积极推进海洋生态保护补偿机制建设，但海洋生态修复利益共享机制缺失、海洋生态保护补偿难落地等问题仍然存在，影响绿色金融资源在海洋生态修复方面的投入。

（三）融资渠道相对单一，限制绿色金融工具在海洋领域的拓展应用

蓝色经济领域融资方式仍相对单一，以信贷为主，绿色基金、绿色债券、蓝色债券等在蓝色经济领域的应用不足，多层次资本市场对蓝色经济的支持力度有限。另外，绿色金融在海洋碳金融方面的拓展和推广有待推进。目前海洋领域的碳金融创新仍处于探索阶段，绿色金融拓展到海洋领域的碳金融创新缺乏基础。如目前已有企业拥有"蓝碳"等海洋资产，但"蓝碳"作为质押物的公允价值难以确定，"蓝碳"相关产业缺乏价值协同转化平台，商业应用仍处于空白阶段，相关实施机制的配套未成体系，作为质押物处置困难，目前"蓝碳"更多只是作为增信担保。

四 对策建议

（一）加快构建蓝色金融发展机制，推动蓝绿金融融合发展

建立健全金融支持蓝色经济绿色低碳发展的政策体系，促进可持续发展目标下绿色金融与蓝色金融的融合发展。制定绿色金融在蓝色经济领域拓展的指导意见和标准细则，推动绿色金融规范要求覆盖海洋经济发展全链条。例如，参照国际金融公司制定的《蓝色金融指引》，厘清蓝色金融服务边界，制定蓝色债券发行标准、蓝色碳汇开发标准，为绿色金融支持蓝色经济发展创造良好的制度环境，推动绿色金融在蓝色经济领域的深化应用。

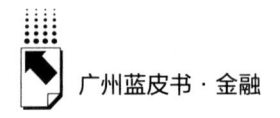

（二）完善蓝色金融发展配套措施，提升金融融合发展效能

一是健全海洋产业信息共享机制和公共服务体系。统筹海洋、科技、财政、工商、税务等公共部门的相关信息，建设涉海企业项目信息共享平台和蓝色项目库，便利金融机构对接蓝色项目提供金融服务。二是健全海洋资源资产全链条管理机制，重点构建覆盖估值认证、权属流转的市场化交易平台。进一步完善涉海权益确权制度，优化认定、监管、登记办法和抵押流转的相关制度和操作流程，提高社会对涉海产权价值的认可度。支持条件成熟的地区探索建设蓝色资产交易平台，提高海洋资产流动性，解决海洋抵质押资产变现难问题。

（三）加快绿色金融创新拓展应用，增强蓝色经济发展动能

一是鼓励金融机构不断丰富和完善蓝色金融产品体系。引导金融机构结合蓝色经济绿色低碳发展的趋势，聚焦海洋新能源、可持续渔业、绿色航运等蓝色经济可持续发展领域的融资需求，开发蓝色贷款等蓝色金融产品，加强对蓝色经济的金融产品支持。二是加快绿色金融创新在蓝色经济领域的拓展应用。积极引导金融市场主体在绿色金融创新经验的基础上，持续探索蓝色债券、蓝色基金、蓝色保险、蓝色股权投资等多种蓝色金融工具，推动更多绿色金融资源流向蓝色经济领域。三是加快绿色金融在海洋生态产品价值实现方面的推广。例如，开展以蓝色碳汇为标的物的金融产品创新，探索构建海洋碳汇生态产品价值的多元化实现机制。

参考文献

谭广权：《金融支持海洋经济绿色低碳发展研究》，《北方金融》2022年第11期。
雷曜、管晓明：《推动中国蓝色金融高质量发展》，《中国金融》2024年第17期。
王双：《蓝色金融的基本内涵、发展现状及展望》，《国际金融》2023年第4期。
潘捷：《金融体系赋能海洋经济高质量发展的机制与路径》，《产经评论》2024年第3期。

B.21
抢抓转型金融发展机遇 推动以南沙为支点建设国际气候金融中心

周小迤*

摘 要： 在全球气候治理进程加速背景下，转型金融作为连接传统与绿色金融的桥梁，正引领可持续金融新方向。南沙作为全国首批气候投融资试点地区，具备良好发展基础。本报告分析转型金融概念、发展趋势，探讨南沙发展转型金融的意义与挑战，并提出三大建议：一是推动政策法规与标准体系建设，奠定转型金融发展的制度基础；二是丰富转型金融工具，探索开展转型金融监管沙盒应用试点；三是构建转型金融生态体系，提升大湾区转型金融影响力。通过以上举措，充分发挥南沙区位优势，助力广州建设国际气候金融中心。

关键词： 转型金融 气候投融资 广州南沙

一 转型金融概念及发展趋势

（一）转型金融的概念

2019年，经济合作与发展组织（OECD）首次提出转型金融概念，重点关注如何支持高碳排放行业和发展中国家逐步实现低碳转型。2022年，二

---

* 周小迤，广州南沙创新制度研究中心研究员，研究方向为特色金融。

十国集团（G20）推出《G20转型金融框架》[①]，将转型金融定义为支持高碳排放行业和企业通过资金、政策和技术手段逐步实现低碳转型的金融活动，并明确转型金融可适用但不限于能源、工业、交通、建筑等高碳排放行业。绿色金融主要面向天然低碳或净零排放的项目，依据严格的绿色标准进行资产类别划分，只有符合绿色融资分类的项目，如气候债券倡议（CBI），才能被纳入支持范围。转型金融主要面向高碳行业中的转型活动或转型企业，允许暂时不完全"绿色"的企业进入支持范围，但需要验证其减排路径的科学性和可操作性，两者具体对比如表1所示。

表1 绿色金融与转型金融对比

维度	绿色金融	转型金融
目标	直接支持低碳、绿色项目	支持高碳行业逐步实现低碳转型
重点支持对象	清洁能源、节能设备、环保技术等	能源、钢铁、化工、航运等高碳行业
资金使用方式	完全低碳化用途	高碳企业用于技术改造或低碳技术研发
工具类型	绿色债券、绿色贷款等	可持续发展挂钩债券（SLB）、挂钩贷款（SLL）、转型债券等
信息披露重点	项目是否符合绿色标准	动态披露减排路径和阶段性转型目标达成情况

（二）转型金融的发展趋势

随着全球气候行动加速和《巴黎协定》减排目标的深化，转型金融已从理论框架快速演变为支持高碳行业低碳转型的核心工具，呈现政策法规加速完善、标准体系协同完善、金融工具创新发展、产业覆盖面持续扩大四大趋势。

在政策法规方面，国际组织与主要经济体正在构建转型金融的政策与监管框架。欧盟通过《欧盟可持续金融分类目录》[②]为高碳行业提供技术

[①] "G20 Transition Finance Framework (TFF)", Sustainable Finance Hub, https://g20sfwg.org/wp-content/uploads/2023/12/TFF-2-pager-digital.pdf.

[②] "EU Taxonomy for Sustainable Activities", European Commission, https://finance.ec.europa.eu/sustainable-finance/tools-and-standards/eu-taxonomy-sustainable-activities_en.

指引，G20发布的《G20转型金融框架》要求金融机构基于科学减排路径评估转型活动风险。新加坡主导的《东盟可持续金融分类目录（第二版）》[①]为传统行业提供转型参考，日本则通过立法强制企业披露转型计划。中国人民银行等部门发布《关于进一步强化金融支持绿色低碳发展的指导意见》，从金融支持体系构建、产品服务创新等方面推动转型金融发展[②]。

在标准体系方面，全球转型金融标准逐渐体系化，呈现四大趋势：一是标准框架加速协同。国际资本市场协会（ICMA）《气候转型融资手册（2023年版）》明确参考《欧盟可持续金融分类目录》技术筛选标准，并采纳CBI行业转型标准的方法论[③]。国际可持续发展准则理事会（ISSB）发布的IFRS S2准则与欧盟《欧洲可持续发展报告标准》（ESRS）在转型信息披露要求上高度趋同[④]。二是信息披露要求全面深化。气候相关财务信息披露工作组（TCFD）信息披露建议框架[⑤]要求企业评估和披露气候风险与机遇影响，IFRS S2准则[⑥]要求企业披露转型目标、量化指标实施路径。三是时限要求逐步明确。欧盟要求受《非财务报告指令》（NFRD）约束的大型公益实体，从2024年起按ESRS标准强制披露[⑦]。四是数字化工具创新。欧

---

① "ASEAN Taxonomy Version 2 Made Effective Following Stakeholder Consultation Feedback", ASEAN Capital Markets Forum, https：//www.theacmf.org/media/news-release/asean-taxonomy-version-2-made-effective-following-stakeholder-consultation-feedback-.

② 《中国人民银行 国家发展改革委 工业和信息化部 财政部 生态环境部 金融监管总局 中国证监会关于进一步强化金融支持绿色低碳发展的指导意见》，中国人民银行网站，2024年4月10日，http：//www.pbc.gov.cn/goutongjiaoliu/113456/113469/5325946/index.html。

③ "The Standard", Climate Bonds Initiative, https：//www.climatebonds.net/standard/the-standard.

④ "ESRS-ISSB Standards Interoperability Guidance", IFRS Foundation & EFRAG, https：//www.ifrs.org/content/dam/ifrs/supporting-implementation/issb-standards/esrs-issb-standards-interoperability-guidance.pdf.

⑤ "TCFD Recommendations", TCFD, https：//www.fsb-tcfd.org/recommendations/.

⑥ "IFRS S2 Climate-related Disclosures", ISSB, https：//www.ifrs.org/issued-standards/ifrs-sustainability-standards-navigator/ifrs-s2-climate-related-disclosures/.

⑦ "Corporate Sustainability Reporting Directive（CSRD）", European Commission, https：//finance.ec.europa.eu/capital-markets-union-and-financial-markets/company-reporting-and-auditing/company-reporting/corporate-sustainability-reporting_en.

盟正构建欧洲单一电子报告格式（ESEF）平台[①]，ICMA推出可持续债券数据库[②]，支持转型标准实施与跟踪。

在金融产品方面，市场发展迅速。国际市场已形成以可持续发展挂钩贷款和转型债券为主的核心产品体系，同时转型基金、可持续发展挂钩衍生品（SLD）、ESG挂钩现金账户等创新工具也不断涌现。我国转型金融产品以转型债券、可持续发展挂钩债券、低碳转型挂钩债券（LCTB）等转型类债券和转型贷款为主。此外，公正转型贷款、碳中和改造绿色服务信托、转型保险、"转型保险+转型贷款"等创新型转型金融产品也不断涌现[③]。

在产业支撑方面，转型金融为能源、工业、交通运输和建筑等高碳排放行业提供关键融资支持。在能源领域，转型金融支持化石能源企业向清洁能源转型，投资可再生能源、氢能等技术。在工业领域，转型金融推动钢铁、水泥、化工等行业采用颠覆性低碳工艺，如绿氢炼钢、生物质替代和CCUS技术。在交通运输领域，转型金融助力航运、航空和公路运输朝着电气化、氢能化及可持续燃料方向迈进。在建筑行业，转型金融支持既有建筑节能改造和绿色建筑建造。

二　英国、新加坡、中国香港转型金融经验分析

（一）逐步系统化完善政策法规与标准体系

英国、新加坡和中国香港在转型金融政策体系建设方面，通过不断完善政策法规和标准、实施强制性气候信息披露，辅以金融产品发行政策补助，推动转型金融发展。英国以法治建设为基础，通过修订《气候变化法案》，

[①] "European Single Electronic Format", ESMA, https://www.esma.europa.eu/policy-activities/corporate-disclosure/european-single-electronic-format.
[②] "ICMA Sustainable Bonds Database", Copenhagen Centre on Energy Efficiency, https://c2e2.unepccc.org/kms_object/icma-sustainable-bonds-database/.
[③] 《转型金融产品与工具创新案例研究》，"北京绿金院"微信公众号，2025年2月14日，https://mp.weixin.qq.com/s/wtvV2zElbVNM8Ef2zaLvIg。

将2050年净零排放写入法律[①]，并成立专门的转型计划工作组发布披露框架与实施指南[②]。新加坡凸显国际协作创新特点，2023年发布《新加坡—亚洲可持续金融分类目录》，启动转型碳信用联盟，并与欧盟、中国协作制定IPSF《多边可持续金融共同分类目录》（M-CGT），通过绿色和可持续发展挂钩贷款补助计划（GSLS）为市场提供经济支持，构建了融合创新与国际合作的政策框架。中国香港紧密对接国际标准，发布《香港可持续金融分类目录》，与中国内地、欧盟接轨，港交所将IFRS S1和S2准则核心内容纳入本地披露规定，要求上市公司从2025年起强制披露温室气体排放信息，体现了有效衔接国际标准并务实推进的政策特点。

（二）丰富转型金融工具

三地在金融工具创新上结合国际标准和区域特点，形成多元化转型金融产品组合，并采用混合融资支持高风险转型项目，有效吸引更多投资流入转型领域。英国形成了个人绿色信贷、混合融资、转型基金等工具体系，通过主权绿色债券以国家信用支持转型项目，创新开展绿色资产证券化促进资本市场深度参与，形成了完整的转型金融工具链。新加坡专注创新产品开发，尤其重视转型信用的开发和应用，支持包括燃煤电厂提前退役在内的各类减排项目，并开发工业转型计划为难以减排的行业提供资金支持。中国香港开发数码绿色债券、可持续发展目标挂钩利率掉期交易、可持续发展目标挂钩利率互换等金融衍生工具，为投资者提供多样化选择，展现了金融创新与传统优势相结合的特点。

（三）构建转型金融基础设施与生态系统

转型金融基础设施与生态系统是推动资金有效流向低碳转型领域的关键支撑，英国、新加坡、中国香港均已实现交易平台、碳市场与支持体系的有

[①] "Climate Change Act 2008 (as amended in 2019)", UK Government, https://www.legislation.gov.uk/ukpga/2008/27/contents.

[②] "TPT Legacy", Transition Plan Taskforce, https://itpn.global/tpt-legacy/.

机整合，构建转型金融支持体系。英国以市场机制为核心，建立强制碳市场（UK ETS）和自愿碳市场（UK VCM）双轨制，并通过绿色投资银行、绿色金融与投资中心、气候债券倡议组织等机构，提供金融服务、数据分析、行业标准制定等专业服务，形成多层次支持生态。新加坡则以科技赋能和国际合作为导向，推出绿色金融科技计划（Greenprint）和可持续转型金融平台（SGX FIRST），实施碳税为主、碳信用交易为辅的双轨制碳定价机制，并通过 Climate Impact X（CIX）平台打造区域碳信用交易中心。同时，新加坡积极构建国际合作网络，成立"亚洲转型融资伙伴关系"（FAST-P），设立绿色金融工作组（GFTF），形成了多元国际合作伙伴关系网络，构建了政府引导与市场机制平衡、国内发展与国际引领并重的创新型生态。中国香港采取信息驱动的渐进式发展路径，依托 STAGE 平台提供绿色和转型金融产品信息，通过 Core Climate 平台发展自愿碳市场，并设立低碳绿色科研基金，定期发布行政监管指引，逐步形成透明、规范的转型金融生态。

三 南沙发展转型金融的意义

（一）转型金融发展潜力大、增速快

根据国内外报告数据，转型金融代表产品——可持续发展挂钩债券发展迅猛，增速远高于绿色债券。《全球可持续债务市场报告2023》显示，截至2023年12月31日，符合CBI标准的全球可持续发展挂钩债券发行规模达到229亿美元，同比增长95%，是绿色债券增长率的6.3倍。《中国可持续债券市场报告2023》显示，2023年中国共发行53只可持续发展挂钩债券，发行规模达57亿美元，同比增长8.2%。

（二）发展转型金融有利于推动金融、数字、航运业协同发展，扩大气候投融资试点成效

纵观全球，英国伦敦、新加坡、中国香港作为以金融业、航运业为优势的代表城市，通过构建"金融—数字产业—航运业"发展生态（见

表2），以数字技术建设可持续金融平台，再由可持续金融平台为绿色航运提供关键数据支撑，加速航运业脱碳转型、转型金融业务拓展和数字技术应用迭代，推动三地转型金融与数字产业、航运产业协同发展。南沙气候投融资已在平台打造、政策制定、产业孵化、人才培育等方面形成一系列亮点举措，数字、航运等临港产业发展也初具规模，可顺应国内外转型金融发展趋势，借鉴英国伦敦、新加坡、中国香港产业发展经验，促进转型金融与数字产业、绿色航运业协同发展，构建转型金融产业生态，提升南沙金融港、海港、数港综合竞争力，打造南沙气候投融资特色名片，扩大气候投融资试点成效。

表2 英国伦敦、新加坡、中国香港"金融—数字产业—航运业"协同发展举措

措施	英国伦敦	新加坡	中国香港
建立转型金融相关数字平台	建立气候金融数据平台，整合ESG数据和碳核算信息，以数字化手段提升转型金融相关信息透明度	建设绿印数字化平台，通过建立可信数据系统简化ESG数据收集与应用，支持可持续金融发展	成立亚洲首个多元资产类别可持续金融产品平台，以提高绿色及可持续投资产品流通性和数据透明度
出台航运业发展支持政策	发布"清洁航运示范计划"，为低碳航运技术和智慧港口建设提供融资支持	与洛杉矶港、长滩港合作建立跨太平洋绿色和数字航运走廊，鼓励三地航运业采用绿色技术和燃料，加速海运业脱碳步伐	提供注册船舶绿色化、构建绿色船用燃料加注中心、提供绿色燃料加注配套三项支持举措，助力香港打造绿色航运中心

资料来源：《新加坡金管局推出ESG自动化报告数字平台》，"亚太未来研究"微信公众号，2023年11月22日，https：//mp.weixin.qq.com/s/G73sYK-XYp_3H1od75951A；《【数字货币专题】新加坡金管局行长：数字金融生态系统的基石是什么（219）》，"亚太未来研究"微信公众号，2023年11月23日，https：//mp.weixin.qq.com/s/A5ufwnAUa2OmvICWI4bg5Q；《香港交易所推出可持续及绿色交易所STAGE》，"香港交易所"微信公众号，2020年12月1日，https：//mp.weixin.qq.com/s/iSaHnJpPZhUhn2JV-EKMPw；《新加坡、洛杉矶港和长滩港公布跨太平洋绿色和数字航运走廊合作战略》，"满航Manifold Times"微信公众号，2023年12月11日，https：//mp.weixin.qq.com/s/jzL-r5-VRQsq7wY17KoyNA；《香港施政报告中明确构建绿色船用燃料加注中心！》，"海德海事 绿色航运"微信公众号，2024年10月16日，https：//mp.weixin.qq.com/s/0zOm1Sr8r_i3yqisetvP6A。

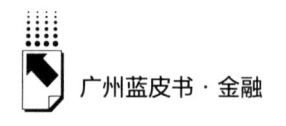

四 南沙发展转型金融的基础与挑战

(一)南沙发展转型金融的基础

为积极落实《关于金融支持广州南沙深化面向世界的粤港澳全面合作的意见》中关于南沙加快发展特色金融,探索建立与国际标准衔接的绿色金融标准、评估认证及规范管理体系的要求,做好气候投融资试点工作,南沙已打造明珠湾国际气候投融资大会品牌,举办气候友好型企业(技术)博览会,出台《广州南沙新区促进气候投融资发展若干措施》,成立广州南沙粤港澳大湾区气候投融资中心,建设全国首栋气候投融资运营载体——明珠湾气候金融中心,成立大湾区(南沙)气候投融资联盟,推动出台全国首套由穗港澳三地合作编制的气候投融资领域标准——《企业(项目)融资气候友好评价规范》,并联动华南理工大学等各大院校,储备超4000名金融专才,从"平台打造—产业培育—标准构建—人才培育"四方面,积极探索差异化的气候投融资体制机制,为转型金融发展奠定了坚实基础。

(二)南沙发展转型金融的挑战

一是缺乏省市规则法规体系支撑。广东省虽已编制全国首份《陶瓷行业转型金融标准》,广州市发布了《广州市发展绿色金融支持碳达峰行动实施方案》等多个实施方案和行动计划,但相较于国内其他地区,在转型金融政策体系建设和产品发行监管法制方面仍存在不足,不利于南沙依据省市规划安排构建转型金融政策、标准、支撑体系。二是转型金融工具开发面临经验借鉴难、规则不统一等问题。由于国内外在政策、法律、标准体系、产业类型等方面存在差异,转型金融工具开发难以直接套用国际经验,且粤港澳大湾区尚未建成统一碳市场、缺乏三地共通的转型金融标准及披露要求,创新开发适合大湾区的转型金融产品难度较大。三是金融市场活力相较于深圳、香港存在明显劣势。广州与深圳、香港两大金融中心相比,缺少关键金融基础设施，国际化程度不足，跨国金融集团及核心金融机构集聚度偏低，高端金融人才及国际化金融机构缺乏，市场活力相对不足，面临转型金融标准建设及对外多边合作等挑战。

五 以南沙为支点建设国际气候金融中心的对策建议

（一）推动政策法规与标准体系建设，奠定转型金融发展的制度基础

一是推动制定粤港澳大湾区转型金融发展顶层规划。参考香港"可持续金融行动计划"和新加坡"亚洲转型融资伙伴关系"计划等举措，推动省市金融管理部门联动生态环境部、香港及澳门特区金管局共同制定粤港澳大湾区绿色转型计划，明确转型目标和具体举措。在转型金融工具开发、碳核算、碳信息披露、基金设立、人才培育等领域提出三地共通支持政策，撬动共建"一带一路"国家和地区资本投资大湾区绿色转型项目。争取将南沙作为广东省转型金融核心示范区，推动南沙气候投融资相关载体平台承接政策发布、资金对接、产品发行、跨境数据互通等工作。

二是健全转型金融法制保障体系。参考《湖州市绿色金融促进条例》《深圳经济特区绿色金融条例》等文件，争取在《广州市绿色金融条例》等地方性法律中增加转型金融业务实践相关规定，为转型金融标准制定、工具发行、平台设立、碳核算、环境信息披露、碳信用资产认定、认证评估、绩效验证等方面提供法律依据，全面防控"假转型"行为。

三是构建转型金融政策标准体系。积极对接粤港澳三地政府机构、高校院所，依托《G20转型金融框架》《绿色低碳转型产业指导目录（2024年版）》等国内外转型金融相关文件[①]，推动三地合作制定粤港澳大湾区转型

---

① 具体可参考《G20转型金融框架》、ICMA《气候转型融资手册》、日本《转型金融指引》、CBI《为可信赖的低碳转型提供金融支持》白皮书、国家发展改革委等部门《绿色低碳转型产业指导目录（2024年版）》、《深圳市金融机构环境信息披露指引》、《上海市转型金融目录（试行）》等文件。

金融指导框架及转型金融统计口径等配套文件，研究出台转型金融支持目录、行业脱碳路线图、信息披露、评审认证和验证体系等湾区标准，确保相关标准与ISSB准则等国际绿色金融标准有效衔接。结合南沙参与制定穗港澳气候投融资标准《企业（项目）融资气候友好评价规范》经验，争取在南沙优先开展政策标准研究试点。

四是争取香港投资者税收政策支持。香港作为中国离岸绿色债券的核心上市交易平台[①]，在引导国际资本参与内地绿色转型中发挥了关键作用。为进一步吸引海外资金通过香港投资大湾区绿色项目，建议明确香港投资者的纳税规则，并给予税收优惠。借鉴香港"附带权益税务宽减制度""统一基金豁免制度"等豁免基金缴付利得税政策，争取上级支持，对香港投资者投资于南沙运营的转型基金所获得的投资收益实施税收减免。例如，将香港基金管理公司或经理人管理的离岸基金投资于南沙QFLP基金的投资收益视为股息，按10%的税率征收预提所得税，并对符合《内地和香港特别行政区关于对所得避免双重征税和防止偷漏税的安排》所有条件的离岸基金，进一步减免投资收益预提所得税。

（二）丰富转型金融工具，探索开展转型金融监管沙盒应用试点

一是鼓励金融机构创新转型金融工具。鼓励广州农商银行、浦发银行广州分行等本地银行业金融机构，在做好转型贷款、债券等产品基础上，与中国太保、慕尼黑再保险、苏黎世保险等保险机构合作，借鉴上海发行"保险+转型金融贷款"经验，发行转型金融保险产品。借鉴英国工业脱碳挑战基金（IDC）和工业能源转型基金（IETF）经验，由省市出资设立引导基金，吸引国内外私营资本在南沙设立粤港澳大湾区低碳转型子基金，聚焦低碳技术研发与应用，为石化、航运、民航、钢铁等重点行业低碳转型提供资金支持。

---

① 《中国可持续债券市场报告2023》显示，香港证券交易所是中国离岸绿色债券的最大上市交易场所（占比约43%）。

二是推动数字转型金融工具开发应用。借鉴香港代币化绿色债券发行及 Ensemble 项目代币化资产应用经验，结合 Toucan 等碳信用代币化平台实践，争取上级支持，以香港为中心，广州、深圳、澳门为支点，进一步完善数字支付基础设施和技术平台，通过区块链、智能合约等数字技术，推动转型债券、转型基金、转型贷款等金融工具代币化发展。参考香港《数码债券资助计划》经验，推动省市出台数字金融产品扶持政策，鼓励大湾区金融机构与香港金管局合作开发数字转型金融产品。推动粤港澳大湾区气候投融资中心建立转型金融项目库，协同全球数源中心等平台，参与广州数字支付基础设施建设，推进产品开发与承销，为区域绿色转型提供有效支撑。

三是探索开展转型金融监管沙盒应用试点。借鉴英国金融行为监管局绿色金融监管沙盒和新加坡金管局金融科技监管沙盒开发经验，依托广东数字金融创新产业园大数据技术研发优势和数字金融企业集聚效应，探索开发"数字赋能+多区联动+跨境协同"的大湾区转型金融监管沙盒，通过数字化技术实现从融资设计到资金用途追踪的转型金融产品全流程管理及风险动态监控，争取在南沙优先开展监管沙盒应用试点，赋能大湾区转型金融业务开展。

（三）构建转型金融生态体系，提升大湾区转型金融影响力

一是推动粤港澳大湾区国际商业银行建设。借鉴英国绿色投资银行"政府引导+市场化融资"模式和纽约州绿色银行"撬动私营资本"经验，结合《广州南沙深化面向世界的粤港澳全面合作总体方案》《粤港澳大湾区发展规划纲要》有关要求，推动在南沙设立以气候投融资为主营业务的粤港澳大湾区国际商业银行。通过政府注资撬动社会资本，为能源、交通、制造、建筑等行业低碳转型提供保险、担保、股权投资、转型债券及贷款等多元化金融工具，为企业低碳转型提供关键资金支持。

二是搭建粤港澳大湾区气候金融交易中心。粤港澳三地虽各自建立了碳市场基础设施，但缺乏统一的交易枢纽，难以发挥区域协同效应。可借鉴新加坡 Climate Impact X 整合碳交易所、金融机构和技术服务商的经验，推动

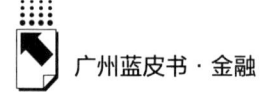

香港Core Climate平台、深圳排放权交易所、广州碳排放权交易所、广州数据交易所、广州期货交易所、国家碳计量中心（广东）、广发银行等机构在南沙设立合资企业，以"交易所+市场协作+资本联盟"模式，打造粤港澳大湾区气候金融交易中心①。通过三地协同，建立统一的交易规则和技术标准，完善碳信用评级与交易体系，为引入共建"一带一路"国家和地区碳信用和跨境人民币结算提供试验场，形成区域碳市场"技术+资本+规则"创新范式。

三是推动数字经济、航运业与金融业协同发展。数字化应用方面，支持香港科技大学（广州）与全球数源中心开发航运金融数字化碳排放监测系统及智能航路碳减排规划系统，帮助企业应对欧盟碳边境调节机制（CBAM）等碳税规则，助力航运业低碳转型与运营。绿色航运方面，建议出台市级政策，参考香港航运业"绿色优惠计划"②，对符合国际海事组织碳强度指标评级A级或B级标准的船舶给予奖励，推动绿色船舶发展。发挥南沙区位优势，做好香港绿色船用燃料加注中心后勤保障工作，鼓励广船国际、广钢气体、液态阳光研究院等单位，加快绿氢、甲醇、液化天然气等绿色船用燃料的研究与应用，为航运业低碳转型提供技术支持和能源保障。航运金融方面，携手香港"绿色与可持续金融跨机构督导小组"，联合粤港澳金融机构，共同开发船舶融资、航运保险、航运衍生品等绿色航运金融产品，建立多元化绿色金融服务体系。

---

① 粤港澳大湾区气候金融交易中心可参考以下分工：交易体系方面，香港Core Climate平台提供自愿碳市场服务，支持国际碳信用交易，依托港交所网络连接全球碳市场和ESG资本，可为境外投资者参与大湾区碳市场提供便利。深圳排放权交易所、广州碳排放权交易所深耕强制碳市场，可提供专业高效的碳配额交易与结算服务。广州期货交易所开发碳期货、碳指数等衍生品，丰富碳金融产品体系。广州数据交易所提供数字化基础设施支持，实现交易全流程可追溯。技术服务方面，国家碳计量中心（广东）负责碳排放核算与标准制定，提供碳信用增信服务。金融服务方面，广发银行等金融机构开发碳资产质押、碳配额远期交易等金融产品，激发市场活力，提供市场流动性支持。

② 2024年6月28日起，5000吨及以上和有资格的香港注册船舶，达到国际海事组织制定的碳强度指标评级A或B，每艘符合资格的香港注册船舶可于2024~2026年每年获得港币2万元资助。

金融环境篇

B.22
生成式人工智能发展对金融监管的挑战及建议

胥爱欢 蔡晓琳[*]

摘 要： 生成式人工智能快速发展并在金融领域拓展应用，不仅对金融市场的运作方式产生了深远影响，而且给金融监管带来了一系列挑战。这些挑战主要包括：低质量训练数据引致模型"幻觉"风险，训练数据处理不当产生隐私数据泄露风险，网络对抗攻击引发模型系统安全风险，地缘政治冲突与各国监管标准碎片化导致国际监管协调机制难发挥作用。与此同时，不少国家和地区正在探索加强对生成式人工智能在金融领域应用的监管，但目前仍处于"规则探索期"，核心矛盾主要体现为技术主权与全球共享的平衡、硬性立法与柔性自律的博弈。当前及今后一个时期，我国完善金融监管应对生成式人工智能发展带来的挑战，可以考虑从以下几个方面入手：一是建设基于数据驱动的风险监测与预警机制；二是着力提升监管部门的监管效

---

[*] 胥爱欢，经济学博士，高级经济师，中国人民银行广东省分行金融研究处副处长，研究方向为货币政策；蔡晓琳，中国人民银行广东省分行金融研究处三级主任科员，研究方向为区域金融改革。

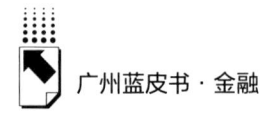

率与精准性；三是强化国际协作推动金融监管标准统一。

关键词： 人工智能　金融伦理　隐私计算　深度伪造

一　生成式人工智能发展对金融监管的主要挑战

以 DeepSeek、ChatGpt、OpenAI 为代表的生成式人工智能快速发展，并实现在市场趋势预测分析、交易策略制定、风险管理、个性化产品开发、欺诈行为监测、信贷决策支持等金融领域持续拓展应用[1]，对金融市场的运作方式产生了深远影响，同时给金融监管带来了一系列挑战。

（一）低质量训练数据引致模型"幻觉"风险

生成式人工智能训练的有效性及输出结果的准确性取决于使用数据的质量和全面性。使用低质量、片面性数据进行人工智能模型训练会带来一系列负面影响，集中体现在技术可靠性降低。比如，使用噪声或标注错误的数据进行模型训练，很可能会误导模型学习错误的特征关联，导致模型做出错误的金融交易、信贷审批、保险定价等决策；长期使用重复数据或分布不均匀数据进行模型训练，容易导致模型只能处理特定金融场景的相关事项，使得模型难以适用更加广泛、复杂的金融场景[2]；过度依赖噪声或重复数据进行模型训练，很有可能导致模型实际推理能力丧失，使得对金融交易决策或资产定价的参考价值下降；使用多样性不足数据进行模型训练，容易导致模型无法捕捉复杂模式，使得模型在金融领域更多场景应用的普适性降低。

（二）训练数据处理不当产生隐私数据泄露风险

生成式人工智能在金融领域应用需要大量数据用于模型训练，依靠

---

[1] 李东荣：《人工智能在金融领域的应用现状、问题及对策》，《新金融》2024 年第 10 期。
[2] 丁志勇：《人工智能重塑智慧金融场景生态》，《中国金融》2024 年第 20 期。

"数据+算法+算力"协同发力，持续迭代优化模型决策逻辑关系，在模型不断进化中提升决策和判断水平。但是，若用于模型训练的数据在质量、存储、运用等方面存在问题，往往会给模型在金融领域应用带来诸多风险。比如，若用于模型训练的数据包含个人身份信息，一旦数据脱敏不够彻底，就可能会被犯罪分子借助重新识别技术获取敏感信息，导致那些身份信息暴露的用户受到攻击。生成式人工智能一般具有模型记忆的特点，在模型训练过程中可能会"记住"训练数据中的敏感片段，导致在生成文本结果时意外泄露用户的敏感信息。生成式人工智能在金融领域应用，模型训练数据往往依赖外部数据供应商提供支持。若外部数据供应商的安全防护措施不到位，有可能会使外部数据供应商的数据接口成为犯罪分子网络攻击的目标，导致金融机构的敏感数据外泄。

（三）网络对抗攻击引发模型系统安全风险

网络对抗攻击会威胁生成式人工智能的技术可靠性，影响人工智能大模型输出结果的准确性与合理性。主要表现在以下几个方面：一是破坏网络安全监测有效性。网络攻击者可以通过添加对抗性噪声等方式，微调输入模型的数据，使得模型将输入数据误判为安全信号，逃避模型系统的网络安全监测，给模型系统安全带来风险。二是影响模型输出结果合理性。网络攻击者可以在模型训练数据中注入恶意样本，污染和扰乱模型决策逻辑关系训练，使得人工智能大模型输出结果缺乏合理性。三是导致模型系统易被复制偷盗。网络攻击者可以通过大量查询模型的输入—输出关系，复制模型功能或窃取训练数据，从而实现窃取人工智能模型本身的目的。四是扰乱模型决策结果正确性。网络攻击者借助高频交易操纵样本数据输入，利用对抗样本干扰模型决策逻辑关系训练，诱导算法交易系统做出错误的金融交易决策。

（四）地缘政治冲突与各国监管标准碎片化导致国际监管协调机制难发挥作用

一是地缘政治与技术民族主义破坏全球人工智能监管协调。为了应对中国人工智能技术快速发展带来的竞争压力，美国采取对华芯片出口限制、禁止人工智能技术对华输出与合作等方式，强化技术封锁和"数字殖民主义"，加剧全球人工智能产业链供应链的不确定性。与此同时，部分西方国家还通过"广岛AI行为守则"等方式，打造封闭的"小圈子"，排挤他国参与人工智能技术合作，加剧全球人工智能治理碎片化。总之，当前人工智能监管政策主张存在阵营化现象。欧盟通过《人工智能法案》等立法方式，主张对人工智能实行严格监管；美国主张市场驱动、放松监管约束，更加偏向于鼓励人工智能技术创新；发展中国家面临技术代差、参与壁垒等现实挑战和困境，面临越来越严峻的数字鸿沟风险。二是各国监管标准碎片化增加金融机构跨国风险。目前，各国政府人工智能监管制度规则比较多，导致金融机构将人工智能运用于金融服务领域时面临跨国适用成本激增的挑战。在现实中，欧盟的《人工智能法案》、中国的《生成式人工智能服务管理暂行办法》、美国的《人工智能行政令》等诸多监管规则，可能对人工智能相关数据、算法及技术出口等提出不同的规定要求。比如，欧盟要求数据本地化、中国要求算法备案、美国要求人工智能相关技术出口管制等。不同国家或地区制定的差异化监管规则，进一步增加了金融机构将人工智能应用于跨国金融服务时的风险。三是跨国监管协调机制建设滞后增加公共安全挑战。当前，国际社会缺乏针对"人工智能双用途技术"的管控协议，针对跨国网络攻击的国际追责机制缺失，导致跨国网络攻击源头无法得到精准有效追溯，使得跨国网络违法行为难以及时得到应有的惩处。在跨国监管机制缺失的情形下，黑客更加青睐运用生成式人工智能优化网络攻击手段，利用开源大模型快速生成恶意代码等方式，进一步提高了犯罪分子对跨国金融网络的攻击能力和破坏力。

二 加强金融领域生成式人工智能应用监管的国际实践

目前，不少国家和地区正在加强金融领域生成式人工智能应用的监管。

例如，美国、英国和欧盟等国家和地区的监管部门从数据源的可靠性和潜在偏见、金融模型的风险、人工智能使用的治理、消费者保护等方面强化对人工智能的监管[1]。面对金融相关数据来源的复杂性，监管部门要求金融机构有健全的治理和文件记录，以确保数据质量和来源得到适当监控。目前，对于金融领域生成式人工智能应用的国际监管实践主要集中在以下几个方面。

（一）强化对人工智能应用的风险防控

一是防范模型"幻觉"风险。比如，欧盟于2024年发布的《人工智能法案》针对人工智能模型训练数据的真实性和准确性，构建了多层次、全生命周期的监管框架，主要包括：要求高风险人工智能系统的训练、验证和测试数据集必须满足"相关性、充分代表性、无错误、完整性"四大标准；要求对数据进行严格清洗、标注和去偏处理，记录标注规则、去噪方法等数据准备的全流程内容；要求开发者向监管部门提交详细技术文档，包括数据来源、处理流程、假设条件及偏差评估报告，供监管部门审查和追溯。二是防范数据泄露风险。比如，OECD于2024年修订了《AI原则》，针对人工智能应用中的数据泄露风险，构建了一套基于预防性治理、技术约束与全球协作的监管框架[2]，主要措施包括：要求人工智能系统开发者在设计阶段即集成隐私保护措施，包括数据最小化、匿名化处理以及访问控制；要求开发者建立持续监控机制，识别并修复数据泄露漏洞；倡导建立全球统一的人工智能事件数据库，共享数据泄露攻击模式与防御方案；针对黑客利用人工智能模型窃取数据等跨国数据泄露犯罪，建议通过国际刑警组织协调取证与追责。三是防范市场操纵风险。比如，IMF在2024年的《全球金融稳定报告》中指出，深度伪造已成为金融稳定的"灰犀牛"风险，需要跨部门协作监管[3]。为此，IMF提出防范深度伪造风险的措施，主要包括：建议各国强制

---

[1] 唐晓雪、姜雪晴：《加强金融领域人工智能监管 维护金融稳定与安全——金融领域人工智能监管的国际实践与中国建议》，《武汉金融》2024年第9期。

[2] 田江：《人工智能的控制哲学与金融应用》，《中国金融》2024年第23期。

[3] 莎拉·布里登、芦国荣：《人工智能与金融稳定》，《中国金融》2024年第23期。

要求生成式人工智能输出的内容嵌入数字水印或元数据标签，便于追踪数据信息来源；提议在金融稳定委员会（FSB）框架下，共享深度伪造攻击模式、技术特征及应对策略；建议各国央行通过社交媒体、金融机构客户端推送利用深度伪造技术犯罪的案例[①]，以此提升公众对犯罪分子利用深度伪造技术从事违法行为的辨识能力。

（二）提高模型决策透明度和可解释性

一是强化模型决策透明度监管。比如，欧盟的《人工智能法案》要求，通用模型开发者需披露训练数据的版权证明；高风险系统必须设计人工介入功能，允许监督员修正错误输出或终止异常决策流程；开发者需建立日志系统，记录所有关键决策节点的输入输出数据，保留期限至少10年。美国《人工智能行政令》明确要求开发者向政府提交技术文档，包括模型架构、训练数据偏差分析及对抗测试结果。二是强化模型决策可解释性监管。比如，欧盟的《人工智能法案》要求，高风险人工智能模型输出结果必须附带可理解的解释，说明决策依据和潜在不确定性；用户可要求开发者说明人工智能决策的具体依据；系统性风险模型未通过可解释性审查的，将被禁止在欧盟市场运营。美国《人工智能权利法案蓝图》提出通知及解释义务，明确用户有权知道算法决策逻辑及依据；高风险算法需提供"人工替代方案"，允许用户拒绝完全依赖人工智能的决策。《美国数据隐私和保护法案》明确，用户可要求企业解释算法决策逻辑，并选择退出个性化推荐系统，金融等领域需设置"人工复核通道"，允许用户申诉算法误判结果。

（三）强化国际合作推动金融监管标准化

一是国际监管多边合作框架初步构建。G20 自 2019 年通过以人为本的

[①] 皮耶罗·奇波洛内、王悠然：《中央银行视角下的人工智能》，《中国金融》2024 年第 21 期。

AI 原则后，持续细化高风险金融应用监管要求。2023 年，G7 发布《全面 AI 政策框架》，明确生成式人工智能在金融领域应用的风险防控重点，强调跨境数据安全与算法透明性。2024 年，联合国通过首份人工智能决议，呼吁平衡技术创新与伦理风险[1]。2025 年，在法国巴黎举行的人工智能行动峰会发布了《关于发展包容、可持续的人工智能造福人类与地球的声明》，覆盖 140 多个国家，要求金融人工智能系统满足"开放、透明、安全"的全球标准。二是区域协作与跨阵营协调持续推进。2024 年，欧盟发布《人工智能法案》，率先将金融信用评估、保险定价列为"高风险"领域，要求提高算法透明性、加强数据治理及建立人工干预机制，并通过"布鲁塞尔效应"影响全球标准制定。2025 年，欧盟启动 200 亿欧元人工智能超级工厂计划，推动跨境金融模型的安全认证及互认，与美国"星际之门"计划形成技术竞争。与此同时，2022 年美国通过的《人工智能权利法案蓝图》和 2023 年美国联邦贸易委员会（FTC）发布的监管指南，均强调金融机构需向消费者解释人工智能决策逻辑，与欧盟在数据隐私和算法问责方面存在规则摩擦。

三 完善金融监管应对生成式人工智能挑战的政策建议

（一）建设基于数据驱动的风险监测与预警机制

一是构建覆盖数据全生命周期的质量管理体系。从源头把控数据质量，强化数据预处理，清洗噪声数据，去除重复数据，纠正错误数据，检测异常数据。持续推进模型训练数据标准化，使用半监督学习、主动学习等方式，进一步优化数据的标注流程；依靠生成对抗网络、迁移学习等方

---

[1] 江军、李牧翰：《人工智能金融领域应用伦理风险及其法律治理》，《江西财经大学学报》2025 年第 1 期。

式，持续补充用于模型训练的高质量数据；引入正则化、对抗训练等方式，减少模型训练对噪声数据的依赖；采用多任务学习、集成模型等方式，分散用于模型训练的数据缺陷风险。二是构建基于实时数据分析的金融风险监测机制。发挥好生成式人工智能对交易记录、新闻舆情、社交媒体信息等海量结构化与非结构化数据进行快速处理的优势，构建围绕金融市场参与主体异常交易模式或市场操纵行为特征识别的模型训练机制，进一步提高监管部门金融风险预警的时效性。三是强化金融风险复杂模式识别能力建设。加大对生成式人工智能深度学习能力的开发和利用力度，提升对跨市场风险传染、影子银行活动等传统统计方法难以捕捉到的金融风险关联性的发现能力，帮助监管部门提前干预，有效防范和化解容易引发系统性风险的事件。四是推动金融监管部门提高预测性监管能力。利用生成式人工智能加强对宏观经济指标和市场行为数据的实时分析，帮助金融监管部门提高对流动性枯竭、债务违约潮等容易引发金融危机的潜在触发点的预测能力，帮助金融监管部门提前做好风险应对准备，推动金融监管从"事后应对"转向"事前预防"。

（二）着力提升监管部门的监管效率与精准性

一是加强动态监管能力建设。强化生成式人工智能对金融市场变化的持续学习，辅助监管部门及时调整对金融机构的监管规则要求和监管指标阈值，对金融机构资本充足率、杠杆率等指标实行差异化监管，避免监管行为"一刀切"，减少监管政策僵化带来的金融市场效率降低[1]。二是促进监管资源优化配置。强化生成式人工智能针对风险评分模型与金融市场要求之间适配性的训练，利用金融监管模型促进监管资源重点投向高风险机构或风险易发领域，帮助金融监管部门提高监管的针对性和有效性。三是推动监管实现跨部门协同。依靠生成式人工智能打破各个监管部门之间的"信息孤岛"，

---

[1] 张红、岳洋：《人工智能创新与监管动态平衡的规制设计——基于监管沙盒视角》，《浙江学刊》2025年第1期。

加强对分散在不同监管部门的数据资源的整合利用，精准描绘涵盖跨市场、跨机构、跨业务、跨区域金融风险的"风险地图"，并据此更加科学、全面、精准地防范金融风险。四是建立和完善全周期的风险治理体系。强化对人工智能技术研发与应用的双重监管，在技术研发阶段，着力加强对算法可解释性、数据真实性等重点领域的监管；在技术应用阶段，建立健全风险等级评估和追溯机制，重点防范深度伪造、算法歧视等问题；强化对新兴安全领域风险的关注及应对，着力加强对生成式人工智能在操纵市场信息、破坏公平交易等领域的跨境监管协作。

（三）强化国际协作推动金融监管标准统一

一是深化国际监管合作与对话机制建设。利用人工智能安全峰会、人工智能全球治理论坛等平台，促进政府、企业、学术机构等跨界交流。聚焦人工智能国际监管如何平衡好创新与安全、效率与公平等核心问题，开展多方力量参与的国际对话，推动形成更多合作共识并转化为协同监管实践，实现以多边合作打破地缘竞争桎梏、以技术普惠弥合数字鸿沟、以全周期治理防范系统性风险的国际协同监管目标。二是推动构建统一的监管规则与治理框架。以联合国为核心建立国际人工智能治理机构，协同推进全球统一监管规则制定，协调各国在数据安全、算法透明度等关键议题上达成共识，探索能够适应各国不同发展阶段且更加包容审慎的监管模式。三是着力强化金融领域跨境监管协同。利用生成式人工智能强大的分析能力，帮助监管部门加强对跨境资本流动和套利行为的监测、分析与监管，推动巴塞尔协议等国际监管规则统一[1]，促进跨境金融监管更加协同高效。同时，鼓励公共部门与私营部门在生成式人工智能应用方面加强合作，建立健全开放 API 和数据共享平台，促进监管部门、金融机构与科技公司的协同创新，发挥监管科技在金融领域跨国监管中的赋能作用。

---

[1] 于江、梁绥、刘巍：《人工智能在反洗钱领域应用》，《中国金融》2024 年第 15 期。

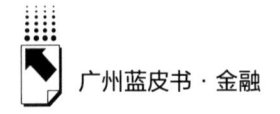

参考文献

刘树：《生成式人工智能在金融审计中的应用——以 Kimi 为例》，《审计研究》2025年第1期。

江军、李牧翰：《人工智能金融领域应用伦理风险及其法律治理》，《江西财经大学学报》2025年第1期。

莎拉·布里登、芦国荣：《人工智能与金融稳定》，《中国金融》2024年第23期。

B.23
广东创新金融政策支持科技型中小企业的成效、问题与建议

邓伟平 蔡晓琳*

摘 要： 党的二十届三中全会提出"构建同科技创新相适应的科技金融体制，加强对国家重大科技任务和科技型中小企业的金融支持"。近年来，广东通过持续优化政策环境、吸引创投风投、强化货币政策应用、提供差异化金融服务等措施推动金融资源向科技创新领域集聚，促进科技和产业、科技和金融深度融合。但金融支持科技型中小企业仍面临融资运营服务体系建设不完善、风险保障机制力度仍有不足、融资支持体系未发展壮大等三方面障碍。建议完善融资运营服务保障机制、建立健全融资风险缓释机制、健全科技型企业全生命周期融资服务体系。

关键词： 科技型中小企业 科技金融 风险损失补偿

科技型中小企业量大面广，是推动科技创新的重要载体，是发展新质生产力的重要力量。2023年4月，习近平总书记在广东考察时强调，要加强对中小企业创新支持，培育更多具有自主知识产权和核心竞争力的创新型企业[①]。广东是科技大省，也是科技强省，科技型中小企业数量超7.6万家，

---

* 邓伟平，高级经济师，中国人民银行广东省分行金融研究处一级主任科员，研究方向为绿色金融；蔡晓琳，中国人民银行广东省分行金融研究处三级主任科员，研究方向为区域金融改革。

① 《坚定不移全面深化改革扩大高水平对外开放 在推进中国式现代化建设中走在前列》，习近平系列重要讲话数据库，2023年4月14日，https://jhsjk.people.cn/article/32664187。

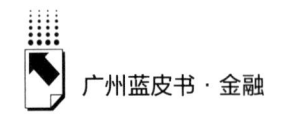

位居全国第二，区域创新综合能力连续七年保持全国第一。科技创新离不开金融支持，近年来广东通过持续优化政策环境，出台一系列措施推动金融资源向科技创新领域集聚，促进科技和产业、科技和金融深度融合。

一 广东金融支持科技型中小企业主要实践

（一）政策层面：加强多部门政策合力，优化科技金融政策环境

广东省高度重视科技金融工作，强化财政、金融、行业主管部门等多方合力，不断完善相关政策，支持科技创新与发展。2024年2月，广东省印发《关于加快推进科技金融深度融合助力科技型企业创新发展的实施意见》，围绕创业投资、银行信贷、融资担保、资本市场、科技保险等方面提出细化政策措施，推动各类主体"投早投小投硬科技"。市级层面，广州市印发《进一步支持科技型中小企业高质量发展行动方案（2022—2026年）》，从优化科技型企业研发机制、进一步完善政府基金体系支持研发机制、完善金融资本支持企业创新机制等方面提出10条措施，推动科技型中小企业高质量发展。深圳市印发《统筹做好科技金融大文章　支持深圳打造产业科技创新中心的行动方案》，围绕优化科创领域股债联动融资服务、提升科技金融服务强度和水平、完善科技金融风险分担机制等方面提出15条措施，强调通过创新产品和服务模式，持续提升科技型中小企业融资获得感。

（二）财政层面：引导各类资本集聚，拓宽企业资金来源渠道

一是设立科技信贷风险损失补偿资金池。为引导金融机构加大对科技型企业及科技创新活动的支持力度，进一步规范省级科技信贷风险损失补偿资金池的运作，2023年末，广东省就《广东省科技信贷风险补偿管理办法》公开征求意见，计划通过设立广东省科技信贷风险损失补偿金，对银行信贷风险给予一定比例的补偿，通过政策叠加进一步提升银行信贷积极性，加大科技型企业融资支持力度。市级层面，广州、中山、江门等地均早已设立科

技信贷风险损失补偿资金池。其中，广州自2015年开始就设立科技信贷风险损失补偿资金池，截至2023年末，累计为11855家科技型企业提供1750.14亿元授信支持，发放贷款超1056亿元。

二是构建科创风投资本集聚高地。广东省采取"政府引导+市场管理"模式，通过设立科技创新创业投资母基金、科技成果转化创业投资基金等政府引导基金，撬动各类社会风险资本支持科技型企业发展壮大。如广州产业投资控股集团设立1500亿元产业投资母基金，主要投资半导体与集成电路、新能源、生物医药与健康等领域，同时设立500亿元的创新投资母基金，致力于"投早、投小、投科技、投创新"，目前已累计投资24只子基金超21亿元。东莞市科学技术局联合东莞科创金融集团组建东莞市天使母基金，基金总规模达10亿元，主要投向东莞战略性新兴产业、重点产业链或补链强链关键细分赛道的各类初创科技型企业。

（三）金融监管层面：加强货币政策运用，提升金融服务效能

一是加强结构性货币政策工具运用。2023年，中国人民银行广东省分行创设"粤科融"支小再贷款专项额度，支持范围涵盖高新技术企业、"专精特新"企业、科技型中小企业、广东省创新型中小企业、制造业单项冠军企业等科技创新主体，引导金融资源积极投向科技型中小企业。截至2024年5月末，已累计投放"粤科融"支小再贷款60亿元，惠及科技创新型小微企业1605家。2024年4月，中国人民银行宣布设立科技创新和技术改造再贷款，其中1000亿元用于激励引导金融机构加大力度支持科技型中小企业。截至2024年末，广东金融机构纳入备选清单的科技创新和技术改造再贷款项目合计超8000个，已投放贷款133亿元，投放规模居全国前列。

二是加强对科技信贷政策导向效果的评估。2016年，中国人民银行广东省分行联合广东省科技厅、财政厅等部门制定实施《广东省金融机构科技信贷政策导向效果评估办法》，根据14个定性指标和21个定量指标，对珠三角地区银行业金融机构支持科技创新型企业情况进行评价，评价结果作为广东省普惠性科技信贷风险奖补依据，激励金融机构加大科创领域金融服务力度。

三是打造科技金融服务平台，加强银企融资对接。广东省成立了广东科技金融综合服务中心，为科技型中小企业提供投融资策划、银行贷款、创业投资、融资担保、上市辅导等咨询服务，帮助企业获得银行贷款、创业（风险）投资、资本市场融资。各地市、高新区在综合服务中心的指导下成立了分中心，积极通过汇聚当地行业性、专业性生产力促进机构和金融服务机构等服务力量和资源，为科技型企业提供有效的投融资服务。依托"粤信融"融资对接平台，将工信、科技等行业主管部门提供的科创领域重点支持企业名单向银行机构精准推送。

（四）市场层面：提供差异化金融服务，提升科技型中小企业金融服务水平

一是强化内部管理，提升专业服务水平。成立科技金融服务中心或科技支行，实行专门的客户准入标准、信贷审批规则、风险控制要求，提升科技金融专业化服务水平。截至2024年2月末，广东省银行业金融机构已设立188家科技支行。引进大数据、云计算等技术，建立审批风险模型对客户精准画像，结合企业科技属性，整合行内外大数据资源评估科技型企业信贷风险，识别优质企业客户，提升科技型企业授信获得率。例如，中国建设银行广东省分行首创推出科创企业"多维评价体系"，整合企业技术流、信息流、投资流、资金流等信息，对企业的创新发展实力及风险状况进行全面的画像评价，实现对科技型企业的分层分类评价和管理，有效解决科技型企业信贷评估难题。

二是研发专属融资产品，提升科技与金融适配性。针对不同科技型企业的特色及其在不同发展阶段的需求提供专属融资产品。如佛山市高新区是科技部火炬中心创新积分制[1]试点单位，多家银行均推出佛山市高新区创新积

---

[1] 创新积分制是科技部火炬中心在全国试点推广的新型科技金融政策工具，通过对企业的技术创新指标（如研发费用、企业技术合同成交额等）、成长经营指标（如营业收入、净资产利润率等）、辅助指标（如科技奖励数量、获得风险投资金额等）共18个指标进行量化打分。

分服务方案，对纳入佛山市高新区创新积分制评价体系的企业，按照企业积分高低和评价结果，对初创期、成长期、成熟期企业分别提供不同额度的信用贷款。中国银行广东省分行联合广东省科技厅推出"广东科企支持贷"服务方案，贷款优先支持企业用于新技术、新产品、新工艺的研发费用投入，以企业研发投入和知识产权质押作为银行增信的核心，加大对科技型中小企业支持力度。

三是统筹多元融资渠道，扩大科技型企业资金来源。除了传统信贷支持科技型企业之外，省内银行机构通过股权投资、投贷联动、发债等方式助力企业融资。例如，中国建设银行佛山市分行联动建行集团子公司建信股权，以"股权+债券"业务模式，构建多元化服务体系，为科技型企业提供"股、债、贷、保"多元化综合金融服务。中国农业银行云浮分行携手多家投资机构，打造股权投融资"生态圈"，设立本地化的农银科创股权投资基金，构建谱系化矩阵，采用市场化方式独立运作基金，为科技型企业提供长期限股权资金支持。

二 广东金融机构支持科技型中小企业面临的障碍

（一）融资运营服务体系建设不完善，提高银行助力企业融资难度

一是企业经营信息未有效整合。目前，科技、工信等主管部门仅对外公布认定的高新技术企业、"专精特新"企业、科技型中小企业等名单，而企业在工商、纳税、收支流水、用水、用电、用气等方面的信息仍分散在不同部门，特别是初创型企业创立时间较短，缺乏历史财务数据，银行机构更加难以全面、精准、批量、快速地获取企业相关信息，无法对企业经营情况和发展前景进行评判，从而制约银行为科技型中小企业提供融资支持。

二是企业核心技术估值和处置难度大。科技型中小企业普遍具有轻资产、研发投入大、缺少担保资金及有效抵质押物等特点，因此以核心知识产权质押进行融资是其获取资金的重要渠道。但多数银行尤其是一些中小银行

以及基层商业银行不具备各类细分领域科技项目的专业知识，难以判断项目的独创性、市场前景，加之各类知识产权评估体系不健全，企业自有评估和第三方评估价值差异较大，导致银行为企业确定授信额度难度较大。此外，知识产权交易流转难，导致银行对知识产权质押融资接受程度有限，一般倾向于以纯信用、传统抵质押或者追加担保的方式向企业发放贷款。

（二）风险保障机制力度仍有不足，撬动金融资源的作用受限

一是风险保障力度不足。科技型中小企业研发投入大，对资金的需求也较大，但目前的科技信贷风险损失补偿机制存在风险损失补偿资金池规模不大、对企业单户年度贷款额度设定不高等问题，不利于满足企业融资需求。另外，科技信贷风险损失补偿资金池的覆盖范围不足，并非所有担保方式的贷款均可获得风险保障，如部分地方政府仅将信用贷款纳入风险损失补偿资金池，银行信贷风险保障比例不高。

二是财政补偿办理机制及补偿政策连续性有待强化。为降低科技型中小企业的融资成本，政府部门对科技型中小企业给予一定的贷款贴息，如企业通过担保机构（保险机构）进行增信，也给予企业一定的担保费用及保险费用补贴，但存在申请财政补贴审核流程较长的问题。另外，多数财政奖补政策为阶段性政策，政策到期或者因其他原因停止，新的政策又未及时跟进，不利于金融机构开展科技融资服务。

（三）符合科技型企业融资特点的融资支持体系未发展壮大，融资供需匹配不足

一是多层次金融服务体系有待完善。科技型企业具有前期研发投入高、资金需求量大的特点，同时研发周期长，经营具有风险性，相比于银行贷款，股权、债券等直接融资更能满足企业融资需求。在获取风投资金、投贷联动资金方面，风投机构较少、风险收益不平衡、投资期限较短是企业难以获取资金的主要障碍。

二是融资服务模式有待优化。授信审批方面，尽管部分金融机构尝试建

立多维评价体系对科技型中小企业授信,但较多金融机构数字金融发展相对不足,主要依赖对企业历史经营情况和抵质押物价值的判断进行授信,授信评价模式未能充分考虑科技型中小企业的"科技"与"中小"双重属性,较少体现企业技术优势、应用前景等技术价值。

三 政策建议

(一)完善融资运营服务保障机制

一是搭建统一的科技金融信息服务平台。科技金融信息包括企业信息、营收和纳税信息、用工用水用电信息、中标项目以及研发人员占比信息、研发费用占比信息、高新技术产品(服务)收入占企业总销售比例信息等,建设信息服务平台有助于有效破解信息不对称难题。二是完善科研成果应用转化机制。由政府部门主导,针对各类知识产权,分门别类建立相应的统一、规范的知识产权评价体系;建立跨区域的知识产权交易市场体系,通过统一确权登记、信息披露与竞价机制,提高知识产权跨区域流动性和资产定价效率;培育第三方知识产权运营服务机构,围绕价值评估、交易撮合、风险处置等环节构建全周期专业化服务支持体系,以提升知识产权金融化过程中的资源配置效能。

(二)建立健全融资风险缓释机制

一是差异化支持科技型企业。除了对高新技术企业等优质科技型企业给予财政扶持,还需要加大对初创型企业以及有发展前景的科技型中小企业的支持力度,将这些企业纳入风险准备资金池或者另设专项发展资金,扩大风险保障覆盖面,激发金融机构为科技型企业提供融资的积极性。二是建议扩大政府风险损失补偿资金池规模。提高风险保障额度及风险分担比例,同时保证额度的持续性,设置已用额度预警,在超过总额度一定比例时及时增加额度,确保科技型企业获得融资支持的便捷性和时效性,鼓励担保保险机构加强对科技型企业的增信支持。

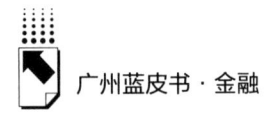

（三）健全科技型企业全生命周期融资服务体系

一是培育各类科创投资机构。通过完善财税激励措施与财政引导政策，吸引早期投资、风险资本及产业基金等专业化投资机构集聚发展；推动优质科技型企业登陆科创板等公开市场融资平台，创新股权融资工具与上市辅导机制，系统性拓宽企业直接融资途径。二是提升金融服务水平。鼓励金融机构依托大数据、云计算、人工智能等技术手段，结合企业科技属性，提升科技型企业融资风险评估、识别、预警、处置的数字化技术应用水平，为企业提供差异化授信审批机制。

参考文献

王永峰、张国柱、陈丽婷：《加大科技型企业金融支持力度》，《中国金融》2024年第18期。

张广治：《加强科技型企业全生命周期金融服务》，《中国金融》2024年第8期。

刘继钊：《科技型中小企业自主创新的金融支持研究》，《现代商业》2024年第22期。

郑昱、刘春波：《日本政策性金融支持科技型中小微企业的做法及经验借鉴》，《河北金融》2024年第6期。

B.24
粤港澳大湾区高质量发展水平测度与提升对策研究[*]

黄显池　许林　程彦宁[**]

摘　要： 本报告基于粤港澳大湾区经济高质量发展的现实基础与理论逻辑，通过分析影响大湾区高质量发展的主要因素，构建了高质量发展水平评价指标体系，通过选取代表性的基础经济指标，利用熵权-TOPSIS法测度了2018~2023年粤港澳大湾区高质量发展水平，结果显示：2018年以来粤港澳大湾区高质量发展水平总体处于提升状态，但各阶段的提升速度存在显著差异。此外，大湾区各城市间的高质量发展水平存在明显差异，甚至分化加剧。根据2023年测算结果，香港、深圳和广州属于大湾区高质量发展水平的"第一梯队"，而珠海、澳门、佛山、东莞、中山和惠州共同构成"第二梯队"，"第三梯队"则是肇庆和江门。从各分指标贡献看，各个城市的排序不尽相同。最后，本报告围绕粤港澳三地融合发展、吸引高端人才、合作平台建设、产业深度融合和绿色低碳发展等方面，为推动粤港澳大湾区高质量发展提供了有益的提升对策。

关键词： 高质量发展　熵权-TOPSIS法　粤港澳大湾区

---

[*] 基金项目：国家社会科学基金项目"高质量发展视域下绿色金融推动双碳目标实现的机制与路径研究"（22BJL038）；粤港澳大湾区发展广州智库2023~2024年度课题"粤港澳大湾区高质量发展水平测度及提升路径——基于世界三大湾区比较"（2024GGBTZD01）；广东省哲学社会科学规划项目"以高质量发展实现广东现代化建设新跨越研究"（GD24WTC08）。

[**] 黄显池，华南理工大学经济与金融学院博士研究生，研究方向为绿色金融与资本市场等；许林，管理学博士，华南理工大学经济与金融学院教授，人工智能与数字经济广东省实验室（广州）教授、博士生导师，研究方向为绿色金融与资本市场等；程彦宁，华南理工大学经济与金融学院研究助理，研究方向为经济统计。

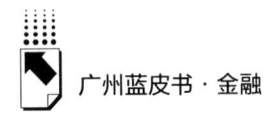

一 问题的提出

2024年底召开的中央经济工作会议强调"大力发展海洋经济和湾区经济",再次凸显海洋经济和湾区经济的战略重要性。作为国家战略的重要实施区域,粤港澳大湾区在经济、科技、产业方面具有独特的优势,在中国拥有庞大的经济总量和良好的资源利用效率,具有良好的发展态势。但与纽约湾区、旧金山湾区、东京湾区世界三大湾区相比,粤港澳大湾区在总体经济实力上还存在一定差距。基于此,本报告结合当下粤港澳大湾区发展不平衡不充分等现实问题,围绕广东省委"1310"部署,聚焦科学构建粤港澳大湾区高质量发展水平评价指标体系,深入探讨大湾区高质量发展现状与短板,为更好推动粤港澳大湾区高质量发展提供事实依据以及为广东奋力在新征程中走在全国前列、创造新的辉煌提供智力支持。

本报告的主要贡献有以下三点:第一,在研究视角上,现有文献大多聚焦国家或省级层面,针对城市群尤其是粤港澳大湾区这一层面的高质量发展进行深入研究还比较少见。第二,在测度指标构建上,本报告构建了包括经济增长新动能、资源环境改善和共同富裕等涉及民生事业发展的宏微观一体化高质量发展水平测度体系。根据第十次中央财经委员会会议强调的"要在高质量发展中促进共同富裕",共同富裕是新时代赋予粤港澳高质量发展的新内涵,也是本报告关注的重点之一。此外,鉴于现有研究缺乏生态与经济视角的系统性研究工作[1],本报告融入了绿色发展理念。第三,在研究方法上,已有研究方法在一定程度上忽视了测算结果的动态可比性或无法客观合理地开展综合评价,本报告采用熵权-TOPSIS法,有效避免了在求解各测度指标与对理想点相对距离进行量化排序以及计算指标权重值方面,人为主观因素所导致的估计偏差。

---

[1] 黄承梁、潘家华、高世楫:《实现高质量发展与生态安全的良性互动——以习近平经济思想与习近平生态文明思想推动绿色发展》,《经济研究》2024年第10期。

二 粤港澳大湾区高质量发展水平评价指标体系构建

本报告遵循全面性、科学性以及可获取性等指标构建原则，重点围绕新发展理念的总体要求、习近平总书记视察广东重要讲话精神，同时按照广东省委提出的"锚定一个目标，激活三大动力，奋力实现十大新突破"的"1310"部署总体要求，增加反映质量效益和新发展动能的指标，形成了粤港澳大湾区高质量发展水平评价指标体系（见表1）。

表1 粤港澳大湾区高质量发展水平评价指标体系

类别	具体指标	功效	指标测算方法
综合质效	人均GDP（PerGDP）	+	GDP/年平均人口数
	工业增加值占GDP的比重（IndusGDP）	+	工业增加值/GDP
	第三产业增加值占GDP的比重（ServiceGDP）	+	第三产业增加值/GDP
	资本生产率（Capital）	+	GDP/全社会固定资产总投资
创新发展	R&D人员投入强度（RDperson）	+	R&D从业人员数/劳动力就业人口数
	R&D经费投入强度（RDfund）	+	研究与试验发展经费支出/GDP
	劳动生产率（Produce）	+	不变价GDP/劳动力就业人口数
	科技支出占财政支出比重（Techfiscal）	+	科研经费支出/地方一般公共预算支出
	新产品收入增速（Productrate）	+	$\frac{当年新产品收入-上年新产品收入}{上年新产品收入}$
协调发展	常住人口城镇化率（Urbanization）	+	城镇人口/地区年末常住人口
	城乡居民可支配收入之比（Cityrulalincome）	−	$\frac{城镇居民人均可支配收入}{农村居民人均可支配收入}$
	城乡居民消费水平之比（Cityrulalconsum）	−	城镇居民人均消费支出/农村居民人均消费支出
	人均公共图书馆藏书量（Perlibrary）	+	公共图书馆藏书量/常住人口总数
	教育支出占财政总支出比重（Edufiscal）	+	教育经费支出/地方一般公共预算支出
绿色发展	GDP能耗降低率（Energy）	−	$\left[\frac{当年能源消费总量÷当年GDP}{上年能源消费总量÷上年GDP}-1\right]×100\%$
	单位GDP建设用地使用面积（ConstrucGDP）	−	建设用地面积/GDP

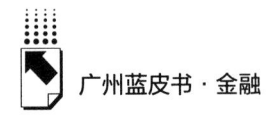

续表

类别	具体指标	功效	指标测算方法
绿色发展	地级及以上城市的颗粒物 $PM_{2.5}$ 年均浓度（PM25）	-	采用算术平均法依次计算城市监测点位单点日平均浓度、城市日平均浓度、城市年平均浓度、区域年平均浓度
	单位工业增加值废水排放量（Ratiowaste）	-	废水排放总量/地区工业增加值
	森林覆盖率（Forest）	+	森林覆盖面积/土地总面积×100%
开放发展	货物和服务贸易总额占GDP比重（GoodsServices）	+	货物和服务贸易总额/GDP
	高新技术产品和知识密集型服务进出口总额占货物服务进出口总额的比重（HightechIE）	+	高新技术产品和知识密集型服务进出口总额/货物服务进出口总额
	新设外商投资企业数（lnEnterp）	+	ln(新设外商投资企业数)
	对外直接投资占GDP比重（Foreign）	+	对外直接投资额/GDP
	国际旅游（外汇）收入占GDP比重（Tourism）	+	国际旅游（外汇）收入/GDP
共享发展	城镇调查失业率（Joblessrate）	-	$\frac{城镇调查失业人数}{城镇调查从业人数+城镇调查失业人数} \times 100\%$
	居民人均可支配收入实际增速（Incomerate）	+	$\frac{居民人均可支配收入名义增速}{同期居民消费价格指数}$
	小学师生比（Teachstudent）	+	小学生人数/从事小学教育的教师数量
	社会保障与就业支出占地方一般公共预算支出比重（Sociasecurity）	+	社会保障与就业支出/地方一般公共预算支出
	每千人口医疗卫生机构床位数（Hospital）	+	医疗卫生机构床位数/人口数×1000

注："功效"这一列的+（-）表示对应经济指标为正（逆）向指标，其值越大（小）代表越优；年平均人口数是上年年末人口数与本年年末人口数的算术平均值；人口数系地区年末常住人口。

三 测算结果与比较分析

本报告研究对象是粤港澳大湾区范围内的11座城市①，时间跨度为2018~2023年，数据主要来源于历年《中国统计年鉴》中的香港特别行政

---

① 具体包括香港特别行政区、澳门特别行政区和广东省广州市、深圳市、珠海市、佛山市、惠州市、东莞市、中山市、江门市、肇庆市。

区与澳门特别行政区主要社会经济指标、《中国城市统计年鉴》、广东省历年统计年鉴、各地级市公开的统计公报、香港特区政府统计处、澳门特区统计暨普查局网站、中经网统计数据库以及 Wind 数据库。为了排除价格因素，本报告对含有价格因素指标的数据统一按照 2018 年不变价进行平减。由于香港和澳门与其他城市的统计口径不一致，本报告统一按照当年度的人民币汇率进行换算再进行价格指数平减。对于存在缺失值的指标，缺失较少的指标采用插值法填补。从表 2 的描述性统计可以看出，人均 GDP（$PerGDP$）的标准差接近 12，人均 GDP 最高的城市接近 60 万元，且是最低城市的 11 倍多[①]。此外，粤港澳大湾区城市的 R&D 经费投入强度、人均公共图书馆藏书量、新设外商投资企业数以及居民人均可支配收入实际增速等指标存在较大差异，这也初步说明粤港澳大湾区存在城市间发展不协调不平衡的现象，甚至存在分化加剧趋势。本报告将通过指标测算来具体说明这一点。

表 2　描述性统计结果

变量	样本量	平均值	标准差	最小值	25%分位数	中位数	75%分位数	最大值
$PerGDP$	66	16.3052	11.9039	5.3267	8.3400	13.0104	17.5533	59.8056
$IndusGDP$	54	0.4401	0.0996	0.1842	0.3830	0.4442	0.5301	0.5817
$ServiceGDP$	54	0.5024	0.1010	0.3895	0.4259	0.4659	0.5623	0.7346
$Capital$	54	0.5140	0.2177	0.2120	0.2790	0.5125	0.6800	0.9300
$RDperson$	54	0.0215	0.0228	0.0027	0.0051	0.0087	0.0340	0.1014
$RDfund$	54	3.0066	1.1524	1.0300	2.4200	2.8720	3.4300	6.0720
$Produce$	66	0.3323	0.2068	0.1003	0.1877	0.2775	0.3763	1.0113
$Techfiscal$	54	0.3137	0.1849	0.0900	0.1700	0.2650	0.4300	0.9500
$Productrate$	54	0.0765	0.1185	-0.2050	-0.0100	0.0800	0.1600	0.4100
$Urbanization$	66	0.8536	0.1530	0.4699	0.7291	0.9012	0.9954	1.0000
$Cityrulalincome$	48	1.7601	0.2261	1.4170	1.5854	1.7538	1.8800	2.3052
$Cityrulalconsum$	48	1.6063	0.1979	1.2763	1.4471	1.6322	1.7442	2.0443
$Perlibrary$	64	1.9570	2.0800	0.3949	0.8655	1.1566	2.0334	8.4196
$Edufiscal$	60	0.1867	0.0294	0.1211	0.1685	0.1931	0.2049	0.2492

---

① 2018 年肇庆市人均 GDP 为 5.33 万元，同年，澳门特别行政区的人均 GDP 约为 60 万元。

续表

变量	样本量	平均值	标准差	最小值	25%分位数	中位数	75%分位数	最大值
Energy	66	-0.3225	3.5723	-28.6301	0.0374	0.0731	0.1198	3.2699
ConstrucGDP	64	0.0477	0.0355	0.0010	0.0196	0.0427	0.0579	0.1261
PM25	65	23.5231	5.5905	15.0000	20.0000	22.0000	27.0000	40.0000
Ratiowaste	58	0.0024	0.0010	0.0010	0.0016	0.0022	0.0029	0.0064
Forest	60	0.4366	0.1644	0.2065	0.3206	0.4070	0.6163	0.7087
GoodsServices	66	0.9020	0.8120	0.1306	0.4464	0.7114	1.1035	3.5880
HightechIE	32	0.3636	0.2562	0.0343	0.1866	0.3222	0.5001	1.2242
lnEnterp	54	6.9087	1.1890	4.4998	6.0684	6.7698	7.8725	9.6045
Foreign	65	0.1625	0.3776	0.0025	0.0083	0.0159	0.0221	1.8765
Tourism	65	0.0060	0.0093	0.0000	0.0003	0.0015	0.0071	0.0396
Joblessrate	58	2.6816	0.9729	1.2000	2.2800	2.3700	2.6000	5.8000
Incomerate	54	5.5315	2.4729	2.3314	3.3399	4.8923	8.4166	9.9454
Teachstudent	54	19.7617	6.6768	5.0470	18.5200	19.5300	21.5180	34.2400
Sociasecurity	66	0.1022	0.0387	0.0233	0.0680	0.1046	0.1255	0.1899
Hospital	66	3.7092	0.7789	2.4226	3.1948	3.7180	4.1101	5.3681

资料来源：根据各地级市统计年鉴、统计公报及 Wind 数据库等数据测算结果整理。

本报告首先采用熵权法对多维度指标实施量化评估，结果如表 3 所示。结果显示，粤港澳大湾区各城市高质量发展水平呈现显著的梯度化非平衡特征。具体而言，高质量发展水平总指数最高的是香港（0.5709），其次是深圳（0.5582）和广州（0.5573），总指数均超过 0.55，属于第一梯队，并且与后面的城市拉开较为明显的差距。这从侧面说明三座大城市的综合实力处于领先地位，是带动粤港澳大湾区跨越式发展的核心力量。随着粤港澳大湾区高质量发展的纵深推进，未来这三座大城市将继续发挥高质量发展的"领头羊"作用。珠海、澳门、佛山、东莞、中山和惠州的总指数均超过 0.35，这几座城市共同构成大湾区高质量发展的"第二梯队"，特别是珠海和澳门，虽然经济总量不及佛山和东莞，但综合实力及各项指标的平均发展水平不亚于后者。未来，随着横琴粤澳深度合作区的发展，创新要素将加速汇聚，特别是科技研发和高端制造业的突破式发展，将继续为珠海和澳门的长远发展注入新动能，开辟广阔空间。佛山和东莞虽然经济总量远超中山和惠州，但由于评价指标体系更多强调平均性和综合性，因此，这四座城市的高质量发展水平并没有拉开太大差距，从总指数看，佛山（0.4061）仅比惠州（0.3560）高出 0.0501。此外，这四座城市均拥有强大的先进制造业集群，例如佛山泛家居产业集群、东莞智能移动终端产业集群、东莞泛家居产业集群、惠州超高清视频和智能家电产业集群、惠州新能源电池产业集群和中山智能家电产业集群，未来将在产业引领方面发挥更强劲的发展潜力。总指数相对靠后的城市是肇庆和江门，共同构成"第三梯队"，无论是综合发展水平和人均指标均与头部城市拉开较为明显的差距。随着广佛肇同城化的发展，肇庆也将迎来新的发展机遇。此外，江门拥有极其优越的地理位置和便捷的交通，作为粤港澳大湾区城市群中唯一拥有大面积可集约开发储备用地的地级市，其未来发展潜力较大。

表3 基于熵权法测算的2023年粤港澳大湾区城市高质量发展水平分维度结果

维度	香港	深圳	广州	珠海	澳门	佛山	东莞	中山	惠州	肇庆	江门
综合质效	0.0706	0.0734	0.0667	0.0562	0.0552	0.0638	0.0658	0.0437	0.0537	0.0271	0.0461
创新发展	0.0603	0.0823	0.0785	0.0686	0.0472	0.0488	0.0484	0.0422	0.0474	0.0374	0.0332
协调发展	0.1710	0.1661	0.1715	0.1197	0.1400	0.0964	0.1040	0.0783	0.0831	0.0750	0.0705
绿色发展	0.0812	0.0864	0.0952	0.1011	0.0768	0.0716	0.0571	0.0705	0.0903	0.0749	0.0553
开放发展	0.0708	0.0542	0.0464	0.0461	0.0462	0.0349	0.0378	0.0285	0.0105	0.0040	0.0043
共享发展	0.1170	0.0958	0.0990	0.1166	0.1222	0.0906	0.0695	0.1156	0.0710	0.0575	0.0600
总指数	0.5709	0.5582	0.5573	0.5083	0.4876	0.4061	0.3826	0.3788	0.3560	0.2759	0.2694

资料来源：根据各地级市统计年鉴、统计公报及Wind数据库等数据测算结果整理。

为了把握粤港澳大湾区城市高质量发展水平的历史演变趋势，以及更加直观展示大湾区内各地级市指数的变化情况，本报告利用2018~2023年面板数据，基于熵权-TOPSIS法重新测算粤港澳大湾区城市高质量发展水平（见表4），同时根据结果绘制了粤港澳大湾区城市高质量发展水平的演变趋势（见图1）。

表4　基于熵权-TOPSIS法测算的2018~2023年粤港澳大湾区城市高质量发展水平

年份	香港	深圳	广州	珠海	澳门	佛山	东莞	惠州	中山	江门	肇庆
2018	0.1535	0.1410	0.1414	0.1394	0.1322	0.1296	0.1295	0.1294	0.1251	0.1230	0.1229
2019	0.1540	0.1411	0.1431	0.1320	0.1333	0.1315	0.1263	0.1252	0.1226	0.1213	0.1206
2020	0.1462	0.1505	0.1418	0.1300	0.1303	0.1358	0.1359	0.1349	0.1308	0.1273	0.1219
2021	0.1417	0.1507	0.1481	0.1285	0.1356	0.1342	0.1339	0.1324	0.1262	0.1266	0.1248
2022	0.1497	0.1446	0.1432	0.1376	0.1376	0.1310	0.1309	0.1299	0.1295	0.1273	0.1262
2023	0.1551	0.1485	0.1383	0.1349	0.1341	0.1327	0.1314	0.1280	0.1271	0.1250	0.1240

资料来源：根据各地级市统计年鉴、统计公报及Wind数据库等数据测算结果整理。

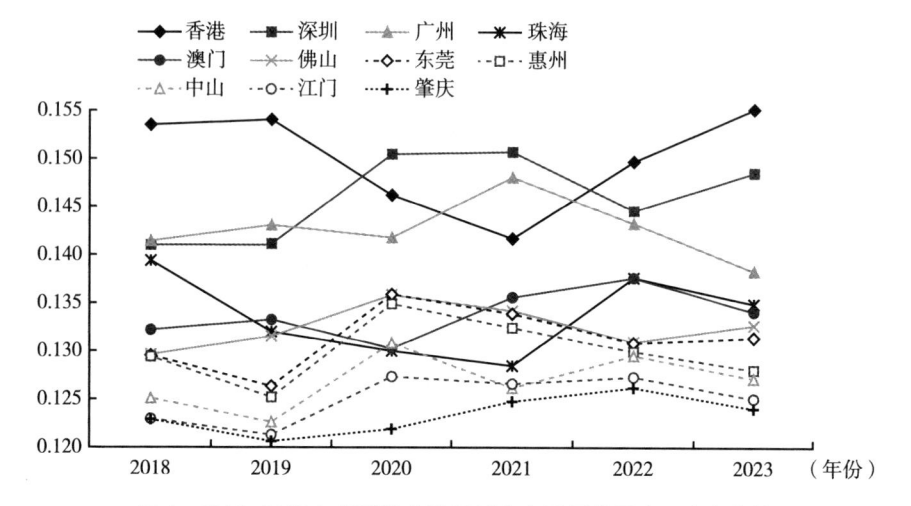

图1　2018~2023年粤港澳大湾区城市高质量发展水平演变趋势

从变化趋势来看，2018~2023年粤港澳大湾区大部分城市的高质量发展水平总体呈上升趋势，少部分城市略有下滑，尤其是广州、珠海和惠州，指数分别从2018年的0.1414、0.1394和0.1294下滑至2023年的0.1383、0.1349和0.1280。其余8座城市中指数增幅最大的是深圳，从2018年的0.1410大幅提高至2023年的0.1485，涨幅超过5%。

值得一提的是，从2018~2023的指数变化趋势看，香港、深圳和广州始终与其他城市拉开较为显著的差距，澳门、珠海、佛山、东莞、中山和惠州存在交替的"追赶效应"。高质量发展水平相对较低的江门和肇庆，不论是在综合质效，还是在创新发展、协调发展、绿色发展、开放发展、共享发展等方面都存在巨大的潜在增长空间。

此外，从2023年粤港澳大湾区各城市GDP、人均GDP可以看出，经济总量高不等同于人均发展水平高，更不代表高质量发展水平领先，这也侧面反映了高质量发展存在内部结构巨大差异性、不协调等突出问题。例如，2023年广州市的GDP高达30355.7亿元，但是人均GDP仅有16.2万元，不及珠海市的17.06万元。另外，2023年澳门特别行政区的GDP仅有不足3320亿元，但人均GDP高达47.15万元。以上数据表明，部分城市的高质量发展总指数与GDP和人均GDP的错位现象较为明显，反映出其衡量经济发展的综合指标与其余衡量高质量发展的指标之间存在结构性错位。

四 粤港澳大湾区高质量发展水平的提升对策

基于本报告测算的2018~2023年粤港澳大湾区高质量发展水平结果，粤港澳大湾区高质量发展的区域不平衡现象突出，发展分化加剧，核心城市领先地位进一步强化，珠江口两岸整体呈现"东强西弱"格局。对此，本报告提出以下五点对策建议。

一是强化粤港澳三地融合发展，优化营商环境。与国内城市群和国际大湾区等板块对比，粤港澳大湾区展现独特的制度创新试验场特征，该区域拥有"一个国家、两种制度、三个关税区、三种货币"的突出优势。因此，第一，可以不断强化大湾区基础设施"硬联通"，形成"一小时生活圈"，实现区域发展的时空压缩效应，进而加快资源要素的有效流动和资源整合。第二，努力实现规则对接、机制衔接，取得"软联通"实质性进展。例如应着力构建跨境营商制度创新试验区，特别是在跨境服务贸易与数字经济领域探索突破。此外，在跨境投资准入环节实施非歧视性待遇框架，配套实施负面清单管理制度，同步推动治理模式向过程监管转型，构建以信用监管为核心、智慧监管为支撑的新型治理体系。持续推进粤港澳三地规制标准互认、监管流程协同、政务服务互通等机制融合工程，有效破除要素跨境流动

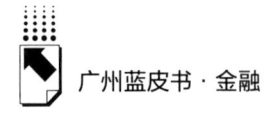

壁垒，进而实现区域治理体系与国际前沿经贸标准的制度性衔接。

二是加大高端人才引育力度。第一，构建全球化紧缺人才引进体系，建立战略性人才储备目录机制，实施包括跨境税收抵免、科技创新成果奖励及梯度化住房保障在内的复合型激励政策，建立"一站式"服务平台，简化人才引进流程，设立专门的人才服务中心，为引进人才提供个性化的咨询和指导，确保他们能够顺利融入当地生活和适应工作环境。第二，着力优化大湾区宜居环境和产业生态，加大对绿色城市建设、智能化公共服务设施和国际化生活配套的投资力度，通过构建创新型产业集群，推动金融服务、人工智能、生物医药等领域的深度融合，促进高端人才与前沿产业的融合。第三，深化粤港澳教育协作机制，探索跨区域高等教育联合办学模式，着力推进教育资源配置全球化进程，系统整合国际前沿教学范式与创新课程架构，同步构建专业化职业培训体系，为区域高端人才梯队建设注入持续动能。

三是加速国家重大合作平台建设。第一，强化创新对区域经济发展的带动作用，推动形成区域创新的氛围。支持广州、深圳、香港和澳门发挥城市创新优势共建国家科创走廊，同时支持珠海等城市结合城市特点大力发展创新产业，培育科创载体。第二，深化创新对区域机制改革的引领作用，加快形成区域互认的机制。支持建立粤港澳三地创新要素跨境流动便利化机制，加强优势互通互补；同时推动粤港澳三地在法律制度、财税政策等方面的沟通协调，创新建立具有普遍共识且可行性高的互联互通机制。

四是推动建立粤港澳产业生态协同网络与空间协调机制。第一，实施跨域要素整合战略。珠三角制造业企业需强化核心能力建设，依托产业集群化优势，系统对接港澳知识密集型服务业，重点推进跨境产学研融合创新，构建"高校—企业—资本"三位一体合作平台，完善跨境技术转移转化机制；同时优化企业境外融资通道，探索"深港双总部"等新型资本运作模式。第二，强化湾区城市群功能协同机制。广州、深圳着力提升全球城市枢纽功能，强化全球资源配置作用；东莞、佛山、珠海等节点城市重点承接智能装备制造、精密仪器研发等先进产业集群，外围城市着力发展配套产业生态系统，构建"核心—节点—支撑"的产业生态圈层。第三，创新城乡协同发展模式。重点推进都市更新区域制度改革，在土地管理、公共服务供给等领域创新制度设计，通过优化存量资源配置策略激活村级工业园潜力，以协调发展为核心夯实高质量发展基础。

五是以绿色低碳发展为保障，筑牢高质量发展屏障。第一，支持广深港等较为发达的城市大力发展绿色技术和绿色生态，积极提倡绿色建筑，保护好森林、湿地等绿色资源，引导建设发展绿色生态经济。第二，推动佛山、东莞和中山等传统工业城市进行工业技术绿色化改造，降低工业排放污染；支持惠州、江门和肇庆建设省级农业示范区，改进和优化传统污染性农业种植采摘技术。第三，高标准实施生态保护相关制度。推动大湾区共同制定具有一定差异性的生态保护制度和标准，建设大湾区内地九市生态环境保护联动监管和港澳地区相互监督的体制机制，强化大湾区生态环境保护联合执法，惩戒生态破坏行为，保护大湾区生态环境。

B.25
数字普惠金融对广东居民消费的影响研究*

罗炜琳 刘松涛**

摘 要： 本报告使用2014~2023年广东省21个城市的面板数据集，实证检验数字普惠金融对居民消费的影响。研究发现，数字普惠金融能够促进居民消费，使用工具变量估计以及自变量滞后一期等方法进行稳健性检验，结果依然成立；数字普惠金融促进居民消费的机制是提高居民可支配收入、工资性收入、经营性收入、财产性收入、转移性收入。基于上述研究结论，本报告建议在扩大居民消费的实践中，可以关注数字普惠金融所发挥的作用，通过完善数字基础设施建设为数字普惠金融发展奠定基础，精准把握市场需求，完善数字普惠金融产品矩阵，强化监管协调，做好数字普惠金融风险管理，推动数字普惠金融发展，提高居民收入，促进居民消费。

关键词： 数字普惠金融 居民消费 广东

居民消费是生产经营和社会民生的重要联结点。长期以来，促进居民消费一直是推动我国经济增长的重要引擎和改善社会民生的主要抓手。当前，国际形势复杂多变、国内经济发展步入新阶段，居民消费扮演更为重要的角色，促进居民消费能够为进一步巩固经济回升向好提供强力支撑，是有效应

---

* 本报告的研究获广州市宣传文化人才培养专项、广州市宣传思想文化骨干人才专项资助。
** 罗炜琳，中国人民银行龙岩市分行，研究方向为普惠金融；刘松涛，管理学博士，广州市社会科学院财政金融研究所助理研究员，研究方向为普惠金融。

对短期经济波动、确保经济稳健发展的重要手段，也是加快构建新发展格局的重要抓手。党的二十大提出着力扩大内需，增强消费对经济发展的基础性作用。党的二十届三中全会对扩大消费做出进一步部署，提出要完善扩大消费长效机制，减少限制性措施。由此可见，如何通过实施有效策略来消除限制居民消费的障碍，激发居民消费潜力，进一步点燃消费这一推动经济增长的主引擎，已成为当下刻不容缓的重大任务。

普惠金融是现代金融体系的重要组成部分。"普惠金融"这一概念最早由联合国于2005年正式提出，指的是金融体系能够为社会不同群体提供符合其需要的金融服务。近年来，随着移动互联网、人工智能等新一代信息技术的发展，普惠金融插上了数字化"翅膀"，普惠金融服务突破了时空限制，实现了普惠金融服务更广覆盖、更深渗透以及更便捷使用[1]。已有研究表明，相较于传统金融服务，数字普惠金融极大地拓宽了金融服务受众范围，特别是让边远地区群体以及低收入群体也能享受到便捷、高效的金融服务[2]。学者们已经发现，数字普惠金融有助于促进居民消费，特别是促进偏远地区居民以及低收入居民的消费，作用机制则是拓宽居民增收渠道、便捷居民信贷获取、优化居民支付方式等[3]。但以广东为样本展开的研究较少，也少有研究重点围绕居民收入这一关键机制展开深入分析，这表明已有研究仍存拓展空间。有鉴于此，本报告在理论分析的基础上，以2014~2023年广东省21个城市作为观测样本，使用计量模型实证分析数字普惠金融对居民消费的影响效应，重点围绕收入这一关键作用机制展开探讨，以期为广东以及国内其他省市发展数字普惠金融、促进居民消费的实践提供有益思路。

---

[1] 黄益平、黄卓：《中国的数字金融发展：现在与未来》，《经济学》（季刊）2018年第4期。

[2] 郭峰等：《测度中国数字普惠金融发展：指数编制与空间特征》，《经济学》（季刊）2020年第4期。

[3] 南永清等：《数字普惠金融与城镇居民消费潜力释放》，《当代经济研究》2020年第5期。

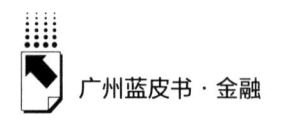

一 理论分析与研究假说

（一）数字普惠金融对居民消费的影响

一方面，数字普惠金融具有较强的信贷支持效应，能够促进居民消费。更大程度的"普"与更大力度的"惠"是数字普惠金融最典型的特征，数字技术与普惠金融服务的结合让包括农村居民、低收入居民在内的各类客群在消费过程中便捷地享受数字消费信贷等优质数字普惠金融服务。数字普惠金融服务既能够赋予居民更多发展能力，帮助其打开更大的发展空间；也能够直接缓解居民在消费过程中所面临的信贷约束，帮助居民实现跨期消费。另一方面，数字普惠金融具有较强的收入增长效应，这同样能够促进居民消费。原因在于，数字普惠金融使得优质金融服务触手可及，能够直接赋能居民发展，为居民参加职业技能培训等有助于提高自身人力资本水平的活动以及从事生产经营等能够拓宽收入渠道的事业提供支持，从而促进居民收入增长。进一步地，数字普惠金融也能够带来一定的财富增长效应，典型表现在基金公司等资管机构的数字化转型大幅提升了大众投资者的理财体验，为居民获得财产性收入提供了更多可能，这有助于促进居民消费。与此同时，数字普惠金融也能够引导金融"活水"更精准流向小微企业、个体工商户等国民经济循环体系的尾端，提升小微企业生产经营效率，增强小微企业稳健发展能力，从而确保就业市场稳定以及宏观经济平稳运行，这同样有助于促进居民收入增长，进而促进居民消费。据此，本报告提出研究假说1。

研究假说1：数字普惠金融有助于促进居民消费。

（二）数字普惠金融对居民消费的影响机制

根据凯恩斯经典消费理论，收入是消费的基础。数字普惠金融所具有的增收效应能够增加居民可支配收入，从而促进居民消费。在此基础上，本报告将居民可支配收入分解为工资性收入、经营性收入、财产性收入、转移性收入，进一步探讨数字普惠金融如何影响四种不同类别的收入，进而影响居民消费。

一是数字普惠金融能够增加居民工资性收入。一方面，数字普惠金融能够缓解中小微企业面临的融资约束，助力企业稳健经营，这有助于稳定并新增工作机会，促进中低收入居民以及农村居民实现非农就业，保障居民获得稳定的工资性收入，进而有助于促进居民消费。另一方面，数字普惠金融产生的溢出效应能够降低企业生产经营成本，提高企业生产经营效率，这有助于提高企业盈利能力，而企业盈利能力的提高是居民工资性收入增长的重要基础，这同样能够促进居民消费。

二是数字普惠金融能够增加居民经营性收入。数字普惠金融的发展降低了金融服务获取门槛以及业务成本，居民足不出户即可享受线上创业贷等优质数字普惠金融服务，这为居民参与生产经营活动提供了更大便利，为居民获得经营性收入提供了可能，从而有助于促进居民消费。同时，数字普惠金融产生的溢出效应也提高了居民参与数字经济活动的能力，激发了居民创业热情，这也能够直接或间接增加居民经营性收入，进而促进居民消费。

三是数字普惠金融能够增加居民财产性收入。在数字普惠金融浪潮下，基金公司等资管机构持续加速数字化转型，通过数字化技术构建清晰的客户画像，为不同类型的客户提供定制化的投资解决方案，并以移动终端为阵地，通过移动互联网为更多客户提供理财服务，这大幅提升了大众投资者的理财体验，为居民获得财产性收入提供了更多可能，有助于促进居民消费。

四是数字普惠金融能够增加居民转移性收入。基于电子支付、移动支付等技术的数字普惠金融服务显著提高了政府部门等机构对居民的转移支付效率，既能够帮助资金更加快速精准地到达指定的居民手中，也为资金的支付和使用装上了"千里眼"，便于做好转移支付监管工作。同时，数字普惠金融的发展也让居民与居民之间的资金往来更为频繁，提高了居民之间的转移支付频率，居民更容易借助数字普惠金融服务从亲朋好友处获得经济支持，

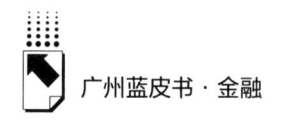

这均有助于促进居民消费。

据此，本报告提出研究假说2~6。

研究假说2：数字普惠金融通过增加居民可支配收入来促进居民消费。

研究假说3：数字普惠金融通过增加居民工资性收入来促进居民消费。

研究假说4：数字普惠金融通过增加居民经营性收入来促进居民消费。

研究假说5：数字普惠金融通过增加居民财产性收入来促进居民消费。

研究假说6：数字普惠金融通过增加居民转移性收入来促进居民消费。

二 研究设计

（一）模型构建

本报告构建如下模型探讨数字普惠金融对居民消费的影响：

$$Consume_{i,t} = \alpha + \beta DIFI_{i,t} + \delta Control_{i,t} + \varepsilon_{i,t} \tag{1}$$

其中，$Consume_{i,t}$为居民消费；$DIFI_{i,t}$为数字普惠金融；$Control_{i,t}$为控制变量，β和δ分别表示数字普惠金融与控制变量的系数；$\varepsilon_{i,t}$为服从零均值正态分布的随机扰动项。

（二）变量选取与描述性统计

1. 因变量

因变量为居民消费，使用城市人均消费水平来衡量。

2. 自变量

核心自变量为数字普惠金融，使用北京大学数字普惠金融指数来衡量。

3. 控制变量

结合研究目标，本报告在模型中纳入了经济发展、城镇化率、开放程度、外商直接投资、财政支出、金融发展、基础设施等7个可能影响居民消费的变量。各变量的描述性统计结果见表1。

4. 数据来源

本报告选取 2014~2023 年广东省 21 个城市作为观测样本①。数字普惠金融指数来自北京大学数字金融研究中心，夜光数据来自 Wu 等②提供的"1992~2023 年中国'类 DMSP-OLS'夜间灯光遥感数据集"③，其余数据来自历年《中国城市统计年鉴》和《广东统计年鉴》。

表1 各变量描述性统计

类别	变量	定义	观测值	均值	标准差	最小值	最大值
因变量	居民消费	居民人均消费，取对数	210	9.941	0.399	9.208	10.80
自变量	数字普惠金融	数字普惠金融指数，取对数	210	5.480	0.243	4.841	5.883
控制变量	经济发展	夜间灯光数据，取对数	210	2.665	1.005	0.598	4.138
控制变量	城镇化率	城镇常住人口占总人口的比重	210	64.82	18.87	39.01	100
控制变量	开放程度	货物贸易进出口总额占地区生产总值的比重	210	0.430	0.423	0.0341	1.872
控制变量	外商直接投资	当年实际使用外资金额占地区生产总值的比重	210	0.0130	0.0178	6.88e-05	0.148
控制变量	财政支出	地方财政一般预算内支出占地区生产总值的比重	210	0.173	0.0708	0.0706	0.401

---

① 按照国家统计局的统一部署，广东省分市、县城乡一体化住户调查工作于 2013 年 10 月正式启动，从 2014 年开始正式对外发布各市全体常住居民人均可支配收入和消费支出指标，故本报告选取数据时间段从 2014 年开始。
② Wu, Y., et al., "Developing Improved Time-Series DMSP-OLS-Like Data (1992-2019) in China by Integrating DMSP-OLS and SNPP-VIIRS," *IEEE Transactions on Geoscience and Remote Sensing*, 2021, 60.
③ 数据空间分辨率为 1 千米×1 千米，存储格式为 GeoTIFF，数据存储网址为 https://dataverse.harvard.edu/dataset.xhtml? persistentId=doi：10.7910/DVN/GIYGJU。本报告通过 Arcgis 软件提取了各地市的夜光数据均值。

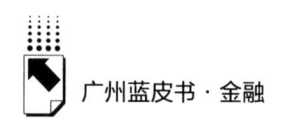

续表

类别	变量	定义	观测值	均值	标准差	最小值	最大值
控制变量	金融发展	年末金融机构各项存贷款余额占地区生产总值的比重	210	2.639	1.071	1.071	6.516
	基础设施	道路里程,取对数	210	8.974	0.850	6.574	10.12

三 数字普惠金融对居民消费的影响分析

（一）基准回归结果

Hausman 检验结果表明应使用固定效应模型。表 2 汇报了数字普惠金融对居民消费的影响基准回归结果。由第（1）列可知，在不加入控制变量的情况下，数字普惠金融显著促进了居民消费。第（2）列汇报了加入控制变量后的结果，数字普惠金融的系数仍为正值且在1%的水平下显著，这表明数字普惠金融能够促进居民消费，研究假说1得到验证。可能的原因同前文所述，数字普惠金融具有较强的信贷支持效应，数字化消费信贷能够帮助居民实现跨期消费平滑，还具有较强的收入增长效应，有助于促进居民增收，进而促进了居民消费。

表 2　数字普惠金融对居民消费的影响基准回归结果

变量/项目	(1) 居民消费	(2) 居民消费
数字普惠金融	0.7636*** (0.0207)	0.6568*** (0.0360)
经济发展		0.0323* (0.0183)
城镇化率		0.0043 (0.0033)
开放程度		-0.0120 (0.0411)

续表

变量/项目	(1) 居民消费	(2) 居民消费
外商直接投资		0.1069 (0.2406)
财政支出		-0.4555** (0.1670)
金融发展		0.0369* (0.0179)
基础设施		0.0357 (0.0233)
截距项	5.7567*** (0.1134)	5.6423*** (0.2015)
观测值	210	210
R^2	0.961	0.972
F值	1362***	510.4***

注：括号内为聚类到城市的稳健标准误；***、**、*分别表示结果在1%、5%、10%的水平下显著，下同。

（二）稳健性检验

1. 内生性分析

数字普惠金融与居民消费之间的互为因果关系以及不可观测因素均可能导致估计出现偏差。本报告使用工具变量法缓解内生性问题，分别使用"样本城市与杭州之间的距离×广东省数字普惠金融指数"、"样本城市自身以外其他样本城市数字普惠金融指数均值"和"滞后一期的数字普惠金融指数×广东省数字普惠金融指数的一阶差分"作为工具变量。从表3的工具变量回归结果可知，原模型的估计稳健可靠。

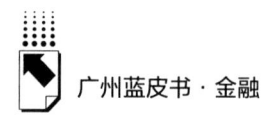

表3　数字普惠金融对居民消费的影响工具变量回归结果

变量/项目	(1) 一阶段 数字普惠金融	(2) 二阶段 居民消费	(3) 一阶段 数字普惠金融	(4) 二阶段 居民消费	(5) 一阶段 数字普惠金融	(6) 二阶段 居民消费
样本城市与杭州之间的距离×广东省数字普惠金融指数	0.0000*** (0.0000)					
样本城市自身以外其他样本城市数字普惠金融指数均值			0.0046*** (0.0001)			
滞后一期的数字普惠金融指数×广东省数字普惠金融指数的一阶差分					0.0000*** (0.0000)	
数字普惠金融		0.6952*** (0.0324)		0.6910*** (0.0278)		0.5532*** (0.0594)
经济发展	0.1031*** (0.0312)	0.0176 (0.0153)	0.0197 (0.0126)	0.0192 (0.0134)	0.3177*** (0.0445)	0.0718*** (0.0267)
城镇化率	0.0002 (0.0043)	0.0037** (0.0018)	-0.0001 (0.0016)	0.0038** (0.0018)	0.0206*** (0.0055)	0.0058*** (0.0022)
开放程度	-0.1195** (0.0476)	-0.0024 (0.0277)	-0.0114 (0.0235)	-0.0034 (0.0276)	-0.1751** (0.0678)	-0.0377 (0.0334)
外商直接投资	-0.3340 (0.3603)	0.1458 (0.1670)	0.0015 (0.1429)	0.1416 (0.1670)	-0.9479 (0.5937)	0.0021 (0.1983)
财政支出	0.6064** (0.3000)	-0.5233*** (0.1289)	0.7025*** (0.1069)	-0.5159*** (0.1243)	1.0441*** (0.3405)	-0.2729* (0.1552)
金融发展	-0.0133 (0.0167)	0.0304*** (0.0106)	-0.0600*** (0.0074)	0.0311*** (0.0103)	0.2093*** (0.0249)	0.0545*** (0.0137)
基础设施	0.0306 (0.0335)	0.0377 (0.0293)	-0.0232 (0.0206)	0.0375 (0.0293)	-0.0035 (0.0857)	0.0302 (0.0318)
观测值	210	210	210	210	210	210
一阶段F值/F值	342.87***	914.4***	1681.31***	895.8***	129.14***	745.7***
拉格朗日乘数统计量		43.76 (0.000)		52.65 (0.000)		26.539 (0.000)
克莱伯根-帕普秩沃尔德F统计量		272.608		2799.156		32.981

注：括号内为拉格朗日乘数统计量的P值；沃尔德F统计量的临界值为16.38（10%）、8.96（15%）、6.66（20%）和5.53（25%）；使用xtivreg2命令，未汇报截距项结果；因工具变量回归的R^2值对模型无影响，故未汇报工具变量回归的R^2值。

2. 自变量滞后一期回归

数字普惠金融对居民消费的影响效应可能存在一定滞后性。本报告将核心自变量数字普惠金融滞后一期进行回归，从表4可知，无论是否加入控制变量，滞后一期的数字普惠金融回归系数均在1%水平下显著为正，这表明基准回归的结论稳健可靠。

表4　数字普惠金融对居民消费的影响自变量滞后一期回归结果

变量/项目	（1）居民消费	（2）居民消费
数字普惠金融滞后一期	0.6703*** (0.0172)	0.5545*** (0.0346)
经济发展滞后一期		0.0165 (0.0230)
城镇化率滞后一期		0.0073* (0.0038)
开放程度滞后一期		-0.0516* (0.0259)
外商直接投资滞后一期		0.5144** (0.2330)
财政支出滞后一期		0.0938 (0.1437)
金融发展滞后一期		0.0446** (0.0174)
基础设施滞后一期		0.0540** (0.0253)
截距项	6.3217*** (0.0926)	5.8397*** (0.2348)
观测值	210	210
R^2	0.959	0.969
F值	1526***	527.4***

3. 改变样本量回归

在广东省的21个样本城市中，广州市和深圳市在行政级别、规模体量、

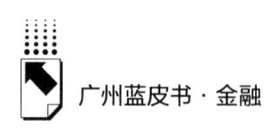

发展定位等方面相较于其他城市具有较大特殊性。为此，本报告剔除广州市和深圳市的样本再次进行回归，具体结果见表5，可知原模型的结果仍是稳健的。

表5　数字普惠金融对居民消费的影响改变样本量回归结果

变量/项目	（1）居民消费	（2）居民消费
数字普惠金融	0.7694*** （0.0218）	0.6668*** （0.0399）
经济发展		0.0275* （0.0154）
城镇化率		0.0028 （0.0030）
开放程度		0.0211 （0.0372）
外商直接投资		0.1015 （0.2405）
财政支出		-0.5557*** （0.1711）
金融发展		0.0567*** （0.0153）
基础设施		-0.0138 （0.0727）
截距项	5.6696*** （0.1192）	6.0631*** （0.5873）
观测值	190	190
R^2	0.962	0.975
F值	1243***	407.2***

四　数字普惠金融对居民消费的影响机制

数字普惠金融具有较强的增收效应，能够通过提高居民可支配收入促进居民消费。下面，本报告将使用数据进行检验。首先，检验数字普惠金融对居民可支配收入的影响。从表6第（1）列可知，数字普惠金融显著提高了居民可支配收入，研究假说2得到验证。这符合前文的理论分析，数字普惠金融能够在宏观层面推动产业结构升级和区域经济增长，是稳定居民就业岗位和提高居民工资性收入的重要助力；在微观层面，数字普惠金融基于数字化技术实现普惠金融服务拓面、增量与降费，能够有效缓解居民面临的信贷约束，这均有利于提高居民可支配收入。而凯恩斯经典消费理论以及经济运行状况早已证明，收入是居民消费增长的重要基础，稳定的收入增长有助于促进居民消费。

进一步地，本报告检验数字普惠金融对居民工资性收入、经营性收入、财产性收入、转移性收入的影响。从表6的第（2）~（5）列可知，数字普惠金融显著提高了居民工资性收入、经营性收入、财产性收入、转移性收入，研究假说3~6得到验证。这符合前文的理论分析。从工资性收入看，数字普惠金融能够缓解中小微企业面临的融资约束，助力企业稳健经营，保障居民工作岗位的稳定；数字普惠金融还能够帮助企业实现降本增效，提高企业盈利能力，为居民工资性收入的增长奠定基础。进一步地，工资性收入是中低收入居民的主要收入来源，在居民收入结构中扮演重要角色，工资性收入的增长有助于促进居民消费。从经营性收入看，数字普惠金融的发展使得居民更容易获得包括生产经营性贷款在内的金融服务，这在一定程度上为居民从事各类生产经营活动扫除了资金障碍，有助于居民创业或扩大生产经营规模，为居民获得经营性收入拓展了空间。进一步地，经营性收入同样是居民收入的重要组成部分，且消费弹性较高，经营性收入的增加也有助于促进居民消费。从财产性收入看，在数字普惠金融浪潮下，各类数字化财富管理服务不断创新，不同类型的客户均能够更为便捷地获取符合自身需要的理财产品，特别是对于大众投资者而言，理财服务已成为其获取财产性收入的重要渠道。进一步地，财产性收入的消费弹性同样较高，财产性收入的增加有助于促进居民消费。从转移性收入看，数字普惠金融既能够提升政府对居民的转移支付效率，也能够密切居民之间的联系，提高居民之间的转移支付频率，帮助居民从亲朋好友处获得经济支持，这都有助于居民增加转移性收入。进一步地，转移性收入的消费弹性也相对较高，转移性收入的增加能够促进居民消费。

表6 数字普惠金融对居民消费的影响机制检验结果

变量/项目	（1）可支配收入	（2）工资性收入	（3）经营性收入	（4）财产性收入	（5）转移性收入
数字普惠金融	0.7334*** (0.0447)	1.0524*** (0.0777)	1.2532*** (0.2584)	1.4113*** (0.2738)	0.9924*** (0.1601)
经济发展	0.0199 (0.0172)	0.0186 (0.0190)	-0.0316 (0.0365)	-0.0646 (0.0702)	0.0162 (0.0518)
城镇化率	0.0085*** (0.0024)	0.0046* (0.0026)	0.0076 (0.0081)	-0.0090 (0.0145)	0.0039 (0.0111)
开放程度	-0.0182 (0.0362)	0.0082 (0.0615)	0.0234 (0.1263)	-0.2019 (0.1808)	-0.5312*** (0.1805)
外商直接投资	-0.0086 (0.1757)	0.0592 (0.1563)	0.2008 (0.3262)	-0.3930 (0.5548)	0.2276 (0.4147)
财政支出	-0.7098*** (0.1929)	0.1014 (0.1451)	-0.1750 (0.6823)	-0.3967 (0.7634)	1.2232** (0.4832)
金融发展	0.0882*** (0.0162)	0.0402*** (0.0120)	-0.0437 (0.0520)	0.0061 (0.0635)	0.0860 (0.0564)
基础设施	0.0221 (0.0266)	0.0037 (0.0315)	0.0409 (0.0548)	0.1187 (0.1101)	0.0453 (0.2771)
截距项	5.3589*** (0.2574)	3.5259*** (0.4589)	0.8045 (1.2536)	-0.3007 (1.6143)	1.7088 (2.7956)
观测值	210	147	147	147	133
R^2	0.979	0.971	0.829	0.731	0.786
F值	549.6***	198.3***	20.63***	19.92***	25.22***

注：因统计年鉴自2017年起提供居民收入来源的数据，第（2）~（5）列回归的数据年份为2017~2023年；因深圳市居民的转移性收入为负数，第（5）列剔除深圳市样本。

五 研究结论与对策建议

近年来，数字普惠金融发展日新月异，极大地便利了居民日常生产生活。居民消费作为生产经营和社会民生的重要联结点，是我国经济增长的重要引擎和改善社会民生的主要抓手，特别是在国际形势复杂多变、国内经济发展步入新阶段的当下，居民消费的重要性更加凸显。本报告在理论分析的基础上，使用2014~2023年广东省21个城市的面板数据，建立固定效应回归模型，实证检验数字普惠金融对居民消费的影响效应与作用机制。本报告研究发现，数字普惠金融能够促进居民消费，使用工具变量缓解内生性问题后，这一结果仍然成立；居民可支配收入、工资性收入、经营性收入、财产性收入、转移性收入的提高是数字普惠金融促进居民消费的作用机制。

基于上述研究结论，本报告提出以下对策建议。

第一，完善数字基础设施建设，赋能居民增收和消费。积极布局新式网络基础设施以及推动传统网络设施升级，加快数字化平台建设，进一步优化网络性能，确保农村及偏远地区的居民能够更加高效地使用移动互联网。在数字基础设施不断完善的基础上，深入推进数字乡村战略，让数字技术成为增加居民收入、促进居民消费的重要工具。

第二，丰富数字普惠金融产品，提供多元化支持服务。基于机器学习等新一代信息技术的深度应用，进一步优化理财投顾、数字保险等服务。统筹做好数据这一优质生产要素的使用工作，通过激活数字动能来获得增量、创造价值，基于数据的高效使用实现客户画像的精准刻画，为消费者提供更具个性化的数字普惠金融产品，逐步建立多层次的数字普惠金融服务体系。

第三，加强数字普惠金融风险管理，减少居民非理性消费。监管部门要持续完善数字普惠金融领域的监管措施，及时修订和新增相关法律规章，明确各方职责，确保数字普惠金融有序发展。金融机构要切实承担责任，优化内部控制体系，提升信息安全防护能力，确保客户资金和信息安全。

参考文献

郭峰等：《测度中国数字普惠金融发展：指数编制与空间特征》，《经济学》（季刊）

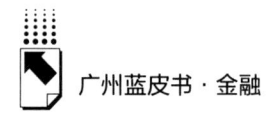

2020年第4期。

黄益平、黄卓：《中国的数字金融发展：现在与未来》，《经济学》（季刊）2018年第4期。

南永清等：《数字普惠金融与城镇居民消费潜力释放》，《当代经济研究》2020年第5期。

Wu, Y., et al., "Developing Improved Time-Series DMSP-OLS-Like Data (1992–2019) in China by Integrating DMSP-OLS and SNPP-VIIRS," *IEEE Transactions on Geoscience and Remote Sensing*, 2021, 60.

B.26
以国际大都市发展为镜，推动广州房地产健康稳定发展

郭柃沂*

摘　要： 近年来，房地产市场正经历供需结构的重大调整，行业发展进入调整与转型的新阶段。为促进房地产市场平稳健康发展，探索构建房地产发展新模式，2024年起，广州积极因城施策，持续优化完善房地产调控政策。然而，当前广州房地产市场仍面临下行压力，急需多措并举推动房地产市场止跌回稳。通过深入分析纽约、伦敦等国际化大都市在推动房地产市场健康发展方面的先进经验，总结对广州的主要启示：一是创新土地利用方式，优化住房供给结构；二是增加保障性住房供给，完善住房保障体系；三是推进老旧住房改造，提升居住品质；四是健全风险管理机制，防范市场风险。

关键词： 国际大都市　房地产　广州

2024年7月，党的二十届三中全会审议通过《中共中央关于进一步全面深化改革　推进中国式现代化的决定》，明确提出要加快建立租购并举的住房制度，加快构建房地产发展新模式，支持地方政府因城施策，允许有条件的城市放宽或取消住房限购。2024年9月26日，中共中央政治局会议强调，要促进房地产市场止跌回稳，对商品房建设要严控增量、

---

* 郭柃沂，经济学博士，深圳市自然资源和不动产评估发展研究中心助理研究员，研究方向为房地产经济、财政政策等。

优化存量、提高质量，加大"白名单"项目贷款投放力度，支持盘活存量闲置土地，优化限购措施，有序下调存量房贷利率，加快健全土地、财税与金融等相关政策体系，切实推进房地产发展模式的转型升级。2024年12月12日，中央经济工作会议要求持续用力推动房地产市场止跌回稳，加力实施城中村和危旧房改造，充分释放刚性和改善性住房需求潜力。近年来，纽约、伦敦等国际化大都市在创新土地利用和住房供给模式等方面形成典型经验，建议广州多方发力，加快构建房地产发展新模式。

一 国际大都市房地产市场现状与经验

（一）美国纽约房地产市场现状与主要做法

第一，从行业地位看，纽约市房地产业和租赁业在经济中占据重要地位，但自2006年以来，该行业对GDP的贡献率持续低于全美及纽约州水平。作为全球金融枢纽和高度国际化的都市，纽约房地产市场备受关注。2001~2005年纽约市房地产业和租赁业增加值占GDP比重相对稳定，保持在13.7%左右，2006~2009年受次贷危机影响，比重显著下降，2009年降至8.6%的历史低点。2010年起逐渐回升，2014年达到一个相对高点（10.8%）。近年来，市场经历一系列调整，比重虽有小幅波动，但总体维持稳定态势。2021年比重有所回升，截至2022年，纽约市房地产业和租赁业增加值占GDP的比重为10.6%，仍低于全美（13.6%）及纽约州（14.2%）。相比之下，全美和纽约州房地产业和租赁业增加值占GDP比重更为稳定，波动幅度较小（见图1）。

第二，从供需关系看，纽约市供需矛盾日益凸显，住宅建设放缓，老旧建筑占据主导地位，住房更新缓慢。在供给方面，纽约市城市规划局数据显示，2023年纽约市新建住宅许可量仅16359套，同比下降76.2%，创2016

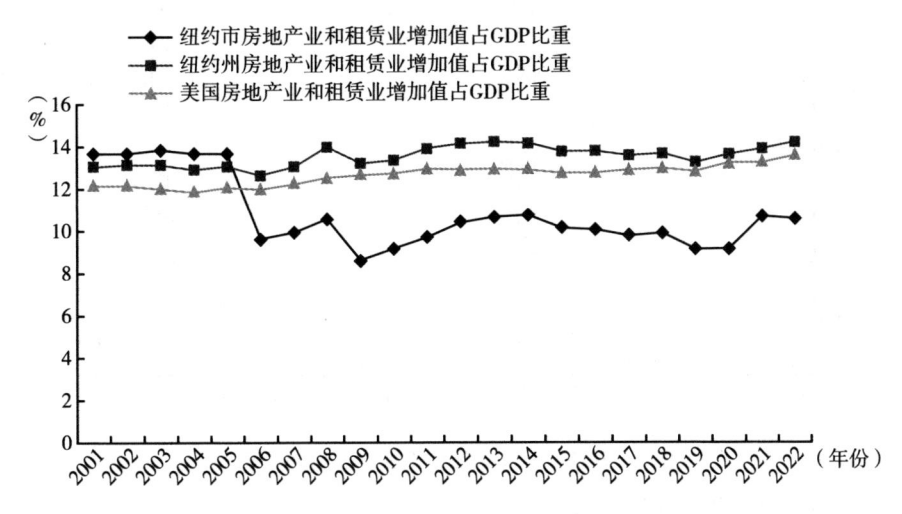

以国际大都市发展为镜，推动广州房地产健康稳定发展

图1 2001~2022年纽约市房地产业和租赁业增加值占GDP比重

资料来源：美国经济分析局。

年以来新低，新房开发不足导致供应量减少①（见图2）。目前，纽约市住房老化严重，超半数（54%）住房建于1947年以前，1947~1973年、1974~1999年、2000~2009年建成住房占比分别为26%、8%和7%，2010年及之后新建住房比例最低，仅占全市住房总量的5%。在需求方面，纽约市就业市场持续繁荣，2010~2023年就业人数增长25%，而住房存量仅增长10%，住房存量占就业人数的比例从90%下降至79%，供需缺口持续扩大（见图3）。此外，纽约市住房自有率约为30%，其余为租赁住房，2023年租房空置率降至1.4%，创1968年以来最低，凸显了市场的高需求特征。

第三，从市场运行情况看，纽约市住宅销售量同比下降、库存压力增大，房价中位数持续增长，市场分化。纽约市财政局数据显示，2010~2023年，一类住宅销售量（包含一至三个单元的住宅）整体呈现波动趋势，其中，2013~2017年保持增长态势，2020年受新冠疫情冲击销售量大幅下滑，2021年反弹至26236套（历史峰值），2022年起进入调整期，2023年销售

---

① 2022年，421-a税收优惠政策将于6月到期，该政策激励开发商加快项目进度以获得税收优惠，因此许可证发放数量为2010年以来最高水平。

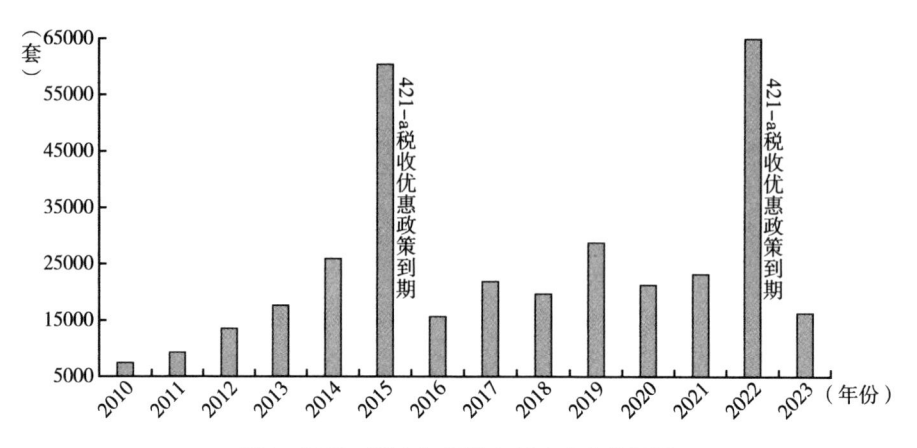

图 2　2010~2023 年纽约市新建住宅许可量

资料来源：纽约市城市规划局。

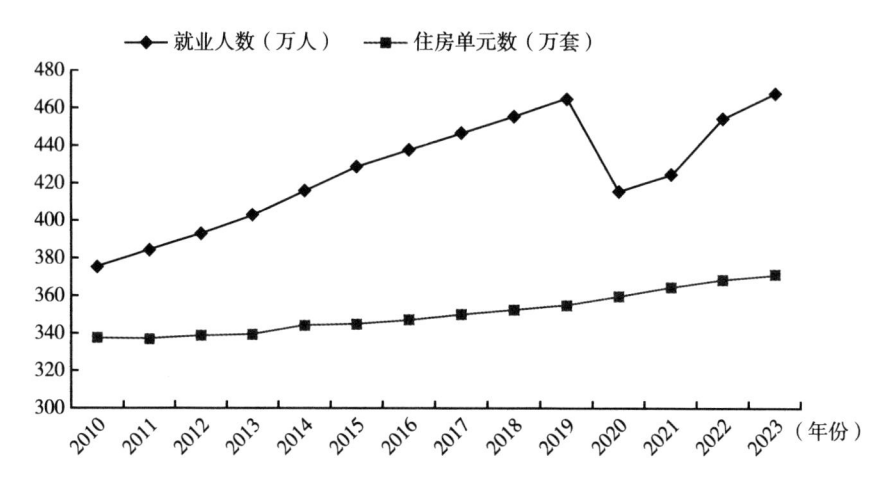

图 3　2010~2023 年纽约市就业人数和住房单元数

资料来源：美国劳工部、美国人口普查局；2023 年纽约市住房和空置率调查（HVS）。

量回落至 18029 套（见图 4），接近 2009 年水平（18160 套）。同时，住宅库存压力增大。截至 2024 年 8 月，纽约市住宅库存量为 15707 套，同比增长 9%（见图 5），待售天数中位数为 83 天，显著高于全美（26 天）、纽约州（43 天）水平。

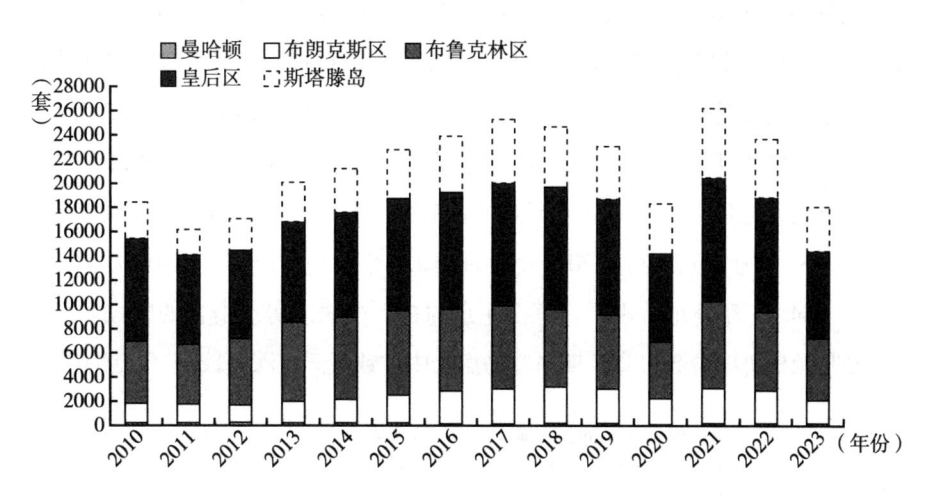

以国际大都市发展为镜，推动广州房地产健康稳定发展

图4 2010~2023年纽约市各区一类住宅销售量

资料来源：纽约市财政局。

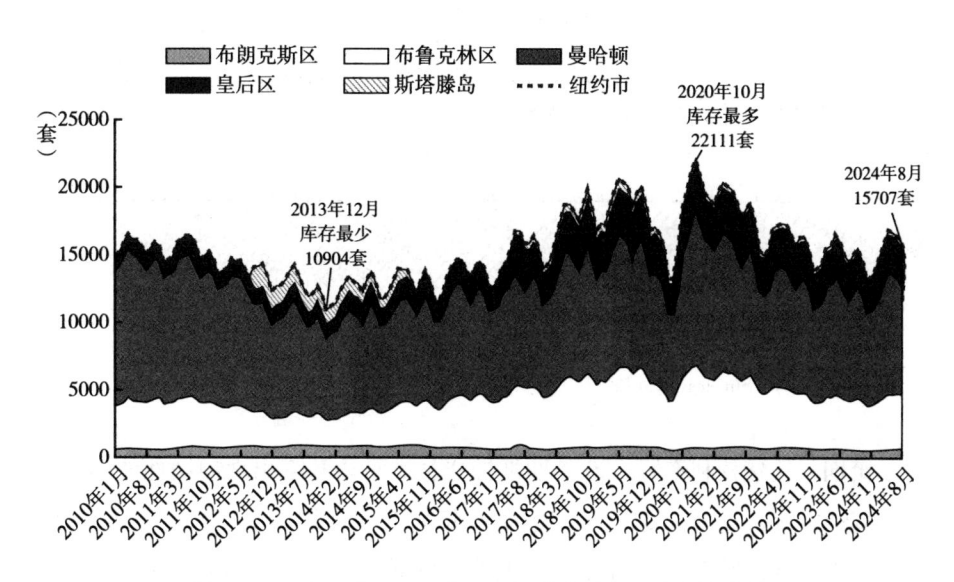

图5 2010年1月~2024年8月纽约市及各区住宅库存量

资料来源：Streeteasy公司。

根据Streeteasy公司数据，2010年1月~2024年8月纽约市房价中位数[1]总体呈现上升趋势。2010~2015年，房价中位数在40万~55万美元范围内波动，整体呈现缓慢上升趋势。2016~2019年，房价中位数持续上涨至65万~70万美元。2020年新冠疫情后房价中位数仍保持上涨，2023年略降，2024年创新高，中位数突破80万美元，市场具有一定韧性。截至2024年8月，纽约市房价中位数为80.5万美元，约为2010年1月的1.8倍，高于全美（41.67万美元）、纽约州（44.47万美元）水平。值得注意的是，纽约市房价增长的区域差异明显，曼哈顿房价中位数最高，斯塔滕岛房价中位数最低且涨幅较小（见图6）。

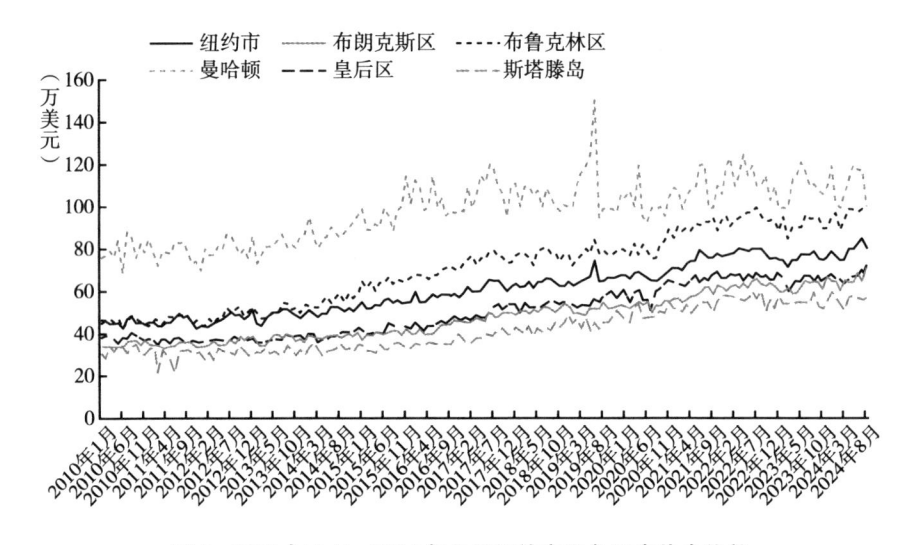

图6 2010年1月~2024年8月纽约市及各区房价中位数

资料来源：Streeteasy公司。

第四，从贷款利率看，30年期抵押贷款周平均利率出现周期性波动。受新冠疫情影响，2019~2021年，美国30年期抵押贷款周平均利率显著下降，达到历史低点，但自2022年以来，随着全球通胀压力上升和美联储加息预期增强，抵押贷款周平均利率迅速攀升，至2024年5月达到7.22%的阶段性高点后逐渐回落（见图7）。截至2024年9月19日，美国30年期抵押贷款周平

---

[1] 房价中位数反映了市场的中间价格，避免了极端高价或低价对整体价格水平的影响。

均利率已降至6.09%，远低于2023年10月26日7.79%的峰值，为2023年2月以来的最低水平。抵押贷款周平均利率的变动直接影响了购房者的贷款成本和购房意愿，成为市场走势的重要驱动力。

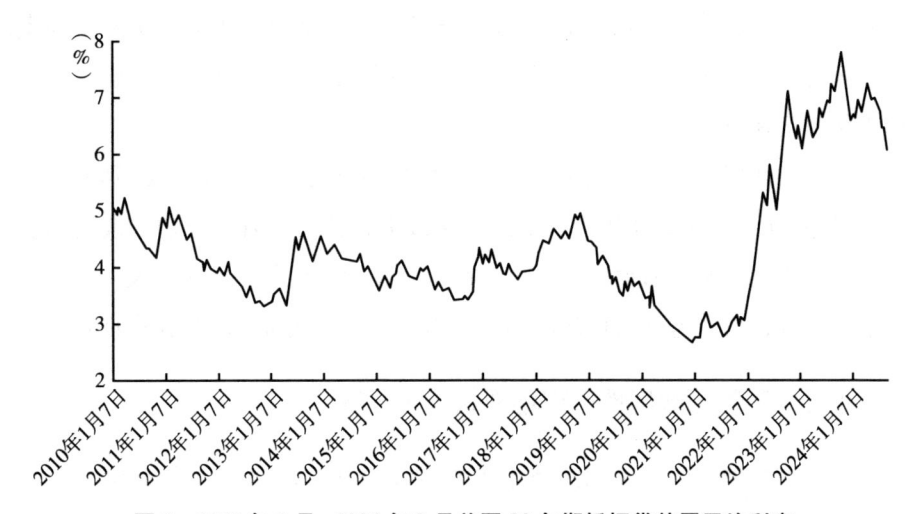

图7　2010年1月~2024年9月美国30年期抵押贷款周平均利率

资料来源：房地美公司（Freddie Mac，联邦住宅贷款抵押公司）。

第五，从政策调控看，纽约市通过灵活有效的政策措施应对住房危机，促进房地产市场健康发展。

一是货币政策与财税政策协同发力。金融危机期间，美联储通过降息和量化宽松政策刺激经济，间接推动房地产市场复苏。421-a税收优惠政策将开发地块继续按照空地征税，降低开发商成本，鼓励多户型租赁住房建设，增加住房供应量。

二是完善多层次住房补贴政策。实行平价保障性住房政策，为不同收入家庭提供多样化住房选择，包括公共住房（面向中低收入家庭）、米切尔-拉玛（Mitchell-Lama）项目（面向中等收入家庭）及住房开发基金公司合作社项目（改造废弃住宅楼，让低收入租户成为股东）。推行住房代金券政策，包括三种类型：租户代金券帮扶低收入家庭（收入不超地区中位数的50%）自主租房，家庭支付月收入的30%作为租金；增强型代金券用于保

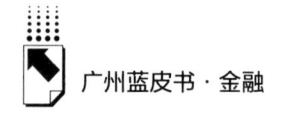

障改建翻修建筑内家庭的住房负担能力；项目代金券与特定开发项目挂钩，一年后可转为租户代金券。

三是创新土地利用方式。推进小地块填充开发和低效用地再开发，探索公共场所周边配建保障房模式；成立跨部门住房保障工作组，统筹土地资源；实行"普遍可负担优先"奖励政策，允许项目额外增加20%建筑面积用于保障房建设。

四是增加保障性住房供给。实施"住房机会之城"计划，目标在2032年前新建50万套保障性住房；推进存量改造，如将空置办公楼等改建为住宅、在工作地点及交通枢纽周边增建高密度住房、优化分区法规及开发附属住宅单元等；成立跨部门住房风险工作组，稳定受政策影响的住房项目。

（二）英国伦敦房地产市场现状与主要做法

第一，房地产业在英国经济中占据重要份额，2003年开始，伦敦市房地产业增加值占GDP的比重持续高于全英整体水平。1998~2022年伦敦市房地产业增加值占GDP的比重整体呈现上升趋势，其中1998~2003年，比重在10.7%~12.1%范围内波动；2004~2009年，比重稳定在11.9%~12.4%；2010~2015年，比重显著上升，从13.0%增至15.6%，这一时期伦敦市房地产业快速增长；2016年开始，比重明显下降，但仍高于2010年及之前水平；截至2022年，比重下降至13.7%。相较于伦敦市，英国房地产业增加值占GDP比重更为稳定（见图8）。

第二，从供需关系看，伦敦市新房供应量下降，保障房供应量增加，需求上升。在供给方面，根据伦敦市住房年度报告，2023年伦敦市新建住宅完工20385套，低于前三年同期水平；新建小型开发项目（单元数少于10个）获规划许可数量持续下降，截至2023年6月为约58300套，新批准住宅中大型开发项目占比更高。完工数量下降的原因在于建筑材料价格上涨，虽自2022年中期峰值后价格逐步下降，但仍高于2020年前水平，且住房建材价格降幅小于非住房建材。同时，保障房供应量增加。2022年伦敦获批住宅中保障房占比38%（18043套），同比增长53%，为近年来最高水平。2022/23年

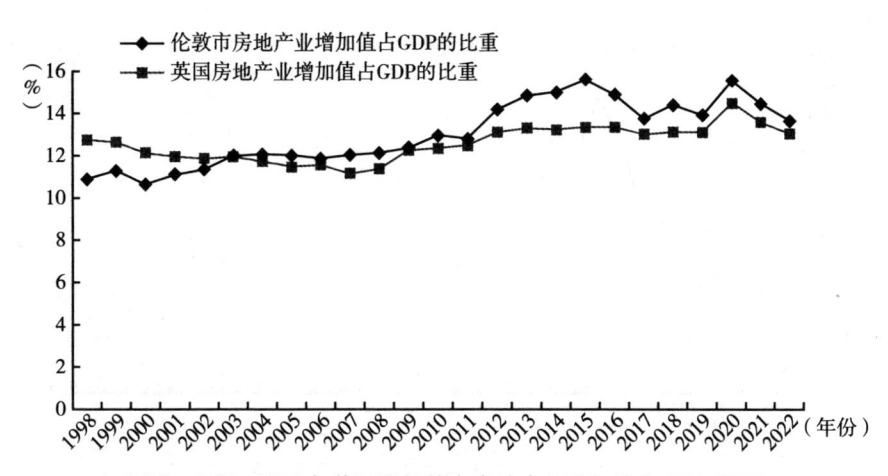

以国际大都市发展为镜，推动广州房地产健康稳定发展

图8　1998~2022年英国及伦敦市房地产业增加值占GDP比重

资料来源：英国统计局。

度，伦敦新建公租房10270套，同比增长106%，为20世纪70年代以来最高值。在需求方面，2021年3月以来，内伦敦就业人数（不包括自由职业）增长11.8%，外伦敦就业人数增长9.5%，人口和就业增长推动房地产需求增加。

第三，从市场运行情况看，伦敦市平均房价呈现长期增长态势，但存在区域差异。根据英国国家统计局数据，截至2024年6月，伦敦市平均房价为52.3万英镑，是2011年6月的1.8倍。尽管房价整体上行，但由于市场供需关系、经济环境、政策调整等多种因素影响，房价存在一定波动。2011~2013年，伦敦市平均房价从28.8万英镑增长至35.2万英镑，涨幅为22%；2022年至2024年6月，伦敦市平均房价从51.5万英镑波动上涨至52.3万英镑，房价涨幅趋于平稳（见图9）。英国房地产公司Rightmove数据显示，伦敦市哈默史密斯—富勒姆区和卡姆登区等的房价年增长率最高，为6.5%，其次是默顿区（6.3%）；跌幅最大的是哈克尼区（-3.3%）、旺兹沃思区（-1.6%）和巴金—达格南区（-1.1%），市场呈现分化趋势。

第四，从抵押贷款情况看，新增购房贷款规模增长，贷款期限普遍较长，基准利率随通胀动态调整。《英国家庭财务季度报告（2024年第四季度）》数据显示，2024年英国新增购房贷款62.2万笔，同比增长15.6%，

371

图9　2011年1月~2024年6月伦敦市平均房价及房价指数变化情况

资料来源：英国国家统计局。

其中首次购房者和置换购房者贷款同比分别增长16.4%、14.7%。在贷款期限方面，传统抵押贷款平均还款期限25年，最长可达40年。英国央行金融政策委员会监测数据显示，2023年第四季度，近50%的新发放贷款期限达30年或以上。在基准利率方面，2010年1月至2016年8月初基准利率维持在0.5%的低位，2016年8月至2017年底，受"脱欧公投"（2016年6月）冲击基准利率降至0.25%，2017年底至2019年逐步上调至0.75%，2020年受新冠疫情影响，基准利率紧急降至0.1%（历史新低）。2021年12月起为应对通胀连续加息14次，2023年8月基准利率达5.25%（15年来最高）。2024年通胀压力缓解，8月、11月两次分别降息25个基点（见图10）。基准利率变动通过影响抵押贷款利率，对房地产市场产生显著影响。

第五，从政策调控看，伦敦市通过强化统筹监管、建立多元保障网络、扩大供给、完善资金支持等措施，构建多层次住房保障体系。

一是构建高位统筹监管体系。成立市长直接领导的伦敦人之家委员会，整合政府部门、行业协会等力量，搭建跨部门协同平台，定期召开会议，全方位监管住房建设进度、政策实施情况等。

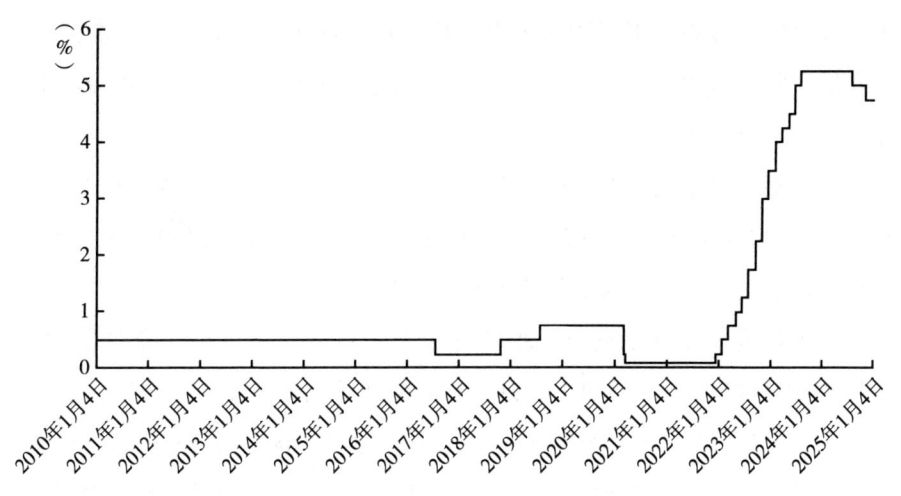

图10 2010年1月~2025年1月英国基准利率变化情况

资料来源：英国央行。

二是建立多元住房保障网络。主要包括面向困难群体的低价租赁住房；面向中等收入群体的生活租金住房，租金为区域家庭收入中位数的1/3；减轻购房压力的共有产权住房，允许居民灵活购买部分产权（通常为25%~75%，也可低至10%），对未购部分支付租金。

三是增量与存量并举，增加住房供给。2018年伦敦市启动建造市政廉租房计划，2016~2023年累计新建保障房11.6万套；实施"市政廉租房购置计划"，助力各区政府收购现有房产，转为保障房，拓宽房源渠道。

四是创新资金保障机制。英国中央财政在2016~2026年分两期投入专项款用于保障房建设；地方设立"市政廉租房土地收益基金"和"回购权收益基金"，支持土地供应与住房回购，增加保障房供给。

二 广州市房地产市场现状

（一）现行房地产调控政策

为贯彻落实党中央、国务院决策部署，2024年广州市积极适应市场供求关系变化新形势,用好用活中央一揽子增量政策,打好"四个取消、四个降低、两个增加"政策"组合拳"。通过取消限购等措施,逐步释放市场需求,激发市场活力。

一是限购政策逐步放宽至全面取消。2024年初,广州市逐步放宽限购,1月规定120平方米以上住房不限购;9月南沙区率先取消购房资格审核,随后全市取消限购,极大地释放了购房需求。

二是信贷政策持续宽松。2024年4月,广州市上调公积金贷款额度,对绿色建筑购房者给予优惠;5月,非限购区域调整商业贷款政策,已结清贷款的多套房家庭,首付比例和利率可由金融机构自主决定;9月,全国统一首套及二套房最低首付比例为15%;11月,公积金贷款额度再次上调,单人最高80万元,双人及以上最高160万元,首套及二套房公积金贷款首付比例降至20%(保障性住房为15%)。

三是税收优惠力度加大。2024年11月,国家实施差别化契税税率,统一个人销售住房增值税政策,降低二手房交易成本[①]。广州市取消普通与非普通住宅区分,执行全国增值税政策。

四是增加保障房供应。2024年1月,提出完善多层次住房保障体系。2024年8月,推行"购房即交房、交证"政策,简化流程,降低购房者风险,增强购房者信心。

(二)房地产市场基本形势

第一,从行业地位看,房地产行业对经济贡献度有所减弱,但房地产开发投资降幅收窄,在一线城市中展现出较强韧性。产业增加值数据显示,2023年,广州市房地产业增加值为2967.61亿元,占GDP的比重为9.8%,相较于2022年的增加值3038.93亿元、占GDP比重10.5%,均有所下滑。房地产开发投资数据显示,2024年,广州市房地产开发投资同比下降7.4%,降幅低于

---

① 《关于促进房地产市场平稳健康发展有关税收政策的公告》,中国政府网,2024年11月12日,https://www.gov.cn/zhengce/zhengceku/202411/content_6986750.htm。

全国（-10.6%）和广东省整体水平（-18.2%）。在一线城市中，广州市房地产市场表现相对稳健，投资降幅小于北京（-10.6%）和深圳（-14.6%），虽不及上海（+2.8%），但已呈现明显的止跌回稳态势。

第二，从供需情况看，房地产供给波动明显，需求逐步企稳。2024年，广州市房地产开发上市面积波动明显（见图11）。第一季度，上市面积波动较大；2月受春节假期等因素影响，推盘节奏放缓，上市面积降至全年最低；3月，推盘力度加大，供给量显著回升。第二季度，上市面积供给总体平稳。第三季度，上市面积供给规模呈现逐月扩张态势，其中9月在中央政治局会议释放积极政策信号后，上市面积达全年峰值。第四季度，10月因国庆长假上市面积短暂回落，但在政策叠加效应影响下，11月和12月上市面积再度有所回升。

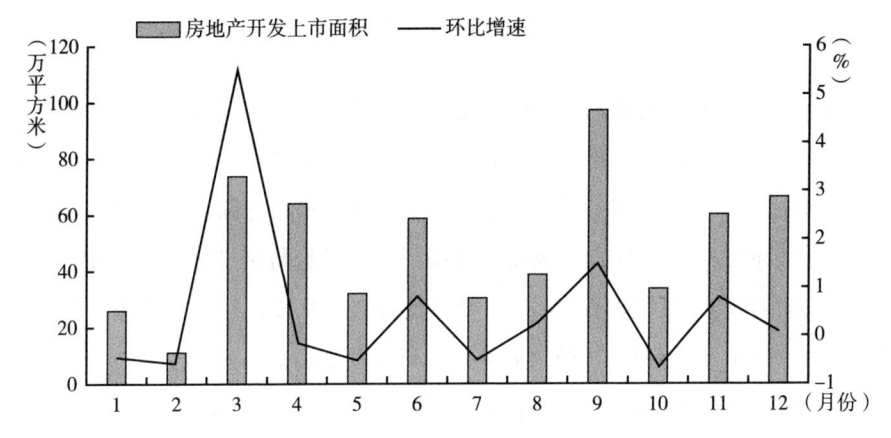

图11 2024年广州市月度房地产开发上市面积和环比增速

资料来源：中指云网站。

2024年，上半年广州市房地产市场成交面积筑底，下半年成交面积在政策驱动下逐步企稳（见图12）。2024年前两个季度，广州房地产市场成交面积较为低迷，6月在优化差别化住房信贷政策等刺激下，成交面积达上半年峰值。第三季度，成交面积呈现平稳波动状态。第四季度，政策效果显现，市场显著回暖。10月，全市取消限购政策，叠加"金九银十"传统旺季，成交面积大幅增长，创全年最高，11月市场热度略有回落，但仍维持高位，政策效果持续，12月成交面积再次回升，市场企稳趋势明显。

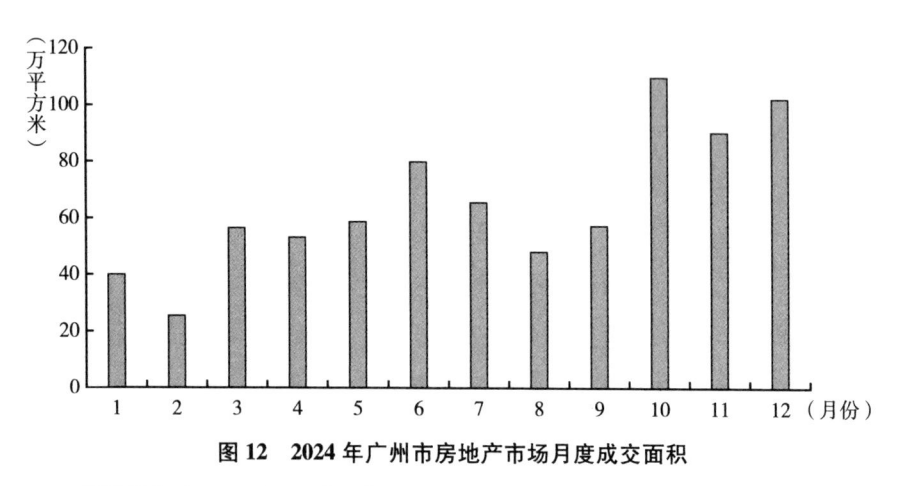

图12 2024年广州市房地产市场月度成交面积

资料来源：https://www.cih-index.com/。

第三，从市场运行情况看，政策促进"止跌回稳"效果明显。根据广州市住房和城乡建设局统计数据，2024年广州市一手商品房网签面积达1097.49万平方米，同比下降2.8%，在多重政策推动下，房地产市场止跌回稳态势初现。国家统计局数据表明，2024年广州市新建商品住宅销售价格波动幅度收窄。2024年1~2月，价格指数稳定在99.2，3月指数微涨至99.3，4~5月降至全年最低（98.7和98.6），自6月起因政策利好持续释放和市场信心逐步恢复，价格指数从98.8回升至8月的99.5。后续虽有小幅波动，但12月达99.9，全年价格波动控制在1.3个百分点，整体保持相对稳定态势（见图13）。

根据国家统计局数据，2024年广州市二手住宅销售价格指数呈现"上半年低位波动、下半年波动回升"态势（见图14）。2024年1~3月，指数相对较低，在98.8~99.0范围内波动，4~5月有所下降，6月略有反弹，市场信心仍需进一步恢复，消费者购房较为谨慎。2024年7月起，广州市二手住宅销售价格指数逐步回升，从99.1升至8月的99.3，政策效应逐步显现，经历9月的波动后，10月回升至99.6，市场预期改善，11~12月分别维持在99.6和99.7，接近基准水平，市场逐步趋稳。

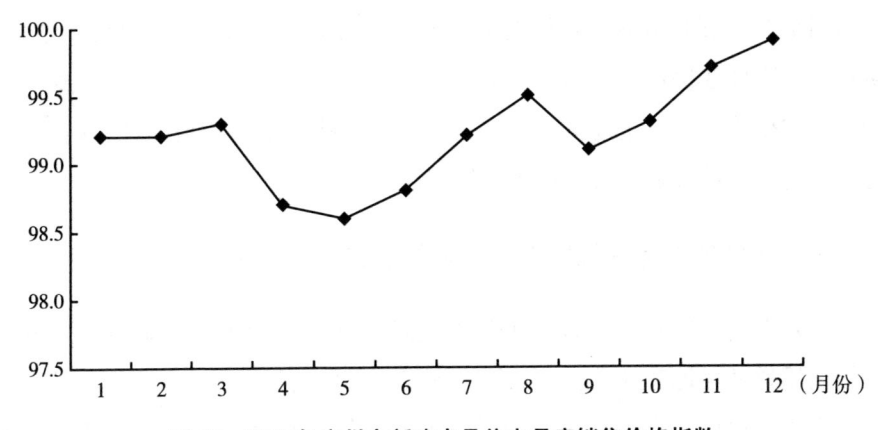

图13 2024年广州市新建商品住宅月度销售价格指数

资料来源：国家统计局。

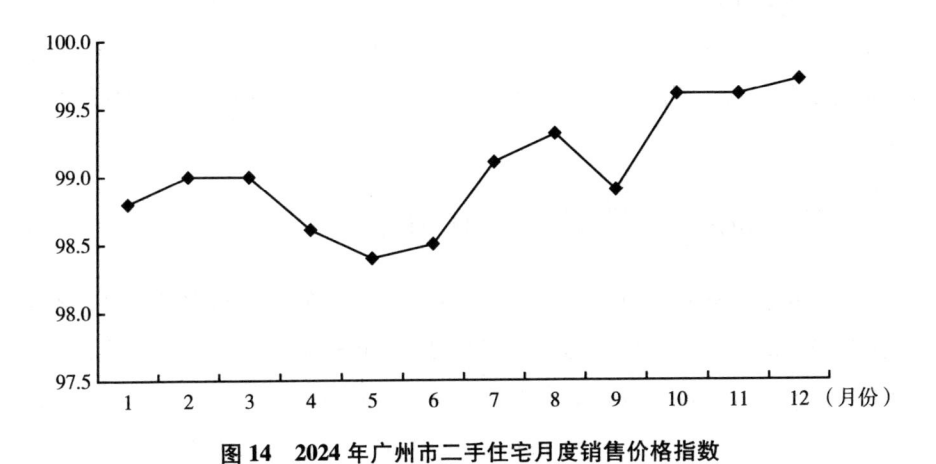

图14 2024年广州市二手住宅月度销售价格指数

资料来源：国家统计局。

三 广州推动房地产健康稳定发展的战略思考

（一）创新土地利用方式，优化住房供给结构

"存量提质、增量优化"双轮驱动。一是开展全域低效用地普查，建立

377

"地块档案"，推进碎片化地块的复合开发。二是探索在公共场所及周边区域建设保障性住房可行性方案，如"轨道+保障房""公园+人才公寓"等新型配建模式，提升土地混合使用效益。三是建立工商用地弹性转换机制，允许符合条件的商业办公用地转为保障性住房用地。

（二）增加保障性住房供给，完善住房保障体系

一是促进租售并举。加大对住房租赁市场的支持力度，鼓励开发企业积极转向租赁型房地产开发，增加租赁房源。二是创新住房补贴机制，借鉴纽约市采用住房代金券等形式，为低收入家庭提供租金补贴，减轻其住房负担。三是为不同收入水平家庭提供多样化的住房选择。四是提供资金支持，鼓励开发企业根据市场需求，开发不同类型的住房产品，包括普通住宅、改善性住宅、租赁住房等，满足不同层次、不同需求购房者的居住需求。五是借助大数据、人工智能等技术，不断优化保障性住房审批平台，提升审批效率。

（三）推进老旧住房改造，提升居住品质

一是积极吸纳社会资本力量，参与老旧住房维修与更新项目，通过多元化的融资渠道，为老旧住房的修缮和重建工作提供资金后盾。二是开展安全排查，对建筑年代超出规定标准的住房，定期开展安全隐患排查，保障居民居住安全。三是实施翻新计划。适时推进老旧住房翻新和改建工作，提升住房的整体品质和居住环境，引入专业的设计和建筑团队，开展大规模翻新维修，确保住房安全的同时，提升居住舒适度。

（四）健全风险管理机制，防范市场风险

一是构建全链条房地产市场监管机制，重点强化对房地产开发、销售代理、中介服务等关键环节的动态监管，有效防范市场垄断、价格操纵等不正当竞争行为，维护市场秩序的公平与透明，维护消费者权益。二是加强信息公开，及时发布房地产市场动态和政策变化信息，提高市场透明度，避免信

息不对称。三是成立风险项目工作组，对存在风险的房地产开发项目进行排查、监管，制定风险项目时间表，跟踪项目进展，定期评估风险状况，加强部门沟通，有效防范和化解市场风险。

参考文献

Bram, J., Siegel, J., et al., "Spotlight: New York City's Homeowner Housing Market", 2024.

Favilukis, J., Mabille, P., Van Nieuwerburgh, S., "Affordable Housing and City Welfare," *The Review of Economic Studies*, 2023, 90 (1): 293-330.

Schwartz, A., "New York City's Affordable Housing Plans and the Limits of Local Initiative," *Cityscape*, 2019, 21 (3): 355-388.

UK Finance, "Household Finance Review-Q4 2024", 2024.

B.27 全球加密资产市场监管最新实践及政策启示

程铭 胥爱欢*

摘 要： 当前，美国政府正在从国家战略储备调整、加密资产市场立法和加密金融基础设施建设等方面，加速构建三位一体的"数字美元霸权体系"，并试图以此将其在传统金融领域的全球霸权延伸至数字经济时代。为此，我国需要结合其他国家和地区对加密资产监管的最新实践，积极调整完善本土监管框架和制度规则，推动国内加密资产市场高质量发展，提升应对加密资产市场变化对全球金融体系冲击的能力。近年来，全球加密资产市场监管呈现以下特点：监管分化明显但有趋同化趋势，加密资产监管实行分层分类原则，央行数字货币研发与应用获得多个经济体支持，区域性竞争格局正在加快形成。基于此，我国可以得到以下政策启示：一是建立健全加密资产市场监管框架，推动从严格管控逐步转向分层分类管理；二是强化关键核心技术研发与创新应用，推动以自主标准向境外输出争夺全球竞争话语权；三是构建加密资产市场"双循环"生态体系，积极抢占全球竞争有利生态位；四是引导加密资产产业链规范发展，推动从"矿机出海"到"链权赋能"。

关键词： 加密货币 数字货币 非同质化代币 实物资产代币化 监管沙盒

---

* 程铭，中国人民银行黑龙江省分行科长，研究方向为外汇管理；胥爱欢，经济学博士，高级经济师，中国人民银行广东省分行金融研究处副处长，研究方向为货币政策。

全球加密资产市场监管最新实践及政策启示

目前，全球已有130余个国家和地区开始将不同形式的加密资产纳入主流金融体系。在全球地缘政治动荡加剧、美国财政赤字居高不下、美国国债急剧攀升的背景下，以比特币为代表的加密资产正在受到广泛关注。最新动向表明，美国政府正在从国家战略储备调整、加密资产市场立法和加密金融基础设施建设等方面，加速构建三位一体的"数字美元霸权体系"，并试图以此将其在传统金融领域的全球霸权延伸至数字经济时代。针对全球加密资产市场竞争格局调整的最新趋势，我国如何结合其他国家和地区的最新监管实践，积极调整和完善本土监管框架和制度规则，推动国内加密资产市场高质量发展，提升应对加密资产市场变化对全球金融体系冲击的能力，就显得具有重要的现实意义。

一 全球加密资产市场监管最新实践

（一）监管分化明显但有趋同化趋势

1. 欧盟率先开展监管立法推动监管标准引领全球

欧盟于2023年通过《加密资产市场监管法案》（MiCA），旨在加快建立对加密资产市场的监管框架。比如，在强化发行方义务上，要求发行方向监管机构注册，提供类似招股说明书的白皮书；稳定币发行方需持有充足的储备金，比如电子货币代币（EMT）需100%储备法定货币；禁止发行带有利息的稳定币。在强化服务提供商义务上，明确对交易所与托管方的一系列监管要求，比如需获得欧盟运营许可证，如MiCA牌照[1]，对市场操纵行为进行监控并报告。

2. 美国实行多机构协作与州联邦分立的监管框架

在联邦层面，美国证券交易委员会（SEC）负责对符合"证券"定义

---

[1] 邓建鹏、李铖瑜：《加密货币交易平台的风险与监管：美国实践及其启示》，《经济社会体制比较》2024年第6期。

的加密资产进行监管；美国商品期货交易委员会（CFTC）负责对视为"商品"的加密资产及其衍生品进行监管[1]；财政部负责对加密资产服务提供商的行为进行监管；国税局（IRS）负责对加密资产交易过程中的税务行为进行监管，比如加密资产交易、挖矿、质押收益需缴纳资本利得税或所得税。在州层面，美国各州探索差异化监管措施。一部分州对加密资产实行严格监管。比如，纽约州要求加密资产交易需申请牌照，得克萨斯州限制部分挖矿活动。另一部分州对加密资产实行宽松监管。比如，怀俄明州通过《区块链银行法》，承认去中心化自治组织的合法地位，免除加密资产财产税；佛罗里达州允许用加密货币支付州政府费用。

3. 其他国家和地区因地制宜选择不同监管方式

一部分国家和地区对加密资产市场采取严格监管政策。比如，中国严格管控民间加密货币交易、挖矿及首次代币发行（ICO），但支持央行数字人民币试点，允许剥离金融属性的区块链技术研发和非同质化代币（NFT）交易；韩国严格管控加密资产领域投机与洗钱行为；泰国要求加密货币交易所持牌，禁止使用加密货币支付。另一部分国家和地区在推进开放与加强监管中寻求平衡。比如，日本对加密资产市场采取开放但严格监管的态度；印度对加密资产市场采取高压限制与试探性开放并存的监管态度；菲律宾允许交易所开展加密资产交易，推动区块链技术用于跨境支付。

（二）加密资产监管实行分层分类原则

目前，各个国家和地区对加密资产实行代币分类监管的核心逻辑是"风险适配"原则[2]，对证券属性强、涉及公众资金的代币，实行严格披露与准入限制。

1. 美国采取证券与商品二分法

美国将加密资产分为以下类别：一是证券型代币，主要是指符合 Howey

---

[1] 王鑫、李支：《美国加密货币监管框架的构建及其启示》，《新金融》2020年第2期。
[2] 梁庭瑜：《加密货币治理：美国实践与中国方案》，《国际商务研究》2024年第2期。

测试且投资于共同事业、预期利润来自他人努力的加密资产，比如部分 ICO 代币、治理代币等。对于该类加密资产，发行人除了符合豁免条件之外，需要向 SEC 注册，并且只能在注册为经纪交易商的交易所内进行交易。二是商品型代币，主要是指被 CFTC 认定为商品且受《商品交易法》监管的加密资产，比如比特币、以太坊等。对于该类加密资产，相关衍生品交易需在 CFTC 注册的平台上进行，比如 CME 比特币期货等。三是支付型代币，主要是指 USDC、USDT 等稳定币，由财政部下属的货币监理署（OCC）、FinCEN 按支付工具类别进行监管。对于该类加密资产，发行方要持有 100% 储备法币。

2. 欧盟通过立法实行三级分类法

欧盟的 MiCA 将加密资产分为：一是电子货币代币。主要是指锚定单一法币的稳定币，比如 EURT 等。二是资产参考代币（ART）。主要是指挂钩一篮子资产或商品的稳定币，比如 PAX Gold 等。三是其他加密资产。主要是指比特币、以太坊等非稳定币，归类为"通用加密资产"。对于电子货币代币和资产参考代币的监管，要求发行方获得电子货币机构的牌照，储备金需每日审计；限制每日交易量以防止取代欧元。对于通用加密资产的监管，要求交易所披露风险信息，禁止误导性营销，但无储备金要求。

3. 新加坡采取功能导向分类法

新加坡将加密资产分为：一是支付型代币。主要是指用于支付的加密货币，比如比特币、XRP 等，受到《支付服务法》的监管，要求交易所申请 MPI 牌照，执行 Travel Rule 的规范性要求。二是证券型代币。主要是具有股权、债权属性的代币，比如 STO 产品等，受到《证券与期货法》的监管；代币发行时，发行方需符合招股书披露要求，在拥有交易所牌照的平台上进行发行交易。三是实用型代币。主要是仅用于访问特定服务的代币，比如游戏代币等。

4. 日本根据属性分类

日本根据加密资产是否具备"支付工具""投资工具"属性进行分类，依据《支付服务法》（PSA）、《金融工具与交易法》（FIEA）等不同法规进行监管。一是支付工具类加密资产,以比特币、以太坊为代表,指具有货币流通功能的加密资产。2016年修订的《支付服务法》首次将其合法化,承认其作为支付手段的地位。二是证券类加密资产,主要是具有投资属性或代表股权、债权的代币,如证券型代币和电子记录可转让证券权利(ERTR)。《金融工具与交易法》要求,此类代币发行需遵守与传统证券相同的信息披露义务,比如备案证券注册声明、提供募集说明书等。2022年修订的《金融工具与交易法》引入ERTR概念,将证券类通证纳入更严格的第1段证券监管框架。三是非证券类加密资产,主要是不具备证券属性的功能性代币,诸如在特定区块链生态内用于支付的代币,比如某些ICO代币。非股权型代币受《资金结算法》约束,股权型代币则适用《金融工具与交易法》。四是稳定币,主要是指与法定货币或实物资产挂钩的加密资产,比如USDT等。2022年,日本通过立法明确稳定币的"数字金钱"地位。稳定币需由持牌金融机构发行,并接受严格的储备金审计和用户资金隔离管理。

5. 瑞士采取代币三分类法

瑞士将加密资产分为:一是支付代币,主要是指用于支付的加密货币,比如比特币等。二是实用代币,主要是指访问特定服务的凭证,比如Filcoin等,无金融监管要求。三是资产代币,主要是指代表实体资产的代币,比如房地产STO等,一般视其为证券,要求符合《证券交易所法》的监管要求,发行方需具备银行或证券交易商的资质。

目前,虽然各个国家和地区普遍对加密资产实行分类监管,但也面临一系列挑战,比如去中心化金融治理代币、NFT是否属于证券。未来,更多国家和地区可能转向按支付、投资、实用等用途而非技术属性对加密资产进行划分;在分类中将稳定币单列,强化稳定币储备与发行方资质要求;利用人工智能技术分析代币经济模型,辅助监管机构对加密资产分类进行判定。

(三)央行数字货币研发与应用获得多个经济体支持

目前,全球央行数字货币研发进入快车道,中国、欧盟、美国等主要经济体处于领先地位。

1. 中国：数字人民币

数字人民币属于零售类型，采用"央行发行+商业银行分发"的双层运营架构，支持离线支付、智能合约等技术。在跨境合作上，中国正在与泰国、阿联酋合作开展跨境支付试点——多边央行数字货币桥（m-CBDC Bridge）。截至2024年末，数字人民币试点应用已覆盖全国17个省（市）的26个地市。截至2024年7月末，数字人民币各类应用终端累计开立个人钱包1.8亿个，试点地区累计交易金额达7.3万亿元，纳入统计的数字人民币M0总量达到296亿元，占同期货币流通规模比重超过2‰；全国范围的数字人民币线上线下应用场景突破2000万个。

2. 欧盟：数字欧元

数字欧元属于零售型，功能设计具有以下特点：在隐私保护上，允许小额匿名支付；在离线功能上，支持无网络交易；在限额管理上，旨在防止银行脱媒，比如个人持有上限为3000欧元。从2023年开始，数字欧元进入为期两年的准备阶段，预计2026年决定是否发行。

3. 美国：数字美元

数字美元属于零售型与批发型并行，采用商业银行作为中介的双层架构；在隐私保护上，支持匿名支付，但大额交易需做到对客户尽职调查。需要注意的是，目前美联储正在与麻省理工合作开发技术原型，尚未决定是否发行；在推进数字美元研发过程中，国会两党对数字美元研发的必要性存在分歧，共和党担忧政府会过度监控。

4. 日本：数字日元

数字日元属于零售型，功能设计具有以下特点：能够与现金共存，确保不影响现有货币体系；与欧洲央行、英国央行联合研究将数字日元用于跨境支付。日本于2023年启动了数字日元的第二阶段测试，重点验证离线支付与跨境结算功能。当前，数字日元急需解决技术稳定性与隐私保护的问题。

5. 英国：数字英镑

数字英镑属于零售型，采用"央行发行+私营机构分发"的分层架构。

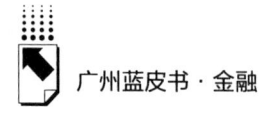

在发展目标设定上，英国旨在提升支付效率，支持智能合约应用，如自动纳税等。英国于2023年发布了数字英镑的设计草案，计划于2025年决定是否发行。

6. 新加坡：Project Orchid

Project Orchid 属于零售型，遵循技术中立原则，支持区块链等多种底层技术；在跨境合作上，新加坡与澳大利亚、马来西亚联合研究跨境支付；在目标设定上，新加坡旨在提升支付效率，支持金融创新。目前，该数字货币仍处于试点阶段，2023年测试了定向消费券等可编程支付与跨境结算等技术。

7. 印度：数字卢比

数字卢比属于零售型与批发型并行，采用"央行发行+商业银行分发"的分层架构；具有离线支付功能，支持无网络交易；在目标设定上，旨在降低现金依赖，提升金融包容性。目前，数字卢比仍处于试点阶段，2022年启动零售试点，2023年扩展至15家银行。

此外，加拿大正在研究批发型央行数字货币——Jasper项目，尚未决定是否发行零售型；澳大利亚正在测试批发型央行数字货币——Project Atom，支持跨境结算；巴西正在研发央行数字货币——数字雷亚尔，支持智能合约；阿联酋与沙特阿拉伯联合开发跨境央行数字货币——Aber项目；瑞典正在测试央行数字货币——e-krona，探索现金替代方案。

（四）区域性竞争格局正在加快形成

目前，全球加密资产市场的区域性竞争呈现"政策驱动、资本主导、技术引领"的特点。未来，区域性竞争格局塑造将取决于在全球标准统一与区域政策差异并存中，强化国际监管协调；隐私计算、跨链互操作等领域的创新突破；非洲、南美洲等新兴市场用户增长与金融包容性提升。

1. 北美在推进创新与监管并重中提升综合竞争力

一是美国加密资产市场竞争力较强。美国在加密资产市场发展中具有一系列竞争优势，比如，在技术创新上，硅谷是全球区块链技术研发中心，

Coinbase、Kraken 等头部交易所总部均位于美国；在资本支持上，风险投资较为活跃，2023 年区块链领域融资超 100 亿美元；在机构培育与支持上，贝莱德、富达等传统金融机构纷纷入场，推动比特币 ETF 等产品发展。但是，美国也面临不少挑战，比如 SEC 与 CFTC 管辖权争议，导致政策不确定性较高。二是加拿大鼓励创新与规范发展并重，但市场规模制约发展潜力。加拿大较早允许比特币 ETF 等产品发展，比如 Purpose Bitcoin ETF 等；明确代币分类，对加密资产实行分类监管，支持区块链初创企业发展。但是，加拿大加密资产市场规模有限，用户基数较小，国际化拓展受到限制。

2. 欧洲在强化统一监管中推动市场竞争力提升

一是欧盟积极建立统一的监管法律框架并推动市场创新发展。欧盟于 2024 年发布 MiCA，为 27 国提供清晰的监管规则，降低加密资产市场的复杂性。在跨境支付领域，欧盟积极开展数字欧元试点，推动区域支付一体化。但是，相比于美国，欧盟针对加密资产市场的技术研发与资本活跃度较低。二是瑞士鼓励创新发展但运营成本偏高。瑞士楚格州集聚了以太坊基金会、Cardano 等顶级项目，有助于吸引全球加密资产投资者、开发者、发行方、运营者等各类主体；在监管政策上，瑞士明确代币分类，实行分类监管，支持证券型代币发行，比如 STO 等。但是，瑞士加密资产市场运营成本高于新兴市场，在全球市场竞争中处于不利地位。三是英国具有全球金融中心优势但脱欧削弱对境外市场主体的吸引力。英国伦敦是全球加密货币交易与资产管理枢纽，在与其他地区的竞争中具有优势地位；在监管政策上，英国鼓励技术创新，支持数字英镑研发，推动 DeFi 试点。但是，英国脱欧带来一系列负面影响，比如部分加密资产市场主体迁至欧盟，以规避潜在的政策壁垒，不利于英国加密资产市场发展。

3. 亚太地区在市场多元化与政策分化中提升竞争力

一是中国在全面严格监管中稳步推动数字人民币试点。中国在加密货币技术研发与应用中具有优势，比如华为、腾讯等企业布局区块链底层技术，拥有一定的技术基础优势；在央行数字货币研发与应用上，数字人民币在全球具有领先地位。二是日本较早推动规范发展但技术研发优势不明显。日本是全球首个将加密货币纳入法律体系的国家，国内加密货币普及率高，BitFlyer等交易所用户规模大。但是，在加密资产市场创新方面较为滞后，相比于韩国和新加坡，日本的技术研发活跃度较低。三是新加坡推动创新发展但国内市场规模较小。新加坡金管局对加密资产市场制定了明确的监管规则，支持市场创新发展，积极吸引币安、Coinbase等设立区域总部，努力打造加密资产市场区域枢纽。但是，新加坡本地用户规模有限，市场规模较小，容易市场饱和，需依赖国际化拓展。四是韩国在鼓励创新与严格监管中推动市场发展。韩国加密资产市场活跃度高，加密资产交易量居全球前列，用户热情高涨，Klaytn等本土项目发展较为迅速。但是，韩国对加密资产实行实名制、高税率的管制政策，一定程度上抑制了市场活力。

4. 中东与非洲作为加密资产新兴市场具有较大潜力

一是阿联酋在鼓励创新与开放中培育市场竞争力。阿联酋在监管政策上偏向友好，虚拟资产监管局（VARA）提供清晰的监管规则，积极吸引币安等企业入驻；同时，在资本支持上，阿联酋积极利用阿布扎比投资局（ADQ）等主权基金投资区块链项目。但是，阿联酋市场规模有限，本地用户基数较小，对国际市场的依赖程度较高。二是南非市场创新活跃但监管制度建设较为滞后。南非加密货币普及率较高，加密货币用户占比居全球前列；市场创新较为活跃，Luno等本土交易所发展迅速。但是，南非对加密资产市场的监管制度建设较为滞后，监管政策框架尚未完善，对市场未来发展带来不利影响。

5. 南美洲包容创新但监管能力跟不上发展要求

一是巴西支持创新发展但统一监管框架未建立。巴西是南美洲最大的经济体，加密资产市场规模较大，加密货币用户增长迅速，政府正在推动数字雷亚尔研发。但是，巴西针对加密资产市场的监管政策框架尚未统一，存在较大的监管不确定性风险。二是阿根廷对加密资产需求旺盛但管制政策抑制创新活力。阿根廷通胀水平较高，加密货币成为重要保值工具，用户对加密资产需求旺盛。但是，经济不稳定阻碍加密资产市场发展，特别是货币贬值与资本管制抑制市场创新活力。

总之，目前全球正在逐步加强对加密资产市场的监管，但是也面临一系列困难和挑战。比如，加密货币的匿名性与跨境流动性导致执法困难，对稳定币的监管仍然存在空白等。未来，技术创新将倒逼各个国家和地区继续完善监管法规，特别是人工智能技术驱动的 DeFi 协议和实物资产通证化（RWA）迫使监管机构升级监管工具。同时，地缘政治博弈对加密资产市场的影响也将加剧。美国将加密资产纳入国家战略储备，以便巩固金融霸权。我国香港则以开放托管、家族信托等方式，吸引亚洲资本，促进加密资产市场发展壮大。

二 主要政策启示

面对全球加密资产市场发展的新特点、新趋势，我国需在"严控风险"与"主动布局"之间寻求动态平衡。对于我国而言，从短期来看，要以稳步推进数字人民币试点、加强联盟链技术研发与应用为核心，强化对加密资产市场国家主权的保护与巩固；从长期来看，要积极参与国际规则制定，稳妥开展局部试点，积极抢占 Web3.0 时代的先机，努力在全球数字货币及数字资产市场竞争格局塑造中占据有利地位。

（一）建立健全加密资产市场监管框架，推动从严格管控逐步转向分层分类管理

一是因时因势完善全国统一监管框架。目前，欧盟通过 MiCA 构建了针对加密资产市场的全链条监管框架，涵盖加密资产发行、交易、托管等各个环节。我国在立足国内加密资产市场发展实际需求的基础上，可考虑参考欧盟统一立法的监管经验，结合全球其他国家和地区对加密资产市场的监管实践，在全面封禁基础上细化监管规则，探索构建更加符合数字金融发展基本国情与全球数字货币竞争战略需要的监管框架，可以在条件较为成熟的领域积极开展监管政策创新试点。比如，将加密资产区分为"商品属性资产"与"金融属性资产"，实行分类监管。

二是因地制宜允许部分地区探索"监管沙盒"试点。美国采取联邦与州级分权监管模式，除了联邦层面由各个监管机构各司其职加强对加密资产市场监管之外，也允许各州按照当地发展实际探索地方层面的加密资产监管试点，不断完善监管框架和监管细则。我国可以学习借鉴美国的监管经验，在国家层面积极探索、不断完善全国性监管框架和制度规则的同时，允许符合条件的地区开展加密资产创新"监管沙盒"试点。比如，可以考虑在粤港澳大湾区、上海自贸试验区、海南自由贸易港等地区，探索开展加密资产创新"监管沙盒"试点，允许 DeFi、NFT 项目在可控范围内运行，在积累一定经验的基础上，经评估条件成熟后，再推广至全国。

（二）强化关键核心技术研发与创新应用，推动以自主标准向境外输出争夺全球竞争话语权

一是推动数字人民币国际化与联盟链技术成为国际标准。当前，美国试图通过将比特币纳入国家战略储备，强化在加密资产领域的霸权地位，为美元霸权地位提供有力支持。我国需提前做好战略布局和政策措施储备，积极应对全球加密货币及加密资产市场的新竞争趋势。比如，以数字人民币为核心，拓展跨境支付场景，大力推广多边央行数字货币桥等项目，加强与共建"一带一路"国家和地区的合作，携手共建数字货币跨境结算网络；充分利用我国在区块链专利储备上的优势，推动本土联盟链技术标准成为国际标准，避免在公链、跨链等底层技术上受制于人。

二是推动人工智能与隐私计算融合场景创新发展。目前，不少国家重视去中心化人工智能、隐私保护技术等在推动加密资产市场创新发展中的应用，我国需加大相关技术研发投入和政策支持力度，积极应对外部挑战。在技术创新上，要加大对联邦学习、多方安全计算、同态加密等隐私计算技术的研发投入，探索人工智能模型与隐私计算框架的深度融合，提升计算效率和模型性能。在标准与规范制定上，建立健全人工智能与隐私计算融合的技术标准和应用规范，确保数据安全和隐私保护；推动行业各个参与主体形成共识，积极搭建跨机构、跨领域的数据协作机制。在生态合作上，鼓励企业、研究

机构、政府等多方合作，构建开放、共享的生态体系；推动跨行业、跨领域的数据流通与应用场景落地。在政策支持上，尽快出台相关政策，鼓励隐私计算与人工智能融合技术的研发和应用；加强数据隐私保护立法，为技术应用提供法律保障。在人才培养上，推动产学研深度融合，加强隐私计算与人工智能复合型人才的培养，推动行业从业者的隐私保护意识与技术能力的提升。

（三）构建加密资产市场"双循环"生态体系，积极抢占全球竞争有利生态位

一是强化区域合作以对冲美国加密货币霸权。美国将比特币纳入国家战略储备并推动稳定币立法，试图巩固美元在数字金融领域的主导地位。为此，我国可以考虑加强与欧盟、RCEP 成员的合作，共同制定针对跨境支付领域加密货币的监管规则。比如，探索与数字人民币的兼容机制。二是在有效控制风险前提下利用香港"试验田"地位打通国内国际市场。香港已试点加密货币 ETF 等创新业务，对加密货币交易所实行持牌监管。我国可以考虑依托香港作为连接内地与全球资本市场的特殊地位，发挥风险管理中心的功能作用，在有效管理和隔离境外金融风险的前提下，打造连通境内与境外加密资产市场的缓冲阀与安全垫，积极吸纳国际资本和境外先进技术。比如，允许境外机构通过香港参与境内区块链基建项目，在有效管控风险的前提下，打通境内与境外的加密资产市场。

（四）引导加密资产产业链规范发展，推动从"矿机出海"到"链权赋能"

一是推动"矿机"厂商向高附加值领域转型。强化税收优惠、财政奖补等政策措施的支持，鼓励"矿机"厂商参与人工智能芯片等领域研发，支持"矿机"厂商开展废热回收、绿色算力等方面的技术创新，推动将加密资产产业链外溢效应转化为实体经济收益。二是大力扶持应用场景创新发展。可以考虑重点支持数字人民币智能合约在预付卡资金监管等领域扩大应

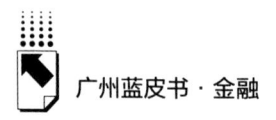

用，引导汽车链在新能源汽车溯源等领域探索应用，鼓励文旅链在数字藏品平台等领域创新应用，避免加密资产产业链资源过度集中于投机性交易领域。

参考文献

邓建鹏、李铖瑜：《加密货币交易平台的风险与监管：美国实践及其启示》，《经济社会体制比较》2024年第6期。

孙天宇：《加密货币恐怖融资犯罪：历史演进、行为特征与监管对策》，《中国人民公安大学学报》（社会科学版）2024年第2期。

梁庭瑜：《加密货币治理：美国实践与中国方案》，《国际商务研究》2024年第2期。

龚淋：《破产程序中加密货币的处置困境与应对路径》，《金融与经济》2023年第10期。

社会科学文献出版社

皮 书
智库成果出版与传播平台

❖ 皮书定义 ❖

皮书是对中国与世界发展状况和热点问题进行年度监测,以专业的角度、专家的视野和实证研究方法,针对某一领域或区域现状与发展态势展开分析和预测,具备前沿性、原创性、实证性、连续性、时效性等特点的公开出版物,由一系列权威研究报告组成。

❖ 皮书作者 ❖

皮书系列报告作者以国内外一流研究机构、知名高校等重点智库的研究人员为主,多为相关领域一流专家学者,他们的观点代表了当下学界对中国与世界的现实和未来最高水平的解读与分析。

❖ 皮书荣誉 ❖

皮书作为中国社会科学院基础理论研究与应用对策研究融合发展的代表性成果,不仅是哲学社会科学工作者服务中国特色社会主义现代化建设的重要成果,更是助力中国特色新型智库建设、构建中国特色哲学社会科学"三大体系"的重要平台。皮书系列先后被列入"十二五""十三五"" 十四五"时期国家重点出版物出版专项规划项目;自2013年起,重点皮书被列入中国社会科学院国家哲学社会科学创新工程项目。

权威报告·连续出版·独家资源

皮书数据库

ANNUAL REPORT(YEARBOOK) DATABASE

分析解读当下中国发展变迁的高端智库平台

所获荣誉

- 2022年,入选技术赋能"新闻+"推荐案例
- 2020年,入选全国新闻出版深度融合发展创新案例
- 2019年,入选国家新闻出版署数字出版精品遴选推荐计划
- 2016年,入选"十三五"国家重点电子出版物出版规划骨干工程
- 2013年,荣获"中国出版政府奖·网络出版物奖"提名奖

皮书数据库

"社科数托邦"微信公众号

成为用户

登录网址www.pishu.com.cn访问皮书数据库网站或下载皮书数据库APP,通过手机号码验证或邮箱验证即可成为皮书数据库用户。

用户福利

- 已注册用户购书后可免费获赠100元皮书数据库充值卡。刮开充值卡涂层获取充值密码,登录并进入"会员中心"—"在线充值"—"充值卡充值",充值成功即可购买和查看数据库内容。
- 用户福利最终解释权归社会科学文献出版社所有。

卡号:576216876744
密码:

数据库服务热线:010-59367265
数据库服务QQ:2475522410
数据库服务邮箱:database@ssap.cn
图书销售热线:010-59367070/7028
图书服务QQ:1265056568
图书服务邮箱:duzhe@ssap.cn

法律声明

"皮书系列"（含蓝皮书、绿皮书、黄皮书）之品牌由社会科学文献出版社最早使用并持续至今，现已被中国图书行业所熟知。"皮书系列"的相关商标已在国家商标管理部门商标局注册，包括但不限于LOGO（ ）、皮书、Pishu、经济蓝皮书、社会蓝皮书等。"皮书系列"图书的注册商标专用权及封面设计、版式设计的著作权均为社会科学文献出版社所有。未经社会科学文献出版社书面授权许可，任何使用与"皮书系列"图书注册商标、封面设计、版式设计相同或者近似的文字、图形或其组合的行为均系侵权行为。

经作者授权，本书的专有出版权及信息网络传播权等为社会科学文献出版社享有。未经社会科学文献出版社书面授权许可，任何就本书内容的复制、发行或以数字形式进行网络传播的行为均系侵权行为。

社会科学文献出版社将通过法律途径追究上述侵权行为的法律责任，维护自身合法权益。

欢迎社会各界人士对侵犯社会科学文献出版社上述权利的侵权行为进行举报。电话：010-59367121，电子邮箱：fawubu@ssap.cn。

社会科学文献出版社